Fische des Rheins konnte dank der finanziellen Unterstützung durch den Sandoz-Rheinfonds herausgegeben werden.

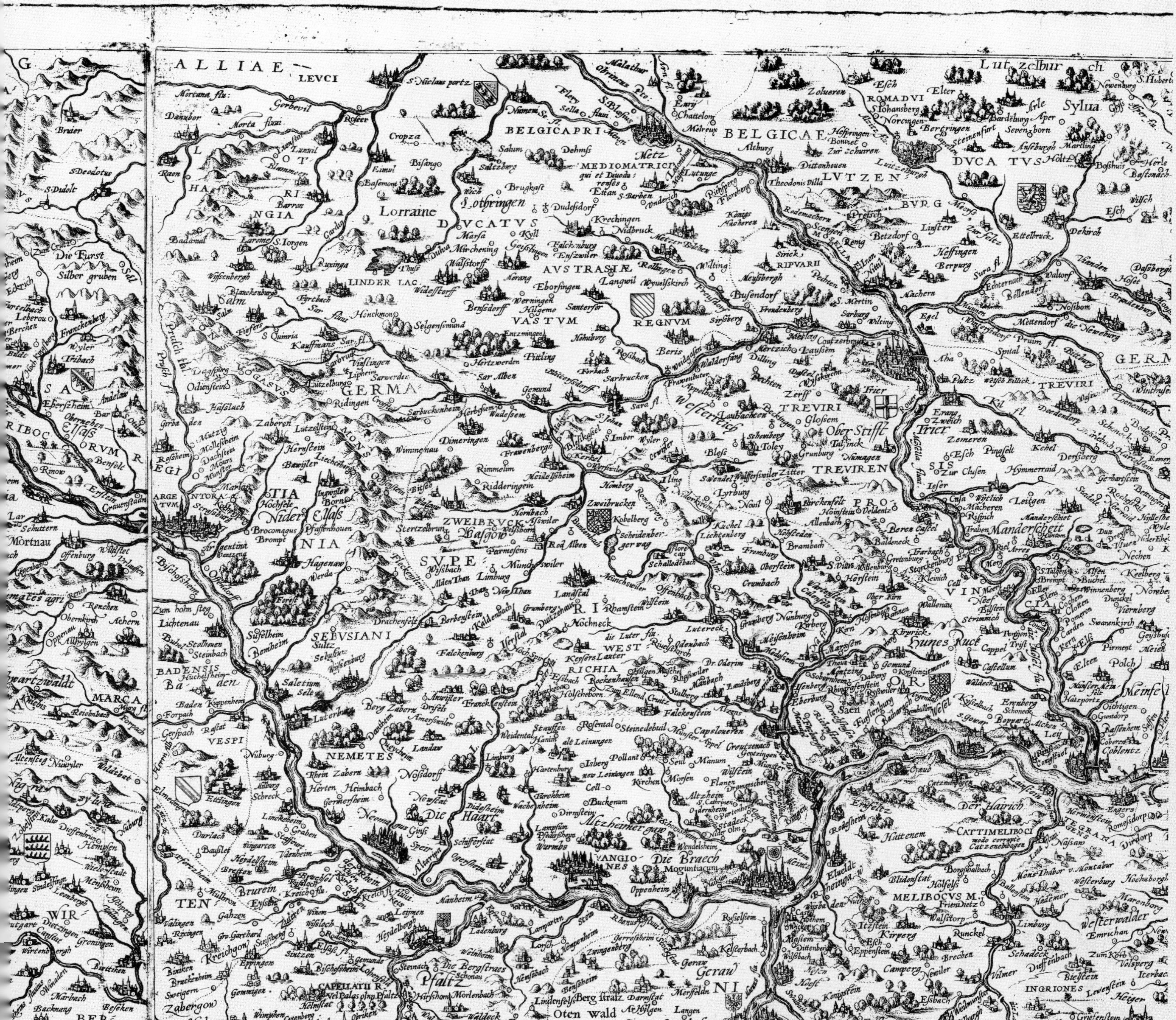

ET CONSULARIBUS INCLYTÆ REIPUBLICÆ FRANCOFORDIENSIS AD MOENU[M]

D. D. D.

THEODORUS DE BRY LEODIENSIS, apud Remp. Francfordiensem Civis & Chalcog[raphus]

arnach bey Löwenstein verliert

Nordwest/diese beyde Ström

der ein heißt bey den Gelehrten
Dießburg/da fleußt das Was-
ns darein. Endlich fällt er in

er Statt Rhenen/ an welchem
t ward er Anno 860 oder 1170.
t er bey dem Dorff Crimpen in

ken/die letzte bey Straßburg/

o in den Rhein lauffen/ hab ich
rigen aber vnd noch andere viel
klärlich befinden/so die Auß-

DESCRIPTION NOVELLE ET VRAYE DV RHIN, ET DE SES TROIS EMBOVCHEVRES, AVECQVE

LES FLEVVES, PROVINCES DES ELECTEVRS, DVCHEZ

Comtez, principalement des villes & chasteaus represantées au vif, le tout graué & mis en lumiere par la diligence & Aux despends

DE

THEODORE DE BRY LIEGOIS.

LE fleuve du Rhin n'est pas seulement le plus renommé & plaisant de L'Alemaigne, Mais aussi de toute l'Europe apres le Danube, il prend son nom comme tesmoigne Vadian, de l'Alemand, il surpasse le Danube en abondance de grandes & belles citez, comme aussi en peuple & fertilité de Regions & en l'excellence du Vignoble.

L'origine & source du Rhin.

Ce fluve descend du pais des Leopontiens qui habitent les Alpes, yssant de la montaigne appellée des Anciens Adula selon que l'escrit Ptolomee, & des modernes **der Vogel**/maintenant **der Gothardsberg**/ pres de la chapelle de Saint Gordhat, laquelle se voit en la montaigne susdite, ou mesme trois autres fleuves preinent leur source, asçavoir le Rhone, le Thesin & le Russ, lesquels auec le Rhin coulent aux quatres quastiers du monde.

Du Cours du Rhin.

Le Rhin a deux diverses sources, l'une est plus haulte, l'autre plus basse, & preinent l'une & l'autre l[e] nom de Rhin, tirant chacune des deux vers l'orient, Et se joignent au dessus de Curia, ou le fleuve com[-] mence a estre commode & propre a porter bateaux, de la s'ecoulant en forme circulaire il entre au la[c] de Constance & de Celle, lequel lac de Celle contient en soy l'isle de Richnauu abondante en toute[s] choses, & apres d'un destour sinueux il gaigne Rhinfeld & en fin Basle, mais devant que parvenir a Ba[s-] le, Il a comme le Nil deux Catarractes, la premiere a **Schaffhausen** la seconde a Lauffembergue.

De Basle il tire au Septentrion pres de Brisac iusques au pais de Grabenstad, Ou il reçoit pour hoste l[e] fleuve d'Ill. quon appelle.

De la il passe au long de Strasbourg & reçoit le fleuve de Preuss.

Puis traversant le bourg de Kehel reçoit aussi le fleuve de Kinsig.

Et de la va droit a Spire & Manheim ou le vient joindre le Necre.

Puis va gaigner Vvormes & Mayence pres de laquelle derniere ville. Il reçoit le Riche fleuve du Mai[n]

Et de la laissent Mayence vient A Bingen Ou se descharge, dans luy le fleuve appelle Noh. puis passa[nt] outre iusqu'a Confluence, Il se ioint d'vne part au Renommé fleuve de Moselle & de l'autre au Lahn.

Apres passant le long de Bonne & de Coloigne, parvient a Vesel la ou tirant vers l'occident au duc[he] de Cleves.

Il se separe en deux branches dont l'une s'estend vers l'Ocean a main gauche, appellee de Taci[te] Vahal.

Le fleuve de Vahal aupres du bourg d'Herverden se ioinct avec le fleuve dit Mos: mais non loing de l

Theodor de Bry (1528–1598)

Rheni tricornis et uvidi nova et Germana descripto.

1. Fassung, Frankfurt 1594

(aus: Die monumentalen Rheinlaufkarten aus der Blütezeit der Kartographie. Eine Sammlung höchst seltener Karten im Faksimiledruck mit einer wissenschaftlichen Expertise von Prof. K. Stopp, Universität Mainz.
Bibliophiler Sonderdruck, herausgegeben von der Kalle AG., Wiesbaden-Biebrich)

Anton Lelek Günter Buhse

Fische des Rheins

– früher und heute –

Herausgegeben vom Centre Naturopa des Europarats, Straßburg

Mit 198 meist farbigen Abbildungen und 34 Tabellen

Springer-Verlag
Berlin Heidelberg New York
London Paris Tokyo
Hong Kong Barcelona
Budapest

Professor Dr. Anton Lelek
Forschungsinstitut
und Naturmuseum Senckenberg
D-60325 Frankfurt/Main
Forstwissenschaftliche Fakultät
der Universität Göttingen
D-37077 Göttingen

Professor Dr. rer. nat. Günter Buhse
Riedwiesen 49 A
D-34130 Kassel

ISBN 3-540-53814-3
Springer-Verlag Berlin Heidelberg New York

Die Deutsche Bibliothek – CIP-Einheitsaufnahme
Lelek, Anton: Fische des Rheins – früher und heute – ; mit 34 Tabellen / Anton Lelek ; Günter Buhse. Hrsg. vom Centre Naturopa des Europarats, Straßburg. – Berlin ; Heidelberg ; New York ; London ; Paris ; Tokyo ; Hong Kong ; Barcelona ; Budapest : Springer, 1992
ISBN 3-540-53814-3
NE: Buhse, Günter:

Redaktion: Rosemarie Schindler
Gestaltung: Lucien Chevrolet, Hans-Peter Buser

Satz-, Druck- und Bindearbeiten: Appl, Wemding
23/3145-54321 – Gedruckt auf säurefreiem Papier

Inhalt

Vorwort

Flüsse haben für die Menschheit schon immer eine entscheidende Rolle gespielt – sei es in wirtschaftlicher Hinsicht (Transportwege, Nahrungsquellen), im kulturellen Bereich und heutzutage auch in der Freizeitgestaltung. Nicht zu vergessen ihre oft politische Funktion als Staatsgrenzen!

Ihr Hauptbewohner, der Fisch, erfreut sich ebenfalls einer Vorzugsstellung. Diesem einzigartigen Lebewesen, das auf den Menschen seit eh und je eine besondere Faszination ausübte, kommt heute in unseren Flüssen und Bächen in mehrerer Hinsicht wachsende Bedeutung zu. So zeichnet sich beispielsweise seit dem Rückgang der Flussverunreinigung für die Berufsfischerei ein deutlicher Aufwärtstrend in den Erträgen ab. Auch die Sportfischer und Angler, deren Anzahl sich für die Rheinstrecke auf mehrere Hunderttausend beläuft, gehen ihrer Freizeitbeschäftigung, dem Fischen, wieder vermehrt mit Freude und Erfolg nach. Die wichtigste Bedeutung der Fische liegt heute aber in ihrer Nutzung als Bio-Indikator: Der Bestand der in einem bestimmten Wasserlauf vorhandenen Fischarten gibt unmittelbar Aufschluß über dessen Eigenschaften, seinen Verschmutzungsgrad, das Flußbett mit seiner Fauna und Flora, die Beschaffenheit seiner Böschungen etc. und liefert somit viele wichtige Hinweise bei der Bewertung der zu erfüllenden Funktionen.

Im Bewußtsein der Wichtigkeit all dieser Überlegungen hat das Centre Naturopa des Europarates beschlossen, eine europaweite Kampagne für die Süßwasserfische zu lancieren mit dem Ziel, verschiedene Interessenkreise und Partner um das Logo „Comme un poisson dans l'eau" – „Wie ein Fisch im Wasser" – zu mobilisieren.

Diese jüngste Kampagne zählt zu einer langen Reihe der vom Centre Naturopa in den vergangenen zwei Jahrzehnten durchgeführten Aktivitäten, die 1970 mit dem 1. Europäischen Naturschutzjahr ihren Anfang nahmen und 1995, nach 25 Jahren, mit dem 2. Europäischen Naturschutzjahr ihren Höhepunkt erreichen werden.

Die vorliegende Publikation der beiden Ichthyologen Prof. G. Buhse und Prof. A. Lelek ist den Fischen im Rhein gewidmet. Sie bildet somit innerhalb der laufenden Kampagne des Europarates eine nicht unwesentliche, besonders willkommene Ergänzung. Gestaltung und Inhalt sind gleichermaßen attraktiv und lehrreich, so daß der Wissenschaftler wie auch der Sonntagsfischer Interesse und Spaß daran finden. Es ist unseres Wissens das erste Mal, daß der Fischbestand des wichtigsten Flusses Westeuropas derart gründlich, systematisch und homogen zwischen Basel und der Meeresmündung analysiert wurde.

Die Initiative der Firma Sandoz, welche die Verwirklichung dieser Publikation ermöglicht hat, ist zu beglückwünschen wie übrigens auch das breitangelegte Forschungsprogramm, welches der Sandoz-Rheinfonds initiiert und finanziert hat. Dieser mit 10 Millionen Schweizer Franken dotierte Fonds wurde als Folge des Brandunfalls von Schweizerhalle (1. November 1986) ins Leben gerufen und beweist die Entschlossenheit des großen Basler Chemiekonzerns, seinen Verpflichtungen umfassend nachzukommen, um zu helfen, den angeschlagenen Lebensraum im Rhein wieder in ein funktionierendes aquatisches System zurückzuführen.

Der Europarat freut sich über die Verwirklichung der vorliegenden Studie, und ich hoffe sehr, daß das von Sandoz bewiesene Engagement auch in einem erweiterten geographischen Raum Schule machen wird, zum Wohl unseres natürlichen Erbes und, last but not least, des Markenzeichens „Umweltfreundlichkeit" der großen europäischen Wirtschaftsführer.

Jean-Pierre Ribaut
Leiter der Abteilung für Umweltschutz
Europarat Straßburg

1 Einleitung

Der Rhein als völkerverbindender Strom Westeuropas übte von jeher eine große Anziehungskraft auf die Menschen aus, insbesondere auf jene, die sich entlang seiner Ufer ansiedelten. Die Ereignisse der fernen Vergangenheit gingen am Fluß selbst praktisch spurlos vorbei; sie betrafen nur den Menschen. Erst während der letzten 200 Jahre, seit alle im Strom verborgenen Kräfte nach und nach in Anspruch genommen wurden, reagierte der Rhein – langsam aber unaufhaltsam: Das wild fließende Wasser wurde zunehmend in einen Hauptstrom geleitet; die Anwohner trugen zu einer allmählichen, aber stetigen Verschlechterung der Wasserqualität bei, so daß es schließlich als Trinkwasser für den Menschen nur noch bedingt brauchbar war; die Uferlandschaften des Flusses veränderten sich, die Vielfalt und Verbreitung der Pflanzen- und Tierwelt wurden reduziert; die immer stärkere Nutzung des Flusses wurde zur Bedrohung vieler Arten und führte in etlichen Fällen zu deren gänzlichem Verschwinden.

Diese Veränderungen im aquatischen Milieu vollzogen sich kontinuierlich, jedoch meist unbemerkt. Es ist daher nicht erstaunlich, daß die Auffassungen über die Stärke und das Ausmaß der Belastungen weit auseinandergingen, ja oft konträr waren.

Biologen, Wasserwirtschaftler, Politiker und in den letzten Jahren auch die Umweltschutzorganisationen machten auf den sich verschlechternden Zustand des Rheins aufmerksam und warnten immer eindringlicher. Aufgrund von umfassenden Untersuchungen und fundierten Stellungnahmen wurden von verantwortlichen und technisch zuständigen Stellen bereits vor Jahren mehrere, aber bei weitem nicht ausreichende Anstrengungen unternommen, um am Rhein selbst und an seinen Zuflüssen zur Sauberhaltung des Wassers beizutragen. Diese Bemühungen wurden aber kaum wahrgenommen. Durch die sich häufenden Unfälle am Fluß mit öfter nachfolgendem Fischsterben wurden Öffentlichkeit, Institutionen, Behörden und Industrie sich der Ernsthaftigkeit der Situation bewußt, was dazu führte, daß die Maßnahmen zur Behebung der Mißstände nun auf breiter Basis angelegt und getragen werden konnten.

Heute, nach nur wenigen Jahren, ist bereits eine spürbare Erholung eingetreten und somit auch die Zeit gekommen, sich auf eine beinahe schon abgeschriebene Nahrungs- und Verdienstquelle – die Fische – zu besinnen. Bei ihrer Beobachtung zeigt sich, daß jedem Schritt, der zur Verbesserung des Rheinzustandes beigetragen hat, positive Auswirkungen folgten. Die Fischfauna lieferte durch ihren Rückgang die ersten sichtbaren Zeichen der Mißstände, die in den letzten Jahrzehnten eingetreten waren, und sie ist es auch, die die Verbesserung der Wasser- und Flußqualität wieder anzeigt.

Gegenwärtig haben sich alle Interessengruppen zu dem kollektiven Credo „Gemeinsame Verantwortung" für den Rhein bekannt. Daß der eingeschlagene Weg richtig ist, bestätigt sich an der positiven Fortentwicklung der glücklicherweise noch in Vielfalt vorhandenen Fischarten. Wird auch weiterhin die Belastung des Wassers verringert, beläßt man die noch vorhandenen natürlichen Ufer, renaturiert so viel wie möglich neue Abschnitte und erhält funktionierende Auen, so wird der Rhein eine dauerhaft spürbare Verbesserung erfahren, und Flora und Fauna werden das Biotop neu besiedeln.

Die vorliegende Publikation erhebt keinen Anspruch auf Vollständigkeit. Ziel der Autoren ist es, ein realistisches, wenn auch manchmal aufgrund mangelnder Daten lückenhaftes, Bild der Fischfauna des Rheins zu vermitteln. Es soll dargelegt werden, welche Wechselwirkungen zwischen Beschaffenheit von Flußbett und Wasser einerseits und der aquatischen Fauna und Flora andererseits bestehen und wie sich in Abhängigkeit von den Veränderungen im Rhein das Vorkommen der vielfältigen Fischarten wandelte. Um diese Zusammenhänge dem interessierten Leser verständlich zu machen, ist es erforderlich, zunächst auf die Entstehung und Gliederung des Rheins selbst und den natürlichen sowie durch den Menschen beeinflußten Werdegang des großen Lebenraumes „Fluß" einzugehen. Erst dann sollen die einzelnen Fischfamilien detailliert und ausführlich beschrieben werden.

Es ist noch anzufügen, daß viele der hier vorgelegten Daten aus einer neueren Untersuchung stammen, mit der erstmals die Fische des Rheins, von Basel bis zur niederländischen Grenze, systematisch nach der gleichen Methode erfaßt und beschrieben werden. Detaillierte Angaben zu morphometrischen und meristischen Merkmalen der einzelnen Fischarten sind in den Tabellen im Anhang wiedergegeben. Ferner soll noch auf das Glossar, ebenfalls im Anhang, zur Erklärung der Fachausdrücke verwiesen werden.

2 Zur Entstehungsgeschichte des Rheins

In der Urvergangenheit floß das Wasser in anderen Richtungen als heute. Die Oberflächenformen der Erde – insbesondere des ganzen Rheingebietes – veränderten sich im Laufe der letzten 12 Millionen Jahre sehr stark. In der Paläogeographie kann man anhand der abgelagerten Fossilien und der Gesteine Rückschlüsse auf die Verteilung von Land und Wasser, insbesondere auf die Veränderungen der Flußläufe, im Laufe der Erdgeschichte ziehen (Abb. 2.1).

So wissen wir, daß der Urrhein schon vor 12–10 Millionen Jahren existierte. Damals (Altpleistozän), etwa während der Heraushebung der Alpen, stand die Aare noch mit der Donau in Verbindung. Erst im Quartär (vor etwas weniger als 2 Millionen Jahren) gestaltete sich die Fließrichtung der europäischen Flüsse annähernd so, wie wir sie heute kennen [221]. Zu Beginn dieser erdgeschichtlichen Zeitepoche verband sich der Aarerhein mit dem Urrhein. Alpenrhein und Hochrhein bildeten sich erst im Mittelpleistozän aus, also vor etwa einer halben Million Jahren [221, 233]. Dies ist die erdgeschichtliche Etappe, in die auch die Eiszeiten (Mindel und Riss) fallen, die auf Fortbestand oder Aussterben der damals in unseren Regionen lebenden Fischarten entscheidenden Einfluß ausübten. Für den Rhein ist diese Zeitepoche von besonderer Bedeutung, da als Werk des Rheingletschers der Bodensee entstand und sich der Rheinfall von Schaffhausen bildete. Für das jüngste bis heute reichende Zeitalter des Holozäns ist die noch existierende Donau-Rheinverbindung nördlich des Bodensees zu erwähnen, die als Donauversickerung bekannt ist.

Die erdgeschichtlichen Ereignisse und die komplizierten Entwicklungen des Stromes liefern Erklärungen für seine Besiedlung mit Organismen einschließlich der Fische und deren heutigen Verbreitungsgrenzen, soweit diese nicht durch Eingriffe des Menschen beseitigt wurden [121 a, 124].

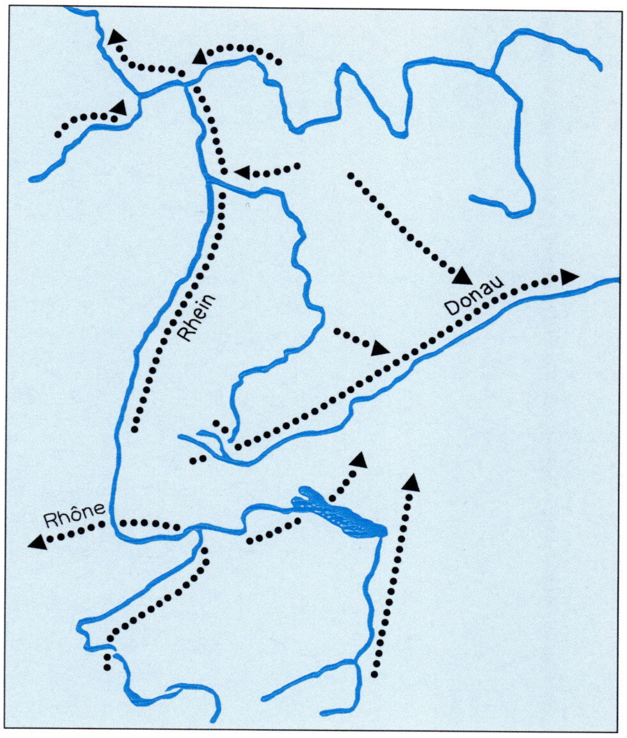

Abb. 2.1. Paläographisch bedingte Veränderung des Rheins nach der Unterbrechung der Verbindung Donau-Rhone im Altplaistozän. (Nach Quitzow 1974, umgezeichnet aus Kinzelbach 1990)

3 Gliederung des Rheins

Die einzelnen Flußabschnitte: Der Rhein hat eine Gesamtlänge von 1320 km (Abb. 3.2) und bildet über weite Strecken die natürliche Grenze zwischen der Schweiz und Deutschland sowie zwischen Frankreich und Deutschland. Er entsteht aus dem Zusammenfluß von Vorder- und Hinterrhein, deren Quellgebiete in den Schweizer Alpen liegen.

Vorder- und Hinterrhein/Alpenrhein: Im Kanton Graubünden, südlich des Oberalppasses, entspringt der Vorderrhein dem Tumasee (Lai da Tuma), der durch mehrere Bäche gespeist wird (Abb. 3.1).

Dieser See liegt auf einer Höhe von 2341 m und ist bereits mit Fischen besiedelt. Der Hinterrhein entspringt dem Rheinwaldfirn beim Rheinwaldhorn und Rheinquellhorn im Adula-Massiv an der Grenze der Kantone Graubünden und Tessin. Eingebettet in Schluchten, zählt der Hinterrhein in seiner Umgebung zu den schönsten Alpengewässern. Bei Reichenau vereinigen sich Vorder- und Hinterrhein zum Alpenrhein, der sich später in den Bodensee ergießt (Abb. 3.3 a und b ①).

Bodensee: Dieser große See mit einer Wasserfläche von 539 km^2 und einer durchschnittlichen Tiefe von 100 m (tiefste Stelle 252 m), was einem Volumen von 48,10 Millionen m^3 entspricht, ist für eine gleichmäßige Wasserversorgung des Rheins von großer Bedeutung. Früher zeichnete ihn eine außergewöhnlich hohe Wasserqualität und großer Fischreichtum aus.

Hochrhein: Vom Abfluß des Bodensees bis nach Basel wird der Fluß als Hochrhein bezeichnet (Abb. 3.3 a und b ②). Auf dieser Strecke münden wichtige Zuflüsse, insbesondere die Aare, die mehr Wasser spendet (Jahresmittelwert 563 m^3/s) als der Rhein beim Zusammenfluß mit der Aare (Jahresmittelwert 440 m^3/s). Die früher hohe Fließgeschwindigkeit ist heute infolge mehrerer Staustufen jedoch wesentlich herabgesetzt.

Oberrhein: Die nächste Flußstrecke von Basel (Rheinstromkilometer 151) bis unterhalb des Mainzuflusses (Rheinstromkilometer 500) wird als Oberrhein bezeichnet (Abb. 3.4). Der Hauptunterschied zwischen Hoch- und Oberrhein liegt in den Flußauen, die am Hochrhein schmal und am Oberrhein sehr breit sind. Diese lange Oberrheinstrecke weist einen sehr unterschiedlichen Charakter auf. Das Bild der Rheinaue verändert sich kontinuierlich, wofür die allmähliche Abnahme des Gefälles in Richtung Norden die Hauptursache ist (Abb. 3.3 a und b ③).

In den Randgebieten der ersten Strecke des Oberrheins zwischen Basel und Breisach treten

Abb. 3.1. Der Tumasee (2341 m) stellt die Quelle des Vorderrheins dar. Er ist schon mit Fischen besiedelt.

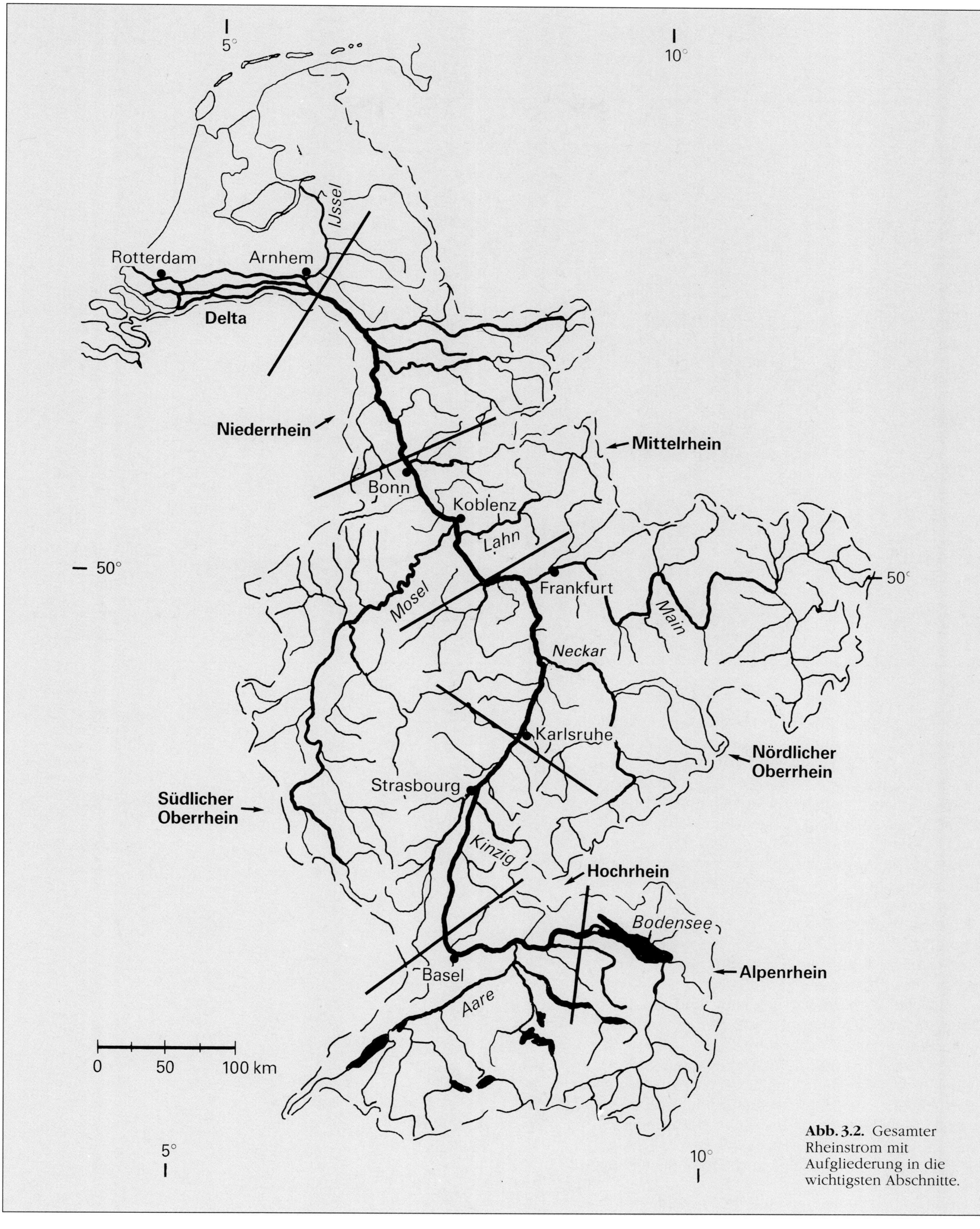

Abb. 3.2. Gesamter Rheinstrom mit Aufgliederung in die wichtigsten Abschnitte.

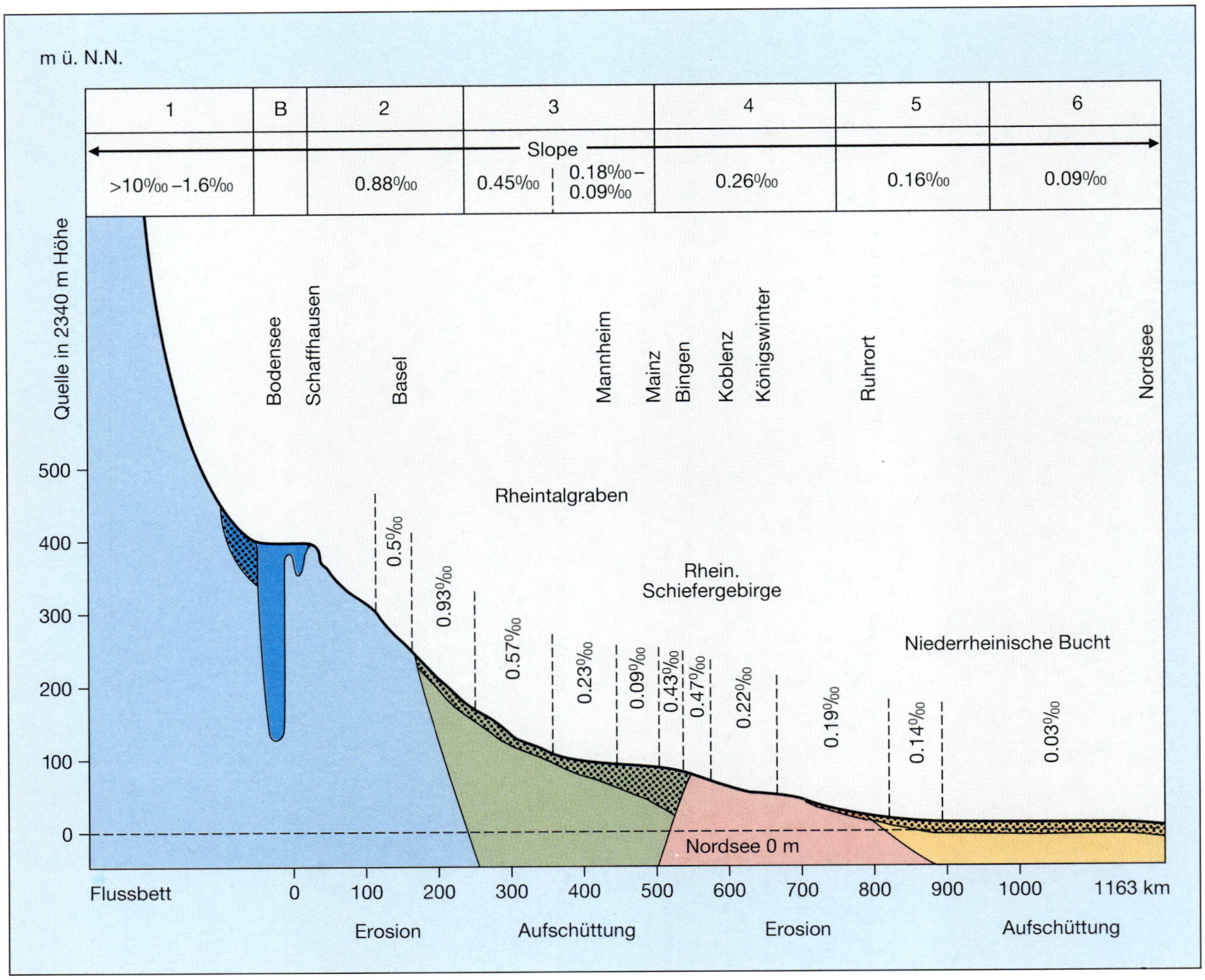

Abb. 3.3a. Schematische Darstellung des Höhenprofils des Rheins von den Alpen bis zur Nordsee. Die punktierten Flächen deuten die Sedimentationsräume an.

an vielen Stellen klare und ergiebige Grundwasserquellen zutage, sogenannte Giessen (Abb. 3.9), die früher mit lebhafter Strömung in die ehemaligen Seitenarme des Rheins einflossen. Noch heute prägen diese kühlen und nährstoffarmen Wasser der Giessen die Auen des südlichen Oberrheins. Sie bilden die seltenen und letzten Refugien der ursprünglichen aquatischen Flora und Fauna [49]. Dieses ganze Gebiet wird als Furkationszone bezeichnet.

Unterhalb dieser Zone folgt eine sogenannte Mäanderzone, d. h. eine Strecke mit vielen Flußschleifen und Windungen. Im Lauf der Zeit wurden sie durch natürliche, später durch künstliche Durchstiche vom Rhein getrennt und bildeten Altwässer, die die Vielfalt der Nischen in dieser Mäanderzone enorm erhöhen. Trotz großer technischer Veränderungen prägt die Mäanderzone auch heute noch die Auenlandschaft des nördlichen Oberrheins bis beinahe zur Einmündung des Mains. In dieser Rheinstrecke befinden sich auch die größten Ablagerungsräume von Material aus dem Hochrhein und dem südlichen Oberrhein (Abb. 3.3a ③).

Mittelrhein: Die nächste durch Gestaltung, Strö-

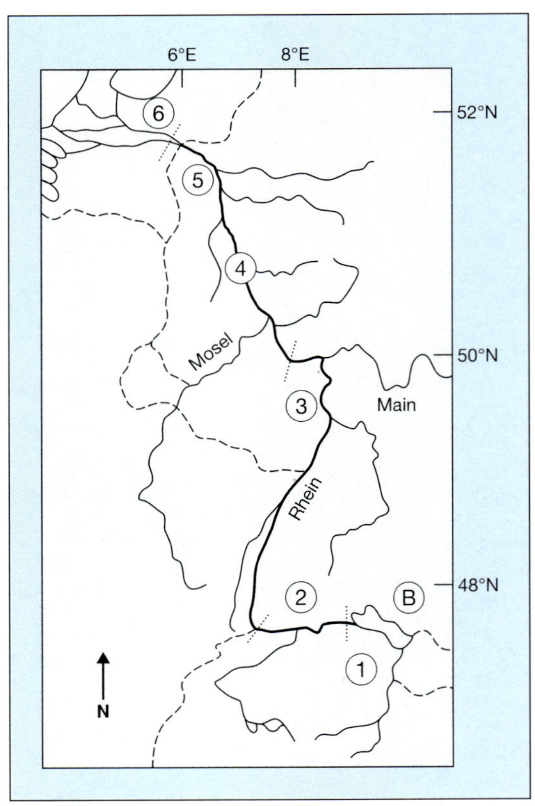

Abb. 3.3b. Die Gliederung des Rheins von 1–6 erfolgt nach dem Höhenprofil (Abb. 3.3a) wie folgt: 1 = Alpenrhein, B = Bodensee, 2 = Hochrhein, 3 = Oberrhein, 4 = Mittelrhein, 5 = Niederrhein, 6 = Rheindelta.

mung und Ausprägung der Aue unterschiedliche Strecke ist bekannt als Mittelrhein, der etwa von km 510 bis km 640 reicht. Drei große Zuflüsse münden dort ein, nämlich Main, Mosel und Lahn (Abb. 3.3 a und b ④).

Charakteristisch ist für diesen Abschnitt das meist harte, steinige bis felsige Flußbett und die erhöhte Strömung, besonders auf der Strecke, wo der Rhein durch die Schiefergebirge fließt. Insgesamt liegt eine malerische Landschaft vor, wo auch die Lorelei-Sage zuhause ist. Der Felsen über dem Rhein ist unverändert erhalten, aber das Flußbett wurde eingeebnet, um die für die Schiffahrt vielleicht gefährlichste Stelle des Rheins sicherer zu machen [110].

Niederrhein: Am Übergang vom Mittel- zum Niederrhein mündet der Fluß Sieg (Abb. 3.3 a und b ⑤). Als weitere Zuflüsse zum Niederrhein sind noch Emscher, Wupper, Ruhr und Lippe zu nennen. Dieser vorletzte Abschnitt des Rheins ist zum Teil vergleichbar mit dem nördlichen Oberrhein. Er ist charakterisiert durch geringere Strömungsgeschwindigkeit, festes Gerinne während der normalen Wasserführung und Überflutungen während der Hochwasserperioden. Die klassische Mäandrierung ist noch vorhanden, aber es finden keine Flußveränderungen mehr statt.

Delta: Das Delta des Rheins ist durch drei Hauptarme geprägt: Waal, Rjim und Ijssel (Abb. 3.3 a und b ⑥). Im Delta bestehen auch Verbindungen zum Fluß Maas, der im nordwestlichen Teil des Rheindeltas in die Nordsee mündet. Viele Baumaßnahmen haben den Charakter des Deltas einschneidend verändert [57, 281]. Einen guten Eindruck über die ursprünglichen Verästelungen der einzelnen fließenden Strecken des Rheins in das Delta im 17. Jahrhundert vermittelt die Abbildung im hinteren Buchdeckel.

Abb. 3.4. Das Oberrheingebiet aus der Satellitenperspektive.

3.1 Hydrologisch/hydrographische Aspekte

Die Hydrologie des Rheins wird von zwei wesentlichen Faktoren bestimmt: von der Größe der Einzugsgebiete des Hauptstromes und von den Niederschlägen im Einzugsgebiet.

Einzugsgebiet und Wasserführung

Das Einzugsgebiet des Rheins umfaßt Gebiete von Österreich, rund 70% der Schweiz, große Teile Deutschlands, Teile von Frankreich, fast ganz Luxemburg und die Niederlande. Die Zuflüsse erhöhen den mittleren Abfluß vor der Gabelung des Rheins in das Delta auf etwa 2250 m^3/s. Die Abflußunterschiede, gemessen während der Periode von 1931–1960, sind mit 990–6600 m^3/s sehr hoch (durchschnittliches Jahresminimum und -maximum; die bisher gemessenen höchsten und niedrigsten Werte der Wasserführung sind 13000 m^3/s, bzw. 620 m^3/s).

Wichtigste Wasserquelle neben den Niederschlägen in den verschiedenen Einzugsgebieten der Zuflüsse ist das Schneeschmelzwasser aus den Alpen, das im Juni und Juli für eine relativ hohe und regelmäßige Wasserführung sorgt. Am Ende des Hochrheins bei Basel werden in diesen Monaten auch die höchsten Abflußmengen registriert. Die Jahresverteilung der Abflüsse an Oberrhein und Niederrhein (km 690 Köln) mit Maxima und Minima derselben Jahresperiode zeigt, daß die Wasserversorgung der Zuflüsse sich aus den regnerischen Niederschlägen der Spätherbstmonate, der Schneeschmelze und den Frühjahrsregenfällen zusammensetzt (Abb. 3.5 und 3.6).

Fließgeschwindigkeit

Diese ist abhängig vom Gefälle, der Wassermenge und künstlich veränderten Abflußbedingungen. Bei normalem Wasserstand liegt die Fließgeschwindigkeit zwischen 0,6 und 1,7 m/s, erreicht aber an einzelnen Stellen, wie z. B. beim Binger Loch, bis zu 3,4 m/s (Abb. 3.7).

Erosion und Sedimentation

Die gesamte Fließstrecke des Rheins ist in drei Erosions- und Sedimentationsbereiche aufgeteilt: Der Alpenrhein mit großem Gefälle zwischen 10‰ und 1,6‰ liefert heute noch Sedimente in den Bodensee, obwohl die Strecke vom Quellgebiet bis zur Einmündung mit Wasserbauten versehen ist. Der Hochrhein weist ebenfalls hohes Gefälle von 0,8‰ auf. Der Höhenunterschied vom Auslauf aus dem Bodensee bis nach Basel beträgt 150 m, wobei der Rheinfall bei Schaffhausen 24–25 m hoch ist. Diese Strecke mit sehr ergiebigen Zuflüssen versorgt den zweiten, größten Sedimentationsraum des Oberrheins. Wegen der vielen Wasserbauten ist die heutige Erosion des Hochrheins geringer geworden. Den nächsten Erosionsbereich repräsentiert der Mittelrhein, dessen abgetragenen Stoffe sich im Niederrhein absetzen. Eine schematische Darstellung dieser unterschiedlichen Bereiche zeigt Abbildung 3.3 a (Seite 6). Die Verteilung von Strecken mit höherem und niedrigerem Gefälle wirkte sich sehr positiv aus für die vielfältige Gestaltung der Fließrinne des Hauptstroms und der Nebengewässer sowie der dort lebenden Fauna.

Wassertemperaturen

Viele chemisch-physikalische und biologische Vorgänge werden von der Temperatur des Wassers beeinflußt. So nimmt z. B. die Sauerstofflöslichkeit und damit die O_2-Sättigungskonzentration des Wassers mit steigender Temperatur ab. Nähere Angaben hierzu finden sich u. a. bei Malle (1991 [187 b]).

Inwieweit die seit 1925 beobachtete kontinuierliche Erhöhung der Wassertemperatur, die mit der Steigerung der Lufttemperatur parallel verläuft, auf Klimaschwankungen oder menschliche Einflüsse zurückzuführen ist, kann zum gegenwärtigen Zeitpunkt nicht schlüssig beantwortet werden. Ebenso bleiben noch viele Fragen zur Wechselwirkung zwischen Zunahme der Wassertemperatur und der belebten Umwelt offen.

Die Temperaturen in den verschiedenen Abschnitten des Rheins sind wie folgt: Die niedrigsten Jahresmittelwerte wurden am Hochrhein mit 10,6 °C registriert und die höchsten am Ober- und Niederrhein mit 13,7 °C bzw. 12,8 °C. Dort wurde auch die maximale Wassertemperatur mit 26,2 °C gemessen. Die niedrigste Temperatur wurde im nördlichen Abschnitt des Mittelrheins mit 0,0 °C registriert. Sonst bewegen sich die Minimaltemperaturen zwischen 1,7 °C (Worms km 443) und 1,8 °C (Rees km 837) [60 a]. Eine genaue Analyse deutet auf einen Anstieg der Wassertemperatur während der letzten 60 Jahre um 2 °C hin (Abb. 3.8).

Allerdings stellt nach Auffassung der Internationalen Kommission zum Schutz des Rheins die thermische Belastung des Flusses gegenwärtig kein vorrangiges Problem dar. Immerhin scheint es aber angezeigt, in Zukunft die Wärmeeinleitungen der großen Kraftwerke, insbesondere während jahreszeitlich bedingter erhöhter Wassertemperaturen [187 b].

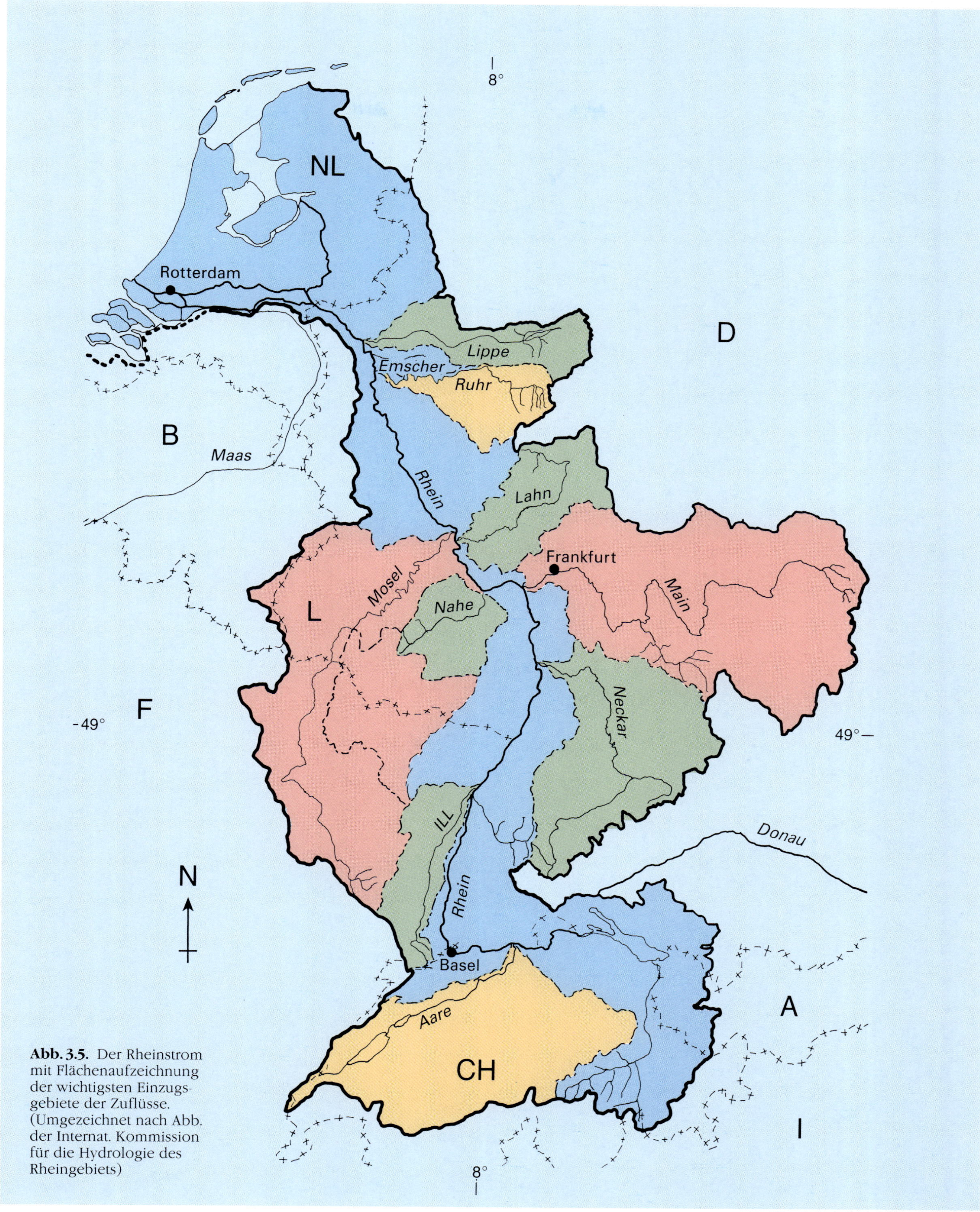

Abb. 3.5. Der Rheinstrom mit Flächenaufzeichnung der wichtigsten Einzugsgebiete der Zuflüsse. (Umgezeichnet nach Abb. der Internat. Kommission für die Hydrologie des Rheingebiets)

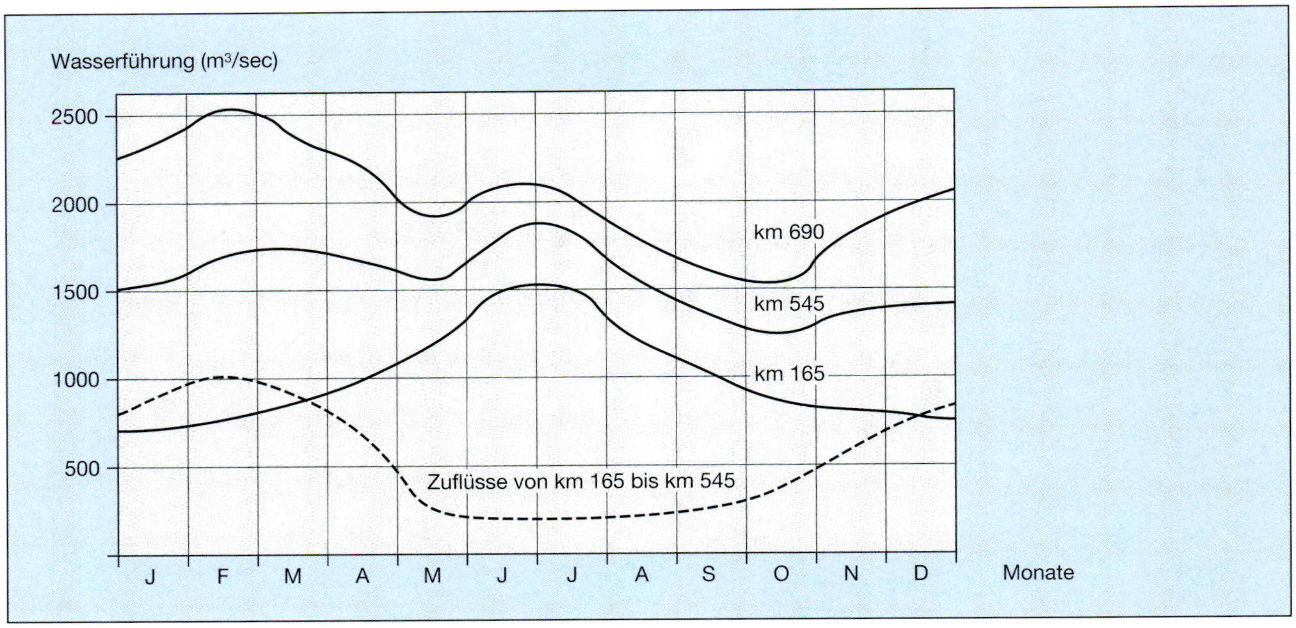

Abb. 3.6. Die Wasserführung des Rheins nach langfristigen Messungen. (Umgezeichnet nach Dtsch. Gewässerkundliches Jahrbuch, Rheingebiet, 1974)

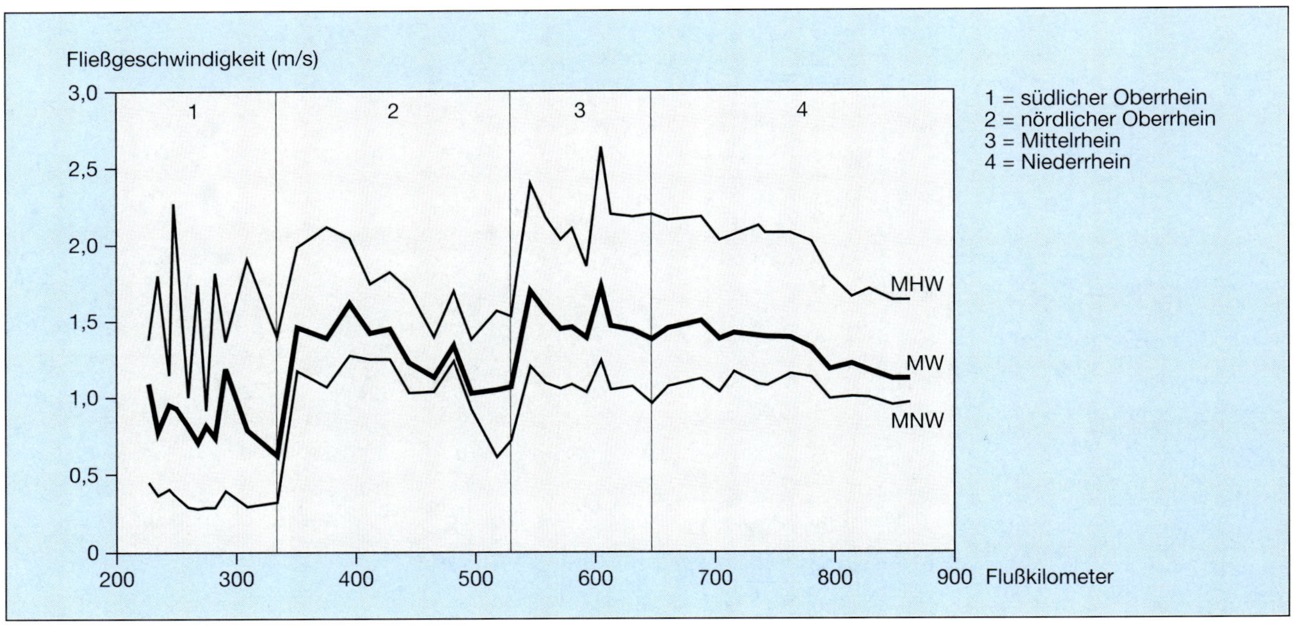

Abb. 3.7. Fließgeschwindigkeiten entlang der deutschen Rheinstrecke (1978–1987). Angegeben sind die jeweiligen durchschnittlichen Fließgeschwindigkeiten für mittleres Hochwasser *(MHW)*, Mittelwasser *(MW)* und mittleres Niedrigwasser *(MNW)*. (Aus: Köhler u. Müller 1991 [139])

Abb. 3.8. Die Wassertemperaturerhöhung, verglichen mit der Abflußmenge bei Rheinstromkilometer 700, deutet auf etwa 2 °C Anstieg während der letzten 60 Jahre hin. (Umgezeichnet nach Malle 1983 [186] und ergänzt bis 1985)

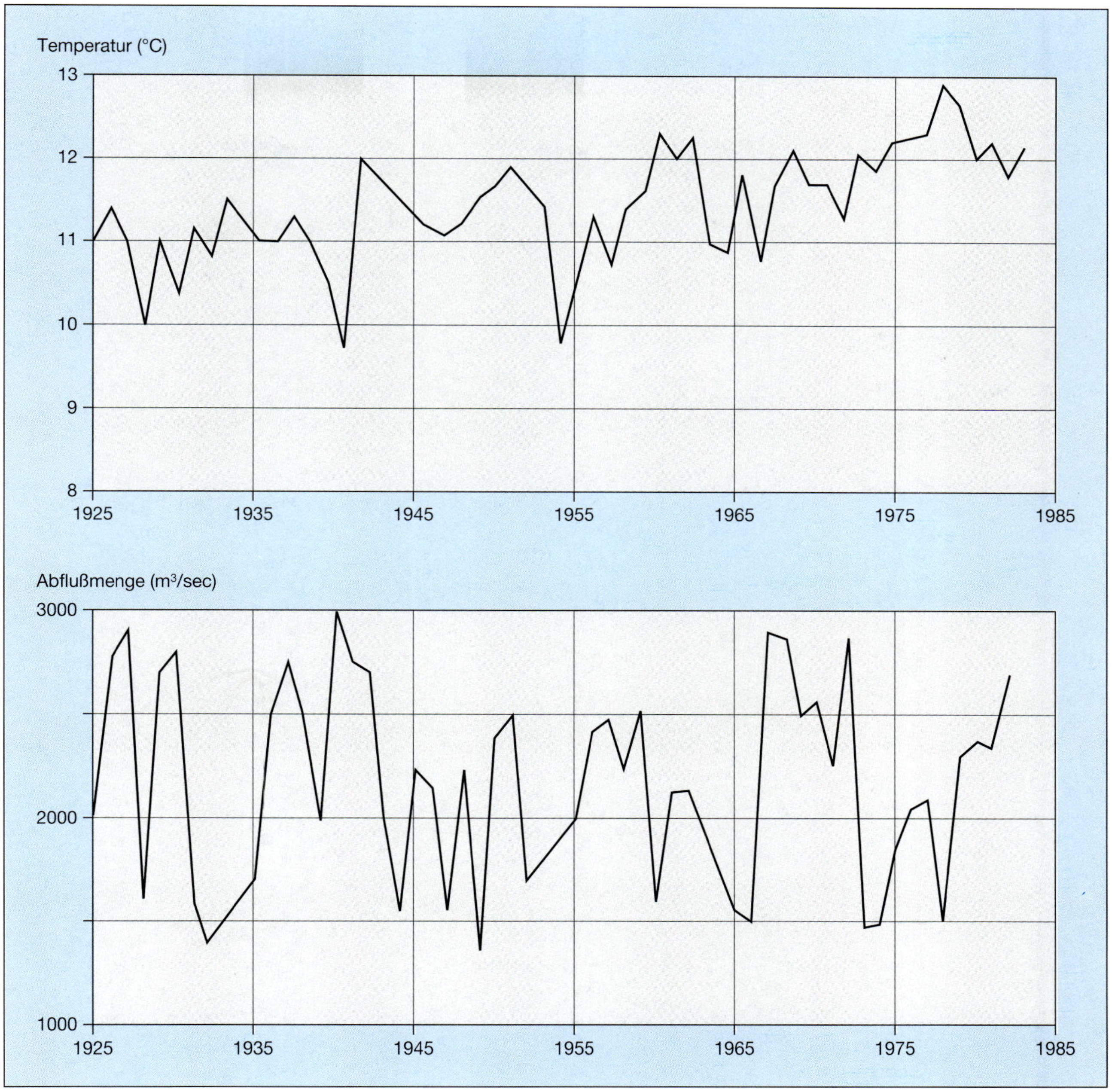

Abb. 3.9. Giessen sind die langsam in der Aue des Rheins fließenden Gewässer am südlichen Oberrhein. Sie sickern örtlich als Grundwasser aus den Gebirgsmassiven des Schwarzwalds und der Vogesen. Ihr Wasser ist klar und kühl; die chemischen Eigenschaften unterscheiden sich von denjenigen des Rheinwassers.

Abb. 3.10. Überflutete Wiesen am südlichen Oberrhein können, wenn sie Verbindung zum Rhein besitzen, wichtige Laichplätze, besonders für den Hecht und die Wildform des Karpfens, darstellen.

4 Menschliche Eingriffe am Rhein

4.1 Korrektionen, Kanalverbindungen und ihre Konsequenzen

Wie der Mensch in die Landschaft eingreift, ist schon am Alpenrhein erkennbar. Bereits unweit unterhalb der Quelle fangen die ersten Begradigungsversuche an und sind Bauten zur Nutzung des Wassers errichtet (Abb. 4.1 und 4.2). Auf dieser Strecke wurden insgesamt 38 Wasserbauten und 11 Dämme zur Energiegewinnung angelegt. Trotzdem findet immer noch ein Sedimenttransport in den Bodensee statt.

Am Hochrhein bestehen 11 Stauwehre zur Elektrizitätsgewinnung. Damit ist die Verbindung im Fluß unterbrochen. Die Wanderung von Fischen ist nicht mehr möglich und abdriftende Fließwasserorganismen gelangen in Ruhigwasserabschnitte [255].

Besonders beeindruckend sind die Veränderungen am Oberrhein. Den wichtigsten Eingriff stellt die Rheinregulierung von Oberst Tulla Mitte des vorigen Jahrhunderts dar. Ziel war es, den südlichen und wildesten Abschnitt des Oberrheins, der sich in vielen Armen und ständig veränderndem Flußverlauf durch die Landschaft ergoß, in eine Hauptrinne zu konzentrieren, deren Tiefe sich dann selbst erhalten sollte.

Wie der Rhein damals vor der Regulierung durch Tulla aussah, vermittelt uns das Ölgemälde von Birman (Abb. 4.3). Wittmann (1949) [291], der über die am Rhein tätigen Wasserbau-Ingenieure Biographien verfaßt hat, schreibt: „... Jedes der alljährlichen Hochwasser änderte den Lauf, riß alte Inseln durch und ließ neue entstehen, bedrohte Menschen und Siedlungen: Der Strom war der Feind des Menschen, seiner Werke und seiner Habe. Breisach lag bald auf der linken, bald auf der rechten Seite des Hauptstromes ...".

Die Landschaft in Basel selbst, früher und heute, dokumentieren die Abbildungen 4.5 a und b.

Zur Durchsetzung dieses für damalige Zeiten grandiosen Unternehmens wurden auf beiden Seiten des Rheins etwa 250 km Deiche gebaut, zu denen noch etwa 200 km Buhnenbauten hinzukamen. Im nördlichen Teil des Oberrheins wurden mehrere „Durchstiche" zwischen den mäandrierenden Bögen des Rheins gemacht (Abb. 4.4 a und b) und die ganze Fluß-Strecke

Abb. 4.1. Die ersten Umweltveränderungen sind schon im Quellgebiet sichtbar. Sanitäranlagen nah am Ufer vom Tomasee und Wasserentnahmestellen.

Abb. 4.2. Erste Wasserverbauungen befinden sich schon im Einzugsgebiet des Alpenrheins kurz unterhalb des Quellgebietes.

Abb. 4.3. Landschaft unterhalb Basels. Blick von Isteinerklotz rheinaufwärts gegen Basel. (Aus Kunstmuseum Basel, Ölgemälde von P. Birmann, 1758–1844)

zwischen Basel und Mannheim um etwa 60 km verkürzt [144].

Die zweite Etappe, der Ausbau zur modernen Wasserstraße, begann 1906. In der Praxis haben sich die Ideen von Tulla bestätigt: Auch bei Niedrigwasser blieb eine konstante Fahrrinne erhalten [105].

Damals war den Menschen zweifelsohne geholfen. Heute, nachdem die negativen Auswirkungen der Flußbetterosion und ihrer Nebenwirkungen hinreichend bekannt sind, wird nach neuen Lösungen geforscht [235 a, 236].

Eine weitere Veränderung am Oberrhein ist der in neuerer Zeit errichtete „Grand Canal d'Alsace" (Rheinseiten-Kanal). Er dient der Sicherstellung einer ganzjährigen Schiffahrt. Dazu wurde das Wasser des Hauptstromes von Basel bis nach Breisach in einen Nebenkanal geleitet. Das ursprüngliche Flußbett, heute „Restrhein" genannt, ist geblieben. Dort sind noch alle Unebenheiten der Flußsohle sichtbar, auch Teile der Vegetation sind verblieben und die örtliche Einwirkung der Nebengewässer, der Giessen, erkennbar. Der ausbetonierte Rheinseitenkanal wird für die Schiffahrt mit Rheinwasser versorgt, und zwar auch dann, wenn für den Restrhein kaum noch Wasser zur Verfügung steht.

Die negativen Auswirkungen auf den Restrhein und die dort lebenden Organismen sind beträchtlich. Ohnehin beeinträchtigen die enormen Wasserschwankungen das Leben der dort noch vorkommenden Fischarten. Unterhalb von Breisach folgen noch vier weitere Wehre, deren Einfluß auf die Fauna aber nicht so stark ist wie der des Rheinseitenkanals.

Die Umwandlung der südlichen Oberrheinstrecke hat die Schiffahrtsprobleme zufriedenstellend gelöst. Durch diese Maßnahmen wurde zwar auch die Erosion in diesem Gebiet zumindest zeitweilig beseitigt, die Erosion der Flußsohle hat sich aber im Grunde dadurch nur stromabwärts verlagert [74, 75].

Die Veränderungen des nördlichen Oberrheins, die bereits erwähnten Durchstiche zwischen den Mäanderbögen, beeinträchtigen weniger den Hauptstrom als die Nebengewässer. Die erhöhte Strömung hat die Sohle tiefer gelegt, und die Verbindungen zu den früheren Seitengewässern, den sogenannten Altrheinen, wurden entweder unterbrochen oder sind höchstens bei mittlerer oder erhöhter Wasserführung erhalten. Die Wiederherstellung dieser Verbindungen ist aus fließgewässer-ökologischer Sicht wünschenswert [61, 63, 209, 235 b, 237]. Für den Fortbestand der Fischarten der stehenden Gewässer sind diese Verbindungen zusammen mit den starken periodischen Überflutungen der Nebengewässer eine Notwendigkeit [169].

Die durch Menschen verursachten Veränderungen am Mittelrhein sind nicht so eingreifend wie am Oberrhein. Hier beeinträchtigen vor allem die Wehre an den Einmündungen der Nebenflüsse Main, Mosel und Lahn die Fauna. Das Hauptproblem in diesem Gebiet bildet aber die chemisch-physikalische Belastung der Zuflüsse, insbesondere des Mains [34, 128, 162, 164 a, 174]. Hierauf wird noch im nächsten Kapitel eingegangen werden.

Die Veränderungen am Niederrhein lassen sich mit jenen am nördlichen Oberrhein vergleichen. Es fehlen die periodischen Überflutungen und die Verbindungen zu den Nebengewässern. Ein großer Störfaktor auf dieser Strecke ist der Schiffsverkehr (tägliche zollamtliche Abfertigung Deutschland/Niederlande: 300 große Wasserfahrzeuge, Sportboote nicht gerechnet).

Das Delta des Rheins ist mehrfach verändert worden. Insbesondere der Mündungsbereich wurde zum Schutz vor Flutkatastrophen künstlich verändert. Gegenwärtig ist eine außerordentlich eingreifende Umgestaltung in Vorbereitung, der sogenannte Deltplan, der beabsichtigt, die Mündungsarme mit vier großen Dämmen von insgesamt 33 km Länge (mit Schleusendurchlaß für die Schiffahrt) zu versehen. Sollte dieses Vorhaben verwirklicht werden, dürfte die Zukunft der migrierenden Fischarten wie Lachs, Meerforelle, Stör u. a. im Rhein in Frage gestellt sein.

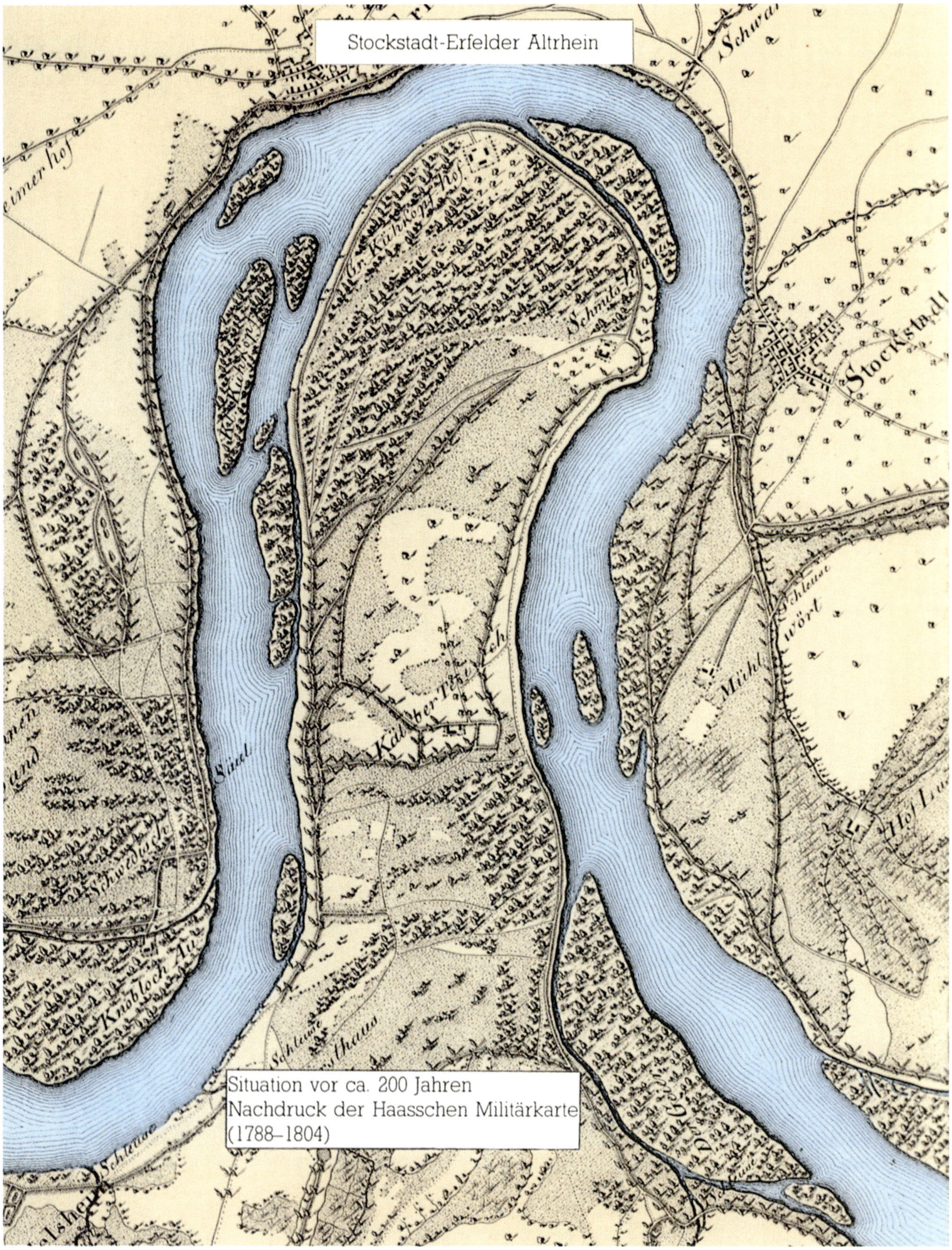

Abb. 4.4. Beispiel eines Durchstiches am nördlichen Oberrhein. Links Zustand nach der Haas'schen Militärkarte (1788–1804), rechts Zustand in 70er Jahre.

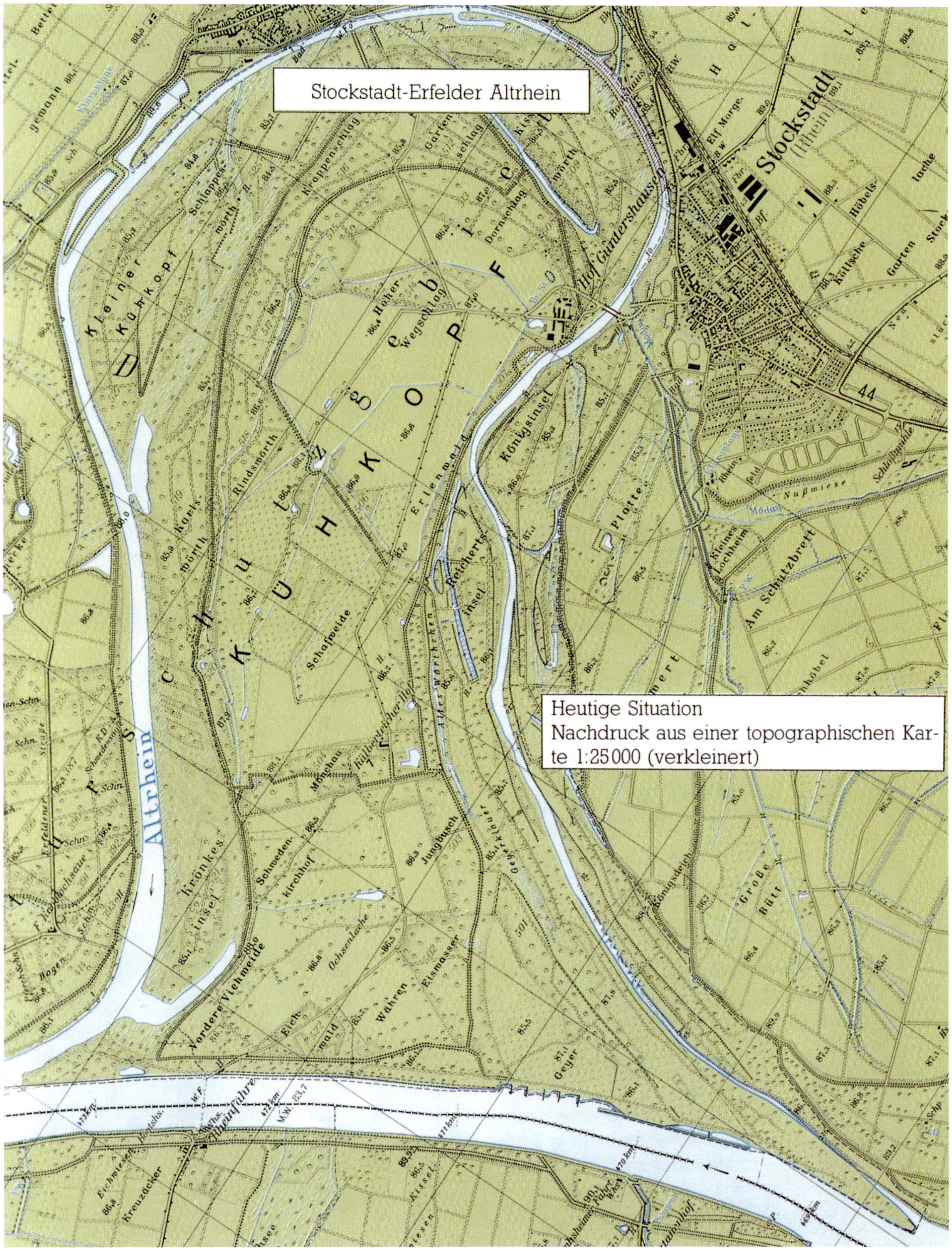

Heutige Situation
Nachdruck aus einer topographischen Karte 1:25000 (verkleinert)

Abb. 4.5 a und b. Blick vom Hornfelsen auf den Rhein. a) 1850 (Aquarelle von Louis Bleule, aus Tanner 1987 [261]) und b) 1986.

Eutrophierung

Die Anreicherung von Nährstoffen, fördert die Massenvermehrung von Algen und führt in gewissen Flußabschnitten über mehrere Prozesse zu Sauerstoffmangel in den tieferen, sehr schwach strömenden Wasserschichten. Im Rhein ist die Eutrophierung zwar geringer geworden, stellt aber noch immer ein Problem dar. Die Verursacher, die löslichen Pflanzennährstoffe Phosphor und Stickstoff, gelangen aus diversen Quellen in den Strom. Mit Hilfe der Kläranlagen gelingt es heute zwar, die Zufuhr an Nährstoffen zu reduzieren, aber nicht, sie zu eliminieren. Die einzige Ausnahme finden wir am Bodensee, wo konsequent die Kläranlagen mit Phosphatelimінierung, der sogenannten dritten Reinigungsstufe, ausgestattet sind.

Die wichtigste Komponente beim Stickstoffgehalt der Gewässer sind die Ammoniumverbindungen. Bei ausreichendem Sauerstoffangebot werden sie durch spezielle Bakterien durch Nitrifikation zu Nitrat oxydiert. Im Rhein hat sich die Ammoniumbelastung in den letzten Jahren erheblich verringert. Die Nitrifikation hat aber einen leichten Anstieg des Nitratgehaltes zur Folge gehabt, der aber noch deutlich unter dem von der EG-Kommission für Trinkwasser vorgeschlagenen Grenzwert liegt.

Eine sichtbare Auswirkung der Eutrophierung auf die Pflanzen- und Tierwelt läßt sich heute nur noch in einigen, zeitweise mit dem Hauptstrom verbundenen Altrheinen feststellen. Gut beobachten kann man hingegen die negativen Auswirkungen der Eutrophierung an den künstlich geschaffenen Seen, in den Staustufen im Hochrhein und in den Niederlanden, wo das Rheinwasser bis zu 70 Tagen zurückgehalten wird, bevor es in die Nordsee fließt.

Rest- und Huminstoffe

Beim biologischen Abbau, ob im Gewässer oder in den Kläranlagen, werden nicht alle Stoffe gänzlich zersetzt oder mineralisiert. Ein Teil bleibt in gelöster oder partikulärer Form erhalten. Ihre Untersuchung ist schwierig und erfordert den Einsatz modernster analytischer Methoden. Letzteres gilt auch für den makroskopischen Bereich. Zur Untersuchung verschiedener Einflüsse auf die Besiedlung der Flußsohle mit wirbellosen Organismen wird heute die Taucherglocke eingesetzt (Abb. 4.9 und 4.10).

Abb. 4.9. Taucherglockenschiff Carl Straat. (Archiv der Bundesanstalt für Gewässerkunde, Koblenz)

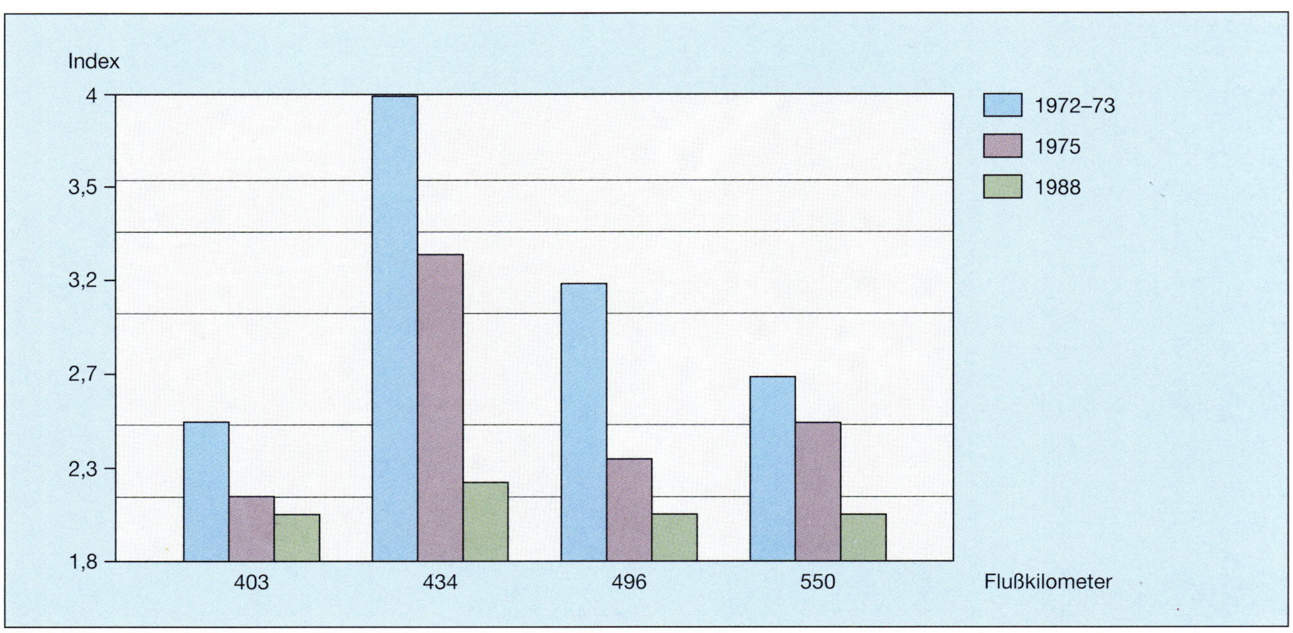

Abb. 4.10. Biologischer Zustand des Rheins in 3 Zeitetappen in den früher stark belasteten Flußstrecken. Index 1 deutet einen guten Zustand, Index 4 eine starke Belastung an. Die farbige Darstellung, verglichen mit den Güteklassen des Wassers (s. Abb. 4.11), vermittelt ein besonders optimistisches Zustandsbild, das nicht in vollem Einklang mit der offiziellen Klassifizierung steht. (Umgezeichnet nach Haltrich 1990)

4.3 Zusammenfassung der Veränderungen des Rheins

Rückschauend lassen sich die Veränderungen des Rheins nach Friedrich [78] wie folgt unterteilen:

1. Etappe vor dem Jahr 1765
Es herrschten beinahe ursprüngliche Zustände im Strom, die Fischerei stellte keine Gefahr für die Fischfauna dar.

2. Etappe 1766–1915
Sichtbare Auswirkungen der Rheinkorrektionen: erhöhte Erosion, Verbauung der Nebenflüsse, Verlust der Überflutungsflächen als Laichgebiete und Produktionsräume für viele Fischarten, Störung durch die Zunahme des Schiffsverkehrs, örtlich die ersten Gewässer-Verunreinigungserscheinungen.

3. Etappe 1916–1933
Zunahme der Besiedlungsdichte und allgemeine Industrialisierung, gekoppelt mit Wasserverunreinigung, machen sich am Rückgang der Fischerei bemerkbar. Einige Fischarten werden selten oder sind gänzlich verschwunden. Geschmacksbeeinträchtigung z. B. durch Phenole machen die Fische oft ungenießbar. Der Aal ersetzt die wertvollen lachsartigen Fischarten.

4. Etappe 1934–1948
Die unerträgliche Situation der vorherigen Etappe ist geblieben, nur unmittelbar nach dem Ende des Zweiten Weltkrieges erholte sich der Fluß und dessen Fauna vorübergehend als Folge der kurzfristigen Nachkriegsstagnation.

5. Etappe 1949–1954
Der wirtschaftliche Aufschwung setzt auf Produktion und Rentabilität. Die Verunreinigung erreicht kritische Ausmaße, manche Flußstrecken werden fischleer, besonders am Niederrhein.

6. Etappe 1955–1975
Läßt sich als Zeitraum der Hoffnung beschreiben. Die Sorge um Verbesserung der Wasserqualität fängt schleppend an. Die Fischerei wird nur örtlich (Oberrhein) beruflich ausgeübt. Zusätzlicher Besatz mit anpassungsfähigen Fischarten, besonders mit dem Aal liefert Erträge. Die Erholung der übrigen Fischfauna ist kaum wahrnehmbar.

7. Etappe 1976
Die Erholung des Flusses hat tatsächlich begonnen. Auslösendes Moment zum Handeln war die Endosulfan(Thiodan)-Katastrophe im Juni 1969 gewesen. Sie kann als der eigentliche Wendepunkt in der Wahrnehmung des Zustandes des Rheins betrachtet werden.

Der Unfall der Schweizer Firma Sandoz, dessen Flußbeeinträchtigungsmaß erheblich geringer war, traf die breite Öffentlichkeit zu einem Zeitpunkt erhöhten Umweltbewußtseins. Die Aufklärung der Anrainer, die Maßnahmen zur Behebung der Schäden sowie die Zukunftspläne sind, mit wenigen Ausnahmen, konkret und sachlich.

Heute werden Projekte unterstützt, die den „Istzustand" analysieren. Die „Rheinkommissionen" zeigen sich als wirksame Unterstützer der kostspieligen Bemühungen um Sauberhaltung des Hauptstromes sowie seiner Zuflüsse. Die ersten Ideen zu ökotechnischen Maßnahmen werden präsentiert. Die allgemeine Erhöhung des Umweltbewußtseins trägt zur Beschleunigung der Projekte sowie zur Sauberhaltung des Rheins bei. Die ersten Nachweise über die Verbesserung der allgemeinen limnologischen Zustände und der Fischfauna sind erbracht.

Erläuterung zu den Güteklassen

Güteklasse I: Unbelastet bis sehr gering belastet. Gewässerabschnitte mit reinem, stets annähernd sauerstoffgesättigtem und nährstoffarmem Wasser; geringer Bakteriengehalt; mäßig dicht besiedelt, vorwiegend von Algen, Moosen, Strudelwürmern und Insektenlarven; sommerkühl, Laichgewässer für forellenartige Fische.

Güteklasse I–II: Gering belastet. Gewässerabschnitte mit geringer anorganischer oder organischer Nährstoffzufuhr ohne nennenswerte Sauerstoffzehrung; dicht mit großer Artenvielfalt besiedelt; sommerkühl, besiedelt mit forellenartigen Fischen.

Güteklasse II: Mäßig belastet. Gewässerabschnitte mit mäßiger Verunreinigung und guter Sauerstoffversorgung; sehr große Artenvielfalt und Individuendichte von Algen, Schnecken, Kleinkrebsen, Insektenlarven; Wasserpflanzenbestände decken größere Flächen; ertragreiche Fischgewässer.

Güteklasse II–III: Kritisch belastet. Gewässerabschnitte, deren Belastung mit organischen, sauerstoffzehrenden Stoffen einen kritischen Zustand bewirkt; Fischsterben infolge Sauerstoffmangel möglich; Rückgang der Artenzahl bei Makroorganismen; gewisse Arten neigen zur Massenentwicklung; meist noch ertragreiche Gewässer.

Güteklasse III: Stark verschmutzt. Gewässerabschnitte mit starker organischer, sauerstoffzehrender Verschmutzung und meist niedrigem Sauerstoffgehalt; örtlich Faulschlammablagerungen; flächendeckende Kolonien von fadenförmigen Abwasserbakterien und festsitzenden Wimpertieren übertreffen das Vorkommen von Algen und höheren Pflanzen; nur gegen Sauerstoffmangel unempfindliche tierische Makroorganismen wie Schwämme, Egel, Wasserasseln kommen bisweilen massenhaft vor; geringe Fischereierträge; mit periodischem Fischsterben ist zu rechnen.

Güteklasse III–IV: Sehr stark verschmutzt. Gewässerabschnitt mit weitgehend eingeschränkten Lebensbedingungen durch sehr starke Verschmutzung mit organischen, sauerstoffzehrenden Stoffen, oft durch toxische Einflüsse verstärkt; zeitweilig totaler Sauerstoffschwund; Trübung durch Abwasserschwebstoffe; ausgedehnte Faulschlammablagerungen, durch Zuckmückenlarven oder Schlammröhrenwürmer dicht besiedelt; Rückgang fadenförmiger Abwasserbakterien; Vorkommen von Fischen nur begrenzt möglich.

Güteklasse IV: Übermäßig verschmutzt. Gewässerabschnitte mit deutlich augenfälliger Verschmutzung durch organische sauerstoffzehrende Abwässer; Fäulnisprozesse herrschen vor. Sauerstoff über lange Zeiten in nur sehr niedrigen Konzentrationen vorhanden oder gänzlich fehlend; Besiedlung vorwiegend durch Bakterien, Geiseltierchen und frei lebende Wimpertierchen; Fische fehlen; bei starker toxischer Belastung biologische Verödung.

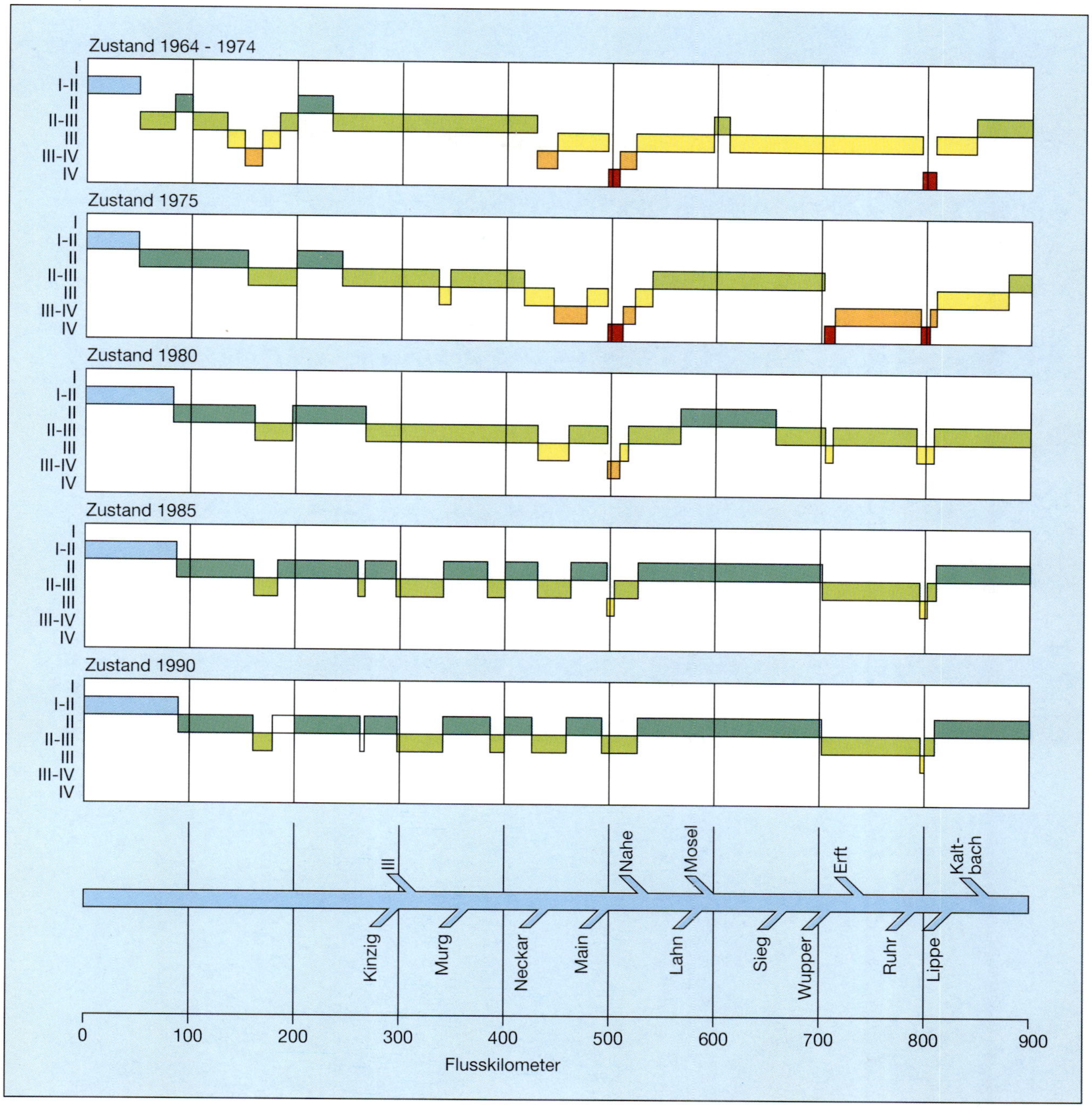

Abb. 4.11. Rheinzustand, dargestellt an Hand von Gewässergüteklassen. Für die schematische Übersicht wurden folgende Unterlagen verwendet: 1969–1974 Umweltprobleme des Rheins, Gutachten des Rates von Sachverständigen für Umweltfragen; 1975 Gewässergütekarte, Stand 1975 Umweltschutz, Bundeszentrale für politische Bildung; 1980 Gewässergütekarte der Bundesrepublik Deutschland, Ausgabe 1980; dto Ausgaben 1985 und 1990.

Abb. 4.12. Typische, monotone Befestigung des Rheinufers mit Steineinwurf und den strömungsleitenden Buhnen.

Abb. 4.13. Der Restrhein am nördlichen Oberrhein zeigt bei niedrigem Wasserstand die frühere Struktur und Gestaltung des Flußbettes.

Abb. 4.14. Zwischen den Hochwasserdämmen und dem Hauptstrom befinden sich noch einige wenige Altrheine, die mindestens zeitweilig mit dem Wasser des Stromes in Verbindung stehen; (Schusterwörther Altrhein)

Abb. 4.15. Periodische Überflutungen des Auenwaldes und Austausch des Wassers der Altrheine mit demjenigen des Hauptstromes sichern die dauerhafte Existenz der Flora und Fauna.

Abb. 4.16. Typisches Bild vom Niederrhein.

Abb. 4.17. Niederrhein im Ruhrgebiet.

5 Fischfauna und Artengemeinschaften

5.1 Ursprung der Fische

Die Epochen intensiver Evolution der „Urahnen" unserer Fische erstrecken sich von der zweiten Hälfte des Devon (vor ca. 350 Millionen Jahren) bis zum Ende des Miozäns im Tertiär (vor ca. 20 Millionen Jahren). Vereinzelte fossile Funde konnten sogar in den 400 Millionen Jahre alten Schichten des Silur nachgewiesen werden. Der Ursprung unserer Fischfauna geht also weit zurück bis ins Erdaltertum, das Paläozoikum (Abb. 5.1). Anhand der vorliegenden paläontologischen Nachweise aus verschiedenen erdgeschichtlichen Epochen läßt sich schließen, daß eine Vielfalt von Fischformen Meere und Binnengewässer besiedelt haben müssen, die beide als Zentren der Artenbildung zu betrachten sind. Im Zuge der geomorphologischen Prozesse der Kontinententstehung und der Umformungen der Erdoberfläche veränderten sich Lage und Verlauf der Gewässer. Diese Vorgänge sowie die starken Klimaveränderungen jener Epoche bestimmten Verbreitung sowie Überleben der verschiedenen Fischformen und -arten. Ebenso hat sich im Verlauf der erdgeschichtlichen Ereignisse ein Wandel in der Dominanz bestimmter Fischgruppen vollzogen, von denen die meisten aus uns nicht bekannten Gründen wieder verschwanden. Einige seltene Arten sind uns allerdings bis heute als „lebende Fossilien" erhalten, wie z. B. der Quastenflosser *Latimeria chalumnae* im Indischen Ozean.

5.1.1 Artenvielfalt

Auf der Erde stellen die Fische beinahe die Hälfte aller Wirbeltiere dar. Nach neuester Schätzung [205] gibt es etwa 21 000 Arten. Da rund 70% der Erde mit Wasser bedeckt und dem Volumen nach 97% der Wasservorräte in den Meeren vorhanden sind, wäre zu erwarten, daß die überwiegende Mehrheit der Fischarten im Salzwasser lebt.

Dennoch leben 42% aller Arten im nur etwa 1% der Erdoberfläche bedeckenden Süßwasser. Der Grund hierfür dürfte an der enormen Habitatvielfalt der Binnengewässer liegen.

5.1.2 Auswirkungen der Eiszeiten auf die Verbreitung der Fischarten

Die geologischen Veränderungen und Klimaentwicklungen gegen Ende des Tertiärs spielten die entscheidende Rolle für die gesamte heutige Ver-

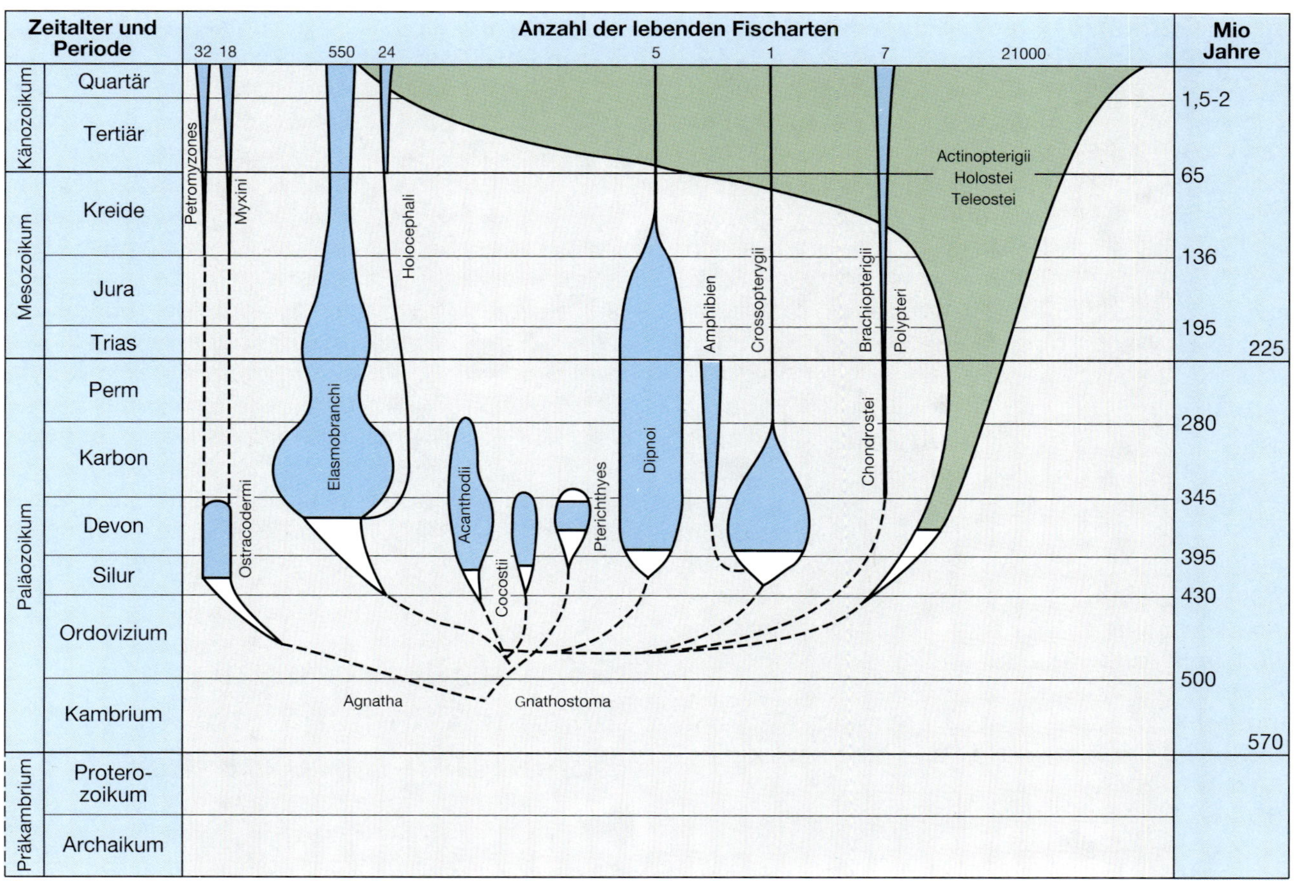

Abb. 5.1. Die hypothetische Abstammung und annäherndes Vorkommen der Fischarten während der Erdgeschichte. (Modifiziert nach 22b)

breitung der Fischfauna. Viele Gewässer veränderten ihre Lage oder trockneten teilweise auch aus und erlaubten unter anderem einen bis dahin nicht möglich gewesenen Austausch der Fischfauna zwischen Europa und Sibirien. In diese Epoche fallen auch Verschiebungen der Flüsse Rhein, Donau und Aare, was von grundlegender Bedeutung für die Verbreitung und das Vorkommen der verschiedenen Fischarten in diesen Flüssen und Nebengewässern war. Einschneidende Konsequenzen für die damals lebende Fischfauna hatte das Auftreten der Eiszeiten zu Ausgang des Tertiärs und während des Quartärs, insbesondere für die Fischarten im Norden Europas. Gegen das südliche Vordringen des Gletschereises bildeten die Alpen und die Karpaten eine natürliche Barriere, so daß die Gebiete südlich davon Zufluchtstätten waren, in denen einige Elemente der voreiszeitlichen Fauna überleben konnten [13, 23, 121 a, 266, 269]. Die Fischfauna der Gebiete nördlich der großen Gebirge starb nahezu aus, da, von wenigen Ausnahmen abgesehen, Flüsse und Seen mit Eismassen bedeckt waren. Als Folge davon besitzt der Norden bis heute nur eine geringe Artenvielfalt.

Nach dem Wiedererwärmen des Kontinents konnte die erneute Besiedlung der Flüsse und Seen Mitteleuropas mit Fischen aus den Rückzugsgebieten südöstlich der Alpen und Karpaten sowie südwestlich der Pyrenäen erfolgen. Manche der heute in diesen Regionen lebenden Fische sind direkte Nachkommen der voreiszeitlichen Fauna. Aber auch im Norden vollzog sich die Wiederbesiedlung der Flüsse und zwar mit sogenannten „sekundären" Süßwasserfischen (Forellenartige, Stichlinge). Darüber hinaus konnten einige wenige Arten, vor allem die Renken (Gen. *Coregonus*) und Saiblinge (Gen. *Salvelinus*), in eisfrei gebliebenen Seen Englands und Irlands sowie in Skandinavien überleben und nach Rückzug des Eises die dort neu entstehenden Gewässer besiedeln. Diese Vorgänge erklären auch, wieso viele der nördlichen Seen eine spezifisch autochthone Besiedlung aufweisen.

Diese kurzen Betrachtungen über den Ursprung der heutigen Verbreitung der europäischen Süßwasserfische deuten auf die Unterschiede hin, die primär historischer Natur sind. Es ist einzigartig, daß auf unserem kleinen Kontinent so viele paläographische Ereignisse die Entwicklung der Fischfauna beeinflußt und ihre Verbreitung gestaltet haben. Wenn wir uns heute in unserem neuen Verständnis darum bemühen, die Fauna exakt kennen- und verstehenzulernen, so müssen alle Gewässer, die noch Reste der ursprünglichen Fauna beherbergen oder sie beherbergen könnten, als besonders schutzwürdig betrachtet werden.

5.2 Besonderheit der Ichthyozönose des Rheins

Alle bisherigen Versuche einer Klassifizierung der Fischfauna richteten sich mehr oder weniger nach Kriterien, die die Besonderheiten der Fischbesiedlung des Rheins im Vergleich zu anderen Flüssen nicht erkennen ließen. So wurden die bekannten Zonierungen nach leitenden Fischarten benannt und festgelegt, die mehr oder weniger mit der Forellenregion in den Bergen anfangen und mit der Brachsenregion im Niederrhein, gefolgt von den Vertretern der Brackwasser, wie z. B. Stint und Flunder, aufhören. Mit der Klassifizierung des Rheins, seiner Flora, haben sich zum Ausgang des vorigen [43, 77, 80, 208] bis Mitte unseres Jahrhunderts eine Reihe namhafter Wissenschaftler auseinandergesetzt [112, 114, 115, 156, 157, 249, 256, 294]. Aber erst jüngere Versuche einer Klassifizierung zeigen, daß der Rhein eine Sonderstellung unter den Flüssen einnimmt [132]. Er besitzt eine ungewöhnliche Inhomogenität an Fischbesiedlung und Vielfalt an Eigenschaften, die sich nicht mit den herkömmlichen Methoden, sondern hauptsächlich auf der Basis erdgeschichtlicher Ereignisse erklären lassen [124]. Dies gilt z. B. dafür, wie der sporadisch auftretende Wels vom Bodensee bis zum nördlichen Oberrhein vordringen konnte, oder für den Strömer [129 b], der den Rhein vermutlich nach der Eiszeit von der westmediterranen Rückzugszone aus erreichte. Bei weiteren Fischen, wie z. B. der Hundsbarbe [257], wird noch nach Belegen ihrer Verbreitungsgeschichte geforscht.

Ein Beispiel für nicht historisch, sondern ökologisch, bzw. physiographisch bedingtes Vorkommen stellt die disjunkte Verbreitung einiger Arten, wie z. B. von Hasel, Döbel und teilweise auch der Barbe, dar. Ein nennenswerter Faunenaustausch als Folge der bisher durch den Menschen geschaffenen künstlichen Verbindungen zu anderen Flußsystemen konnte nicht beobachtet werden. Welche Auswirkungen hingegen das neueste große Bauunternehmen, der Rhein-Main-Donau-Kanal, nach seiner Fertigstellung einmal haben wird, ist ungewiß. Immerhin gibt es durchaus berechtigte Befürchtungen, daß es durch einen unerwünschten Faunenaustausch zur Verdrängung und Bastardierung heimischer Arten kommen könnte [19 a, b, 20, 120].

5.3 Aufgliederung der Fischarten nach dem benötigten Laichsubstrat

Zur erfolgreichen Fortpflanzung benötigt der Fisch ein artspezifisches Laichsubstrat [44, 142].

Balon und Havlena [21] beschäftigten sich intensiv mit der Bedeutung des Laichsubstrats für die Lebensetappen der Fische Europas. Sie charakterisierten, wie die Entwicklungsbedingungen alle wichtigen Lebensfaktoren wie Biologie der erwachsenen Fische, Charakter der Migration, Populationsdichte und Verbreitungsgrenzen beeinflussen können.

Die Fortpflanzungsabläufe der im Rhein häufigsten Fischarten wurden mehrmals beobachtet. Dabei zeigte sich eine ausgesprochene Präferenz einzelner Arten für bestimmte Flußabschnitte mit charakteristischem Substrat. Dies bedeutet, daß sich die reproduktiven Belange der Fische mit spezifischen ökologischen Charakteristiken beschreiben lassen [17, 22]. Versucht man nun, dem jeweiligen Substrat bestimmte Fischarten zuzuordnen, so lassen sich die Fische nach Balon [17] in folgende Kategorien und spezifische Gruppen aufgliedern:

1) Fischarten, welche die abgelegten Eier nicht schützen:
   a) Pelagophile Arten, deren Eier in der Wasserschicht schweben. Aus dieser Gruppe finden wir bei den Rheinfischen keinen Vertreter.
   b) Psamophile Arten, deren Eier auf ein sauberes, sandiges Substrat gelegt werden müssen. Sie sind mit dem Gründling und der Bachschmerle repräsentiert.
   c) Phytophile Arten, deren Eier auf die submersen Pflanzen eingebracht werden müssen. Vertreter sind Hecht, Aland, Rotfeder, Schleie, Karpfen, Steinbeißer, Schlammpeitzger, Flußbarsch, Kaulbarsch und Karausche. Andere Arten wie Rotauge, Hasel, Ukelei, Blicke, Brachsen und Giebel bevorzugen dieses Laichsubstrat auch. Für das Fortpflanzen der zuletzt genannten Artengruppe sind die submersen Pflanzen jedoch nicht absolut notwendig.
   d) Lithophile Arten, deren Eier auf grobem, kiesigen Substrat gelegt werden. Sie sind repräsentiert mit folgenden Arten: Stör, Döbel, Rapfen, Nase, Barbe, Schneider und Zährte. Dieses Substrat kann auch vom Flußbarsch und Kaulbarsch benutzt werden.
   e) Zum Teil pelagophile Arten, deren Eier im ruhigen Wasser zu Boden sinken; in der Strömung werden sie verfrachtet. Dieser Gruppe ist nur die Quappe zuzuordnen.
2) Fischarten, welche die Eier verstecken:
   a) Lithophile Arten, die in Hohlräumen zwischen den groben Steinen die Eier unterbringen. Hierzu gehören die Forellenartigen und die Neunaugen.
   b) Ostracophile Fische sind Arten, die die Eier in die Mantelhöhle der Muscheln unterbringen. Der Bitterling ist der einzige Vertreter.
3) Fischarten, welche selbst die abgelegten Eier schützen:
   a) Phytophile Arten überwachen die Eier, welche an Pflanzen oder deren Reste angeheftet werden. Hierzu gehören Moderlieschen, Wels und Zander.
   b) Indifferente Arten üben nur zeitweilig nach Eiablage eine gewisse Überwachung. Diese Gruppe ist nur mit eingeführten Arten vertreten, dem Katzenwels und dem Sonnenbarsch.
   c) Lithophile Arten überwachen im steinigen Substrat die Eier. Hierzu gehört die Groppe.
4) Fischarten mit einer besonderen Art des Laichens. Zu dieser Gruppe gehört der Aal.

Aus dieser Aufgliederung der Fischarten in diverse ökologische Gruppen läßt sich sofort ableiten, welche Fische geeignete Lebensbedingungen im Rhein vorfinden. Gute Chancen zum Ablaichen bietet der Strom den „Universalisten“, wie Rotaugen, Brachsen und Ukelei, weil diese Arten an kein spezifisches Laichsubstrat gebunden sind. Dagegen finden die „Spezialisten“, wie z.B. die Pflanzenlaicher und lithophilen Arten, in dem durch zivilisatorische Eingriffe veränderten Fluß nur sehr begrenzte Möglichkeiten zur Reproduktion.

5.4 Unterschiede im Artenvorkommen der letzten 200 Jahre

Über die Fische des Rheins und seiner Zuflüsse sind in alten Schriften wertvolle Angaben zu finden. Auf das älteste Buch „Mosella“ des römischen Dichters Ausonius (370) [8] und auch auf die sehr alte Publikation von Baldner (1666) [11] sei nur aus literarischem Interesse hingewiesen. Generell stellt man bei näherer Betrachtung der alten Schriften fest, daß, abgesehen von Baldner, praktisch nur über solche Fischarten berichtet wurde, die entweder einen hohen kulinarischen Wert besaßen oder eine beeindruckende Größe erreicht hatten, sowie solche, die wegen ihres eigenartigen Aussehens die Aufmerksamkeit erweckten. Ein gutes Beispiel hierfür ist der Stör. Er war ein hochgeschätzter Fisch und zudem noch äußerst selten, was dazu führte, daß seine Fänge präzis registriert wurden. Aufgrund dieser Unterlagen war es möglich, eine biologische Bestandsaufnahme über den Stör zu rekonstruieren [122].

Andere wertvolle Fische, darunter auch der Lachs, sind weniger exakt erfaßt worden. Fischfänge einzelner Arten wurden in den alten Schriften nur dann erwähnt, wenn sie außergewöhnlich groß ausfielen.

Tabelle I. Vorkommen der Fischarten und Rundmäuler im Rhein

Familien und Arten	Einheimische Arten	Eingeführte Arten	Arten mit Nachweis nach 1986
Neunaugen – *Petromyzontidae*			
Bachneunauge *Lampetra planeri* (Bloch 1784)	•		
Flußneunauge *Lampetra fluviatilis* (Linnaeus 1758)	•		• 1
Meerneunauge *Petromyzon marinus* Linnaeus 1758	•		• 2
Störe – *Acipenseridae*			
Sterlet *Acipenser ruthenus* Linnaeus 1758		• 3	
Stör *Acipenser sturio* Linnaeus 1758	•		
Heringsartige – *Clupeidae*			
Finte *Alosa fallax* Lacépède 1800	•		
Maifisch *Alosa alosa* (Linnaeus 1758)	•		• 4
Lachsartige – *Salmonidae*			
Bachforelle *Salmo trutta* f. *fario* Linnaeus 1758	•		•
Bachsaibling *Salvelinus fontinalis* (Mitchell 1815)		•	
Huchen *Hucho hucho* (Linnaeus 1758)		•	
Lachs *Salmo salar* Linnaeus 1758	•		•
Meerforelle *Salmo trutta* Linnaeus 1758	•		•
Pazifischer Lachs *Oncorhynchus tschawytscha* (Walbaum 1792)		•	
Regenbogenforelle *Oncorhynchus mykiss* Walbaum 1792	•		•
Seesaibling *Salvelinus alpinus* (Linnaeus 1758)	•		• 5
Renken – *Coregonidae*			
Blaufelchen *Coregonus lavaretus* (Linnaeus 1758)	•		• 6
Nordseeschnäpel *Coregonus oxyrhynchus* (Linnaeus 1758)	•		
Äschen – *Thymallidae*			
Äsche *Thymallus thymallus* (Linnaeus 1758)	•		•
Stinte – *Osmeridae*			
Stint *Osmerus eperlanus* (Linnaeus 1758)	•		•
Hechte – *Esocidae*			
Hecht *Esox lucius* Linnaeus 1758	•		•
Hundsfische – *Umbridae*			
Amerikanischer Hundsfisch *Umbra pygmaca* (De Kay 1842)		• 17	
Karpfenartige – *Cyprinidae*			
Aland *Leuciscus idus* (Linnaeus 1758)	•		•
Barbe *Barbus barbus* (Linnaeus 1758)	•		•
Bitterling *Rhodeus sericeus amarus* (Bloch 1782)	•		12
Blaubandbärbling *Pseudorasbora parva* (Schlegel 1842)		• 11	
Blicke *Blicca bjoerkna* (Linnaeus 1758)	•		•
Brachsen *Abramis brama* (Linnaeus 1758)	•		•
Döbel *Leuciscus cephalus* (Linnaeus 1758)	•		•
Elritze *Phoxinus phoxinus* (Linnaeus 1758)	•		•
Giebel *Carassius auratus* (Linnaeus 1758)		•	
Graskarpfen *Ctenopharyngodon idella* (Valenciennes 1844)		•	
Gründling *Gobio gobio* (Linnaeus 1758)	•		•
Hasel *Leuciscus leuciscus* (Linnaeus 1758)	•		•
Karausche *Carassius carassius* (Linnaeus 1758)	•		•
Karpfen *Cyprinus carpio* Linnaeus 1758	•		• 9
Moderlieschen *Leucaspius delineatus* (Heckel 1843)	•		10
Nase *Chondrostoma nasus* (Linnaeus 1758)	•		•
Rapfen *Aspius aspius* (Linnaeus 1758)	•		• 8
Rotauge *Rutilus rutilus* (Linnaeus 1758)	•		•
Rotfeder *Scardinius erythrophthalmus* (Linnaeus 1758)	•		•
Schleie *Tinca tinca* (Linnaeus 1758)	•		•
Schneider *Alburnoides bipunctatus* (Bloch 1782)	•		• 6
Silberkarpfen *Hypophthalmichthys molitrix* (Valenciennes 1844)		•	

Strömer *Leuciscus souffia agassizi* (Valenciennes 1844)	•		•
Ukelei *Alburnus alburnus* (Linnaeus 1758)	•		•
Zährte *Vimba vimba* (Linnaeus 1758)		•	
Schmerlen – *Cobitidae*			
Bachschmerle *Noemacheilus barbatulus* (Linnaeus 1758)	•		•
Schlammpeitzger *Misgurnus fossilis* (Linnaeus 1758)	•		• 14
Steinbeißer *Cobitis taenia* Linnaeus 1758	•		• 13
Welse – *Siluridae*			
Wels *Silurus glanis* Linnaeus 1758	•		•
Zwergwelse – *Ictaluridae*			
Zwergwels *Ictalurus melas* (Rafinesque 1820)		•	
Aale – *Anguillidae*			
Aal *Anguilla anguilla* (Linnaeus 1758)	•		•
Dorschfische – *Gadidae*			
Quappe *Lota lota* (Linnaeus 1758)	•		•
Lebendgebärende Zahnkarpfen – *Poecillidae*			
Guppy *Poecilia reticulata* (Peters 1859)		• 18	
Stichlinge – *Gasterosteidae*			
Dreistachliger Stichling *Gasterosteus aculeatus* Linnaeus 1758	•		•
Neunstachliger Stichling *Pungitius pungitius* Linnaeus 1758	•		• 15
Sonnenbarsche – *Centrarchidae*			
Forellenbarsch *Micropterus salmoides* Lacépède 1802		•	
Schwarzbarsch *Micropterus dolomieu* Lacépède 1802		•	
Sonnenbarsch *Lepomis gibbosus* (Linnaeus 1758)		•	
Barsche – *Percidae*			
Flußbarsch *Perca fluviatilis* Linnaeus 1758	•		•
Kaulbarsch *Gymnocephalus cernuus* (Linnaeus 1758)	•		•
Zander *Stizostedion lucioperca* (Linnaeus 1758)		•	
Buntbarsche – *Cichlidae*			
Pfauenaugenbuntbarsch *Astronotus ocellatus* (Cuvier 1829)		•	
Groppen – *Cottidae*			
Groppe *Cottus gobio* (Linnaeus 1758)	•		• 16
Plattfische – *Pleuronectidae*			
Flunder *Platichthys flesus* (Linnaeus 1758)	•		•

Bemerkungen zu Tabelle I

1 Mehrere Larven, Niederrhein 1987 und Oberrhein Nähe Karlsruhe drei erwachsene Exemplare; Weibel 1990 [283]
2 Einzelfund, Oberrhein 1988 und mehrere Exemplare Nähe Karlsruhe 1989–1990; Weibel 1990 [283]
3 Einzelfund, Mittelrhein; Schockerbeifang 1989
4 Einzelfund, Rheinstromkilometer 114 (1987 mündl. Mittlg.)
5 Vorkommen im Hochrhein gilt als gesichert (mündl. Mittlg.)
6 überlieferte Belege juveniler Exemplare aus dem Oberrhein, 1987
7 Eigennachweis aus dem Oberrhein 1987
8 Angabe bei Lelek und Köhler (1988 [171a]) als allochthone Art wurde revidiert
9 siehe 8
10 zum Vorkommen siehe Text (S. 127); Belege sind aus der Mainmündung vorhanden
11 Einzelexemplare, Mittelrhein 1988; Oberrhein 1989
12 soll zwischen Karlsruhe und Mannheim vorkommen (mündl. Mittlg.)
13 Einzelexemplar, Niederrhein 1988; 3 ausgetrocknete Exemplare aus Auen des Oberrheins (Gabe des WWF, 1987)
14 Belege aus Kanälen und Auen des Oberrheins 1986 und 1987
15 südlichste Belege aus dem Main oberhalb Einmündung (Roth 1989 [232])
16 Nachweis vom Niederrhein, Bundesanstalt für Gewässerkunde (Kothee mündl. Mittlg. 1989 und Schleuter 1991)
17 nur im Rheindelta nachgewiesen; Anmerkung: Auf die Hundsfische wird im laufenden Text nicht eingegangen
18 siehe Kinzelbach und Krupp 1982 [125]

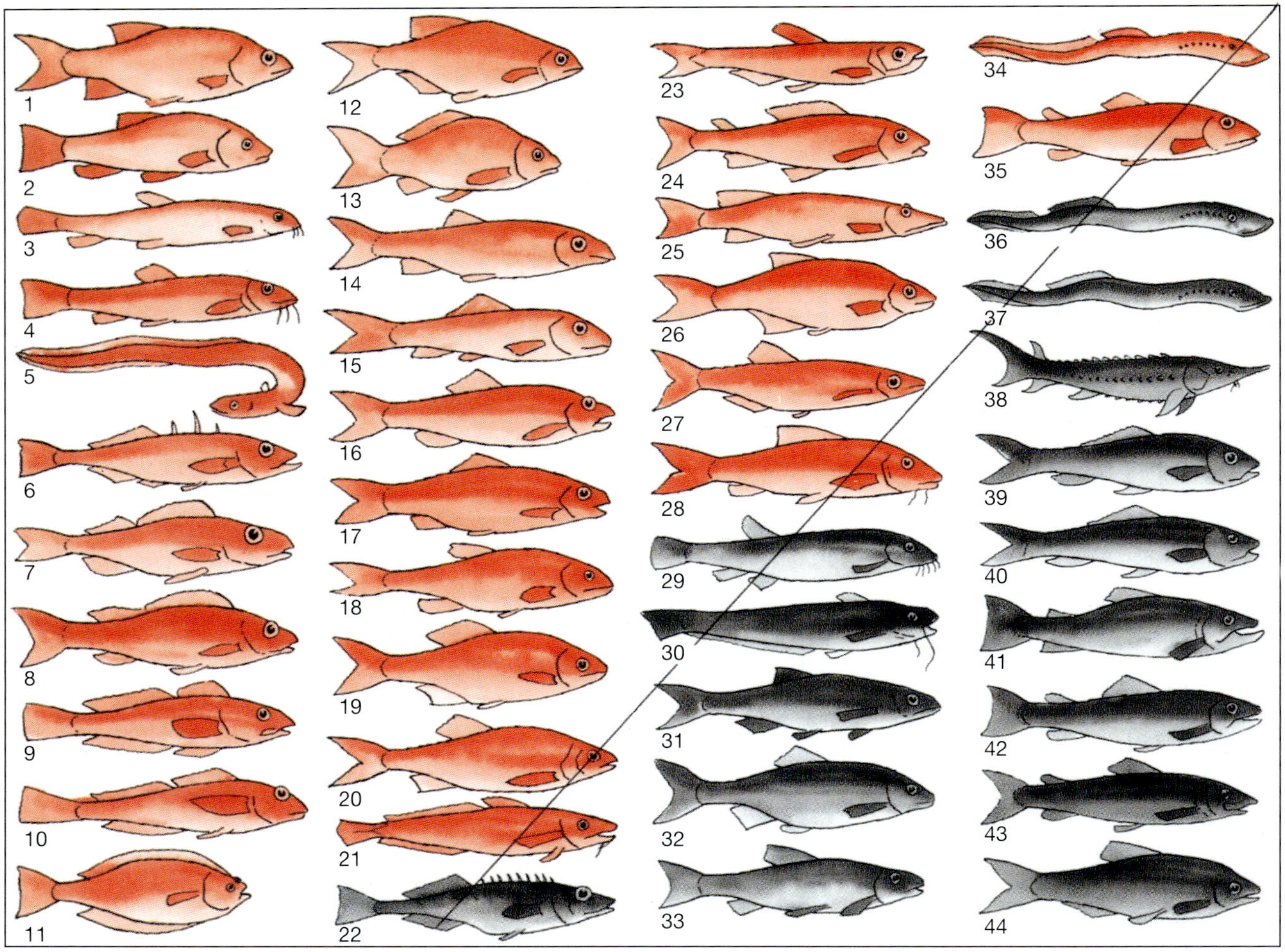

Abb. 5.2. Anfang der 70er Jahre kulminierte der kritische Zustand der Fischfauna. Die im nördlichen Oberrhein fehlenden Fischarten sind schwarz dargestellt. (Aus Lelek 1978 [164 a]). *1* Rotfeder; *2* Schleie; *3* Steinbeißer; *4* Bachschmerle; *5* Aal; *6* Dreistachliger Stichling; *7* Kaulbarsch; *8* Flußbarsch; *9* Zander; *10* Groppe; *11* Flunder; *12* Blicke; *13* Karausche; *14* Nase; *15* Gründling; *16* Döbel; *17* Hasel; *18* Elritze; *19* Bitterling; *20* Rotauge; *21* Quappe; *22* Neunstachliger Stichling; *23* Stint; *24* Äsche; *25* Hecht; *26* Brachsen; *27* Ukelei; *28* Barbe; *29* Schlammpeitzger; *30* Wels; *31* Moderlieschen; *32* Aland; *33* Strömer; *34* Bachneunauge; *35* Bachforelle; *36* Flußneunauge; *37* Meerneunauge; *38* Stör; *39* Maifisch; *40* Finte; *41* Lachs; *42* Meerforelle; *43* Nordseeschnäpel; *44* Schneider. (Künstlerische Gestaltung J. Wirth)

Im folgenden soll der Versuch unternommen werden, aufgrund der Unterlagen die Veränderungen im Vorkommen der Fischarten während der letzten 200 Jahre, der Epoche großer technischer Umwälzungen, darzustellen. Vor dieser Zeit befand sich der Rhein noch in einem nahezu ursprünglichen Zustand. Besonders wertvolle Berichte aus der zweiten Hälfte des 18. Jahrhunderts vor der Zeit der großen Rheinkorrektionen lieferten Sanders [234], Nau [201 a–c, 202, 203] und Merrem [191]. Das Spektrum der Publikationen seit Mitte des vorigen Jahrhunderts bis heute reicht von der Darstellung und Gliederung der im Rhein vorkommenden Fische [41, 65, 127, 178, 183, 190, 227, 248] über Versuche zur Erfassung quantifizierbarer Daten bis hin zur Beschreibung der Fangmethoden [48, 122, 134, 143, 148, 164 a, b, 169, 171 a–c, 172, 231, 283].

Eine Analyse der oben erwähnten Arbeiten zeigt, daß die Fischfauna des Rheins in den vergangenen 200 Jahren grundlegende Veränderungen in der Zusammensetzung der Arten erfahren hat. Eine exakte Darstellung ist allerdings schwierig, da das Datenmaterial recht unterschiedlich ist, d.h. über wirtschaftlich interessante Fischarten gibt es viel, über die Verbreitung der Kleinfischarten hingegen recht unzureichende Information. Anhand der Auswertung dieses Material sowie eigener Beobachtung können die Veränderungen der Fischfauna wie folgt erläutert werden:

Bis 1880 waren im Rhein 47 heimische Fischarten verbreitet. Um ihr Vorkommen präzisieren und bis zu einem gewissen Grad klassifizieren zu können, wurden drei Kategorien aufgestellt: 1) häufige Arten, 2) seltene Arten und 3) vereinzelte Nachweise (Tabelle I) [169].

Während der Zeitspanne von 1880 bis 1950 verringerte sich das Vorkommen auf der Strecke von Hoch-, Ober- und Mittelrhein auf 26 der dort ehemals 45 lebenden Fischarten, was auch den Wechsel von einer zur anderen Kategorie einschließt. Zwischen 1951 und 1975 mußten weitere Rückklassifizierungen vorgenommen werden, und es wurden nur noch 23 Arten festgestellt. (Ausgenommen sind die Arten Stint und neunstachliger Stichling, die ausschließlich im Niederrhein vorkommen.) Eine Übersicht über den Artenrückgang vermittelt Abb. 5.2 [163, 164 a]. Zwischen den Jahren 1976 und 1985 zeichnet sich ein allgemeiner Trend zur Verringerung der Abwasserbelastung ab, was sich darin widerspiegelt, daß 18 Fischarten höher eingestuft werden können. Darunter befinden sich 11 Arten, die als vermißt oder verschollen galten und nun wieder im Rhein nachgewiesen werden konnten. Lediglich das Bachneunauge und die Karausche mußten herabgestuft werden. Allerdings bestehen bei der Karausche Bestimmungsschwierigkeiten gegenüber dem Giebel, so daß die Angaben über ihr Vorkommen mit Vorbehalt zu betrachten sind.

Bis 1880 waren im Gebiet des Niederrheins 42 autochthone Fischarten verbreitet, von denen im Zeitabschnitt bis 1950 nur noch 28 Arten aufgeführt werden konnten. Bei insgesamt 33 Arten führte ein verringertes Vorkommen zur Einstufung in eine niedrigere Kategorie. In der Periode von 1951 bis 1975 zeigten noch weitere Fischarten eine Reduzierung, wobei 4 Arten nicht mehr registriert werden konnten. Wie in den Abschnitten des Hoch-, Ober- und Mittelrheins wurde ein Trend zur Verbesserung der Wasserqualität von 1976 bis 1986 durch das erhöhte Vorkommen zahlreicher Arten verdeutlicht. Dies wird auch durch den neuesten Nachweis der Groppe bestätigt [239].

Im gesamten Rhein wurden 38 von ehemals 47 autochthonen Fischarten registriert, wobei auch die sehr sporadisch vorkommenden Arten Wandersaibling und Moderlieschen mit berücksichtigt wurden. Eine Übersicht der im Rhein lebenden Fischarten einschließlich Erläuterungen gibt Tabelle I.

Eine Analyse der Veränderungen der Fauna nach der letzten Fischvergiftung 1986 (Sandoz Unfall) zeigt, daß keine Fischart des Rheins durch dieses Ereignis eliminiert wurde. Die Fischbestände wurden lediglich vorübergehend verringert, besonders diejenigen des Aals. Aber bereits nach nur 2 Jahren konnten schon keine nennenswerten Auswirkungen des Unfalls mehr beobachtet werden [171 a–c, 172].

Auf die Veränderungen der wirbellosen Fauna, deren Existenz für das Leben einiger Fischarten von wesentlicher Bedeutung ist, soll hier nicht weiter eingegangen werden. Sie sind ausführlich in Arbeiten von Kinzelbach und Friedrich [126] dargestellt. Zum Vorkommen der benthischen Organismen, die in der Rheinsohle leben, sei auf die Ergebnisse der Bundesanstalt für Gewässerkunde, Koblenz, verwiesen, die sich für ihre Forschungen modernster Tauchtechniken bediente [275] (Abb. 4.9).

5.4.1 Eingeführte fremde Fischarten

Das Ende des vorigen Jahrhunderts läßt sich als die Etappe bezeichnen, in der man verstärkt Einbürgerungsversuche mit nichtheimischen (allochthonen) Fischarten durchführte. Im Gegensatz zu heutigen Bemühungen, die Fauna möglichst unverfälscht zu erhalten, vertraten viele Zoologen, Botaniker und Fischereifachleute damals eine andere Meinung. Haupttriebfeder waren wirtschaftliche Gesichtspunkte, aber auch Liebhaberwünsche spielten eine Rolle. Das Interesse galt vor allem den forellenartigen Fischen aus Nordamerika und aus dem Donaueinzugsgebiet. Die Regenbogenforelle wurde 1881 eingeführt und der Bachsaibling 1889. Während sich der Bachsaibling natürlich fortpflanzt, ist die Regenbogenforelle in den freien Gewässern Europas mit wenigen Ausnahmen vom künstlichen Besatz abhängig. Zwar wird an einigen Stellen eine natürliche Fortpflanzung vermutet [242], gesichert ist diese bisher aber nur im Liechtensteiner Binnenkanal [118] und im Osten der Slowakei (Holčik, mündl. Mittlg.). Die Einbürgerung des Bachsaiblings, der vom wirtschaftlichen Gesichtspunkt aus mit der Regenbogenforelle nicht vergleichbar ist, hat bedenkliche Ergebnisse gebracht. Der Bachsaibling etablierte sich in vielen Flußstrekken Europas und damit auch im Einzugsgebiet des Rheins und bildete reproduktionsfähige Populationen. Seine Ausbreitung wird zwar von vielen Seiten gutgeheißen, weil er eine höhere Versäuerung der Gewässer verträgt als die Bachforelle, aber im Hinblick auf die Erhaltung der Fauna ist diese Ausbreitung nicht begrüßenswert. Der Bachsaibling kann sich nämlich wegen sehr ähnlicher Ansprüche auf Laichsubstrat und zeitlich parallelem Ablauf der Fortpflanzung mit der Bachforelle paaren. Dabei entstehen die sogenannten Tigerforellen, die echten unfruchtbaren Artbastarde zwischen forellenartigen Spezies, die allgemein bekannt sind. Dieses Beispiel deutet auf eine der existierenden sowie zukünftigen potentiellen Gefahren für unsere heimische Fauna der Forellengewässer hin.

Den Versuchen, den Huchen [258] aus dem Donaugebiet als Ersatz für den fehlenden Lachs im Rhein einzubürgern, ist nur wenig Erfolg beschieden gewesen. Auch das Aussetzen der Huchen in den Aare-Zufluß ist ohne Ergebnis geblieben [228]. Dem Bericht des Fischereivereins Baselland zufolge [261] wurden 1950 in der Basler Umgebung 8000 Junghuchen in den Rhein ausgesetzt, aber 1953 wurden nur vereinzelte Exemplare von 2 kg Gewicht gemeldet. Die Tatsache, daß ein Berufsfischer 1983, d.h. 33 Jahre später, noch gelegentlich Huchen um 3 kg Gewicht gefangen hat, läßt vermuten, daß der Huchen sich selbst fortgepflanzt hat, oder es erfolgten weitere Besatzmaßnahmen in diesem Gebiet (weiteres hierzu in Kap. 7).

Auch von Versuchen, die pazifischen Lachse einzusetzen, ist der Rhein nicht verschont geblieben. Im Oberrhein wurden diese Versuche mit *Oncorhynchus tschawytscha* durchgeführt, im Zufluß Main mit *Oncorhynchus keta*. Dort wurde auch 1986 ein erwachsenes Exemplar gefangen.

Zum Thema der Einbürgerungsversuche um die Jahrhundertwende zählt auch die Einfuhr des Zwergwels nach Europa 1885, der örtlich im Oberrhein vorkommt, und des Sonnenbarschs der Familie *Centrarchidae.* Am bekanntesten ist der Sonnenbarsch *Lepomis gibbosus,* der inselartig und örtlich häufig, besonders in Nebengewässern, über die ganze Rheinstrecke verbreitet ist. Die des weiteren eingeführten Arten, Schwarzbarsch *Micropterus dolomieu* und der Forellenbarsch *Micropterus salmoides,* wurden in letzter Zeit und auch in unseren Probeentnahmen nicht nachgewiesen. Die einzige Ausnahme liefert Böving (1981) [41], der beide Arten im Niederrhein als Einzelexemplare feststellen konnte. Ein neuerer und einziger Nachweis existiert über den Pfauenaugenbuntbarsch *Astronotus ocellatus,* ein Vertreter der Buntbarsche (Fam. *Cichlidae*). Diese Art wurde mit großer Wahrscheinlichkeit aus Aquarien in den Oberrhein ausgesetzt und überlebte eine gewisse Zeitspanne in der Wärmefahne des Kernkraftwerkes Biblis bei Flußkilometer 456.

Als große Ausnahme wurde Mitte der 80er Jahre die Zährte *Vimba vimba* im Einzugsgebiet des Rheins festgestellt [213]. Mit großer Wahrscheinlichkeit gelangten einige wenige Exemplare dieser Art bei Lieferung von Besatzfischen aus dem Donaugebiet in den Rhein. Zu den neuen Befunden (1989) zählt ein Sterlet *Acipenser ruthenus,* der erstmals als Beifang aus einem Aalschocker am Mittelrhein geborgen wurde. Aus der Gruppe der Zahnkarpfenartigen *(Cyprinodontiformes)* wurde zur Stechmückenbekämpfung der Moskitofisch *Gambusia affinis* in abgeschlossene Gewässer eingeführt [125]. Diese Art konnte jedoch bislang nicht durch Fang in Nebengewässern des Rheins nachgewiesen werden.

Eine nachhaltige Einbürgerungsphase der 60er Jahre dieses Jahrhunderts stellt die Einfuhr fernöstlicher Karpfenarten, nämlich des Graskarpfens *Ctenopharyngodon idella,* des Silberkarpfens *Hypophtamichthys molitrix* sowie in geringem Umfang des Marmorkarpfens *Aristichthys nobilis* dar. Abgesehen vom Besatz mit europäischen Karpfen werden diese drei Fischarten hauptsächlich zur Reduzierung von Makrophyten und weiter zur Bekämpfung von stark auftretendem Phytoplankton in unseren Gewässern verwendet. Aufgrund fehlender natürlicher Reproduktion im Rheingebiet werden diese Arten durch künstliches Ablaichen vermehrt und auch in die Nebengewässer eingesetzt.

Der Blaubandbarbling *Pseudorasbora parva* wurde im Rhein erstmals 1989 nachgewiesen. Diese Art wurde zu Beginn der 60er Jahre mit Lieferungen von „Graskarpfen" aus Ostasien nach Europa eingeführt und konnte sich in den letzten 30 Jahren allmählich über die Donau nach Westeuropa ausbreiten [138] (s. auch Kap. 7). Beim Karpfen ist nicht eindeutig geklärt, ob er zu den heimischen Fischen zählt. Es gibt auch Hinweise, denen zufolge der Karpfen von den Römern in den Rhein gebracht wurde [16]. Läßt man diese Frage einmal unberücksichtigt, so ist der Giebel die älteste fremde Fischart im Rhein. Allerdings herrscht noch Unklarheit darüber, ob diese Art eine „verwilderte Form" des im 17. Jahrhundert in Europa eingeführten Goldfisches ist oder ob sich eine Unterart „gibelio" *Carassius auratus gibelio* von C. auratus abgespalten hat und von Ostasien nach Westen bis nach Europa vorgedrungen ist [15 a, b, 214]. Die Fähigkeit dieser Art zur Gynogenese führte zu einer raschen Verbreitung des Giebels in unseren Gewässern. Dabei benötigen die Eier von männchenlosen Weibchenpopulationen lediglich nur eine „Anregung" durch männliches Sperma (es findet keine Kernverschmelzung statt), welches auch von anderen karpfenartigen Fischen stammen kann [214]. Alle Nachkommen dieser Weibchen sind ebenso Weibchen, die einen triploiden Chromosomensatz besitzen. Diese Art hat ähnliche, möglicherweise noch geringere ökologische Ansprüche wie die Karausche.

Von den Barschen (Fam. *Percidae*) wurde 1822 der Zander *Stizostedion lucioperca* auch aus dem Donaueinzugsgebiet erstmals im Rhein ausgesetzt. Intensiviert wurde der Besatz in den Jahren 1928 und 1937. Aufgrund des regelmäßigen Besatzes sowie der erfolgreichen natürlichen Reproduktion etablierte sich der Zander zunehmend bis in die heutige Zeit. Im verstärkten Maße konnten Jungfische dieser Art in den stillen Wasserbereichen, besonders der Neben- und Altgewässer, nachgewiesen werden.

Das Vorkommen der allochthonen Fischarten im Rhein variiert stark. Viele Arten, die nur einmal ausgesetzt wurden, konnten seit Jahren nicht mehr nachgewiesen werden und sind möglicherweise ganz verschwunden. Insgesamt wurden bis heute 16 Fremdfischarten registriert, die genaue Anzahl ist aber nicht bekannt. Eine Übersicht bietet die von Arnold [7] kürzlich verfaßte Aufstellung der nach Europa eingeführten Fischarten.

6 Gegenwärtiger Zustand der Artengemeinschaften (1990)

6.1 Allgemeine Übersicht und Fangmethoden

In diesem Kapitel wird der Ist-Zustand der Fischarten des Rheins, beginnend unterhalb des Bodensees, beschrieben. Dies darum, weil über die Flußstrecke des Rheins vom Quellgebiet bis zum Bodensee, der sogenannten Forellen-Äschenregion (Rhithral), die Unterlagen zu spärlich sind, um ein stichhaltiges Bild der heutigen Situation geben zu können. Ebenfalls wird der Bodensee, der einen besonderen Lebensraum darstellt, hier nicht diskutiert. Dazu sei auf die ausgezeichneten Arbeiten der letzten Jahrzehnte von Elster und Einsele [70] sowie Elster [71], Hartman und Nümann [93] verwiesen. Eine zusammenfassende Betrachtung der Forschungsergebnisse über die Veränderungen der Artengemeinschaften im Bodensee lieferten Geller und Güde [84]. Betont wird in diesen Arbeiten der Übergang der Artengemeinschaft vom Renken-See zum Renken-Flußbarsch-See [147].

Die exakte Beschreibung der heute existierenden Artengemeinschaften im Rhein vom Bodensee bis zur Mündung ist nicht einfach, da die Ermittlung der Verteilung der Fischarten von Methoden des experimentellen Fischfangs abhängig ist. Trotz weltweiter Bemühungen, gibt es bis heute keine Methode, die als absolut zuverlässig und auch als in großen Flüssen universal anwendbar bezeichnet werden kann [284]. (In Bächen und kleinen Flüssen ist die qualitative und quantitative Erfassung wesentlich einfacher [159, 179].) Die hier vorgelegten Daten beruhen hauptsächlich auf der Methode des elektrischen Abfischens (vorübergehende Betäubung der Fische) einer Flußstrecke (Abb. 6.9). Hierdurch wird zwar ein ziemlich zuverlässiges Bild der Fischbesiedlung der Uferlinie gewonnen, jedoch werden die tiefen Stellen des Stromes nicht erfaßt. Großflächige Fänge mit Driftnetzen sind aber wegen der Schiffahrt nicht durchführbar, und selektive Fänge (Angel und Reuse) sind für die Bestandsaufnahme der Artengemeinschaften ungeeignet.

Wie bereits ausführlich beschrieben, wurde der Rhein seit der Regulierung für die Schiffahrt zunehmend uniform gestaltet. Diese Monotonie des Flusses reflektiert die Fischfauna mit artenärmeren Gesellschaften. Dies wird besonders dort deutlich, wo die Überflutungsgebiete vom Hauptstrom abgetrennt sind oder der Strom durch Stauwehre und Schleusen zerstückelt ist. In diesem gestörten Milieu sind es die ubiquitären Arten (überall vorkommend), d. h. die sogenannten Universalisten, die das Bild beherrschen. Zwar sind dies wenige Arten, aber sie treten massenhaft auf und dominieren die Artengemeinschaften. Ein solches Bild liefern die Forschungsergebnisse für die gesamte Rheinstrecke von Basel bis zur niederländischen Grenze (Abb. 6.1 und 6.2).

Vergleicht man den prozentualen Anteil der Universalisten an der gesamten Rheinstrecke mit den ermittelten Anteilen aus Untersuchungen einzelner Streckenabschnitte und von Nebenflüssen des Rheins (Ober- und Mittelrhein [164 a, b, 89, 231]; Niederrhein [41, 193, 251]; Zuflüsse Main und Mosel [174, 213]), so ergeben sich vergleichbare Verhältnisse. Vier bis fünf Arten dominieren die Zusammensetzung der Artengemeinschaften, wobei das Rotauge die am häufigsten vertretene Fischart ist.

Die gleichen Beobachtungen wurden auch an anderen großen europäischen Flüssen wie Themse [290], Donau [19 b, 277] und Weichsel [10] sowie in niederländischen Gewässern [45, 50], gemacht.

Die nicht zu den Universalisten gehörenden anderen Fischarten, die von Besatzmaßnahmen unabhängig sind, d. h. sich selbst fortpflanzen, zeigen in ihrer Häufigkeit und Verbreitung deutliche Präferenzen zu bestimmten physikalischen Flußstrukturen. Je nach Art weisen sie erhebliche Unterschiede auf.

6.1.1 Fischartengemeinschaften verschiedener Rheinabschnitte

Ein Unterschied zwischen den Fischartengemeinschaften in hydrogeographisch unterschiedlichen Stromabschnitten zeigt sich am deutlichsten im südlichen Oberrhein auf Grund seiner teilweise noch erhaltenen Strukturierung der Biotope. Dort waren neben den phytolithophilen Arten wie Hasel, Rotauge, Ukelei auch die lithophilen Arten, wie Döbel und Nase vertreten (Abb. 6.3 A).

Durch die Elektrobefischungen konnten in diesem Abschnitt 25 Fischarten nachgewiesen werden. Von anderer Seite wurden 1987 zwei sehr wichtige Nachweise erbracht, nämlich der Maifisch *(Alosa alosa)* und der Strömer *(Leuciscus souffia agassizi)*, was das sporadische Vorkommen dieser Art im südlichen Oberrhein bestätigt.

In der Fischartengemeinschaft des nördlichen Oberrheins (Abb. 6.3 B) dominiert in diesem langsamer fließenden Rheinabschnitt das Rotauge (47,9%). Stark vertreten ist der Brachsen (15,1%); der Ukelei konnte mit 15,4% registriert werden. Insgesamt wurden in diesem Abschnitt 27 Arten durch Elektrobefischungen und 2 weitere Arten, Flunder und Meerneunauge, durch Belege der Berufs- und Angelfischer nachgewiesen. Bezüglich der Gewichtsprozente dominiert in diesem Abschnitt wieder das Rotauge (28,6%), gefolgt vom Aal 13,6% und Brachsen 12,7%. Der hohe Anteil der Nase entstand durch das Abfischen zahlreicher adulter Exemplare unweit unterhalb der Staustufe Iffezheim. Dort existieren lange grobkörnige Kiesbänke, die durch die Geschiebedynamik einer ständigen Veränderung unterliegen, aber dennoch mit Algen überwuchert sind, so daß sie sehr gute Nahrungsbedingungen für adulte Nasen darstellen. Es liegt nahe, daß diese Biotope im Frühjahr auch als Laichgebiete dienen.

Im Bereich des nördlichen Oberrheins wurden andere, sehr unterschiedliche Artenzusammensetzungen beobachtet. Weibel [283] untersuchte in jüngster Zeit zwischen Karlsruhe und Mannheim (Rheinstromkilometer 359–417) das Rechengut von Kühlwasserentnahmestellen bei 3 Kraftwerken. Die Wasserentnahme erfolgte in großen Mengen (bis zu 100 cbm/s) und aus großen Tiefen, die etwa der Rheinsohle entsprechen (3–6 m). An einer Lokalität wurde ein Vergleich zwischen den Fängen mit Hilfe der Elektrofischerei und den angesaugten Fischen aus dem Rechengut aufgestellt. Es zeigte sich, daß die allgemein dominierende Fischart Rotauge im Rechengut mit 13,2% und in der Elektrobefischung mit 47,9% vertreten war. Noch deutlichere Unterschiede wurden beim Aal festgestellt: im Rechen-

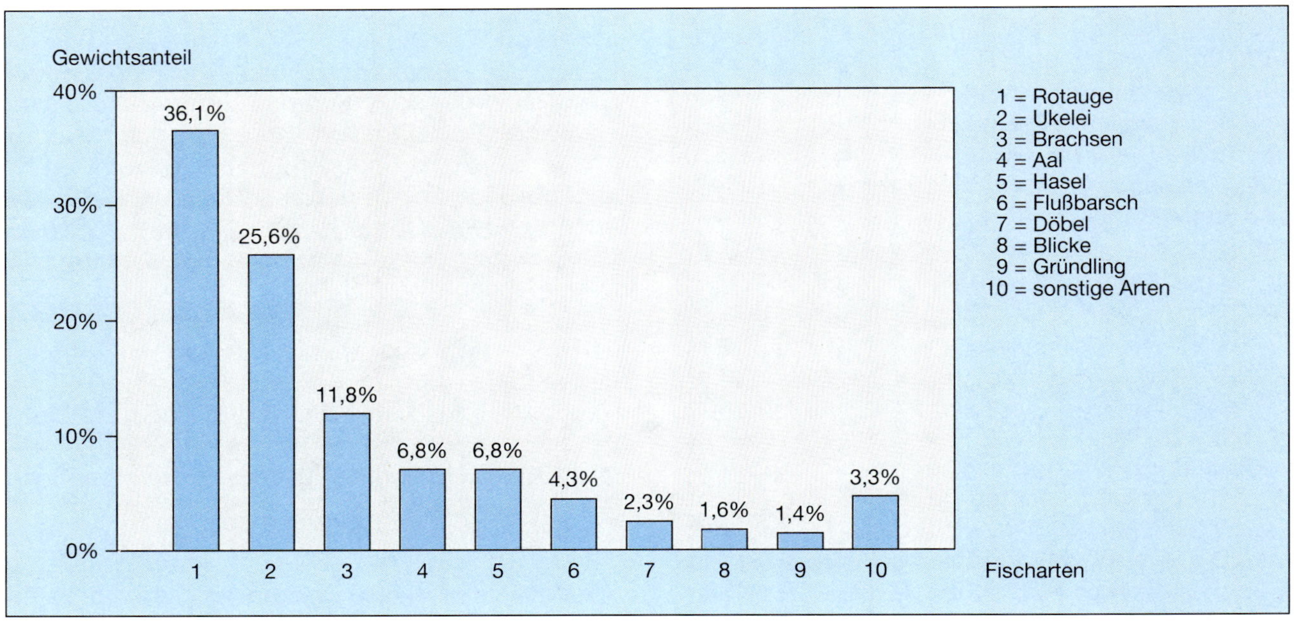

Abb. 6.1. Individuenhäufigkeit der Fischarten im Rheinabschnitt von Basel bis zur niederländischen Grenze. (Arten mit Vorkommen kleiner als 1% sind unter „sonstige Arten“ eingeordnet)

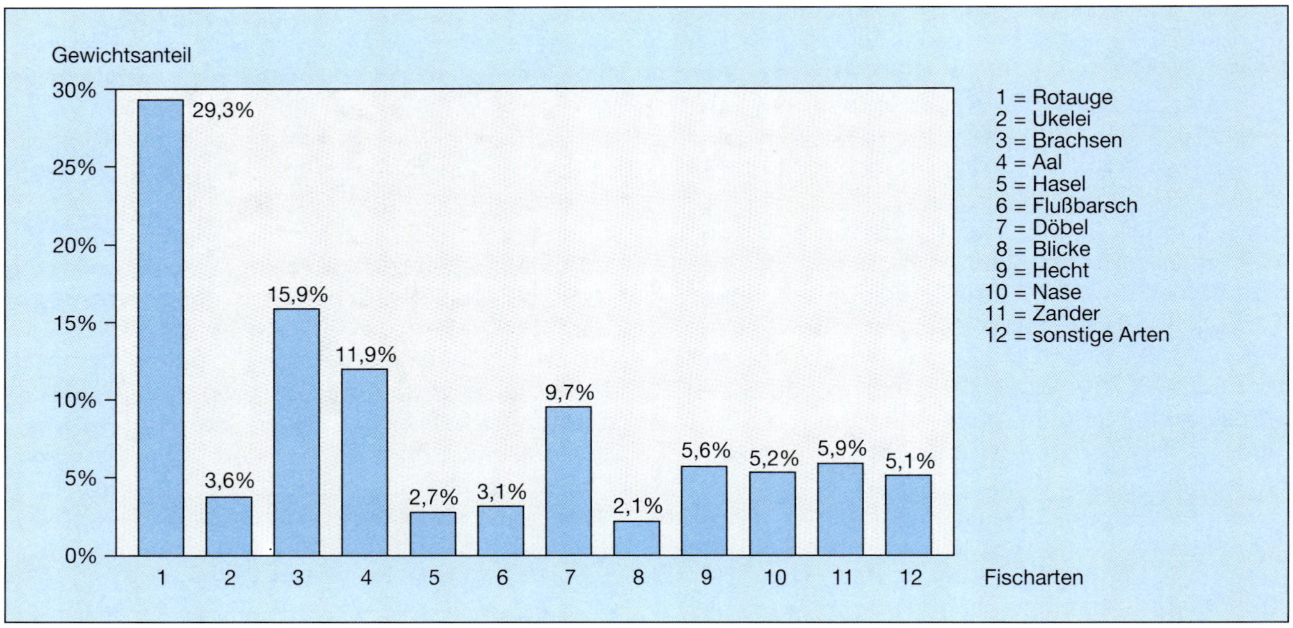

Abb. 6.2. Gewichtsanteil der Fischarten im selben Abschnitt wie in Abbildung 6.1.

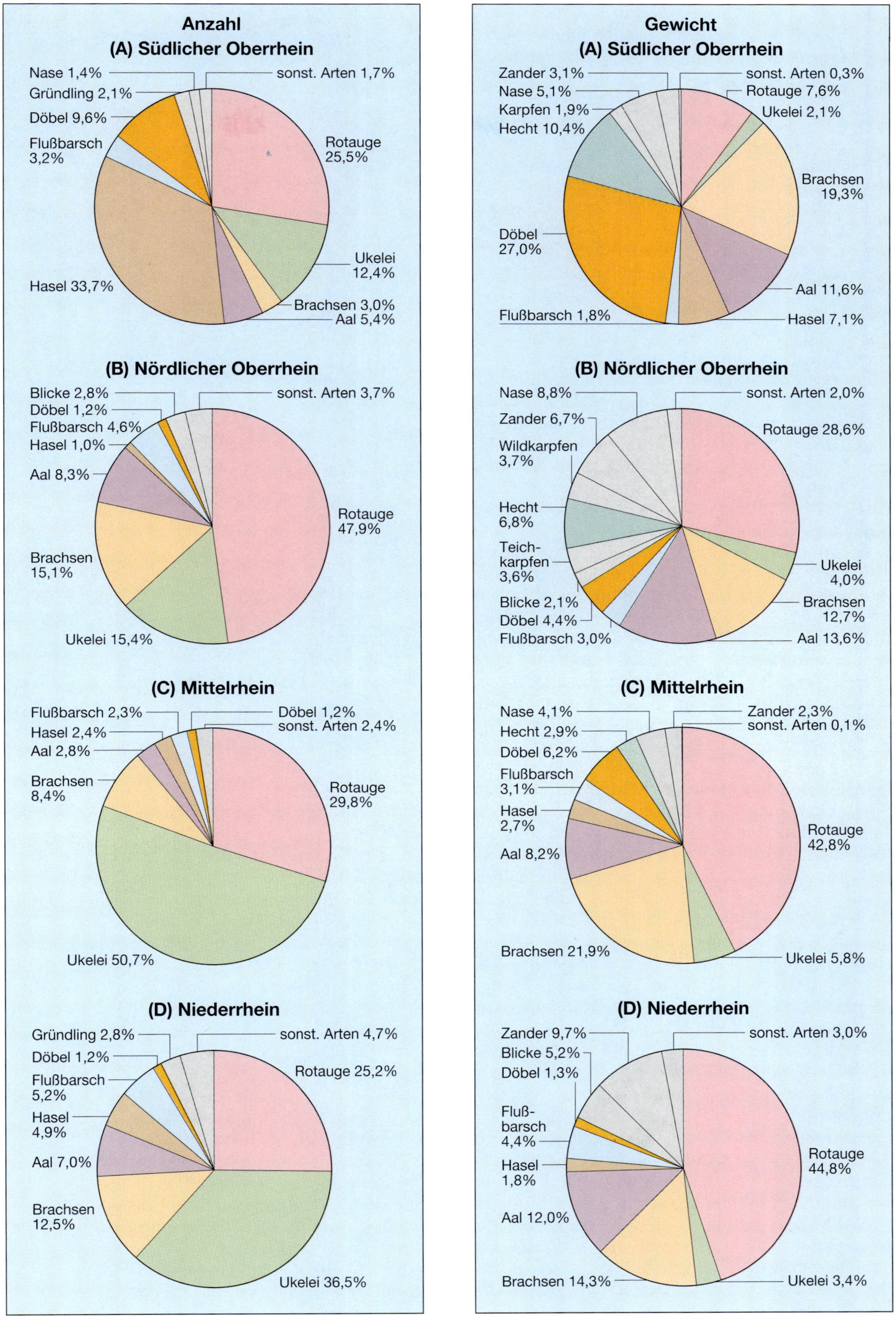

Abb. 6.3 A–D. Zusammensetzung der Fischarten im südlichen und nördlichen Oberrhein sowie im Mittelrhein und Niederrhein. (Aus Lelek u. Köhler 1989 [171 a–c])

gut 41,6%, beim Elektrofischfang 8,3%. Die Vertretung der Fischarten in 3 untersuchten Kraftwerken wurde getrennt voneinander festgestellt. Dabei zeigte sich eine Tendenz zu einer höheren Vertretung der vorwiegend am Boden lebenden Fischarten wie z. B. Barbe und Zander, die in unseren mit Elektrobefischung erfolgten Probeentnahmen sehr wahrscheinlich unterrepräsentiert waren.

Im Bereich des Mittelrheins (Abb. 6.3 C) dominieren die ubiquitären Arten in stärkerem Maße als in anderen Abschnitten (Ukelei 50,7%, Rotauge 29,8%, Brachsen 8,4%). Sie erreichen zusammen rund 89% der Arten innerhalb der Fischartengemeinschaft.

Der Aalanteil in dieser Strecke war auffallend niedrig (2,8%), was mit der recht hohen Strömungsgeschwindigkeit und den gegenüber anderen Abschnitten in geringerem Umfang vorhandenen Unterschlupfmöglichkeiten in Zusammenhang gebracht werden kann. Es muß allerdings erwähnt werden, daß in diesem Abschnitt die Methode der Elektrobefischung nicht die Effektivität erreicht wie in ruhiger fließenden Strecken.

In Übereinstimmung mit den Fangergebnissen von Roth [231] in den 80er Jahren konnten gegenüber früheren Fangstatistiken aus den 20er Jahren [48] überraschend wenig Hasel, Nasen und Barben nachgewiesen werden. Als sehr seltene Funde wurden der Sterlet und die Meerforelle registriert. Letztere scheint zunehmend häufiger in der Mündung von Mosel und Lahn aufzutreten, konnten dort im Herbst 1990 doch mehrere erwachsene Exemplare festgestellt werden.

Insgesamt konnten im Mittelrhein 22 Fischarten nachgewiesen werden. Entsprechend der Individuenhäufigkeit zeigt die Gewichtsverteilung eine sehr ähnliche Dominanz der ubiquitären Arten. Der im Vergleich zur Individuenanzahl hohe Gewichtsanteil des Döbels zeigt, daß in diesem Abschnitt vornehmlich große Exemplare anzutreffen sind, denen es gelingt, die schnellströmenden Abschnitte zu besiedeln (Abb. 6.3 C).

Die Artengemeinschaft im Bereich des Niederrheins (Abb. 6.3 D) bestätigt die Dominanz ökologisch anspruchsloser Fischarten. Rotauge, Ukelei und Brachsen erreichen eine Individuenhäufigkeit von beinahe 75%. Dieses Ergebnis deckt sich nahezu mit den Untersuchungen von Michling (1988) [193]. Obwohl bei beiden Probeentnahmen gleich wirksame Elektrofischfanggeräte eingesetzt wurden, konnte Michling im vergleichbaren Untersuchungszeitraum einen wesentlich höheren Anteil an Aalen ermitteln (17,6%) als unsere Ergebnisse zeigten (7%). Die Begründung liegt vermutlich in unterschiedlicher Einordnung der Elektroden und in der Bootsgeschwindigkeit während der Probeentnahme und möglicherweise auch an der Wasserführung.

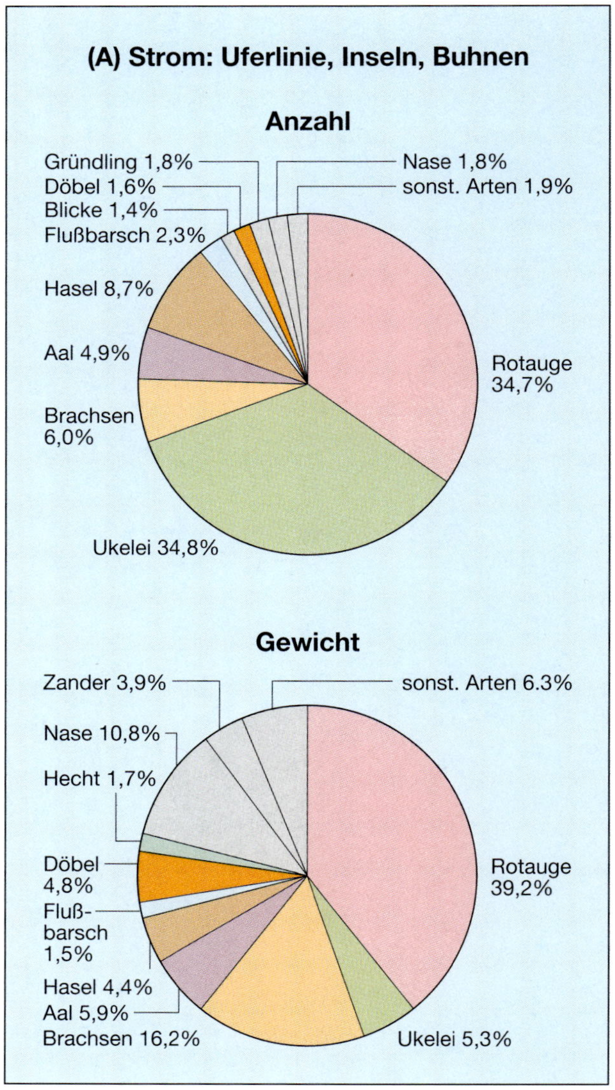

Abb. 6.4 A–E. Zusammensetzung der Fischarten in verschiedenen Rheinbiotopen; (D und E auf Seite 42)

Die Gewichtsverteilung der Arten am Niederrhein bestätigt die Artendominanz, die bei der Individuenhäufigkeit festgestellt wurde. Erwähnenswert ist der hohe Anteil des Zanders (9,7%). Insgesamt konnten im Bereich des Niederrheins 31 Fischarten belegt werden. Mit Ausnahme einiger weniger Arten deckt sich das Artenspektrum aus beiden Erhebungen. Lediglich Äsche, Regenbogenforelle sowie Meerforelle wurden bei unseren Untersuchungen nicht nachgewiesen.

6.1.2 Fischartengemeinschaften in verschiedenen Biotopen

Die Auswahl der Probestellen diente dem Ziel, einerseits eine möglichst gute Übersicht über die Biotope der bekannten Rheinabschnitte zu gewinnen und andererseits die verschiedenen Biotoptypen auch voneinander getrennt zu erforschen. Untersucht wurden:

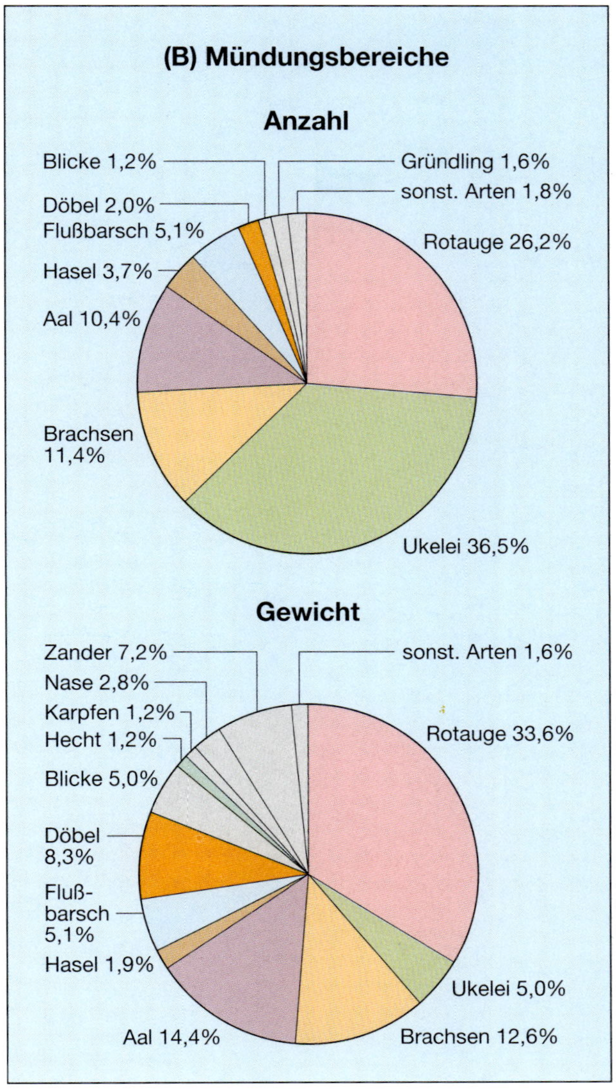

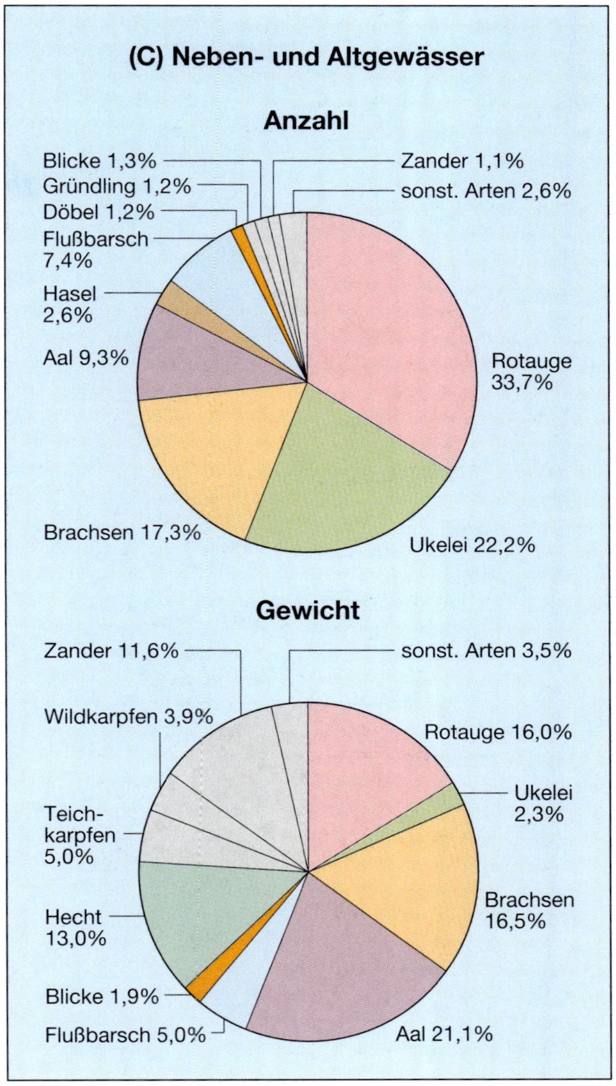

a) Rheinstrom mit Steinschüttung oder mit Pflasterung versehene Uferlinien inklusive Buhnen und Leitwerke, Uferlinien der Inseln im Strom, Kiesbänke, kahle Buchten und bewachsene Uferlinien.
b) Restrhein in seiner Ausdehnung von Weil am Rhein bis Breisach sowie die Restabschnitte der flußabwärts folgenden Stauschlingen bis Straßburg.
c) Hafenanlagen, besonders solche mit ausgebauten Spund- oder Betonwänden.
d) Einmündungen der Zuflüsse; zusammengefaßt sind die Mündungsbereiche aller Gewässer, groß oder klein, ca. 100 m auf beiden Uferseiten ohne Rücksicht auf deren Wasserführung.
e) Nebengewässer; miteinbezogen sind hauptsächlich die noch existierenden sogenannten Altrheine und künstlich geschaffenen Wasserflächen, die ständig oder nur zeitweise mit dem Strom in Verbindung stehen.

Die Zusammensetzung der Fischartengemeinschaften innerhalb verschiedener Biotope zeigte erhebliche Unterschiede in der Verteilung der Arten. Das Rotauge konnte in allen Biotoptypen nachgewiesen werden. Es dominiert hinsichtlich der Individuenhäufigkeit insbesondere in den stark anthropogen beeinflußten Biotopen des Stromes und den ausgebauten Hafenanlagen (Abb. 6.4 A, C und Abb. 6.4 D). Der hohe Individuenanteil der Rotaugen in den Neben- und Altgewässern wird durch eine große Anzahl von juvenilen Fischen, besonders der noch nicht einjährigen, erklärt. Dies wird verdeutlicht durch ihren vergleichsweise niedrigen Gewichtsanteil in diesem Biotop. Ein geringeres Vorkommen verzeichnet das Rotauge in den strömungsreichen Strecken des Restrheins und in den Mündungsbereichen der Zuflüsse. Dort sind Hasel und Ukelei die dominierenden Arten (Abb. 6.4 B und 6.4 E).

Sehr ähnliche Verhältnisse zeigen sich bei der

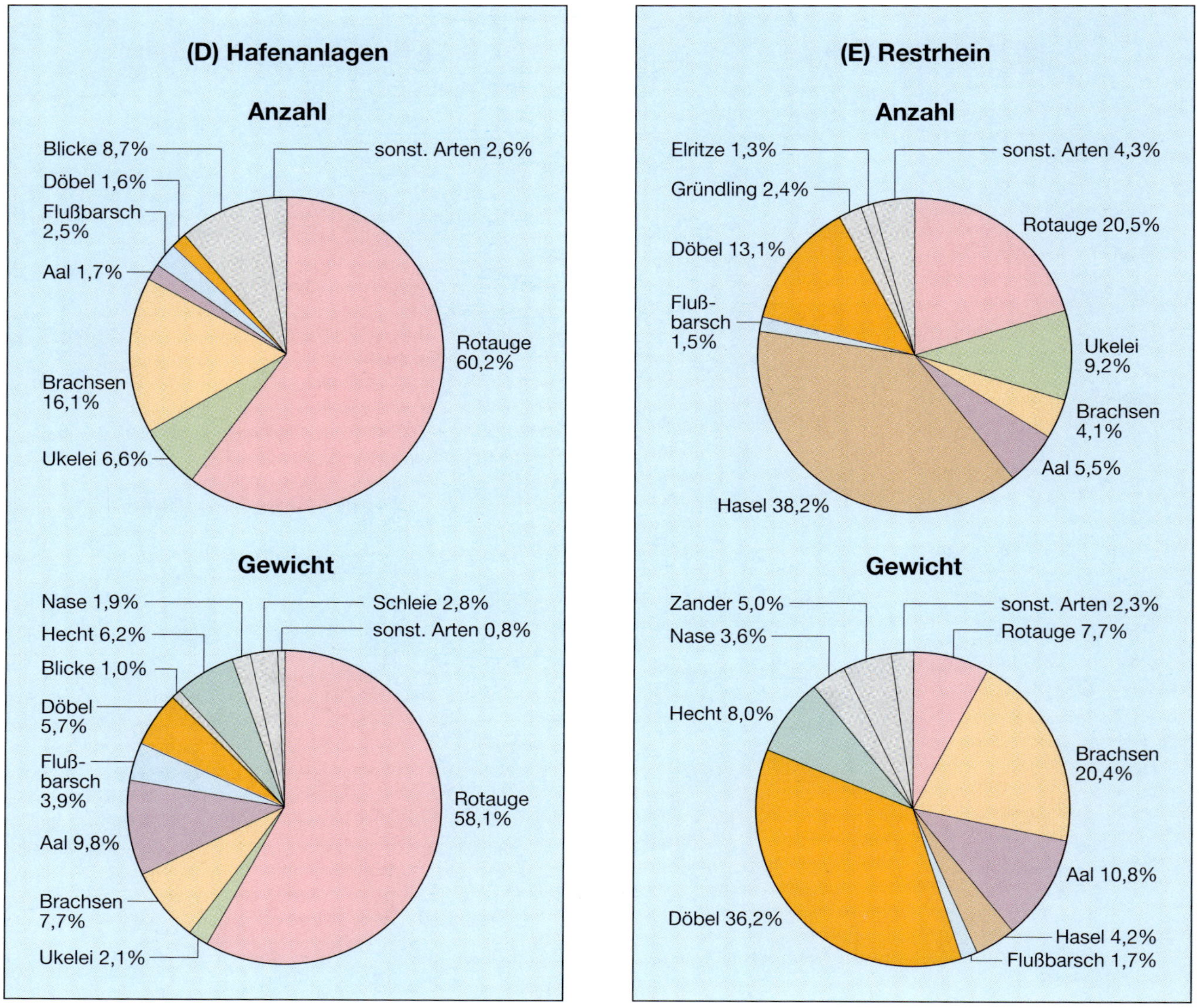

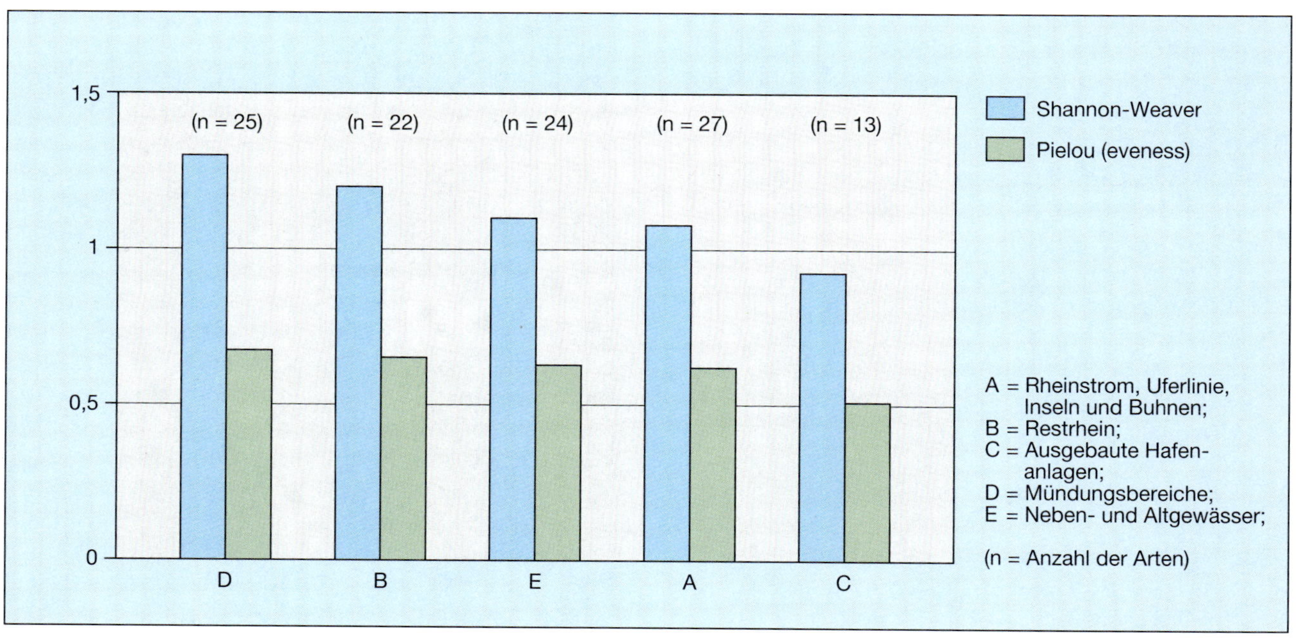

Abb. 6.5. Die Vielfalt der Fischarten in verschiedenen Rheinbiotopen wurde mit Berechnung der Diversitätsindices belegt.

Betrachtung der Gewichtsverteilung. Auch hier dominiert das Rotauge in nahezu allen Biotopen mit Ausnahme des Restrheins; dort überwiegen Döbel und Brachsen (Abb. 6.4 E).

Das beschriebene und graphisch präsentierte Vorkommen der Fische, gegliedert nach verschiedenen Biotoptypen, vermittelt schon auf den ersten Blick eine erhöhte Vielfalt an Fischarten an den Stellen, wo auch Abweichungen von der großflächigen Monotonie existieren. Es liegt nahe, daß auch die seltenen, zum Teil ernsthaft bedrohten Arten sich in solchen Bereichen aufhalten, wie z. B. der Steinbeißer *Cobitis taenia* im Gebiet der Einmündungen oder der Schneider *Alburnoides bipunctatus* im Restrhein und die Wildform des Karpfens in den Altrheinen, die mit dem Hauptstrom in Verbindung stehen.

Weitere Details bezüglich der einzelnen Fischarten folgen im Kapitel 7. Als Maß für die Dominanzstruktur der Arten innerhalb der verschiedenen Biotope wurden Diversitätsindices nach Shannon u. Weaver [247] sowie Pielou [218] berechnet (Abb. 6.5). Die höchsten Werte und somit der höchste Grad einer gleichen Verteilung der dort vorkommenden Arten werden hiermit in den Mündungsbereichen und im Restrhein bestätigt. Für die ausgebauten Hafenanlagen wurde der niedrigste Wert bzw. eine hohe Dominanz von nur wenigen Arten ermittelt. Als Gründe dafür sind kahle Uferlinien, fehlende Strömung, einheitliches Substrat, meist Schlammablagerungen, und die Beeinträchtigung durch den Schiffsverkehr zu nennen.

6.2 Raubfische im Rhein

Ein Blick auf die Zusammensetzung der Artengemeinschaften läßt erkennen, daß der Anteil der Friedfische (Beutefische), insbesondere der Karpfenartigen, in beinahe allen Biotopen und Stromabschnitten hoch, derjenige der Raubfische hingegen extrem niedrig ist. Alle vom Menschen verursachten Veränderungen des Stromes begünstigen die Friedfische und wirken sich für die Raubfische, speziell durch Zerstörung der geeigneten Laichplätze, sehr negativ aus.

Zu den Raubfischen im Rhein zählt in erster Linie der autochthone Hecht sowie der seit der Jahrhundertwende eingebürgerte Zander. Beide Arten benötigen spezielle Laichplätze, die aber für den Hecht gegenwärtig nicht in ausreichender Menge vorhanden sind. Der Aal wird in all seinen Lebensabschnitten als Raubfisch betrachtet. Auch der Döbel, obwohl Allesfresser, ist den Raubfischen zuzuordnen. Weitere Raubfischarten sind die Quappe, der Rapfen sowie der Wels, deren Vorkommen im Rhein nur sporadisch ist. Die übrigen räuberisch lebenden Fischarten, wie Flußbarsch und die selten vorkommenden Salmoniden sind erst ab einer Größe von ca. 25–35 cm als Raubfische zu betrachten.

Vergleicht man das Beute-/Raubfisch-Verhältnis in den unterschiedlichen Habitaten, so zeigt sich, daß in wenig gegliederten Habitaten, wie Hafenanlagen und dem Strom selbst, der niedrigste Raubfischanteil nachgewiesen wurde. Dagegen weisen die Nebengewässer, die Mündungsbereiche der Zuflüsse und der Restrhein einen höheren Anteil an Raubfischen auf. Insgesamt besitzen die Habitate in diesen Bereichen einen höheren Natürlichkeitsgrad und höhere Diversität.

Zur Darstellung der quantitativen Verhältnisse von Beute- und Raubfischen in den verschiedenen Abschnitten des Rheins wird im folgenden der von Swingle [260] entwickelte F/C-Koeffizient herangezogen: F = Gesamtgewicht der Friedfische (Forage fish), C = Gesamtgewicht der Raubfische (Carnivorous fish). Nach diesem Kriterium befinden sich die Fischgemeinschaften in einem Gleichgewichtszustand, wenn die F/C-Werte zwischen 2,3 und 4,9 liegen.

Für die einzelnen Rheinabschnitte wurden folgende Werte ermittelt: südlicher Oberrhein F/C = 2,64; nördlicher Oberrhein F/C = 2,32; Mittelrhein F/C = 4,92; Niederrhein F/C = 2,64 (Abb. 6.6).

Wird der F/C-Koeffizient auf die verschiedenen Habitattypen angewandt, so ergibt sich folgendes Bild: Strom F/C = 6,3; Mündungsbereiche F/C = 2,51; Nebengewässer F/C = 1,0; Hafenanlagen F/C = 3,31; Restrhein F/C = 2,91 (Abb. 6.7).

Auf den ganzen Rhein bezogen ergibt sich ein F/C-Koeffizient von 2,72. Dies bedeutet, daß sich unter Anwendung der Swingle-Methode für den gesamten Rhein sowie für seine einzelnen Abschnitte ein Gleichgewichtszustand feststellen läßt.

Ein Vergleich der relativen Gewichtsanteile der Raubfische aus verschiedenen Proben der Rheinfischfauna (Abb. 6.8) zeigt folgendes Ergebnis: Der Gewichtsanteil der Raubfische variiert vom Oberrhein zum Niederrhein zwischen 26,5% und 28,1%. Der universalste Raubfisch, der Hecht, ist vom Oberrhein bis zum Niederrhein abnehmend vertreten (10,3% bis 0,9%). Der Gewichtsanteil des Zanders nimmt dagegen stromabwärts zu: Oberrhein 3,1% und Niederrhein 10,9%. Der Anteil des Aals liegt zwischen 10,5% und 12,5%. Der Anteil des Flußbarsches nimmt vom südlichen Oberrhein mit 1,7% bis zum Niederrhein mit 4,5% zu.

Eine qualitative Beurteilung der herrschenden Verhältnisse zwischen Beute- und Raubfischen ist mangels quantifizierbarer Daten aus der alten Literatur nicht möglich. Auch neuere Untersuchungen zur Frage der Wechselwirkungen zwischen Beute- und Raubfischen liefern keine auf den Rhein anwendbare Daten [52, 150, 220].

Obwohl durch Verbesserung der Wasserqualität heute beinahe alle Fischarten im Rhein leben können, ist die Frage noch nicht geklärt, wie die Fischpopulationen auf den sehr hohen Trophiegrad des Rheins reagieren werden. Die übermäßigen Nährstoffe, die die Basis der Nahrungspyramide bilden, begünstigen das Wachstum der Algen sowie viele Gruppen der Wirbellosen und die anspruchslosen Fischarten, die in dem herrschenden Trophiemilieu nahezu „wuchern". Da sich die „Konsumenten", d.h. die Raubfische mangels Laichplätzen nicht entsprechend vermehren können, erscheint es notwendig, in den kommenden Jahren die Population der heimischen Raubfischarten durch gezielten Besatz und Schaffung geeigneter Habitate zu stützen. (Es drängt sich die Parallele zur „Biomanipulation" im aquatischen Bereich auf, mit welcher versucht wird, die Wasserqualität und die planktonischen Organismen durch Fischartenzusammensetzung zu steuern [107, 108, 146].) Die einseitige Förderung der Aale, die bisher praktiziert wurde, hat keinen Beitrag zur Verbesserung der Vielfalt der Rheinfischfauna gebracht.

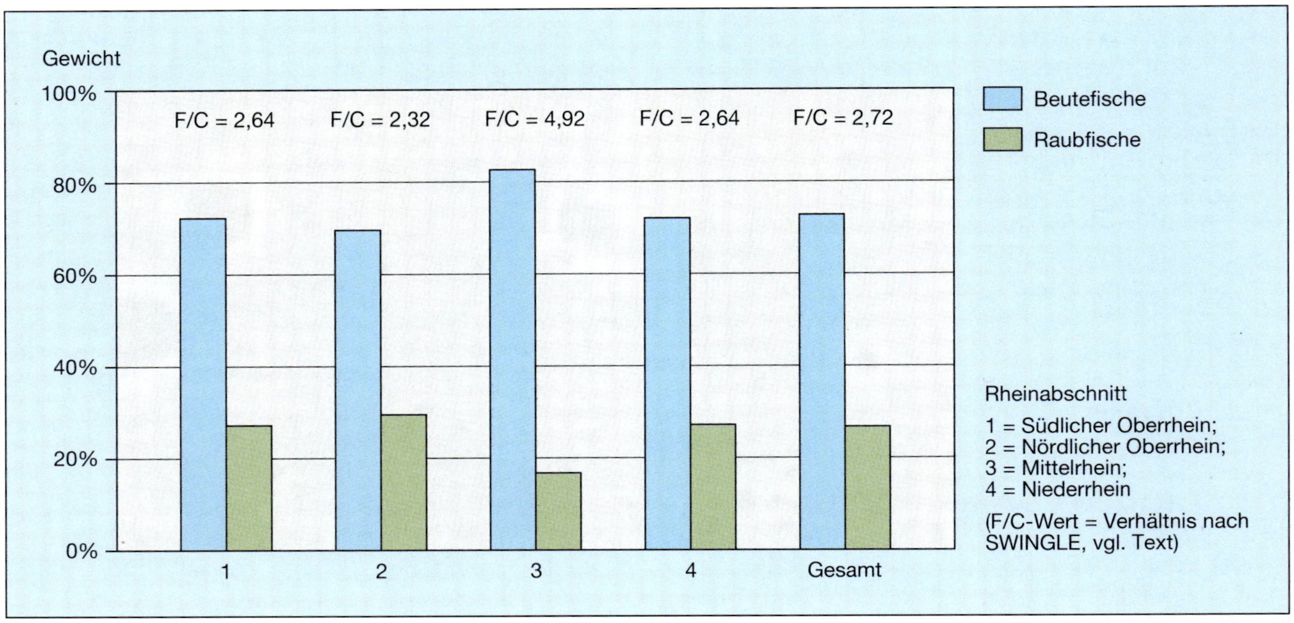

Abb. 6.6. Raubfisch-Beutefisch-Verhältnis in verschiedenen Rheinabschnitten basierend auf Gewichtsanteilen der Arten.

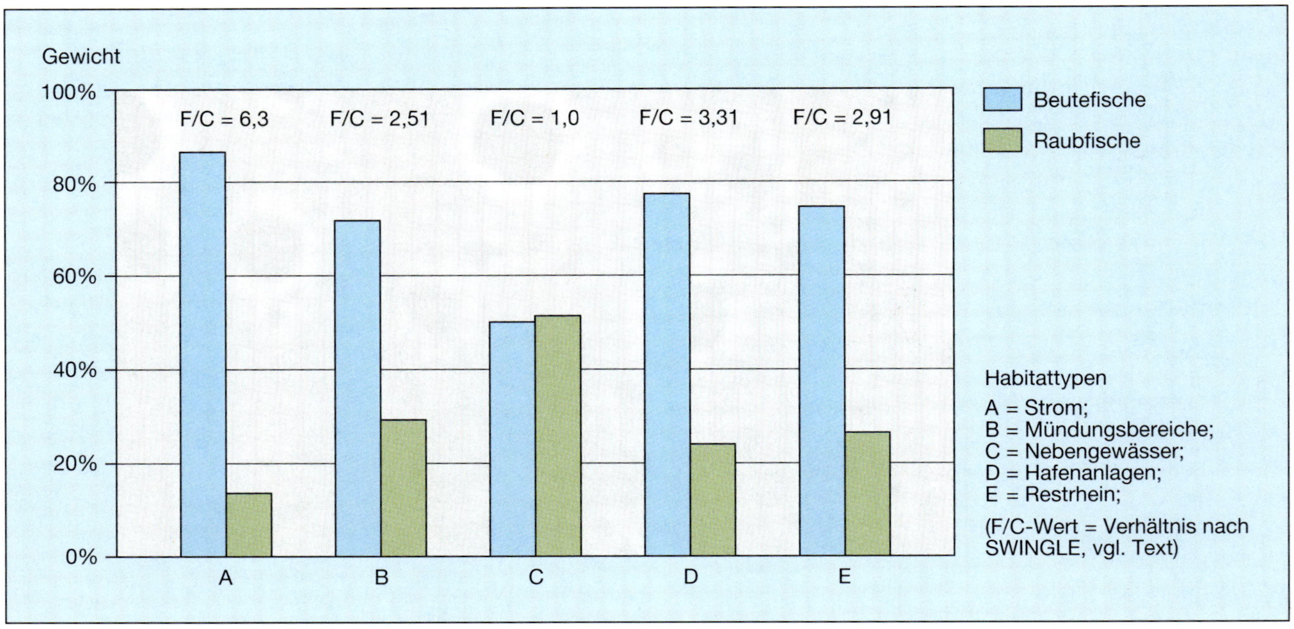

Abb. 6.7. Raubfisch-Beutefisch-Verhältnis in verschiedenen Rheinbiotopen, basierend auf Gewichtsanteilen der Arten. (Abb. 6.4 bis 6.7 aus Lelek u. Köhler 1989 [171 a–c])

Abb. 6.8. Raubfisch/Beutefisch-Verhältnis in hydrogeomorphologisch unterschiedlichen Rheinabschnitten.

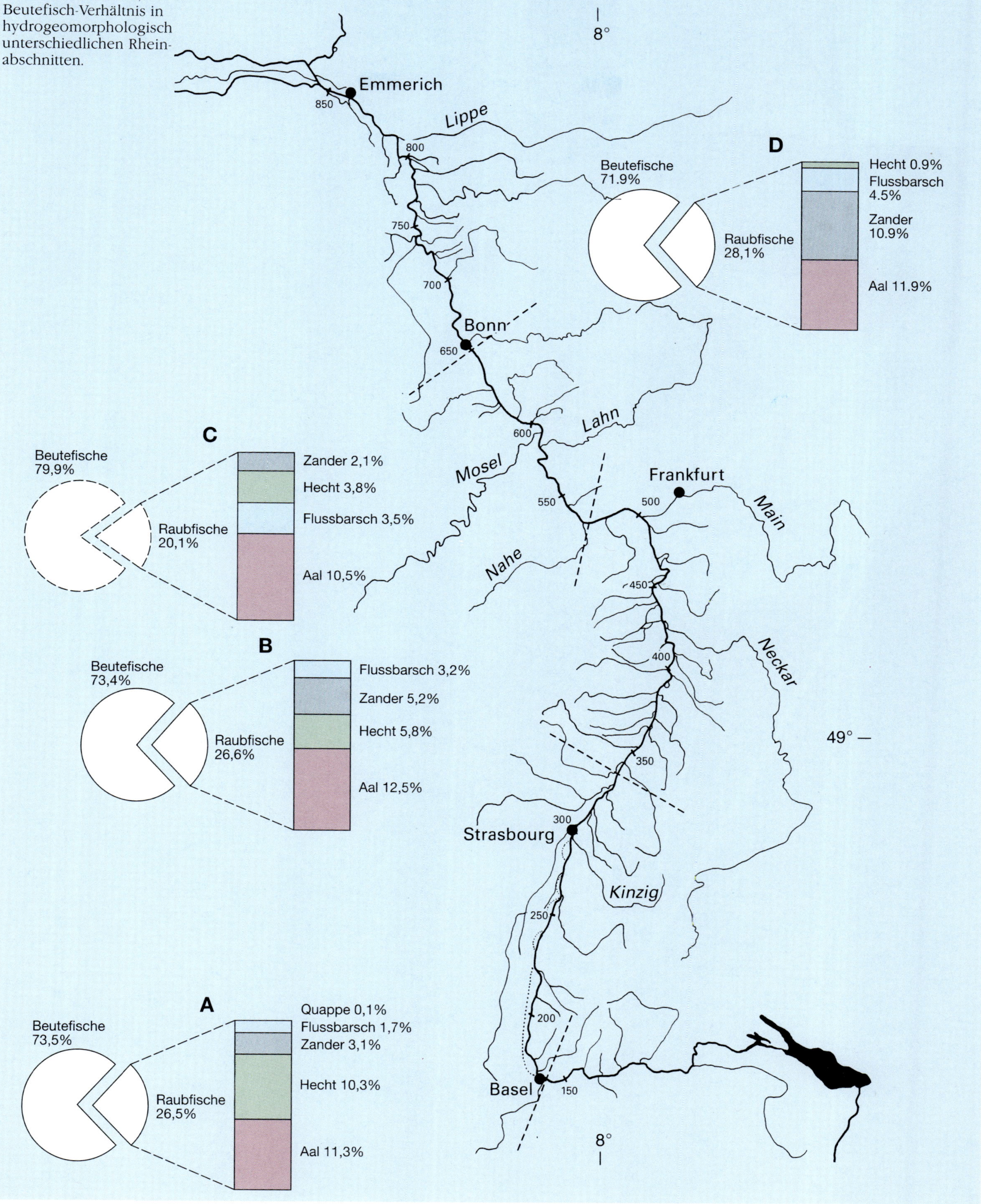

Abb. 6.9. Einsatz eines feinmaschigen Netzes in Kombination mit Elektrofischfang zum Nachweis der juvenilen Exemplare. Die Fangelektrode (Anode) ist vor der Netzöffnung befestigt.

7 Fischarten des Rheins

Die genaue Beschreibung der im Rhein vorkommenden Fische umfaßt ihr Aussehen, ihre Lebensweise und Verbreitung sowie ihre Funktion innerhalb der Artengemeinschaften. Außerdem wird ihre gegenwärtige und potentielle wirtschaftliche Bedeutung diskutiert und der Bedrohungsgrad hervorgehoben.

Um dieser Aufgabe gerecht werden zu können war es notwendig, eine Fülle von Informationen zusammenzutragen. An erster Stelle benutzten wir die Angaben aus „eigner Hand". Hierzu dienten die verschiedensten Probeentnahmen der letzten Jahre aus den Rheinabschnitten. Unentbehrlich waren die veröffentlichten Ergebnisse von gezielten Befischungen und die kritische Auswertung der Angaben in der Literatur.

Über das methodische Vorgehen wird auf frühere Publikationen und Berichte verwiesen, wobei dem interessierten Leser nur leicht zugängliche Veröffentlichungen empfohlen werden (z. B. [162, 164 a, 171 a–c]). Eine Fülle reger Kontakte mit Kollegen aus Frankreich, Holland, der Schweiz sowie aus Deutschland ermöglichte die Zusammenstellung sehr wertvoller Beobachtungen und Daten. Weiteres reiches Informationsmaterial über die Fische stammt von Berufs- und Angelfischern sowie von Naturfreunden. Diese Meldungen wurden nur dann akzeptiert, wenn die Informationen über die jeweils erwähnten Fischarten belegt waren.

Um eine gewisse Übersicht und ein einfaches Nachschlagen über eine bestimmte Fischart zu ermöglichen, sind die Daten nach Nelson (1984) [205] in Gruppen nach der Familienzugehörigkeit angeordnet, z. B. die Neunaugen, die Forellenartigen, die Karpfenartigen usw.

Die morphologischen und meristischen Merkmale, zusammengefaßt in den Tabellen im Anhang, stammen von Köhler (1991) [137], wenn nicht anders erwähnt. Der Name des Fisches wird in der Regel von einer Umrißzeichnung der Körperproportion und der Position der Flossen begleitet. Diese recht schematischen Abbildungen vermitteln auch den Bedrohungsgrad der Fischarten: Blaue Farbe deutet auf keine Bedrohung, gelbe Farbe weist auf seltene, selten gewordene sowie verschollene Fischarten hin und rosa Farbe bezeichnet eingeführte bzw. fremde Arten.

7.1 Neunaugen
Petromyzontidae

Die Neunaugen (Gruppe der Rundmäuler) sind keine Fische im zoologischen Sinne. Trotzdem stellen sie einen festen, unentbehrlichen Bestandteil unserer aquatischen Fauna dar und wurden immer wie Fische, auch aus Sicht der Fischerei, betrachtet. Sie besitzen keine Knochen, nur harte knorpelige Strukturen, seitlich haben sie 7 Paar Kiemenöffnungen, ihr Körper hat keine Schuppen und keine paarigen Flossen. Die schlangenartige Körperform erinnert an den Aal.

Im Rhein leben 3 Arten. Die Literatur über die Neunaugen wurde von Selley and Beamish (1977) [246] weltweit exemplarisch zusammengetragen. Über die einzelnen Arten berichtet Holčík (1986) [101] ausführlich.

7.1.1 Meerneunauge
Petromyzon marinus Linnaeus

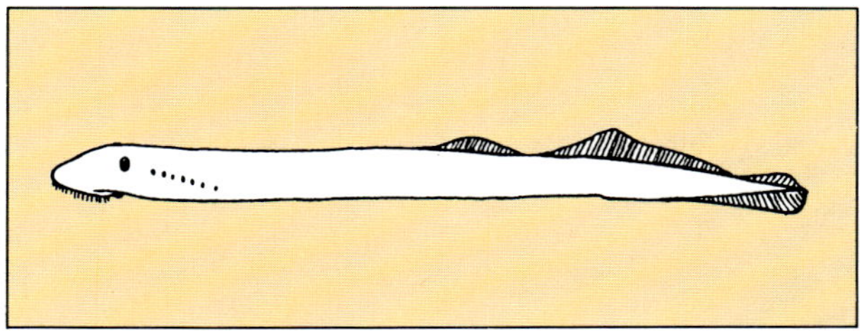

Das Meerneunauge sowie alle anderen Arten dieser Familie haben einen aalförmigen Körperhabitus. Bei den Meerneunaugen sind die Rükkenflossen durch eine Luch (Lücke) voneinander getrennt. Die Mindestlänge der erwachsenen Exemplare unmittelbar vor der Geschlechtsreife beträgt 55–60 cm; 100 cm Länge bedeutet schon eine seltene, außergewöhnliche Größe. Die Körperform sowie die Färbung sind aus den beigefügten Fotos der Exemplare aus der Umgebung von Mannheim ersichtlich (Abb. 7.1). Die taxonomischen Merkmale sind Tabelle 1 zu entnehmen.

Verbreitung: Das Meerneunauge kommt auf beiden Seiten des Atlantiks vor, in Europa von den Britischen Inseln über die Küste Skandinaviens bis in die Barentssee. Im Süden steigt das Meerneunauge die Flüsse der Iberischen Halbinsel und Italiens auf. Es fehlt aber im Einzugsgebiet des Schwarzen Meeres (Abb. 7.2). In Zentraleuropa kam diese Art früher in allen Flüssen häufig vor, die in die Nordsee münden. In der Elbe stieg das Meerneunauge stromaufwärts bis an die Moldau; auch kam es in der Weser, Ems, im Rhein und deren Zuflüssen sowie in allen Flüssen der Normandie vor. Seltener und schwer nachweisbar sind die Funde im Meer [161]. Im Rhein galt das Meerneunauge in den 60er und 70er Jahren als verschollen.

Bionomie: Das Meerneunauge ist ein typischer anadromer Wanderer. Zur Fortpflanzung steigt es die Flüsse auf, gewöhnlich bis zu einem Drittel der Flußlänge. Es sind aber auch Funde aus Basel, Rheinfelden, Rheinzuflüssen sowie aus Mosel, Main und Neckar u. a. bekannt. Die Vermehrung findet ausschließlich im Süßwasser statt, wo die Eier in eine Grube im schottrigen Substrat abgelegt werden. Nach dem Laichakt sterben die Elterntiere. Die Entwicklung der Juvenilen dauert ziemlich lange. Die Larven, Querder oder Ammocoeten genannt, leben etwa 4–5 Jahre in feinen Sedimenten des Uferbereiches. Danach ziehen juvenile Exemplare in Richtung Salzwasser. Im Küstenbereich und in der See leben sie parasitisch. Sie saugen sich an die Körper der größeren Fische an und ernähren sich von deren Blut, Körperflüssigkeiten und der Muskulatur, wozu ihr Saugnapf bestens geeignet ist (Abb. 7.3). Die Um-

Abb. 7.1. Das Meerneunauge im Vergleich zu dem kleineren Flußneunauge.

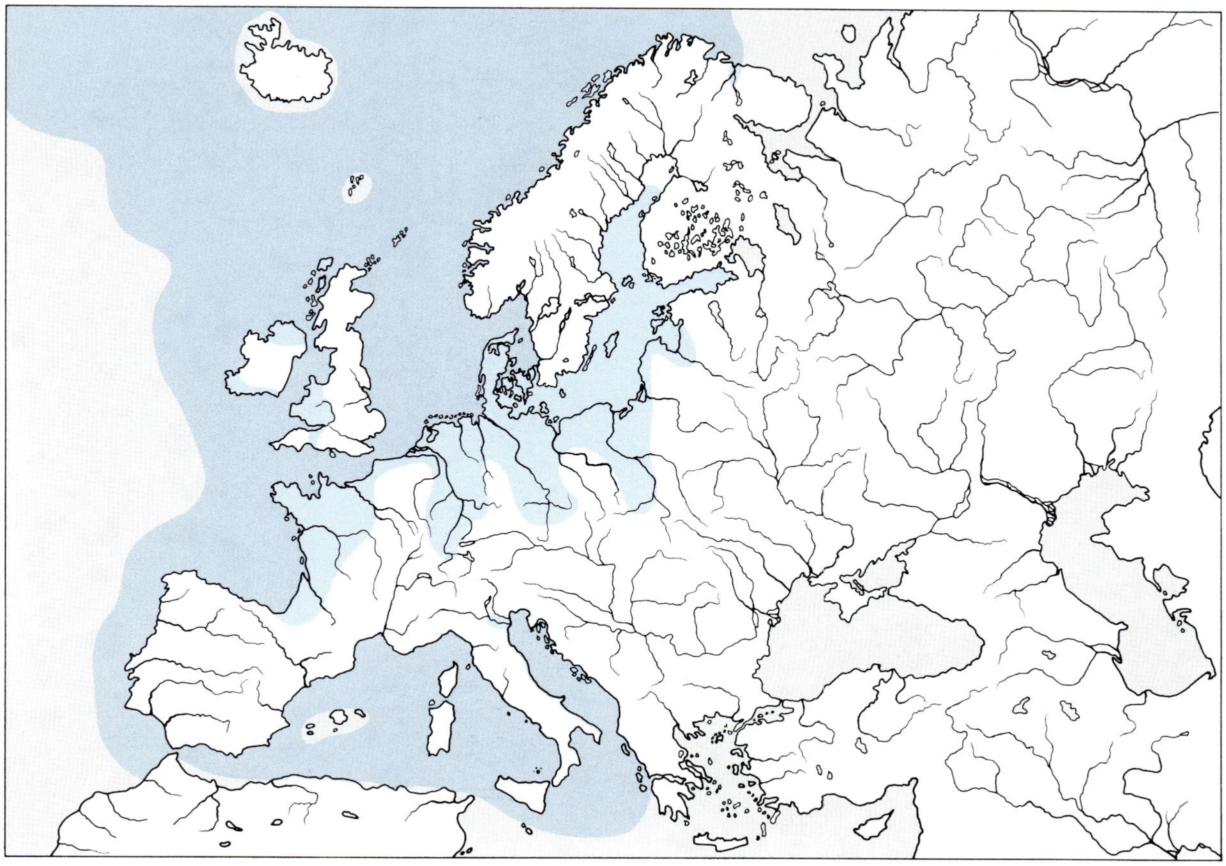

Abb. 7.2. Verbreitung des Meerneunauges in Europa. (Aus Holčík 1989, S. 447 [102])

weltansprüche dieser Art dürften nicht die höchsten sein, da nach nur geringer Verbesserung der Wasserqualität die ersten Exemplare bereits 1983 und 1984 in der Moselmündung [213] und am Oberrhein [121b] gefangen wurden. In den Jahren 1989–1990 wurde das Meerneunauge auch im südlichen Oberrhein festgestellt [283].

Bedrohung: Der Fortbestand dieser Art ist aber noch nicht gesichert, da die Wandermöglichkeit im Rhein nur begrenzt und in der Mehrheit der Zuflüsse beinahe gar nicht gegeben ist. Wild (1903) [289] beobachtete bereits zur Jahrhundertwende einen starken Rückgang der Bestände.

Bedeutung: Das Meerneunauge ist wirtschaftlich bedeutungslos. Als Speisefisch ist das Meerneunauge in unserem Bereich nur wenig geschätzt.

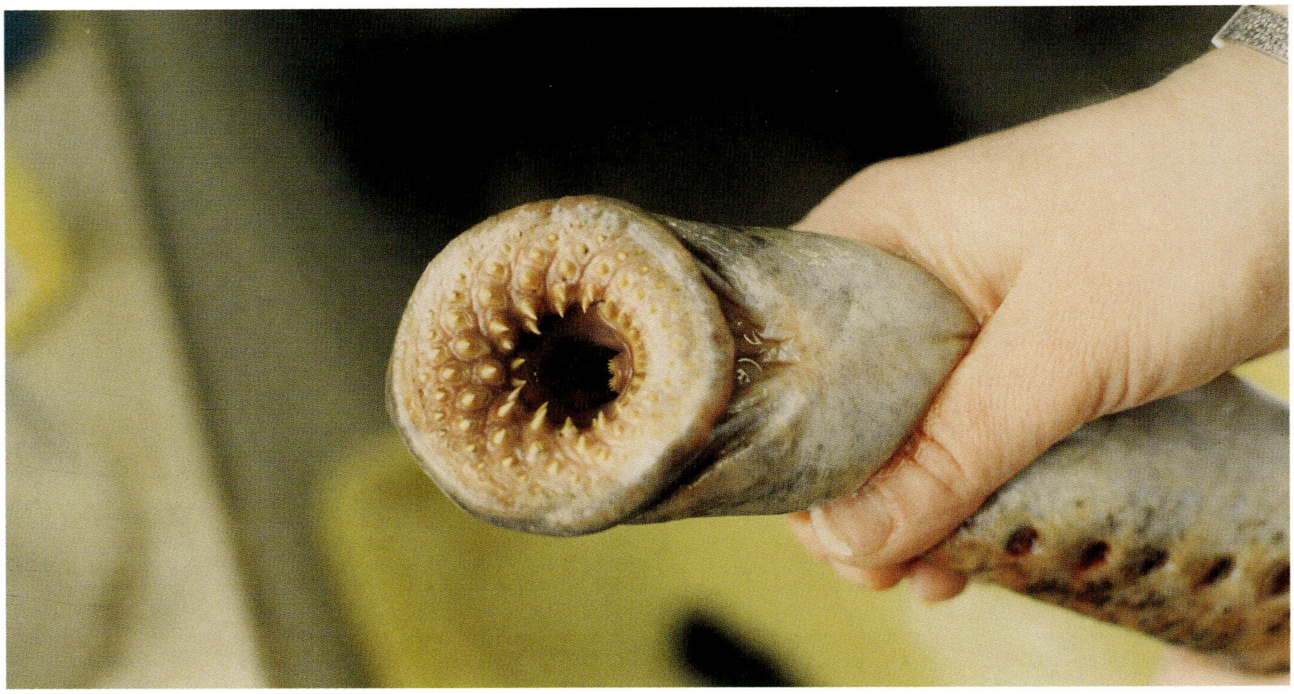

Abb. 7.3. Die Mundöffnung des Meerneunauges deutet auf die Anpassung an das parasitäre Leben auf anderen Fischarten hin.

7.1.2 Flußneunauge

Lampetra fluviatilis (Linnaeus)

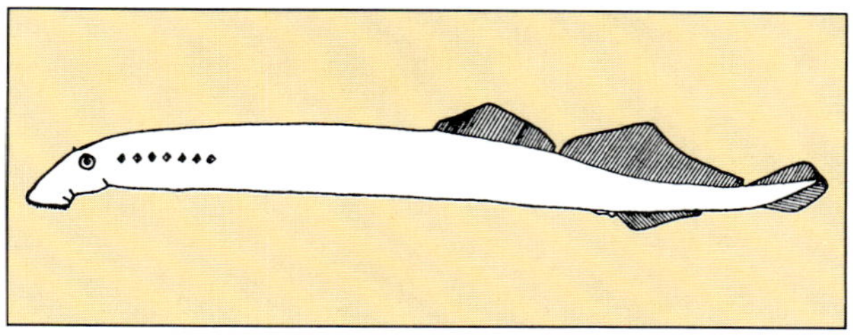

Das Flußneunauge ist nach dem Meerneunauge im erwachsenen Stadium die zweitgrößte Neunaugen-Art im Rhein. Die Färbung zeigt keine Marmorierung, die Rückenseite ist uniform dunkelgrau, die Bauchseite silbrig hell. Die Rückenflossen sind näher zueinander lokalisiert als beim Meerneunauge, aber immerhin ist noch eine kleine Luch zwischen beiden deutlich sichtbar. Die Körperfarben sind der Abbildung 7.5 zu entnehmen; die „Bezahnung" des Saugmauls ist in der Abbildung 7.4 deutlich zu erkennen. Die morphometrischen und meristischen Merkmale sind in Tabelle 2 aufgeführt.

Verbreitung: Das Flußneunauge findet sich kontinuierlich entlang der Flüsse der Nordsee, Ostsee und des Atlantiks. Die südliche Verbreitungsgrenze, besonders auf der Iberischen Halbinsel, ist umstritten [1, 2]. Das Flußneunauge kommt im Einzugsgebiet des Schwarzen Meeres nicht vor (Abb. 7.6). Im Rhein reichte die Verbreitung noch höher stromaufwärts als beim Meerneunauge. Die neuesten Nachweise stammen aus dem Oberrhein [283] und aus dem Niederrhein, wo auch die Vermehrung heute noch nachgewiesen wird (km. 759,8, August 1987 [171 c]). Im April 1991 wurde das Ablaichen in einem Zufluß des nördlichen Oberrheins beobachtet. (mündl. Mittlg. Adam und Schwevers). In früheren Zeiten wurde diese Art häufig im Rhein und Neckar und dessen Nebenflüssen beobachtet [88, 178].

Bionomie: Das Flußneunauge bevorzugt größere Flüsse, besonders die Unterlaufstrecken. Die Migration, beim Meerneunauge bekannt, ist bei dieser Art in abgeschwächter Form zu beobachten. Die Lebensphase im Salzwasser ist nur wenig erforscht. Gefunden wurden Individuen 15 bis 25 km von der Küste entfernt [68]. Zum Laichen steigt das Flußneunauge stromaufwärts. Die Eiabgabe findet in strömendem Wasser statt, oft in kleinen Bächen der Zuflüsse des Hauptstroms. Nach dem Laichakt sterben die Neunaugen ab. Die Larven (Querder) verbergen sich in feinen Sedimenten von Sand und organischem Schlick. Nach 2 bis 4 Jahren wandern sie stromabwärts. Die erwachsenen Individuen leben parasitisch auf anderen Fischarten in Unterläufen der großen Flüsse, meistens aber in Küstennähe. Die Migration erfolgt stromaufwärts in den letzten Monaten des Jahres. Nach der Winterruhe laichen sie zwischen März und April ab [155].

Bedrohung: Besonders wegen Verbauung der Zuflüsse, nicht ausreichender Strecken mit grobschottrigem Bodensubstrat sowie feinstrukturierten Sand- und Kiesbänken, wo die Larven des Flußneunauges aufwachsen, ist die Bedrohung dieser Art noch nicht gebannt.

Bedeutung: Da das Flußneunauge als Speisefisch nicht geschätzt wird, ist es wirtschaftlich bedeutungslos.

Abb. 7.4. Die Mundöffnung, versehen mit scharfen hornigen Platten, deutet die parasitäre Lebensweise an.

Abb. 7.5. Das Flußneunauge während der Laichzeit.

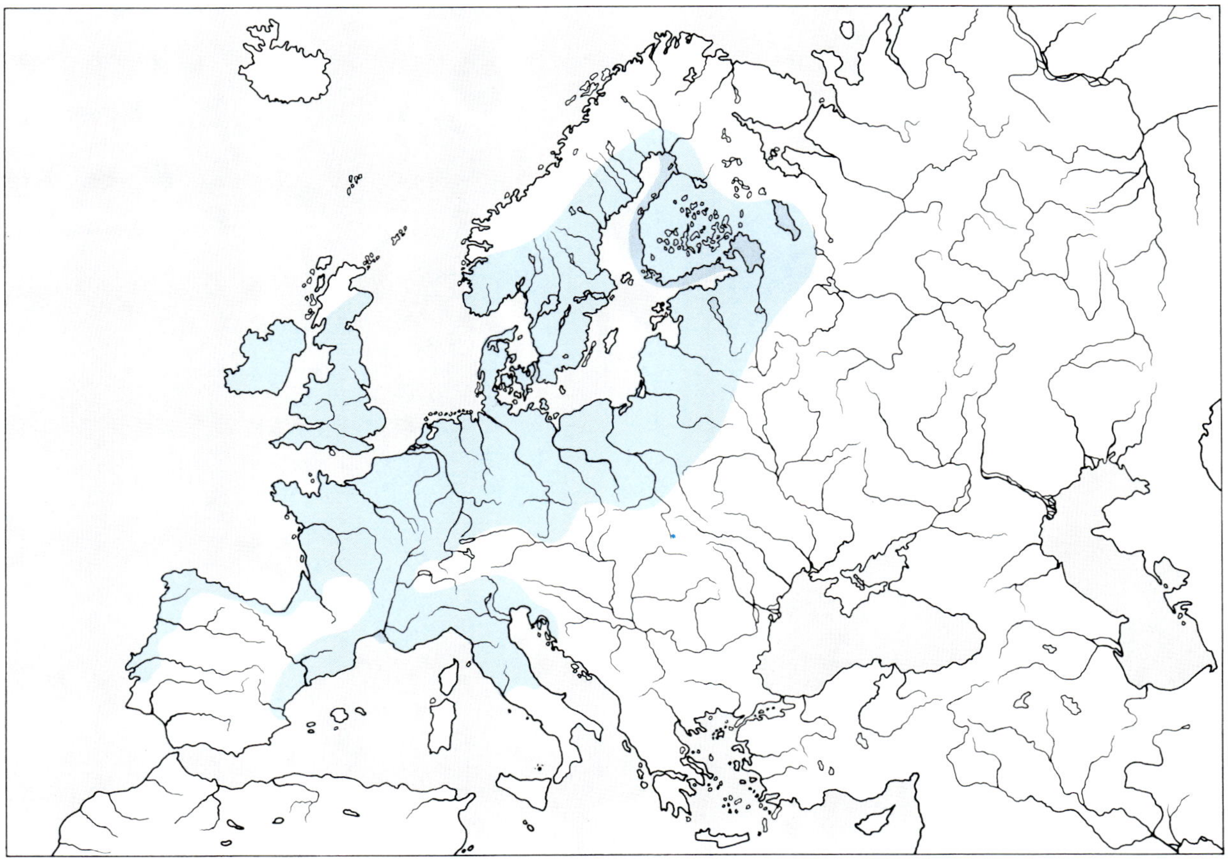

Abb. 7.6. Die Verbreitung des Flußneunauges in Europa. Das Vorkommen auf der Iberischen Halbinsel ist noch umstritten. (Aus Lelek 1987 [167b])

7.1.3 Bachneunauge *Lampetra planeri* (Bloch)

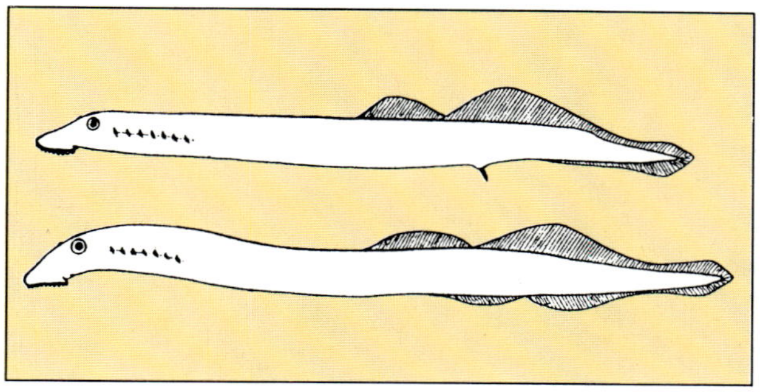

Die kleinste Art unserer Neunaugen ist das Bachneunauge. Die erwachsenen Exemplare erreichen eine Länge von höchstens 14–16 cm. Der Körperhabitus gleicht allen anderen Rundmäulern. Das sichtbarste Unterscheidungsmerkmal sind die Rückenflossen. Sie liegen unmittelbar hintereinander, zwischen beiden ist nicht die geringste Luche. Ebenso weist das Saugmaul keine scharfen „Zähne" auf. Die Färbung und die Maulstruktur geben die Abbildungen 7.7 und 7.9 wider. Die Körperproportionen und meristischen Merkmale sind in Tabelle 3 angegeben.

Verbreitung: Das Bachneunauge ist mit wenigen Ausnahmen über ganz Nordeuropa verbreitet. Einzelheiten sind aus der Verbreitungskarte ersichtlich (Abb. 7.8). Im Einzugsgebiet des Rheins war diese Art früher in allen geeigneten Biotopen zu finden; heute sind es nur die Oberläufe einiger Zuflüsse. Die Lokalitäten seines Vorkommens im Rhein selbst sind heute noch nicht bekannt. Einen Beweis seiner Existenz im Rhein liefern aber die Funde aus einem Kraftwerk, dessen Kühlwasser dem Hauptstrom entnommen wird [283]. Treffend beschreiben Berg et al. (1989) [33] die jetzige Verbreitung: „Nach unserem gegenwärtigen Erkenntnisstand erstreckt sich das Vorkommen über sein gesamtes ursprüngliches Verbreitungsgebiet ... Der Gesamtbestand ist jedoch stark ausgedünnt ...".

Bionomie: Die Lebensweise dieser Art ist besser bekannt als die der anderen Neunaugen. Das Bachneunauge lebt stationär (Abb. 7.10) und unternimmt während der Laichzeit nur kleine, begrenzte örtliche Bewegungen zum geeigneten Laichsubstrat. Als Nahrung dienen im Wasser driftende organische Substanzen sowie abgelegter Detritus in geschichteten stilleren Orten der Bäche oder Flüsse, die aus dem Wasser filtriert werden. Die Bewegungen am Standort zur Oberfläche des Bachsubstrats finden fast ausschließlich nachts statt. Als Laichsubstrat dienen dem Bachneunauge grob-schottrige schnellfließende Strecken. Dort sammeln sich geschlechtsreife Exemplare. Das Ablaichen läuft paarweise ab, die Eier werden in eine vorher mit dem Saugmaul vorbereitete Grube verstreut. Frisch geschlüpfte Larven finden ihren Lebensraum in der Nähe der Laichplätze in einem Sediment, in dem Sandschichten mit dünnen Laubschichten wechseln. Nach 3 bis 4 Jahren sind sie geschlechtsreif, nehmen keine Nahrung mehr zu sich, vermehren sich und gehen in Kürze ein.

Bedrohung: Diese ist für das Bachneunauge primär auf wasserbauliche Maßnahmen zurückzuführen. Dadurch wurden die schnell wechselnden Strömungsverhältnisse und die daraus resultierende Vielfalt der Sohle in längeren Flußstrekken zu einem gleichmäßigen Flußbettsubstrat umgewandelt, das nur der einen Lebens-Etappe, der im Sediment, gerecht wird. Örtlich trug auch ein unüberlegter Aalbesatz zur Beeinträchtigung der Bestände bei. Es liegen keine Nachweise von Untersuchungen der Mageninhalte der Aale vor, aber es steht fest, daß die für die Bachneunaugen bestens geeigneten Nischen unbesiedelt sind, wenn Aale in der Gemeinschaft der Fischarten dominieren.

Bedeutung: Das Bachneunauge besitzt keine wirtschaftliche Bedeutung. Jedoch dient ein normales Vorkommen dieser Art als eines der wichtigsten Kriterien für natürlich gestaltete Gewässer.

Abb. 7.7. Die kleinste Art unserer Rundmäuler ist das Bachneunauge.

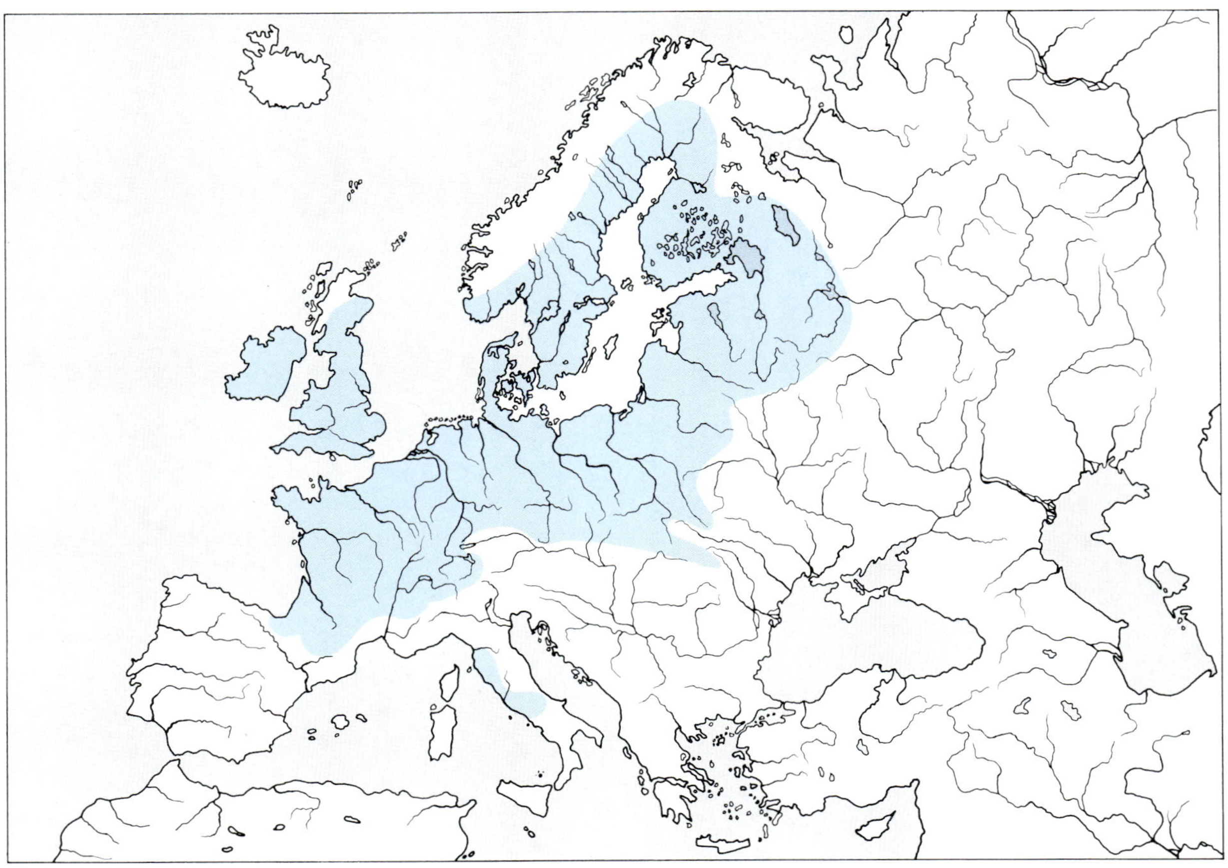

Abb. 7.8. Die Verbreitung des Bachneunauges in Europa. An der Grenze des südöstlichen Verbreitungsareals erscheint die Artenzugehörigkeit der Neunaugen noch nicht ausreichend geklärt.

Abb. 7.9. Das Saugmaul ist nicht für parasitäre Lebensweise geeignet, es fehlt an harten hornigen Strukturen, die bei parasitierenden Arten deutlich ausgeprägt sind.

Abb. 7.10. Ein für Bachneunaugen typisches Biotop.

7.2 Störe *Acipenseridae*

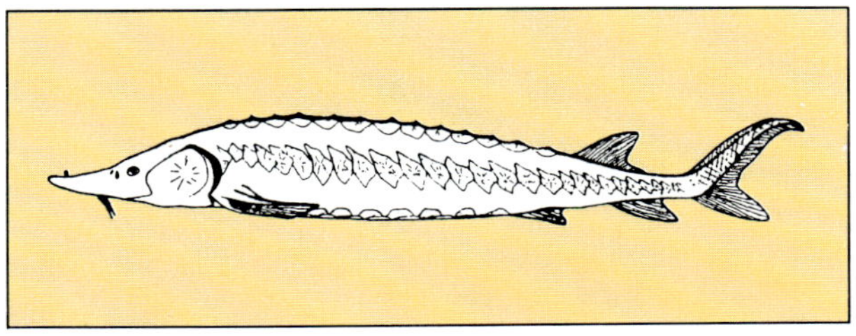

Für die Familie der Störe sind knöchernde Schildchen charakteristisch, die entlang des Körpers in Reihen angeordnet sind. Alle Störe haben eine lange zugespitzte Schnauze mit unterständiger, ausstülpbarer Mundöffnung. Vor der Mundöffnung sind 4 Barteln. Die Schwanzflosse ist asymmetrisch, oben mit extrem entwickeltem Flossenlappen, sog. heterocerke Flosse. Die phylogenetisch alte Fischgruppe hat noch die Darmspiralfalte.

Weltweit sind 23 Arten bekannt. In Europa leben 9 Arten. Im Rheineinzugsgebiet ist nur der Stör *Acipenser sturio* heimisch, während der Sterlet *Acipenser ruthenus* in den letzten Jahren eingeführt wurde. Detaillierte Angaben über die Lebensweise und die Literatur über alle in Europa lebenden Arten hat Holčik (1989) [102] zusammengefaßt.

7.2.1 Stör *Acipenser sturio* Linnaeus

Der Stör besitzt eine Sonderstellung unter den Rheinfischen. Als Speisefisch war er hoch geschätzt, kam jedoch nie besonders häufig vor. Nicht nur wegen seines Fleisches, sondern vor allem wegen seiner Eier, aus denen der echte Kaviar gewonnen wird, wurde der Stör stark verfolgt. Mit über 3 m erreichte er auch die größte Länge aller Fische im Rhein, wobei aus anderen Gebieten auch Längen von 5–6 m erwähnt wurden. Die morphometrischen und meristischen Merkmale der Störe aus dem Rhein sind nicht verfügbar. Nach verschiedenen Literaturquellen hat diese Art 9–16 Knochenschilder auf der Rückenseite, 24–40 entlang der Seitenlinie und 8–14 auf der Bauchseite. Die hintere Lippe ist sichtbar aufgeteilt, die Barteln sind glatt und liegen in der Mitte zwischen Schnauzenspitze und Maul. Die dunkle Rückenpartie kontrastiert mit der hellen Bauchseite. (Das Austellungsexemplar im Naturmuseum Senckenberg, Frankfurt, stammt aus dem Main; es besitzt 13 Rückenschilder, 29 Seitenschilder und 12 Bauchschilder.)

Die Zeichnung (Abb. 7.11) ist nach verschiedenen Quellen angefertigt und zeigt die Merkmale in durchschnittlicher Zahl.

Verbreitung: Der Stör kommt vom Norden Europas entlang der Altantischen Küste über das Mittelmeer bis zum Schwarzen Meer vor (Abb. 7.12). Die Verbreitung des Störs im Rhein stellte Kinzelbach (1987) [122] aufgrund historischer Angaben zusammen. Der Aufstieg des Störs erfolgte auch in die Zuflüsse, besonders in die Mosel und den Main. Im Rhein selbst wurde das Vorkommen aus dem Hochrhein (Rheinfelden) belegt, stromaufwärts also noch über Basel hinaus.

Bionomie: Zu diesem Punkt sind wir heute auf die Angaben aus der Literatur angewiesen. Wanderungen zwischen Meer und Fluß sind allgemein bekannt. Die erwachsenen Exemplare leben am Meeresboden in Flußmündungshöhe im seichten Wasser, ernähren sich von wirbellosen Tieren, besonders von Würmern und Krebsen sowie von am Grund lebenden kleinen Fischen. Nach dem Erreichen der Geschlechtsreife ziehen sie stromaufwärts, wobei der Höhepunkt der Migration während der Hochwasserführung in die Monate April und Mai fällt. Nach historischen Daten stellte Kinzelbach (1987) [122] fest, daß 85% der Störfänge oberhalb der Mitte des Stromes (etwa Bonn) während der Monate Mai bis Juni registriert worden sind. Die Temperaturen des Wasser bewegen sich dann zwischen 12° und 17,5 °C. Die Störe können auch starke Fließgeschwindigkeiten des Wassers (1,4–2,2 m/s) überwinden und sind fähig, wie die Lachse über Hindernisse zu springen [195]. Das Laichen findet in tiefen, stark durchströmten Kolken statt. Die Eier haften

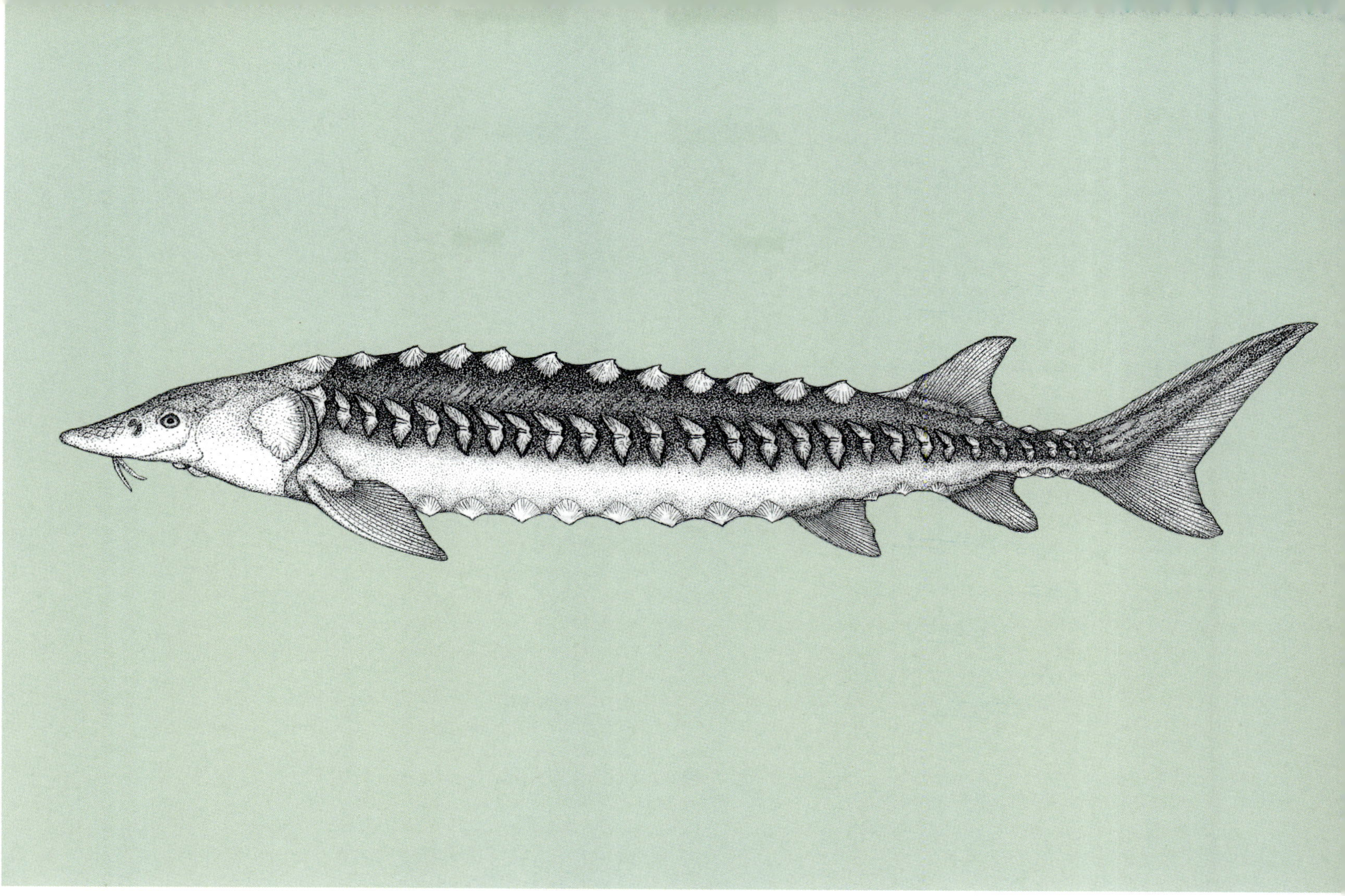

Abb. 7.11. Atlantischer Stör, der früher auch im Rhein lebte. (Zeichnung K. Jentoch)

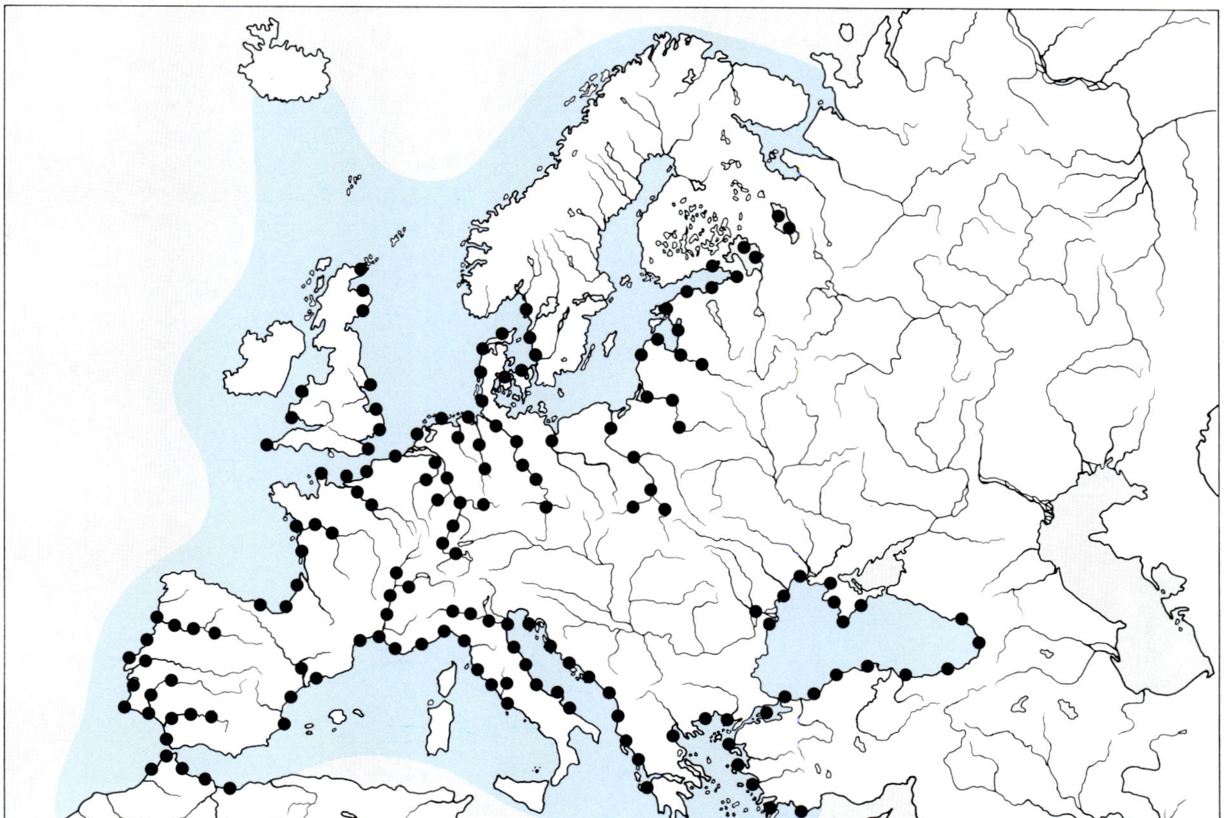

Abb. 7.12. Europäische Verbreitung des Störs. (Aus Holčík 1989 und Lelek 1987 [102, 167b])

auf dem kiesigen Substrat und die Larven schlüpfen, abhängig von der Wassertemperatur, zwischen 3 und 14 Tagen. Nach dem Ablaichen ziehen die Laicher zurück in das Meer. Die Rückkehr der juvenilen Fische ist langsam. Diesjährige Exemplare halten sich zunächst in der Nähe der Laichgründe auf. Oft bewegen sie sich allerdings noch in dem selben Jahr in Richtung der Mündung. Die erste Geschlechtsreife wird bei den Milchnern (♂, männlich) im Alter von 10 bis 11 Jahren und bei den Rognern (♀, weiblich) in 14 bis 15 Jahren erreicht. In diesem Alter haben die Fische eine Länge zwischen 100–120 cm (♂) und 130–180 cm (♀).

Die Lebenserwartung ist hoch: kürzer beim Milchner (19–25 Jahre), beim Rogner über 40 Jahre. Diese Daten wurden in Untersuchungen an den Flüssen Gironde und Guadalquivir gewonnen.

Die Umweltansprüche dürften nicht besonders hoch sein, da die größte Häufigkeit der Störe immer nahe der Mündungsbereiche festgestellt wurde, d. h. dort wo die Gewässer von Natur aus nährstoffreich (eutrophiert) waren. Die Hälterung der lebenden Störe zu Schauzwecken in einfachen Behältern, worüber Flasarová u. Flasar (1976) [76] und Kinzelbach (1987) [122] berichten, beweist die Härte dieser Fische.

Bedrohung: Der Störbestand im Rhein ist z. Zt. erloschen. Das letzte nachgewiesene Exemplar ist vom Niederrhein aus dem Jahre 1942 bekannt [122]. Aber schon früher (1932, 1937 und 1939) berichteten Redeke (1941) [227] und auch noch in späteren Jahren Verhey (1949) [282] sowie Böcking (1981, 1982) [39, 40] über die „letzten" Exemplare. Die letzten Störfänge am Oberrhein datieren bereits aus der Zeit um die Jahrhundertwende. Die Gründe, die zu seinem Verschwinden führten, waren zweifelsohne sehr komplex: chemische Belastung des Wassers, Verlust der Laichgründe in dem modifizierten Delta, verbaute Zuflüsse, Schiffahrt und nicht zuletzt rücksichtslose Überfischung zwecks Gewinnung von echtem Kaviar.

Mehr Aufklärung der Allgemeinheit über Lebensweise und Bedrohung des Störs könnte vielleicht die Bereitschaft zum Verzicht auf den Genuß von echtem Kaviar wecken und damit zum Überleben der noch existierenden Arten in Donau und im Kaspischen Meer beitragen.

7.2.2 **Sterlet** *Acipenser ruthenus* Linnaeus

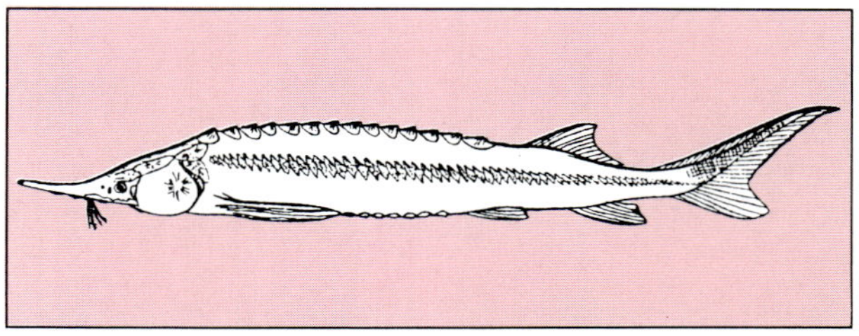

Der Habitus des Sterlets entspricht voll der „Störkörperform" des *Acipenser sturio*. Die Unterschiede zwischen den beiden Arten sind aber markant: Der Sterlet ist viel kleiner, maximal etwa 100 cm. Die Anzahl der seitlichen knöchernen Schilder beträgt 50 bis 71, seine Barteln sind gefranst, nicht glatt wie beim Stör (Abb. 13 a).

Der Sterlet ist in Eurasien heimisch und trat früher am häufigsten in der Wolga, ihren Zuflüssen sowie in der Donau auf. In den letzten Jahren wurde er auch in dem Einzugsgebiet des Rheins festgestellt.

Es ist nicht bekannt, wie, wann und warum diese Art in den Rhein gelangte. Es ist anzunehmen, daß es sich um entwischte Exemplare aus einem privaten Teich handelt oder es könnte eine Initiative uns unbekannter Fischliebhaber sein.

Der Sterlet wurde nach seinem Rückgang in der Donau zuerst in Ungarn erfolgreich künstlich gezüchtet. Dann wurde er in die aufgestaute obere Donau verfrachtet, wo er jetzt auch zu Besatzzwecken verwendet wird.

Der erste Rhein-Nachweis stammt vom Mittelrhein (Abb. 7.13 b) aus dem Jahre 1989; der Fangort lag nahe unterhalb der „Loreley". Die zukünftige Auswirkung, sofern sich der Sterlet im Rhein hält, ist nicht abzuschätzen. Da es sich um eine reine Süßwasserart handelt, ist die zukünftige natürliche Reproduktion nicht auszuschließen. Zur Zeit sind die Nischen, wo der Sterlet leben kann, mit heimischen Fischarten nicht überbesiedelt, so daß spekuliert werden darf, daß diese Art keine akute Gefahr für einige einheimische Fischarten darstellen würde.

Abb. 7.13 a. Sterlet

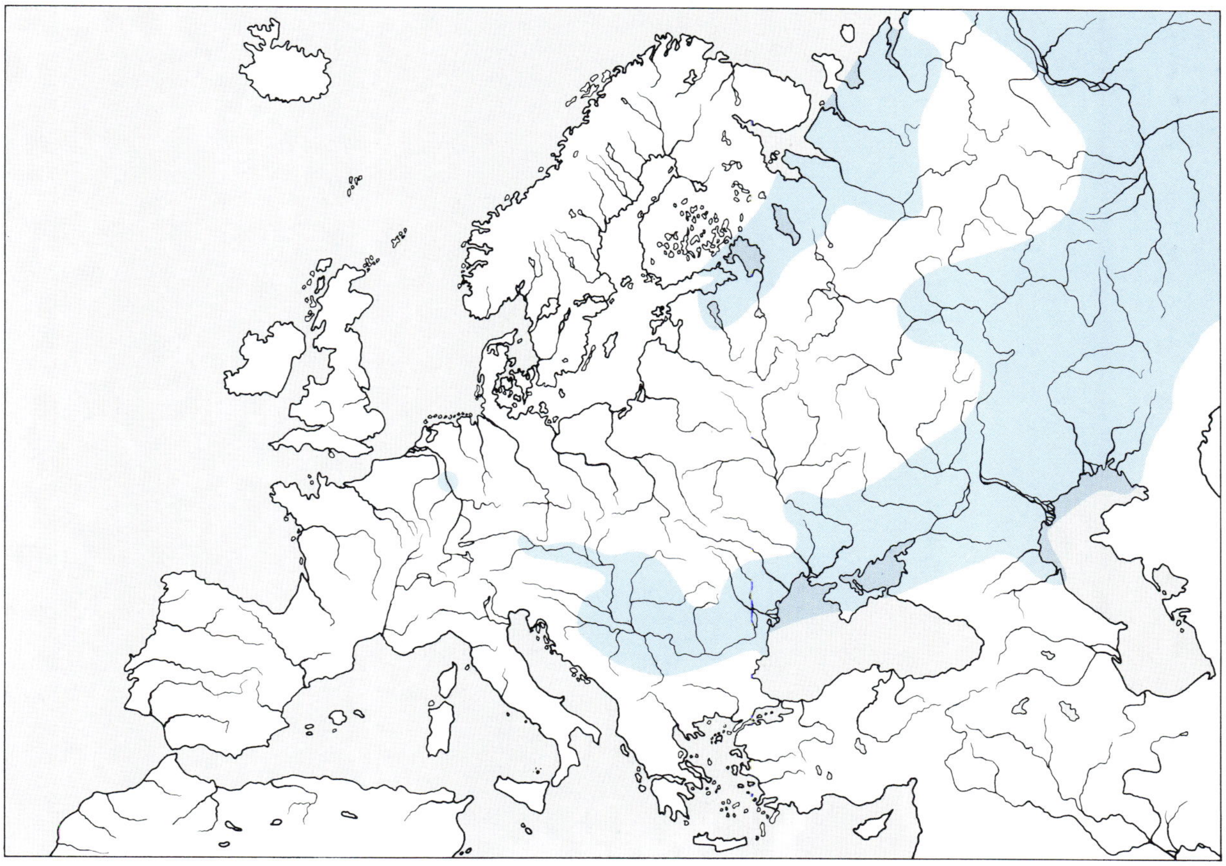

Abb. 7.13 b. Verbreitung des Sterlets in Europa. (= erster Befund im Rhein)

7.3 Heringe *Clupeidae*

Die allgemein bekannten heringsartigen Fische stellen eine der wichtigsten Grundlagen für die kommerzielle Fischerei dar. Weltweit tragen sie wesentlich zur Ernährung der Menschheit bei. In ihrer großen Mehrheit sind die Clupeiden Meeresfische. Auch die in den Binnengewässern lebenden Arten haben ihren Entwicklungsursprung im Salzwasser. In Europa sind nur 3 Süßwasserarten verbreitet (Abb. 7.14), im Rhein nur 2 Arten, der Maifisch und die Finte. Beide Arten sind Wanderfische, die nur zur Laichzeit in die Flüsse ziehen. Wirtschaftlich waren sie vor den technischen Veränderungen des Rheins und seiner Nebenflüssen sehr wichtig, besonders der Maifisch. Ihr Wert war jedoch niemals so hoch wie derjenige der im Salzwasser lebenden verwandten Arten.

Für die Artengruppe der Heringe sind folgende Merkmale charakteristisch: Der Körper ist seitlich abgeflacht, so daß sich auf der Bauchseite eine scharfe Kante bildet. Entlang der tiefsten Linie der Bauchseite befinden sich scharfe Kielschuppen, die dem Kiel ein fein zackiges Aussehen verleihen. Die Seitenlinie ist äußerlich nicht sichtbar, da die typischen, mit Nervenendungen perforierten Schuppen fehlen. Auffallend erscheinen die Augen. Sie sind mit einem Fettlid versehen (adipose Membrane), das einen senkrechten Schlitz über der Pupille darstellt. Die Flossen besitzen keine harten Strahlen.

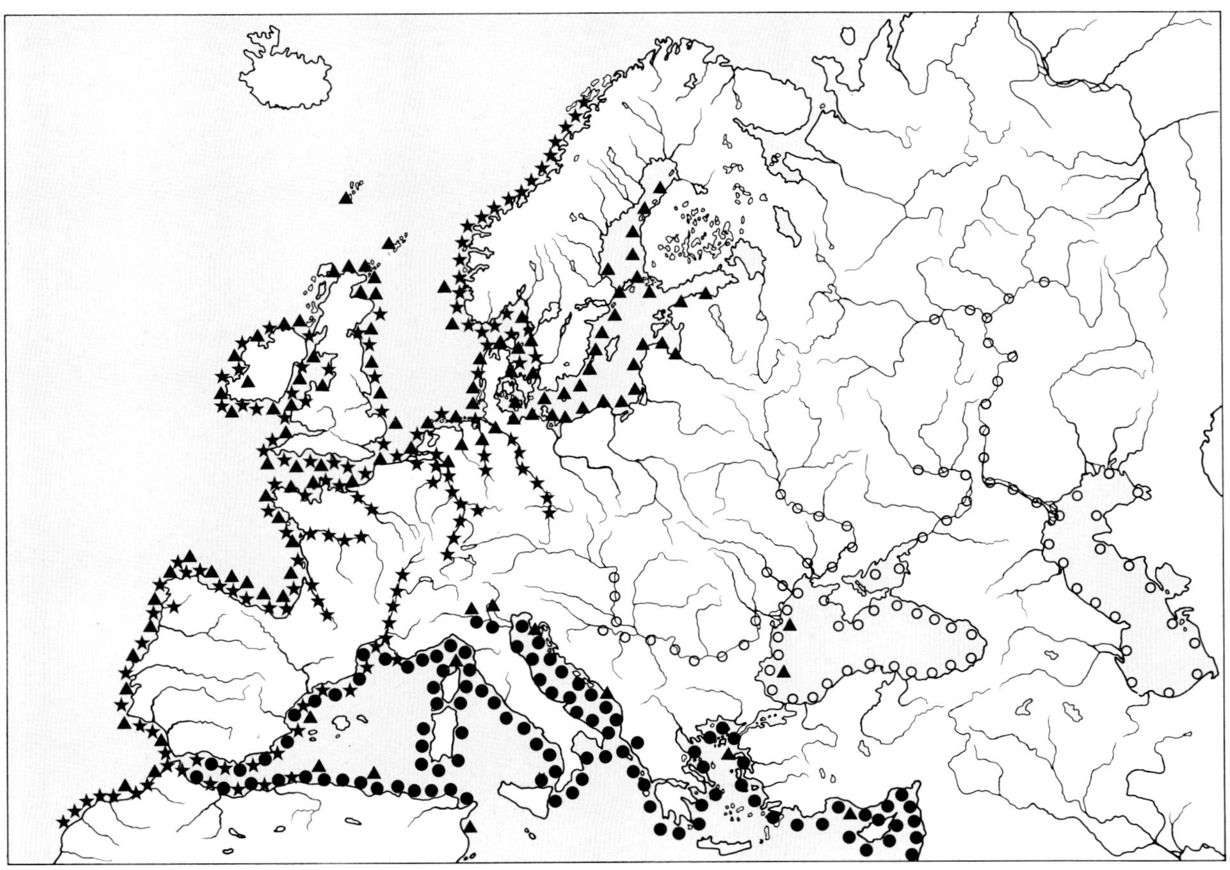

Abb. 7.14. Verbreitung von europäischen „Maifischen". (* = Maifisch *Alosa alosa;* ▲ = Finte *Alosa fallax;* ● = *Alosa f. nilotica;* ○ = *Alosa pontica*)

7.3.1 **Maifisch** *Alosa alosa* (Linnaeus)

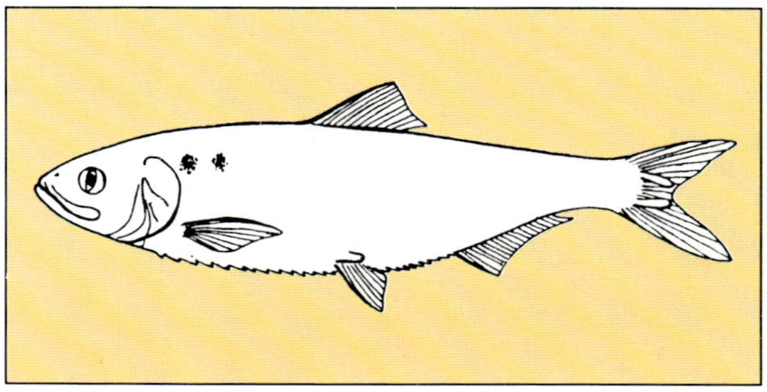

Der Maifisch besitzt alle für die Familie der Heringe aufgeführten Merkmale. Er erreicht eine beachtliche Größe von 60–70 cm. Nur der Körper ist mit silbrigen Schuppen bedeckt, Kopf und Kiemen sind schuppenfrei. Hinter dem Kopf auf der Ebene der oberen Kante des Kiemendeckels befindet sich ein deutlicher dunkler Fleck, oft von einem nächsten aber schwächer pigmentierten Punkt gefolgt (Abb. 7.15). Von der verwandten Art, der Finte, unterscheidet er sich zuverlässig durch die Anzahl der Kiemen-Reusendornen am ersten Kiemenbogen (80–130), die so lang wie die blutroten Kiemenblättchen sind. Die Merkmale des einzigen verfügbaren Exemplares sind in Tabelle 4 aufgeführt.

Verbreitung: Das gegenwärtige Vorkommen des Maifisches läßt sich als äußerst sporadisch bezeichnen. Berg et al. (1989) [33] berichten über Einzelfunde aus dem Raum um Iffezheim (Rheinstromkilometer 334). Ein fragliches Exemplar wurde erst im geräucherten Zustand auf dem Fischmarkt entdeckt. Die exakte Bestimmung, ob Maifisch oder Finte, war leider unmöglich, da die wichtigsten Merkmale (Kiemenbogen) vor der Zubereitung sorgfältig entfernt worden waren. Ein weiteres und gut erhaltenes Exemplar, gefangen im Mai 1987 bei Helmlingen (Rheinstromkilometer 314), bestätigt, daß diese Art im Rhein noch existiert. Nach der neuesten Arbeit von Brink et al. (1990) [45], wurde der Maifisch im Mündungsbereich des Rheins während 1970–1979 nicht nachgewiesen und erst später, seit 1980, als sehr selten erwähnt. Cazemier (1988) [50] bestätigte, daß Maifisch und Finte in den letzten Jahren im Delta sporadisch vorkamen.

Bionomie: Die Lebensweise des Maifisches, besonders im oberen Rheinabschnitt, ist nicht lückenlos erforscht. Zu den Zeiten des großen Aufkommens wurde nur auf die Stromaufwärts-Migrationen gewartet (Mai-Juni), um die Maifische zu fangen. Über die Lebensweise und die Nischen der Juvenilen ist wenig bekannt. Die Laichplätze erstreckten sich vom Delta über den Niederrhein stromaufwärts bis zum Hochrhein.

Rückgang: Allgemein läßt sich feststellen, daß das Aufkommen mit der Entfernung von der Mündung stromaufwärts abnahm. Aus der Baseler Umgebung wurde berichtet, daß der Rückgang der Maifische nach der Rheinkorrektur im vorigen Jahrhundert begonnen hat. Die letzte Meldung über einen gefangenen Maifisch datiert vom Juni 1930 [261]. Der Maifisch stieg auch in die Zuflüsse wie Mosel, Main und Neckar. Über den Fang und die frühere wirtschaftliche Bedeutung berichtete z. B. Leuthner (1877) [178]. Heutzutage ist es schwierig, anhand der älteren Literatur eine Chronik des Rückgangs aufzustellen. Die Gründe dafür liegen aber nahe. Gewöhnlich wurden beide im Rhein lebenden heringsartigen Fische „Maifische" genannt. Das massenhafte Auftreten läßt sich veranschaulichen aus den Angaben, die Lauterborn (1919) [154] veröffentlichte. Damals wurden in der Merwede (westlichster Rheinmündungsarm) im April 1852 an einem Tag 23 000 Exemplare gefangen (dieser Fang dürfte um 200 t liegen!). In späteren Überlieferungen wurde ausschließlich über den Rückgang berichtet. Wie Zschokke (1931) [295] ausführte, verschwanden die Maifische bereits um 1900 fast völlig aus dem Oberrhein und der Mosel. Die überhöhten Fänge, direkt im Delta, waren zweifellos die Hauptursache des Rückganges, was bis zum Verschwinden der Maifische führte. Die schon damals gebildete internationale Maifischkommission hat zur Erhaltung der Bestände nur wenig gebracht. Es wurde zwar vereinbart (7. 8. 1895), daß versuchsweise mit künstlicher Erbrütung angefangen werden sollte. Zur Fangbeschränkung, die zu diesem Zeitpunkt bitter notwendig gewesen wäre, kam es nicht. Bürger (1926) [48], Trahms (1955) [278] und Böcking (1982) [40] dokumentieren sehr anschaulich das Verschwinden der Maifische. Eine Zusammenfassung des Niederganges der Alose-Arten am Niederrhein findet sich in den Arbeiten von Sposny (1975) [254] und de Groot (1990) [56 a].

Bedeutung: Die großen Fänge liegen bereits über ein Jahrhundert zurück. Seit den zwanziger und dreißiger Jahren wird der Maifisch nur als Beifang angesehen [48]. Unerwähnt bleibt jedoch die Tatsache, daß der Ausfall dieser Art (zusammen mit der Finte) eine gewaltige Veränderung innerhalb der Artengemeinschaften, besonders im Niederrhein verursacht hat. Die juvenilen Exemplare, die in riesigen Mengen zur Nordsee abwanderten, hatten zweifellos einen großen Einfluß auf die restliche Fauna ausgeübt. Es wäre denkbar, daß das Verschwinden dieser Fische unter anderem zu dem heutigen massenhaften Vorkommen der Karpfenartigen beigetragen haben könnte.

Bedrohung: Der Maifisch ist nahezu verschwunden und eine Verbesserung des Vorkommens ist in der Zukunft nicht zu erwarten. Tiefgreifende dramatische Veränderungen im hydrologischen Regime des Deltas, in dem die wichtig-

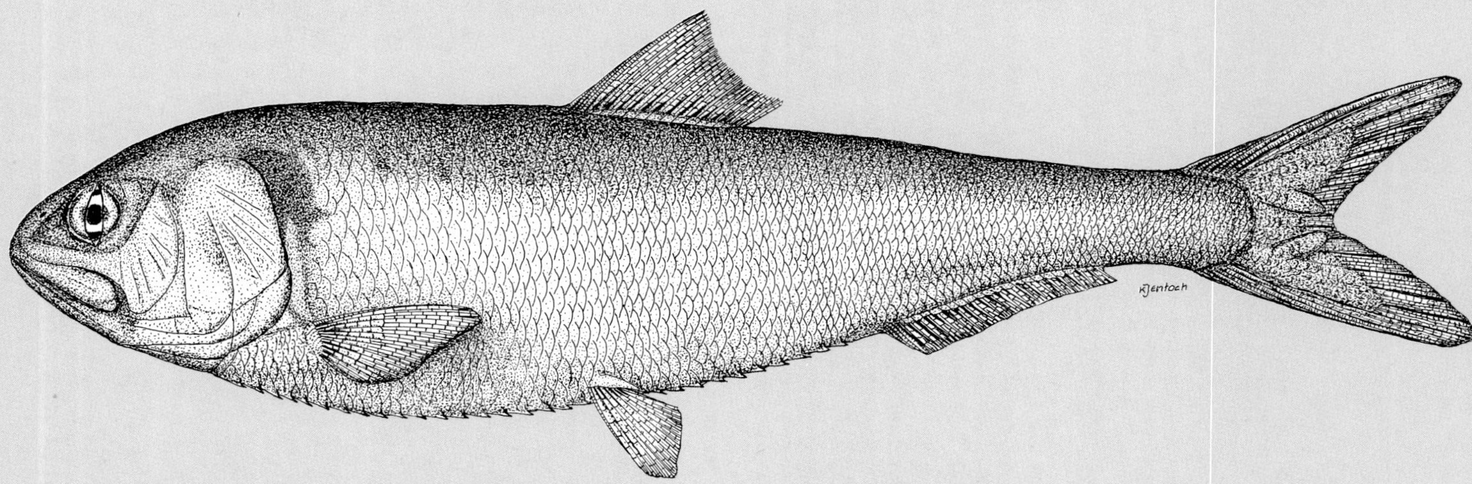

Abb. 7.15. Maifisch (Zeichnung K. Jentoch)

sten Laichgründe und Abwachsareale der juvenilen Fische lagen, sind eingetreten. Besonders die durch Ebbe und Flut verursachten Wasserbewegungen sind im Zuge der Bauarbeiten des Deltawork weggefallen. Die Jungfische, die bis zu einem Jahr in den niedrigsten Rheinabschnitten leben könnten, werden jetzt aus diesem Gebiet herausgespült. Das komplette System der vertikalen Fischmigrationen, kombiniert mit den Wasserbewegungen Ebbe und Flut, existiert nicht mehr. Mit dieser Erklärung ergänzte de Groot (1990) [56 a] die frühere Behauptung [167 b], daß die Verschlechterung der Wasserqualität an dem Verschwinden der Maifische schuld sei. Ob die Theorie von Redeke (1938) [226], richtig ist, die von Beobachtungen von Hoek (1894, 1899) [99, 100] ausgeht, daß das Bastardieren zwischen dem Maifisch und der Finte zu ihrem Rückgang geführt haben könnte, kann heute kaum mehr beurteilt werden. Auch wenn es eine gewisse Rolle gespielt haben sollte, hätte es nicht die wahre Ursache für das Verschwinden sein können, da beide Arten auf getrennten Gründen laichen. Eine umfassende Betrachtung über die Clupeiden-Arten liefert Band 2 der Serie „The Freshwater Fishes of Europe", AULA-Verlag, Wiesbaden.

Abb. 7.16. Finte
(Zeichnung K. Jentoch)

7.3.2 Finte *Alosa fallax* (Lacèpède)

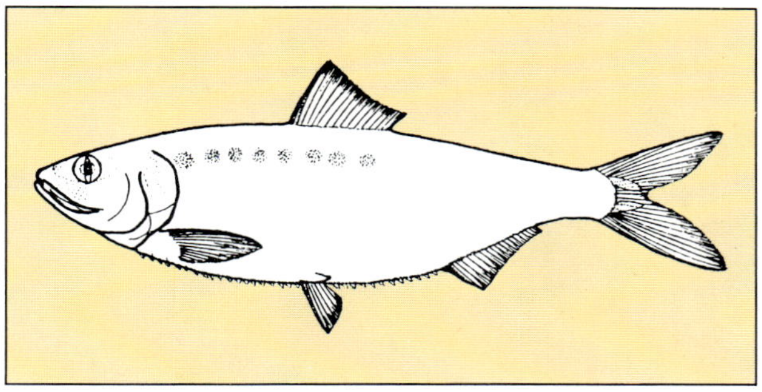

Die Finte sieht dem äußeren Habitus nach dem Maifisch sehr ähnlich (Abb. 7.16), erreicht aber mit etwa 55–60 cm im erwachsenen Stadium nicht ganz dessen Größe. Nach verschiedenen Literaturangaben hat diese Art folgende meristische Merkmale: Rückenflosse 18–20, Afterflosse 20–27 weiche Flossenstrahlen. Entlang der maximalen Länge der Körperseite hat sie immer weniger als 70 Schuppen. Entscheidendes Merkmal ist die Anzahl der Kiemenreusendornen auf dem ersten Kiemenbogen (35–60), die kleiner als die blutroten Kiemenblättchen sind. Hinter dem Kiemendeckel hat sie mehrere dunkle Flekken (6–8).

Verbreitung: Das Vorkommen der Finte und des Maifischs in Europa ist der Abbildung 7.14 zu entnehmen. Gegenwärtig kommt die Finte als sehr seltene Art im Rheindelta vor [45]. In der Waal (ein Arm des Rheins innerhalb des Deltas) wurde sie nicht angetroffen [280]. Berg et al. (1989) [33] fanden die Finte in den 80er Jahren in der badischen Strecke des Rheins.

Bionomie: Die Lebensweise der Finte ist noch weniger bekannt als die des Maifisches. Die Finte zog im Jahreszyklus ein wenig später in den Rhein. Die Stromaufwärtsverbreitung war geringer als beim Maifisch. Ebenso waren die Laichplätze näher am Delta.

Bedeutung und Bedrohung: Nach niederländischen Fangstatistiken verschwand die Finte aus dem Delta wesentlich später als der Maifisch. Nach der Statistik, die de Groot (1990) [56 a] veröffentlichte, wurden Ende der 30er Jahre noch um eine Million Exemplare in den Niederlanden gewonnen. In Teilen des Deltas (Hollands Diep und Haringvliet) wurden Anfang der 50er Jahre noch über 10 000 kg gefangen, danach handelte es sich, beinahe abrupt, nur noch um Einzelfänge von wenigen Exemplaren.

7.4 Lachsartige *Salmonidae*

Fischarten der Familie der Lachsartigen sind ursprünglich Bewohner der nördlichen Hemisphäre. Ein großer Teil dieser Arten lebt im Meer, jedoch werden sie alle als Süßwasserfische betrachtet, da sie sich in den Flüssen fortpflanzen. Im Einzugsgebiet des Rheins sind nur 3 Arten heimisch: Lachs, Forelle und Seesaibling, der gelegentlich auch Wandersaibling genannt wird. Zu den Lachsartigen zählen auch mehrere Fische, die hauptsächlich aus wirtschaftlichen Gründen eingeführt worden sind, wie z. B. die Regenbogenforelle und der Bachsaibling. Alle Arten dieser Familie sind sehr geschätzt, sei es wegen ihrer graziösen Gestalt und Farbenpracht, sei es als geschätzter Fang der Angler oder aus kulinarischen Interessen.

Sämtliche Arten der Familie der Lachsartigen besitzen eine perfekte, hydraulisch günstige, spindelartige Form. Der Körper ist mit sehr kleinen Schuppen bedeckt, der Kopf ist schuppenfrei. Die Flossen haben keine harten Strahlen. Zwischen der Rückenflosse und der Schwanzflosse sitzt eine kleine, strahlenlose Fettflosse. Die Forelle, die im Rhein und seinen Zuflüssen in mehreren Formen vorkommt – als stationäre Bachforelle, migrierende Meerforelle, im Bodensee lebende Seeforelle –, erfährt an dieser Stelle eine vereinfachte Behandlung, d. h. es wird nur über 2 Formen berichtet: die wandernde Meerforelle und die stationäre Bachforelle.

Die im Rhein gefangenen Forellen können beachtliche Größen erreichen und verschiedene Färbungen aufweisen. Jedoch ist es mit Hilfe der konventionellen Bestimmungsmethoden nicht möglich zu unterscheiden, ob es sich um die stromaufwärts steigenden Exemplare der ausgesetzten Meerforellen handelt oder ob die allgemein bekannten Bachforellen, nach ihrem Abstieg in den Hauptstrom, ihren äußeren Habitus verändert haben. Eine kleine Auswahl der Formenvielfalt der Forellen aus dem Oberrhein zeigt Abbildung 7.17. Die Forelle ist eine äußerst anpassungsfähige Fischart. In einem neu entstandenen Stausee wurden z. B. Forellen gefunden, deren Habitus der Seeforelle entsprach [12]. Die primäre Ursache für die migratorische Lebensweise könnte darin liegen, daß ein Teil der Forellenpopulation aus dem dicht besiedelten „heimischen" Biotop über längere Strecken abwandert [168 a]. Auf diesem Gebiet der Ichthyologie wird zur Zeit intensiv gearbeitet. Auch die Versuche, die nachweislich wandernden Meerforellen im Rhein wieder einzubürgen, könnten zu einer klärenden Antwort beitragen.

Anmerkungen zu großen Lachsartigen: Das Erscheinungsbild der großen lachsartigen Fische hat in den letzten Jahren dazu geführt, daß ein Fisch, der die Merkmale der Forellenartigen besaß und eine stattliche Größe aufwies für einen Lachs gehalten wurde. In der Tat ist die artspezifische Diagnose schwierig. Anhand der Literatur wurden die äußeren und andere, leicht zugängliche Merkmale beider Arten gegenüber gestellt, um die richtige Bestimmung zu erleichtern. (Tab. II) Die Vereinfachung der Charakteristika bei gleichzeitiger Präzisierung wird allerdings erst dann zu erreichen sein, wenn die Merkmale des Lachses aus dem östlichen Atlantik ichthyologisch neu untersucht worden sind.

Abb. 7.17. Forellen verschiedener Formen aus dem Oberrhein; tot geborgen aus dem Kühlwassereinlauf eines Kraftwerkes.

Tabelle II. Die Merkmale von Lachs und Meerforelle. (Nach Barfurth 1875; Baumann 1955; Hrabě u. Oliva 1953; Hrabě et al. 1973; Maitland 1972; Nall 1930; Wheeler 1969, 1983)

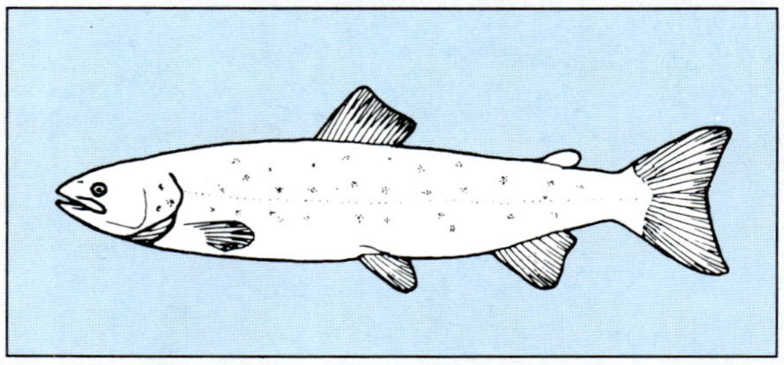	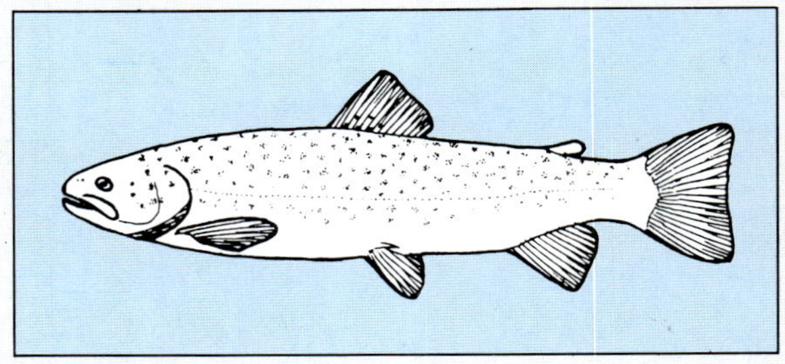
Lachs	**Meerforelle**
Kopf und äußerliche Merkmale	
Kiemendeckel mit weniger als 3 dunklen Punkten; die Knochen des Kiemendeckels treffen sich nicht in einem Punkt.	Kiemendeckel mit mehr als 3 dunklen Punkten; die Knochen des Kiemendeckels treffen sich in einem Punkt.
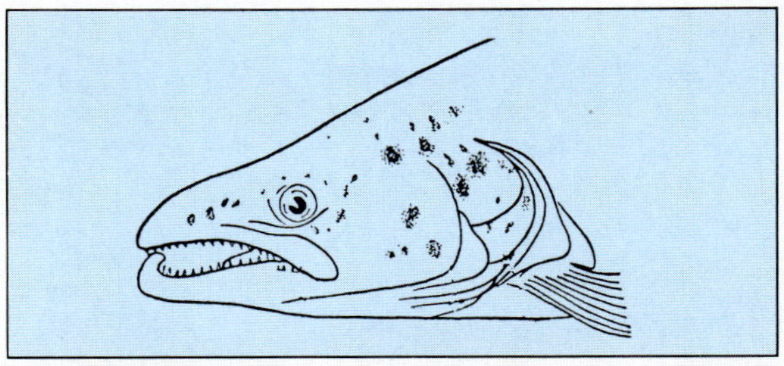	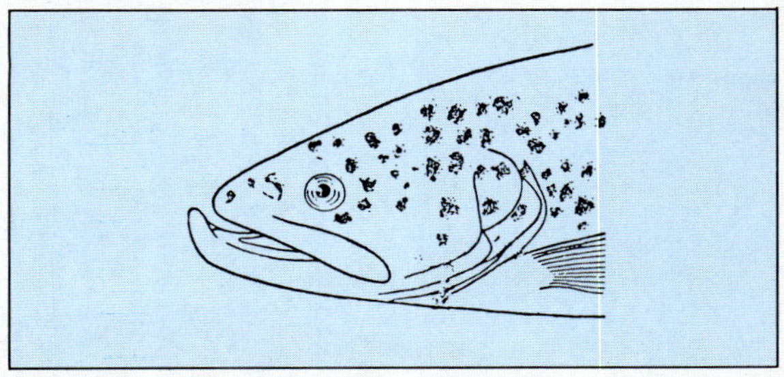
(gültig für laichreife Männchen)	(gültig für laichreife Männchen)
Oberkieferknochen reicht nicht über den hinteren Augenrand hinaus.	Oberkieferknochen ragt deutlich über den hinteren Augenrand hinaus.
Mundhöhle und Kiemenapparat	
Kopf vom Pflugscharbein (Vomerus) ohne Bezahnung; der Schaft sehr schwach bezahnt, bei älteren Individuen fallen die Zähne aus. Erstes Zahnpaar an der Zunge endstehend; 12 Zähne sind häufig.	Kopf vom Pflugscharbein bezahnt mit dauerhaft haltenden Zähnen, ebenso der Schaft des Pflugscharbeines. Erstes Zahnpaar an der Zunge nicht endstehend. Es entsteht der Eindruck, daß die Zähne parallel zueinander stehen.
15–20 schwache Kiemenreusendornen auf dem ersten Kiemenbogen.	14–17 kurze, stummelige Kiemenreusendornen auf dem ersten Kiemenbogen.
Flossen, Schuppenzahl und Schwanzstiel	
Rückenflosse 10–12 Strahlen	Rückenflosse 8–10 Strahlen
8–11 Strahlen in der Afterflosse	10–12 Strahlen in der Afterflosse
Schwanzflosse vertieft	Schwanzflosse entweder sehr leicht vertieft oder die Strahlen der aufgespreizten Schwanzflosse enden in einer beinahe geraden Linie
Rückenflosse – wenn zur Rückenoberfläche gedrückt – reicht der erste Strahl fast soweit wie der letzte Strahl der Flosse	
	Afterflosse – wenn zur Bauchwand gedrückt – reicht der erste Strahl weiter nach hinten als der letzte Strahl der Afterflosse
Fettflosse dunkelgrau	Hinterrand der Fettflosse orangefarbig (bei großen Bachforellen), oft mit dunklen Punkten
10–13 Schuppen zwischen dem Ansatz der Fettflosse und der Seitenlinie	13–16 Schuppen zwischen dem Ansatz der Fettflosse und der Seitenlinie
Innere Organe	
53–80 Pylorusanhänge	36–56 Pylorusanhänge

7.4.1 Bachforelle

Salmo trutta f. *fario* Linnaeus

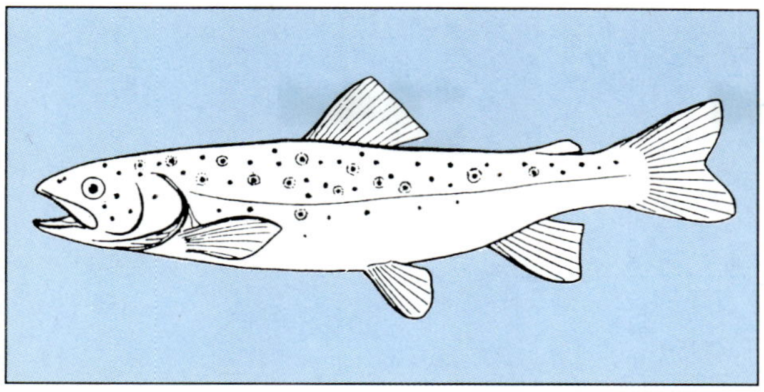

Die Bachforelle ist unter den Lachsartigen der bekannteste Fisch. Ihre Körperform entspricht den Anforderungen für ein Leben in strömenden Gewässern. Die ausgeprägte Fähigkeit zu Anpassung der Körperfarbe und Pigmentierung an unterschiedliche Lokalitäten in kleinen Bächen und Flüßchen scheint im Rhein verloren zu gehen, was zu einer gewissen Uniformität führt. Die im Rhein gefangenen typischen Bachforellen sind wahrscheinlich Exemplare, die aus den Nebengewässern in den Hauptstrom herabgestiegen sind, wo sie sich erst seit kurzer Zeit aufhielten (Abb. 7.18 a). So lassen auch die in Tabelle 5 dargestellten Merkmale der untersuchten Exemplare aus dem Rhein vermuten, daß es sich nicht um Bachforellen aus dem Hauptstrom, sondern eher um solche aus den Einzugsgebieten handelt. In der Regel bieten große Ströme der Bachforelle nur wenige Unterstände, die in kleinen Gewässern hingegen vorhanden sind. In Anbetracht der Größe der Exemplare ist es in vielen Fällen deshalb auch zweifelhaft, ob es sich um Meerforellen oder Bachforellen handelt (Abb. 7.17). In der Regel kommt die Bachforelle im Rhein nur ausnahmsweise vor, was in der älteren Literatur auch dadurch bestätigt wird, daß die Bachforelle kaum Erwähnung findet.

Verbreitung: Die Bachforelle ist in verschiedenen Formen über ganz Europa sowie im Norden Afrikas verbreitet (Abb. 7.18 b). Besonders in südlichen Gebieten Europas sind die lokalen Unterschiede der diversen Formen stärker ausgeprägt, trotzdem sind sie nicht als verschiedene Arten oder Unterarten zu betrachten.

Bionomie: Lebensweise und Lebenszyklus der Bachforelle sind auf die Gegebenheiten geeigneter Nebenflüsse ausgerichtet und nicht auf den Hauptstrom. Der Fisch benötigt viel Sauerstoff, laicht im Spätherbst und zu Beginn des Winters in kleinen, selbstgeschlagenen, schottrig-kiesigen Gruben. Der Erfolg der Fortpflanzung der Bachforelle hängt von der Strukturierung des Gewässers ab.

Bedeutung: Die Rolle der Bachforelle innerhalb der Artengemeinschaften ist nur im Hochrhein und im Restrhein erwähnenswert. Die nach dem Sandoz-Unfall verringerten Bestände wurden durch gezielte Besatzmaßnahmen wieder ausgeglichen. Die eingeleiteten Untersuchungsprogramme der EAWAG/ETH, Kastanienbaum [197] suchen nach biologischen Lösungen zur Erhaltung der Bestände.

Bedrohung: Im Rheingebiet besteht für diese Art keine akute Bedrohung.

Abb. 7.18a. Die Bachforelle mit den für sie typischen roten Punkten entlang der Seiten.

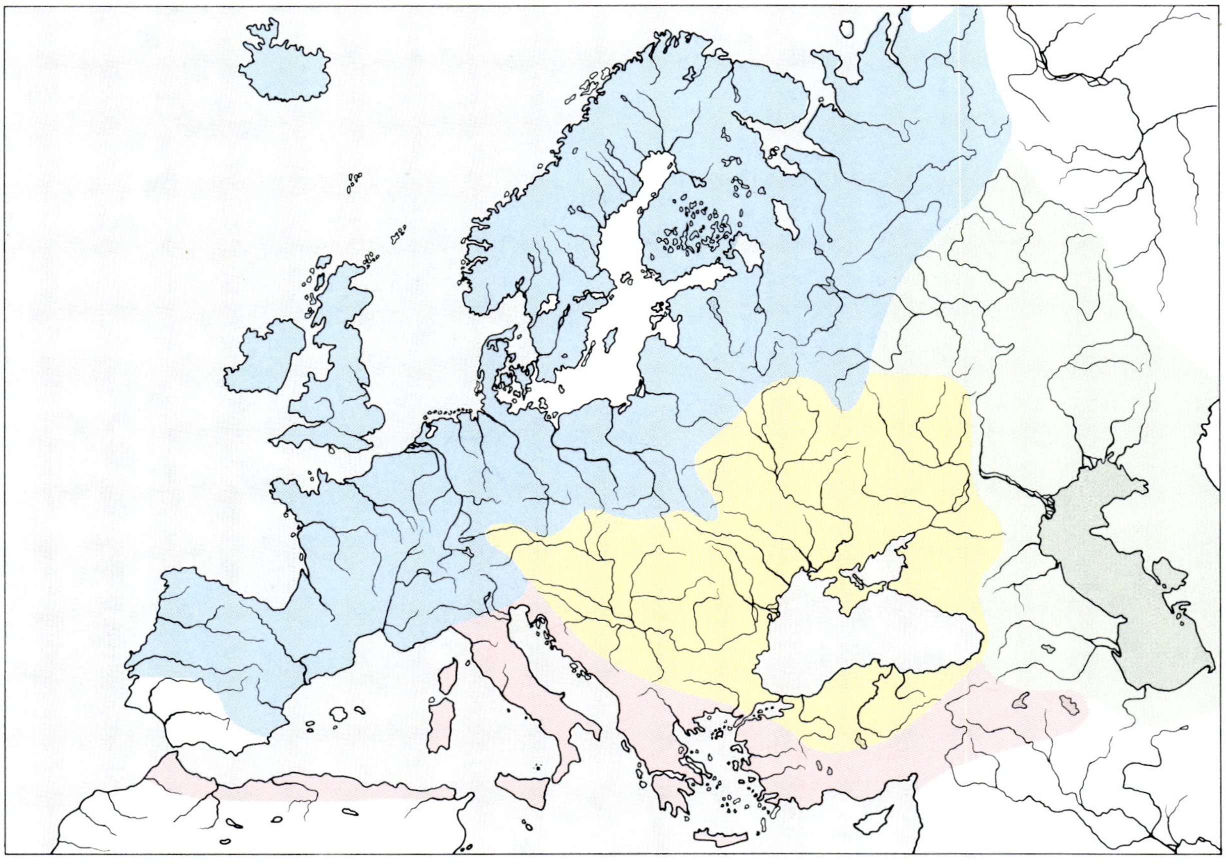

Abb. 7.18b. Die Verbreitung der nicht migrierenden Formen der Forelle in Europa und angrenzenden Gebieten. (Blaue Flächen = *Salmo* t. *trutta* m. *fario;* gelbe Gebiete = Forma *labrax;* rosafarbene Fläche = Forma *macrostigma;* graue Fläche = Forma *caspius*). (Aus Lelek 1987 [167 b])

7.4.2 **Meerforelle** *Salmo trutta trutta* Linnaeus

Die Meerforelle, einst eine der begehrtesten Fischarten des Rheins, galt vor etwa 20 Jahren als verschollen. In jüngster Zeit konnte sie jedoch wieder mehrmals nachgewiesen werden. Die Berichte, die euphorisch die Wiederkehr des Lachses gemeldet hatten und die von Fachzeitschriften, Tageszeitungen und auch von amtlichen Institutionen publiziert und vom Leser freudig begrüßt wurden, erwiesen sich als Falschmeldung, denn es handelte sich um die wiedergekehrte Meerforelle. Der Irrtum überrascht nicht, da beide Arten im erwachsenen Zustand schwer voneinander zu unterscheiden sind.

Anstelle einer detaillierten Beschreibung wird auf Tabelle II verwiesen, wo die sichtbaren und leicht auffindbaren Merkmale von Meerforelle und Lachs einander gegenüber gestellt sind (s. auch Abb. 7.19 a). Ein Teil der in den verschiedenen Stationen erhobenen Daten über bisher nachgewiesene und untersuchte Meerforellen ist nach Körperproportionen und meßbaren Merkmalen in Tabelle 6 zusammengefaßt.

Verbreitung: Das Vorkommen der Meerforelle im Süßwasser unterscheidet sich nur wenig von dem der Bachforelle (Abb. 7.19 b). Besiedelt wurden alle in den Atlantik mündenden Flüsse, von der Mündung bis zu den stromaufwärts liegenden Laichplätzen in kleinen Flüßchen des gesamten Einzugsgebietes. Während des Aufenthaltes im Salzwasser hielten sich die Fische in der Nähe der Küste auf, besonders in Mündungsbereichen der großen Flüsse. Ausgedehnte Seewanderungen, wie beim Lachs, wurden bei der Meerforelle nur selten beobachtet.

Im Rhein ist die Verbreitung dieser Art nur sehr lückenhaft erfaßt. Fest steht, daß die Meerforellen wieder häufiger nachgewiesen werden und daß ihr tatsächliches Vorkommen erheblich unterschätzt wird. Die Mitte der 80er Jahre gelegentlich gemeldeten Fänge aus dem Ober- und Mittelrhein ließen erste Hoffnungen auf die Wiederkehr dieses Fisches wachwerden. Ende der 80er Jahre ist der Befund bzw. der Fang einer Meerforelle keine Seltenheit mehr, besonders in dem stromaufwärts bis zur ersten Barriere bei Iffezheim, Rheinstromkilometer 335 gelegenen Teil des Rheins. In den Mündungen der Flüsse Mosel und Lahn werden regelmäßig große, geschlechtsreife Exemplare gefangen, ebenso am Niederrhein aus den untersten Abschnitten der Sieg. Aus den Niederlanden wird berichtet, daß in den Küstengewässern und aus dem Mündungsbereich des Rheins etwa dieselbe Forellenmenge gefangen wird wie vor 100 Jahren [55].

Bionomie: Die Lebensweise der Meerforelle deckt sich während der juvenilen Lebensstadien weitgehend mit der der Bachforelle. Der Hauptunterschied liegt darin, daß die Meerforelle nach den ersten Jahren des Süßwasserlebens zum Meer abwandert. Die Etappe des Flußlebens ist unterschiedlich lang. Ältere Informationen darüber haben Scheuring (1929) [238] und Nall (1930) [200] zusammengefaßt. Diese deuten darauf hin, daß die Abwanderung zum Meer nach Angaben von Dahl – in Scheuring (1929) [238] – sich bis zum 6. Lebensjahr hinziehen kann, wobei der größte Anteil der stromabwärts wandernden Fische zwischen 3 und 4 Jahren alt ist. Die Größe der Fische liegt zwischen 15 und 25 cm. Diese Angaben beziehen sich auf die nördlichen Küstengewässer, wo das Wachstum der Fische von dem der im Rhein beobachteten Meerforellen verschieden sein kann. Ebenso weist die Hydrographie der Flüsse im Norden erhebliche Unterschiede zu der des Rheins auf.

Nach 1 bis 2 Jahren Aufenthalt im Meer kehren die Meerforellen in die Flüsse zurück. Die Wanderungen im Meereswasser sind erheblich kürzer als die der Lachse, wobei Mündungs- und Küstenbereiche bevorzugt werden. Der Nachweis über 65 km Entfernung von der Küste wurde als Ausnahme registriert. Scheuring (1929) [238] faßte die Beobachtungen mehrerer Fischereibiologen zusammen und schreibt, es sei für die Meerforelle charakteristisch, daß nicht nur solche Exemplare in die Flüsse aufsteigen, die im gleichen Jahr noch laichen, sondern daß sich die Mehrzahl aller Meerforellen in Herbst und Winter in die Flüsse zurückzieht. Die jüngeren, noch nicht geschlechtsreifen Individuen bleiben meist nur kurze Zeit im Fluß. Die Laicher hingegen können vom Flußeinstieg bis zur Fortpflanzung fast ein Jahr zubringen. Die laichreifen Forellen nehmen während des Aufstiegs keine Nahrung zu sich [25]. Eine überzeugende Analyse der Ernährungsgewohnheiten lieferte Nilsson (1957) [207]. Aus den Beobachtungen von Hoek (1892) (zitiert aus [238]) waren die Fänge der Forellen im Mündungsbereich zwar über alle Monate des Jahres verteilt, aber der Hauptzug konzentrierte sich auf die Monate August bis Oktober. In der übrigen Zeit wurden nur vereinzelte Exemplare angetroffen.

Der Aufstieg der Meerforelle vollzieht sich schneller als der des Lachses, dagegen wandern die Forellen nur selten hoch hinauf bis zu den Quellgebieten der Zuflüsse. Im Rhein markiert

Abb. 7.19 a. Meerforelle

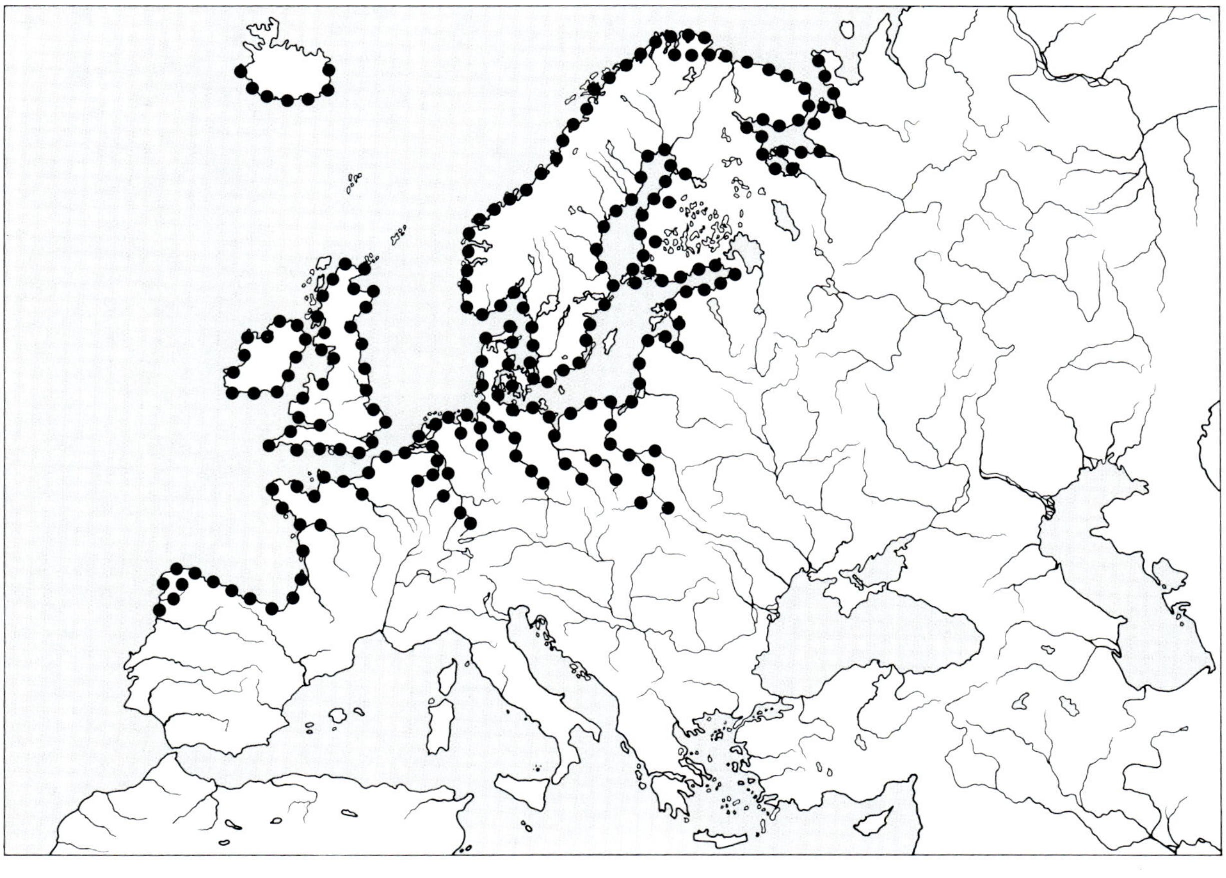

Abb. 7.19 b. Verbreitung der Meerforelle; besiedelt wurden alle in den Atlantik mündenden Flüsse.

die Mainmündung beinahe die oberste Aufstiegsgrenze. Als Laichgebiet wird vor allem die Mosel aufgesucht. Das Laichsubstrat und das etwa 2- bis 3tägige Andauern des gesamten Laichaktes sind vergleichbar mit denen der Bachforelle. Nach dem Ablaichen zieht sich die Meerforelle in tieferes Wasser zurück und beginnt sich kräftig zu ernähren. Ihre Rückkehr in das Meer vollzieht sich im darauffolgenden Frühjahr von Januar bis Mai. Die Laicher sind nach der Vermehrung nicht bis zur Grenze des Überlebens erschöpft, sie können die Laichmigration 2- bis 3mal wiederholen. Skrochowska (1969) [250] lieferte eine Reihe experimenteller Beobachtungen über die Meerforelle, die für die z. Zt. laufenden Versuche über die Wiedereinbürgerung von Bedeutung sein könnten.

Bedeutung: Auf Grund der verbesserten Wasserqualität können die Meerforellen zwar den Fluß wieder aufsteigen und dort leben, aber Bedeutung für die Fischerei haben sie nur im niederländischen Gebiet. Dort sind sie nicht nur als Speisefisch geschätzt, sondern auch als Lieferant der Geschlechtsprodukte (Eier und Spermien) für Zuchtanstalten, wo die befruchteten Eier erbrütet, bis zu Jungfischen gehalten und dann an verschiedenen Stellen im Rhein wieder ausgesetzt werden.

Bedrohung: Die ersten Nachweise der Meerforelle, besonders aus den Einmündungen der Flüsse Sieg, Mosel, Lahn und weitere zufällige Fänge, über die berichtet wurde, sowie unsere Probeentnahmen deuten darauf hin, daß der Forellenaufstieg wieder dem Zeitmuster der früheren Jahre gefolgt ist. Der Fortbestand der Meerforelle im Rhein ist jedoch noch keineswegs gesichert. Das Wiederauftreten der Art erweckte die falsche Hoffnung, die Fauna ließe sich einfach regenerieren. Daß stützende Maßnahmen durch Aussetzen künstlich erbrüteter Individuen zur Erhöhung der Forellenbestände beitragen ist noch absolut umstritten. Bereits die ersten Verbauungen nahe der Mündungsbereiche der Zuflüsse beeinträchtigen den Forellenaufstieg. Die erste vielversprechende Maßnahme, eine dauerhafte Wiederkehr der Meerforelle zu ermöglichen, scheint sich am Fluß Sieg zu verwirklichen. Dort werden die Aufstiegsmöglichkeiten durch Umbau der Wehranlagen so weit verbessert, daß sowohl die wandernden Forellen zu ihren Laichplätzen aufsteigen, als auch ihre Nachkommen von dort wieder abwandern können. Diese Verbesserungen sind möglich dank gemeinsamer Aktion deutscher und niederländischer Fischereibiologen.

7.4.3 Lachs *Salmo salar* Linnaeus

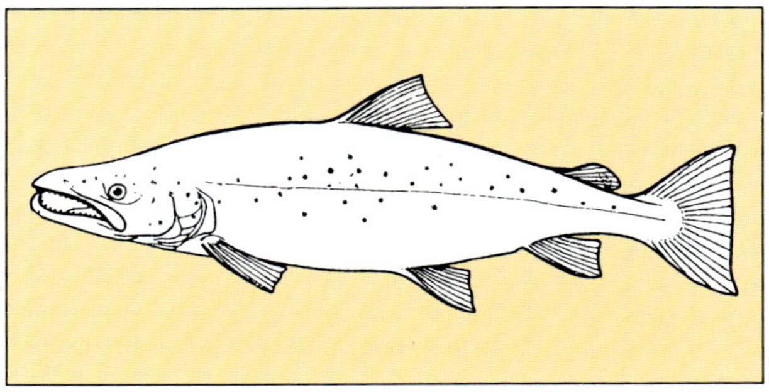

Der Lachs ist zweifellos die bekannteste Fischart im Rhein, obwohl er von den Anwohnern seit Jahrzehnten nicht mehr lebend im Fluß gesehen wurde.

Die graziöse Körpergestalt, bestens geeignet zum Schwimmen auch unter äußerst schwierigen hydrologischen Bedingungen, ist vergleichbar mit anderen Arten der Familie der Lachsartigen (Abb. 7.20). Die Unterscheidungsmerkmale von der nächst verwandten Art, der Meerforelle, sind in Tabelle II aufgeführt.

Verbreitung: Das Vorkommen des Lachses erstreckt sich von der nordeuropäischen Atlantikküste über den Atlantik bis zum nordamerikanischen Kontinent, und dort vom Norden der Provinz Quebec bis zum Connecticut-Fluß im Süden. In Europa ist er von Portugal bis zum Petschora-Fluß, der in die östliche Barentsee mündet, zu finden. Häufig kam der Lachs auch in der Ostsee vor (Abb. 7.21). Von diesen Meeren her besiedelte er alle einmündenden Flüsse, um sich dort fortzupflanzen. Der Rhein mit seinen Zuflüssen zählte zu den wichtigsten. Eine literarische Übersicht aus dem europäischen Verbreitungsgebiet lieferte Scheuring (1929) [238]. Zur Verdeutlichung der See-Migrationen wird ein am markierten Exemplar gewonnenes Beispiel erwähnt: „Schon 1852 berichtet Milne Horne von einem schottischen Lachs, der fast die Nordsee überquert habe und in 4 Tagen 552 km gewandert sein soll“ (übernommen aus Scheuring 1929).

Der Aufstieg der Lachse im Rhein erfolgte bis zum Bodensee, wenn auch nur vereinzelte Exemplare die Rheinfälle von Schaffhausen überwinden konnten. In Nebenflüssen wie Aare, Reuß und Limmath konnten sie dann bis zur Höhe von 1000 m steigen. Auch Lahn, Mosel und Sieg und ihre Zuflüsse wurden als Laichgewässer stark genutzt, und obwohl andere Flüsse weniger als Laichgewässer frequentiert wurden, konnten Lachse immerhin im Neckar noch bis Heilbronn und bis Bamberg an der Regnitz, einem Nebenfluß des Mains beobachtet werden. Alle diese Angaben beziehen sich auf die Zeit vor den Änderungen im Hauptstrom und an den Nebenflüssen. Danach wird spontan und übereinstimmend nur noch über den Rückgang der Lachsbestände berichtet.

Bionomie: Die Lebensweise des Lachses läßt sich in zwei Etappen aufteilen: die im Süßwasser verbrachte Zeitspanne und der Aufenthalt im Meer. Äußerst vereinfacht dargestellt fängt die Lebensgeschichte des Lachses in kleinen Zuflüssen mit kiesig-schottrigem Substrat an, wo der Rogner eine Grube schlägt. Die Paarung, d. h. Eiabgabe gekoppelt mit Besamung von einem, manchmal auch mehreren Milchnern, findet im Spätherbst bis Winteranfang statt. Sofort nach dem Laichakt gräbt der Rogner mit seinem Körper eine weitere Grube, dicht oberhalb der Gelege. Durch das hierdurch hervorgerufene Aufwirbeln des Flußsubstrats werden die befruchteten Eier mit Sand, Kies und Schotter zugeschüttet, wobei die Wasserströmung die entscheidende Hilfe leistet. Die weitere Entwicklung der Nachkommen sowie die ersten Lebensetappen sind vergleichbar mit jenen der Forelle. Die juvenilen Lachse verbringen eine gewisse Zeit in der Nähe des Laichplatzes, wo zu gleicher Zeit auch die juvenilen Forellen leben können. Etwa bis zu einer Körpergröße von 4 cm nehmen beide Arten fast die gleichen Nahrungsorganismen zu sich. Später, nach dem Erreichen einer Länge über 5–10 cm, bevorzugen die Lachse planktonische Krustentiere, während die Forellen die am Boden lebenden Insektenlarven vorziehen [181]. Aus den Ergebnissen mehrerer Forscher geht klar hervor, daß das Nahrungsspektrum vom Nahrungsangebot abhängig ist [188, 207, 270]. Die interessantesten Ergebnisse brachten jedoch die vergleichenden Untersuchungen der Nahrung von Lachsen und Forellen, die in einem Flüßchen und von solchen, die in einem großen Fluß lebten. Es zeigte sich, daß der Lachs viel besser die mit der Strömung kommende Nahrung (Drift-Nahrung) aufnehmen kann als die Forelle. Diese Beobachtungen sind deshalb interessant, weil sie zeigen, daß der Lachs vom Ablaichen bis zur Abwanderung auch direkt in einem großen Fluß leben kann.

Die Elternfische schwimmen nach dem Ablaichen stromabwärts zum Meer, um nach einigen Monaten (5–18) wieder zu den Laichplätzen im Fluß aufzusteigen. Die ablaichenden Individuen sind physiologisch äußerst erschöpft, und in der Regel nehmen nur etwa 5% noch einmal an der Reproduktion teil. Individuen, die 3mal in ihrem Leben gelaicht haben, stellen schon eine besondere Ausnahme dar [286]. Die Migrationen im Meer erstrecken sich von den Mündungen weit in den Atlantik und es ist nicht auszuschließen, daß manche Individuen zwischen beiden Kontinenten hin und her schwimmen. Lachse, die in Großbritannien, Schweden und den Kanadischen Gewässern markiert worden waren, wurden später im Küstenbereich Grönlands gefangen.

Abb. 7.20. Lachs (Zeichnung K. Jentoch)

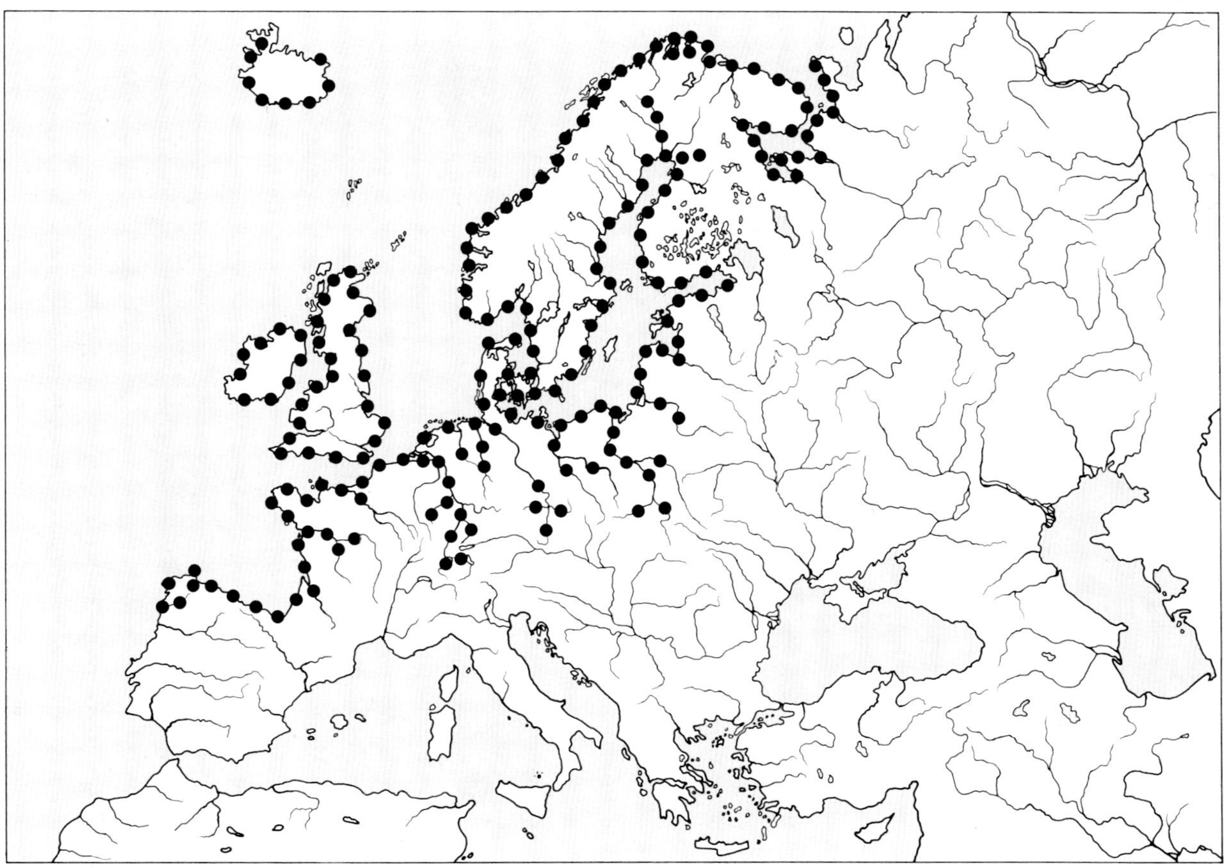

Abb. 7.21. Ausbreitung des Lachses zu Zeiten vor dem massiven Ausbau der Flüsse in Zentraleuropa.

Die juvenilen Lachse bleiben bis zur Länge von etwa 10–15 cm in der Nähe der Laichplätze. 2- und 3jährige Individuen schwimmen dann mit zwischenzeitlichen Aufenthalten gezielt in Richtung Salzwasser. Ihre Körperlänge liegt zwischen 16 und 20 cm. Die Dauer des Süßwasseraufenthaltes vor dem Abwandern bewegt sich zwischen 1 und 5 Jahren, wobei die Mehrheit der Individuen nach 2 bis 3 Jahren den Strom verläßt.

Größe der Lachse: Im allgemeinen hängt die Größe der Lachse mehr von ihrem Aufenthalt im Meer als von ihrem Alter ab. Die größten der beobachteten Exemplare waren bis zu 4 Jahren ununterbrochen im Salzwasser geblieben.

Der Lachs im Rhein ist seiner ökologischen Definition nach ein typisch euryhaliner und kaltstenothermer Fisch, d.h. ein Lebewesen, das unterschiedliche Grade von Versalzung des Wassers ertragen kann, jedoch von kaltem Wasser abhängig ist. Für den Lachs müßte der Rhein aufgrund seiner physikalischen Wasserparameter bestens geeignet sein. Zschokke (1905) [293] berichtet von einjährigen Lachsen, die 7–10 cm lang und von Zweijährigen, die schon 15–20 cm groß waren. Leonhardt (1905) [177] liefert aus verschiedenen Quellen folgende Angaben über die Lachsgrößen: 3 Monate nach dem Schlüpfen 3,5 cm, nach 6 Monaten 7 cm, nach 12 Monaten 14 cm und nach 28 Monaten 30 cm. Die altersbedingten Größen waren mit Sicherheit in verschiedenen Nebenflüssen unterschiedlich, trotzdem widersprechen sich die Literaturangaben nicht bei der Feststellung, daß sie im Alter von etwa 2 Jahren mit einer Länge von ungefähr 20 cm stromabwärts migrierten. Im Meer entfernen sich die Lachse sehr weit von der Küste.

Die Größe der Lachse bei der Rückkehr in die verschiedenen Flüsse fällt unterschiedlich aus. Für den Rhein beobachtete schon Miescher-Reusch (1880) [194] drei Größengruppen der Lachse. Aufgrund der Beobachtungen wurden die Lachse wie folgt kategorisiert: Erstens, die sogenannten Jakobs- bzw. Bartholomäus-Lachse. Sie waren die kleinsten und hatten vermutlich nur ein Jahr im Meer verbracht. Ihr Gewicht betrug ungefähr 2 kg. Zweitens, die nächstgrößere Klasse, die als kleine Sommerlachse bezeichnet wurden. Sie konnten schon 2, möglicherweise 4 Jahre im Meer gewesen sein. Sie wogen zwischen 5 und 7 kg. Die letzte Gruppe wurde „die großen Wintersalme“ oder „die großen Sommerlachse“ genannt. Vermutlich lebten sie bis zu 6 Jahren im Meer, hatten ein Gewicht von über 10 kg und eine Länge von über 1 m. Die größten Winterlachse stiegen schon ein volles Jahr vor ihrer Laichzeit in den Fluß. Die Individuen der beiden anderen Gruppen stiegen erst kurz vor der Laichzeit auf. Die alten, oben erwähnten Angaben überliefern ausgezeichnete Beobachtungen.

Rückgang: Die erste Erwähnung des Rückgangs der Lachse, Nau (1787) [201 b] fällt noch in die Zeit vor dem grandiosen Ausbau des Rheins. Damals wurden die kleineren Gewässer übermäßig und rücksichtslos zur Holzbeförderung genutzt. Dies könnte eine der ersten Ursachen für den Rückgang der Lachsbestände gewesen sein. Lange Abschnitte der Bäche und Flüßchen wurden als Laich- und Aufzuchtbiotope komplett vernichtet. Nach dem Flußausbau für wirtschaftliche Zwecke verschlechterte sich die Situation weiter. Dies ist in mehreren Arbeiten durch konkrete Daten belegt [48, 73, 134, 278]. Nach Schätzungen von Trahms (1955) [278] und Kuhn (1976) [143] lag der Höhepunkt der Fänge (etwa 130000 Lachse) im Jahre 1885. Die berufliche Lachsfischerei in den Niederlanden war 1932 beendet. Eine ausgezeichnete und historisch fundierte Übersicht über Laichgründe und Fischerei zusammen mit biologischen Angaben in bezug auf Hochrhein und südlichen Oberrhein lieferte Nauwerck (1986) [204]. Zur Zeit wird der Lachs lediglich in den untersten Abschnitten des Rheins und in der Meuse, und dies auch nur gelegentlich, gefangen [151, 55]. In den neuesten Arbeiten von van der Velde et al. (1990) [280] und dem Rivo-Bericht (1989) [229] wird der Lachs nicht erwähnt. Cazemier (1988) [50] hat den Lachs im niederländischen Abschnitt als „exotisch“ bezeichnet. Obwohl der Lachs dort regelmäßig ausgesetzt wird, kann für seine natürliche Vermehrung kein Nachweis erbracht werden. Überraschend sind Einzelbeobachtungen aus dem badischen Raum [33]. Allerdings bemerken die Autoren hierzu: „Bei Einzelbeobachtungen wurde in der Regel nicht geklärt, ob es sich um Lachse oder große Meerforellen handelte“. Desto mehr überrascht der Nachweis eines echten Exemplars aus der Umgebung von Karlsruhe [283].

Methoden zur Wiedereinbürgerung: Die Maßnahmen, die zur Verbesserung der Lachsbestände im Rhein führen könnten, sind nicht neu. Die Unterstützungsprogramme der französischen und der deutschen Regierungen konzentrierten sich nur auf das künstliche Erbrüten der Lachse. Angeblich wurde diese Methode 1853 in den Vogesen erfunden und auf der deutschen Rheinseite seit 1859 ebenfalls praktiziert. Hierzu sei bemerkt, daß ein Praktiker, Stephan Ludwig Jakobi, schon im Jahre 1709 die künstliche Erbrütung entdeckt hat. Eine ausführliche Betrachtung zu diesem Thema liefert Meyer-Waarden (1967) [192]. Künstliche Vermehrung wurde z.B. auch in Luxemburg, an der Mosel und besonders in Holland betrieben. Die Bemühungen, die Bestände der Lachse zu verbessern, wurden auch in dem internationalen „Lachsvertrag 1855“ zwischen den Niederlanden, Deutschland und der Schweiz verankert. Diese Vereinbarung setzte die Fangzeiten, zulässige Fanggeräte und Besatzmaßnahmen fest. In dem Vertrag wurde auch der Schutz der Laichgründe im Rhein und seinen Nebenflüssen empfohlen. Die Besatzmaßnahmen jedoch waren die wichtigsten Empfehlungen, die zur Verbesserung der Bestände führen sollten. Es zeigte sich nämlich, daß während der Zeitetappe 1890–1910–15 eine gewisse Erholung der Bestände spürbar wurde. Trotz der Tatsache, daß pro Jahr 4–6 Millionen Dottersack-Brut in den Oberrhein ausgesetzt wurde, gelang es nicht, den Lachsbestand auf annähernd der früheren Höhe zu erhalten. Ehrenbaum (1895) [69] war schon damals davon überzeugt, daß die künstlichen Maßnahmen den Bestand nicht würden retten können. Nach den Studien der Ergebnisse von Hoek (1899) [100] aus Holland kamen beide Forscher zu dem eindeutigen Schluß, daß nur der Schutz der natürlichen Laichgründe zu einer dauerhaften Verbesserung führen könne. Heute, beinahe 100 Jahre später, beweisen die mageren Ergebnisse der Lachsaufzucht in der Schweiz, daß umfassendere Maßnahmen ergriffen werden müssen, um den Lachs dauerhaft im Rhein erhalten zu können. Die Aktivitäten der Fischerei-Organisationen im Kanton Basel liefern ein aufschlußreiches Beispiel: Mehrere Tausende markierter Lachse wurden in den Rhein ausgesetzt. Leider werden sie „unerkannt(?) als Forellen“ weggefangen, und bisher konnte aus diesen Versuchen kein zurückkehrender Lachs nachgewiesen werden. Die gegenwärtige multinationale Aktion „Lachs 2000“ wurde von allen Seiten ausdrücklich begrüßt. Ob die Idee sich allerdings realisieren läßt, hängt davon ab, ob man aus den früheren Fehlern gelernt und die entsprechenden Konsequenzen gezogen hat.

7.4.4 Seesaibling *Salvelinus alpinus* (Linnaeus)

Die Saiblinge weisen in allen Aspekten die typische Körperform der lachsartigen Fische auf. Hinzu kommt noch die ausdrucksvolle Färbung. Die Farbe der Flossen stellt ein zuverlässiges Unterscheidungsmerkmal dar: Beim Seesaibling ist der Vorderrand der Brust-, Bauch- und Afterflossen hell, an diese schmalen, weißlichen Streifen schließt sich die Farbe der Flossenflächen an, die meistens gelblich-orange ist. Zu den Merkmalen: 27–31 Kiemenreusendornen auf dem ersten Kiemenbogen; das Flugscharbein (Vomerus) ist nur vorne bezahnt. Die Anzahl der Schuppen entlang der Seitenlinie wird in der Literatur sehr unterschiedlich angegeben. Nach verschiedenen Beschreibungen liegt die durchschnittliche Schuppenzahl bei 180, kann aber um 50 Schuppen differieren (Abb. 7.22).

Verbreitung: In Europa besiedelt der Seesaibling Skandinavien, Teile der Britischen Inseln und die natürlichen Seen des Alpengebietes. Für das vermutete Vorkommen im Rhein sind nur die Seen wichtig, die zum Rheineinzugsgebiet gehören, insbesondere der Bodensee (Abb. 7.23).

Bionomie: Die Lebensweise des Saiblings ist vom jeweiligen Biotop abhängig. Im Einzugsgebiet des Rheins leben mindestens zwei Formen. Aufgrund der weltweiten Bearbeitung der Gattung *Salvelinus* vertritt Behnke (1980) [30] die Auffassung, daß die beiden sympatrisch lebenden Saiblings-Arten (sie besiedeln das gleiche geographische Gebiet) im Zusammenhang mit der Entstehung der Gletscherseen zu betrachten seien. Diese Lebensräume entstanden erst vor wenigen Jahrtausenden. Seitdem leben die Populationen dort in verschiedenen ökologisch differenzierten Biotopen. Dies könnte erklären, warum im Bodensee „Tiefseesaiblinge“ und „Normalsaiblinge“ anzutreffen sind. Zwischen beiden Formen, die sich in verschiedenen Teilen des Sees aufhalten, sind große Unterschiede in der Nahrungsaufnahme, in der Wahl der Laichgründe und in den Laichzeiten zu beobachten.

Das Hauptvorkommen des Normalsaiblings liegt im Bodensee. Es ist aber nicht auszuschließen, daß einige Exemplare in den Hochrhein gelangt sind. Bekannt ist auch, daß künstlich erbrütete Exemplare in die Rheinzuflüsse eingesetzt wurden (ebenso wie die Bachsaiblinge). Diese Besatzmaßnahme kann aber nur dann zum Erfolg führen, wenn ausschließlich die örtliche Form des Wildfangsaiblings verwendet wird.

Als weiterführende Literatur empfehlen wir Balon (1980) [18], Behnke (1980) [30] und Doerfel (1974) [64], die die Unterschiede in der Lebensweise der vorkommenden Formen treffend schildern.

Abb. 7.22. Seesaibling; Männchen während der Laichzeit.

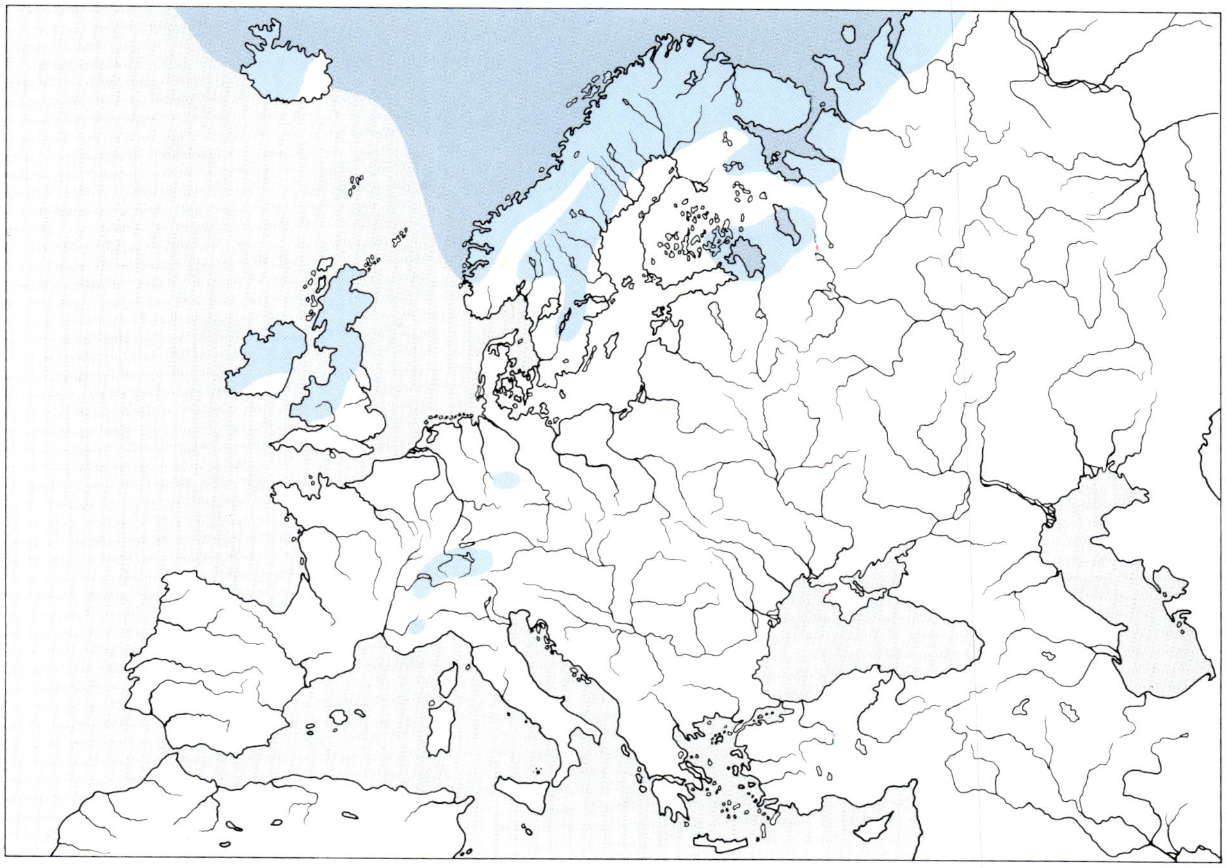

Abb. 7.23. Verbreitung des Seesaiblings in Europa.

7.4.5 Bachsaibling

Salvelinus fontinalis (Mitchell)

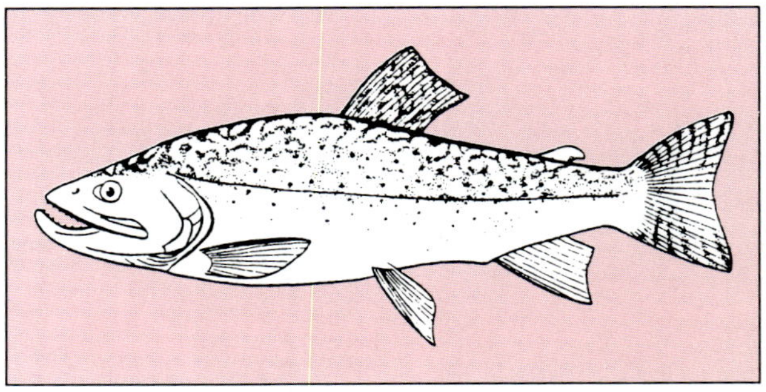

Der Bachsaibling wurde vor der Jahrhundertwende aus Nordamerika in unsere Gewässer eingeführt (s. Kap. 6.4.1). Die farbenprächtige Art unterscheidet sich vom Seesaibling auf den ersten Blick durch die Färbung der Flossen. Die Vorderränder von Brust-, Bauch- und Afterflosse sind weißlich hell und werden von einem schmalen, parallel laufenden schwarzen Streifen gefolgt. Der Rest der Flossenfläche hat die gleiche gelbe Farbe wie die Bauchseite. Sehr typisch ist auch die oliv-grüne Marmorierung der Rückenpartie (einschließlich Rücken- und Schwanzflosse), die seitlich in hellere, gelbliche Punktierung übergeht. Die Bauchfläche ist hell und wird während der Laichzeit strahlend orangefarbig (Abb. 7.24). Aus dem Rhein wurden vereinzelte Fänge gemeldet, für die jedoch Belege fehlen.

Bionomie: Die Lebensweise des Bachsaiblings wurde in unseren Gewässern noch nicht eingehend untersucht. Fest steht nur, daß freilebende, sich selbst erhaltende Populationen im Rheineinzugsgebiet existieren (z. B. in einigen Taunusbächen und in einigen wenigen Mainzuflüssen). Dazu nennen auch Berg et al. (1989) [33] ein Beispiel. Die Laichzeit gleicht derjenigen der Bachforelle. Auch werden vergleichbare Substrate zur Eiablage benutzt. Koch (1949) [133] erwähnt die Möglichkeit der Bastardierung, wobei die Nachkommen, die sogenannten Tigerfische, unfruchtbar sind.

Bedeutung: Die wirtschaftliche Bedeutung des Bachsaiblings ist gering, hingegen ist diese schöne Fischart für den Liebhaber interessant. Da sie den Vorteil besitzt, in bezug auf die Vielfalt der Unterstände wenig anspruchsvoll zu sein, eignet sie sich zum Besatz der begradigten Strecken der Forellenregion. Oft wird das örtliche Aussetzen auch damit begründet, daß in versauerten Bächen die Überlebenschance des Bachsaiblings höher ist als die der Bachforelle.

In der Forellenzucht werden hauptsächlich mit dem Bachsaibling, aber auch mit verschiedenen Forellen untereinander, Kreuzungen durchgeführt mit dem Hauptziel, diese Fischart für potentielle Käufer noch attraktiver zu machen. Weitere Besatzmaßnahmen werden aber nicht empfohlen.

Abb. 7.24. Bachsaibling

7.4.6 **Huchen** *Hucho hucho* (Linnaeus)

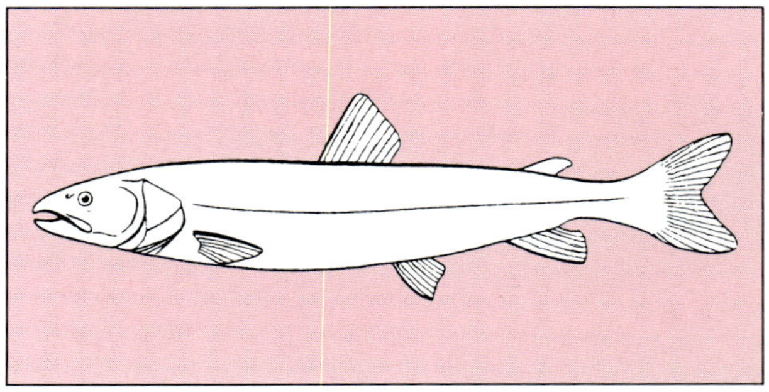

Der Huchen, bisher außerhalb des Donaugebietes kaum nachgewiesen, kann im erwachsenen Stadium die beachtlichste Größe von allen Salmoniden erreichen. Diese Art ist von anderen lachsartigen Fischen leicht zu unterscheiden: Der Kopf ist lang, und der Oberkieferknochen reicht weit hinter das Auge. Die Schuppen sind klein und zählen etwa 180 bis 200 entlang der Seitenlinie. Sehr typisch ist die Färbung. Der Rücken ist bräunlich-oliv-grün, und seitlich, zur Mitte des Körpers hin, nimmt ein kupferfarbener Schimmer zu (Abb. 7.25).

Verbreitung: Ursprünglich beschränkte sich die Verbreitung ausschließlich auf die großen Donauzuflüsse. Da diese Art sowohl als Angelfisch als auch als Speisefisch sehr beliebt ist, wurden mehrere Versuche unternommen, den Huchen auch in anderen Flüssen einzubürgern (Abb. 7.26). Die wenig erfolgreichen Bemühungen, ihn im Rhein auszusetzen, wurden in Kapitel 6.4.1, S. 35 erwähnt.

Bionomie: Während der Laichzeit dringen die geschlechtsreifen Fische in kleine Nebenflüsse vor. Dort laichen sie in Tiefen zwischen 0,3 und 1,2 m in selbst geschlagenen Gruben auf einem schottrigen oder grob-kiesigen Substrat. Die erste Geschlechtsreife wird bei den Milchnern zwischen 3 und 4 Jahren, bei den Rognern ein Jahr später erreicht.

Monographien über den Huchen wurden von Harsanyi (1982) [91] und Holčík et al. (1988) [103] herausgebracht.

Abb. 7.25. Ein geschlechtsreifer Huchen aus einer Zuchtanstalt in Niederbayern.

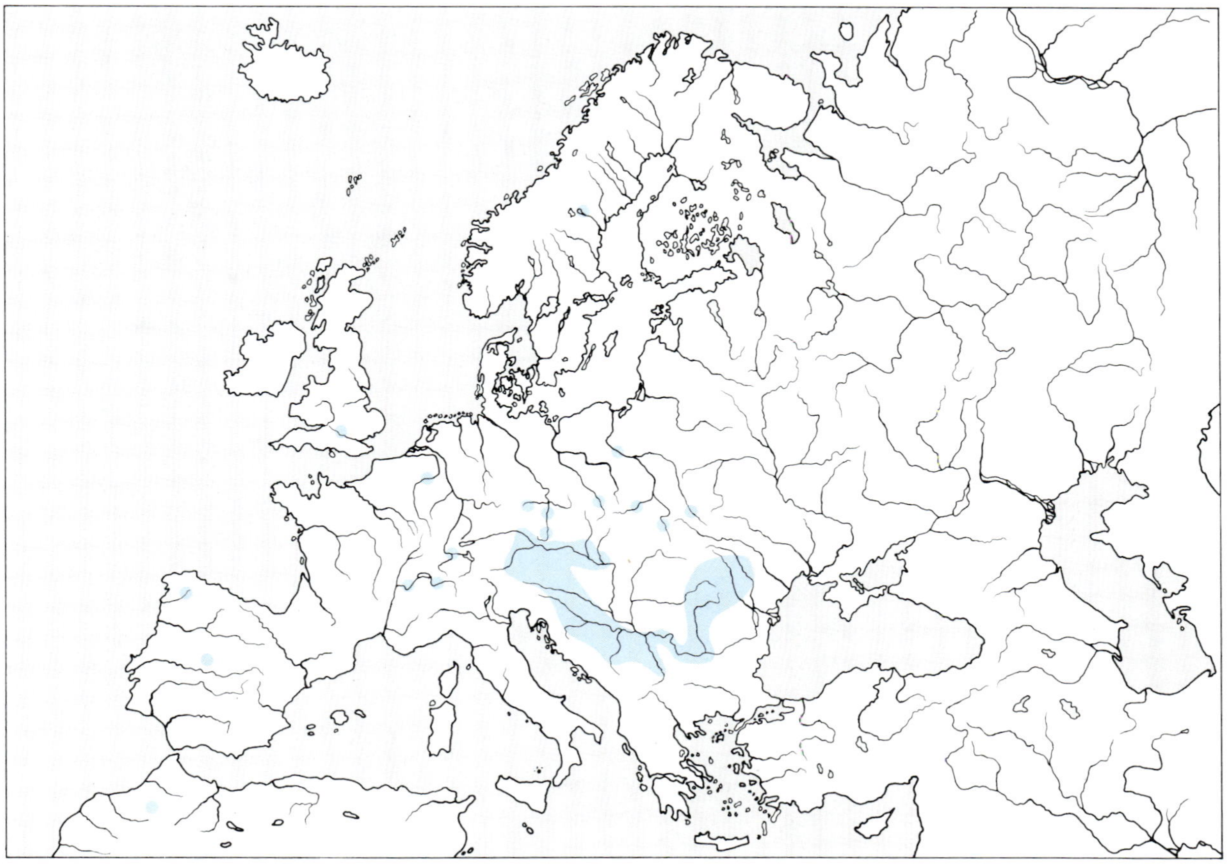

Abb. 7.26. Das Verbreitungsgebiet des Huchens erstreckt sich über das Donaueinzugsgebiet. Abgesehen von Einbürgerungsversuchen wurde er in vielen Ländern Europas (Punkte) sowie im Zentral-Atlas, Marokko und in der Provinz Quebec, Kanada, auch ausgesetzt, jedoch meist ohne Erfolg. (Aus Lelek 1987 unter Berücksichtigung von Holčík et al. 1988 [167b, 103])

7.4.7 Regenbogenforelle

Oncorhynchus mykiss Walbaum,
früher *Salmo gairdneri* (Rich.)

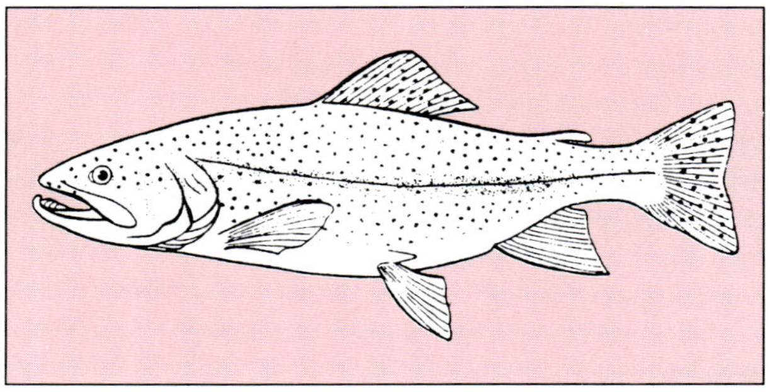

Obwohl diese Art alle lachsartigen Merkmale besitzt, läßt sie sich von anderen Forellen leicht unterscheiden. Die Körperproportionen hängen davon ab, wie lange der Fisch im freien Wasser gelebt hat. Frisch aus der Zucht ausgesetzte ein- bis zweijährige Exemplare haben gewöhnlich sehr kurze Rückenflossen und einen kürzeren Kopf. Ihr Habitus sieht „korpulent" aus. Nach einem etwa zweijährigen Flußleben, besonders wenn sie als Brut ausgesetzt wurden, sieht ihr Habitus der Bachforelle sehr ähnlich: Sie sind lediglich langgestreckter, mit normal entwickelten Flossen, trotzdem aber ein wenig korpulenter als die Bachforellen.

Sehr typisch für die Regenbogenforelle sind die kleinen schwarzen Punkte, die sich über den Rücken, die Seitenlinie, seitlich bis zum Ansatz der Brustflossen und entlang der Seitenlinie ausdehnen. Auch die Flossen einschließlich der Fettflossen sind punktiert. In der Regel dehnt sich entlang der Seitenlinie ein leichter lila-rosiger Schimmer aus. Er ist bei den Milchnern kräftiger, bei den Rognern schwächer ausgeprägt. Bei den erwachsenen Fischen, besonders zur Zeit der Reife ihrer Geschlechtsprodukte (November bis Anfang Mai), erscheinen die Farben leuchtender. Die Merkmale der Exemplare aus dem Rhein sind der Tabelle 7 zu entnehmen (Abb. 7.27).

Verbreitung: Die Regenbogenforelle wurde Ende des 18. Jahrhunderts von Nordamerika nach Europa eingeführt. Ihr Hauptverbreitungsgebiet erstreckt sich entlang der pazifischen Westküste vom Bering-Meer bis nach Kalifornien.

Zuerst wurde die nur in Binnengewässern lebende sogenannte „rainbow"-Forelle nach Europa importiert, danach folgte auch die als „stealhead" bezeichnete Form. Importiert wurde auch eine in Seen heimische „Purpurforelle". Heute ist es in Europa unmöglich, diese Formen voneinander zu unterscheiden. Da sich die Regenbogenforelle ausgezeichnet für die Zucht eignet, sind alle Formen gründlich vermischt (s. Kap. 6.4.1).

Der Rhein ist zum Teil mit Regenbogenforellen besiedelt, die hauptsächlich aus den Zuflüssen und Baggerseen stammen, wo sie regelmäßig ausgesetzt werden. Im Rhein selbst hat sich diese Art zum Teil aber auch fortgepflanzt und konnte mehrmals nachgewiesen werden. Eine Bindung an den Charakter bestimmter Rheinabschnitte ist jedoch nicht festzustellen. Auch wurden die Exemplare, die als Nachweis dienten, eher nahe der einmündenden Zuflüsse als im Hauptstrom gefangen.

Bionomie: Die Lebensweise der Regenbogenforelle ist vergleichbar mit der unserer Meerforelle. Die Fortpflanzung findet im Süßwasser statt, meistens im Frühjahr. Die Jungfische wachsen im Fluß auf, danach erfolgt die Abwanderung ins Meer und schließlich die Wiederkehr in den Fluß zum Ablaichen. (Abgesehen von dieser migrierenden Form, genannt „stealhead trout", kommen auf dem amerikanischen Kontinent auch mehrere stationäre Formen vor, die ständig im Süßwasser leben. Über die kürzlich eingeführten neuen Namen berichtet Köhler (1989) [136]. In einer Übersicht informieren Scott und Crossman (1979) [244] über Formen der Regenbogenforellen auf dem amerikanischen Kontinent.)

Bedeutung: Die Regenbogenforelle ist von großer wirtschaftlicher Bedeutung, besonders als guter, preiswerter Süßwasserfisch, der fast ausschließlich aus den Forellenzuchtanstalten geliefert wird. Sie wurde häufig als Angelfisch in die freien Gewässer ausgesetzt. Ein weiterer Besatz ist nicht zu empfehlen, da die Regenbogenforelle in den Äschen- und Forellengewässern nahezu dieselben Nischen besiedelt wie die heimische Bachforelle. Heute bemüht sich die Fischerei, langsam vom Trend der 50er Jahre abzurücken und die freien Gewässer möglichst nur mit heimischen Fischarten zu besiedeln.

Schließlich drängt sich die Frage auf, warum die natürliche Fortpflanzung der Regenbogenforelle in Europa nur in Ausnahmefällen nachgewiesen wurde. Die chemisch-physikalischen Voraussetzungen unserer Gewässer können dabei unberücksichtigt bleiben, da diese weitgehend denen entsprechen, die im heimischen Verbreitungsgebiet vorgefunden werden. Es liegt die Vermutung nahe, daß die biochemische genetische Variabilität mit dem wiederholten Besatz undefinierbaren Ursprungs auf Dauer ständig vergrößert wird. Es ist auch zu erwarten, daß die Vermischung der nach Europa eingeführten Formen mit den hier heimischen Forellen zur Etablierung stabiler etho-ökologischer Stämme beitragen kann. Ein Beispiel aus dem Osten der Slowakei (mündliche Mitteilung von Holčík) deutet darauf hin, daß in einem natürlichen See (der sog. Morské Oko) eine Population schon beinahe 100 Jahre existiert, die bis heute von jedem zusätzlichen Besatz verschont geblieben ist. Es könnte aufschlußreich sein zu erkunden, ob auch die anderen Lokalitäten, wo die natürliche Fortpflanzung stattgefunden hat, vom regelmäßi-

gen zusätzlichen Besatz verschont waren. Amerikanische Forscher haben bei einer anderen Art (amerikanischer Zander) mit Hilfe der genetischen Differenzierung überzeugende Ergebnisse in einer vergleichbaren Problematik erzielt, und konnten zeigen daß es zum Aufbau einer fortpflanzungsfähigen Population längerer Zeiträume bedarf [276].

Bemerkungen zu der „Lachsforelle“: Nicht selten werden Lachsforellen angeboten. In Wirklichkeit handelt es sich hierbei um Regenbogenforellen, die für längere Zeit in der Mastzucht gehalten wurden. Die ansprechende rosige Fleischfarbe wird durch den mit dem Futter aufgenommenen natürlichen Krebstierfarbstoff Astaxanthin erzeugt. Da dieser aus dem Krebsmehl gewonnene Farbstoff oft nicht ausreichend verfügbar ist, wird dem Futter ein synthetisches Produkt, Canthaxanthin, zugesetzt. (Dies ist ein Farbstoff, der besonders in der Geflügelzucht Verwendung findet, um eine intensive Dotterfarbe zu erreichen.) [5].

Abb. 7.27. Die Regenbogenforelle

7.4.8 Königslachs und pazifische Lachsarten

Oncorhynchus tschawytscha Walbaum

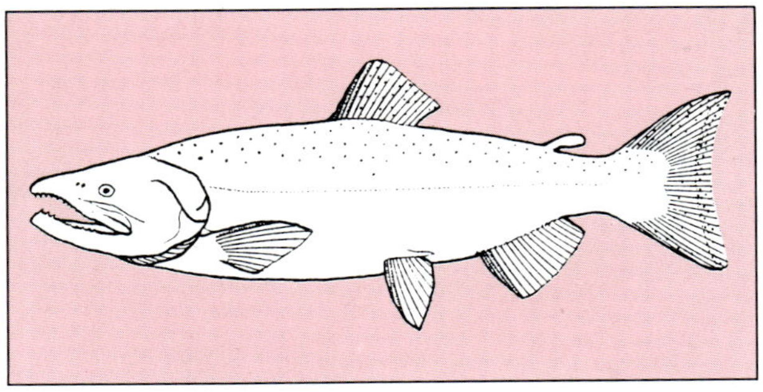

Der Königslachs wurde aus dem nordamerikanischen Kontinent eingeführt. Diese Art konnte im Main nachgewiesen werden. Ebenso wurde auch eine andere pazifische Lachsart, *Oncorhynchus kisutsch*, erwähnt [153a, 50]. Cazemier [50] teilt mit, daß die pazifischen Lachse in den Niederlanden regelmäßig ausgesetzt werden. Ihre Freilassung stellt jedoch keine dauerhafte Gefahr für unsere heimische Fauna dar.

Die Oncorhynchus-Arten leben mit Ausnahme der Regenbogenforelle fast immer im Meer. Das Ablaichen erfolgt jedoch im Süßwasser; kurze Zeit später sterben die Elternfische. Nachweise für die Existenz geschlechtsreifer Fische sowie deren Fortpflanzung wurden bisher in Europa noch nicht erbracht.

Die Kenntnisse über Bionomie, Fortpflanzungsstrategien und sämtliche Umweltansprüche der pazifischen Lachse zählen zu den am besten ausgearbeiteten Studien über Fische überhaupt. Auf Grund der vorliegenden Informationen ist es jedoch höchst unwahrscheinlich, daß diese Arten in unseren geographischen Breiten dauerhaft leben können. Bei Scott u. Crossman (1979) [244] befinden sich die weiterführenden Literaturangaben. Die von Pohlhausen (1978) [219] angeführten Einführungsvorteile sind wenig überzeugend.

7.5 Renken *Coregonidae*

Die Familie der Renken steht den lachsartigen Fischen sehr nahe. Der Körperhabitus kann unterschiedlich sein, von plump bis schlank. Die Schuppen sind deutlich größer als bei den Salmoniden, die Mundspalte ist eng, die Zähne fehlen oder sind sehr schwach entwickelt. Ihr Lebensraum sind entweder Seen oder Flüsse. Abgesehen vom Bodensee, war für den Rhein bis etwa Speyer (Rheinstromkilometer 400) nur eine Art von Bedeutung, nämlich der Nordseeschnäpel. Im Mündungsbereich kamen noch der Blaufelchen und die Kleine Maräne dazu.

Die taxonomische Zugehörigkeit, besonders bei den im Rhein zufällig gefangenen Arten, ist nicht eindeutig geklärt.

7.5.1 Blaufelchen

Coregonus lavaretus (Linnaeus)

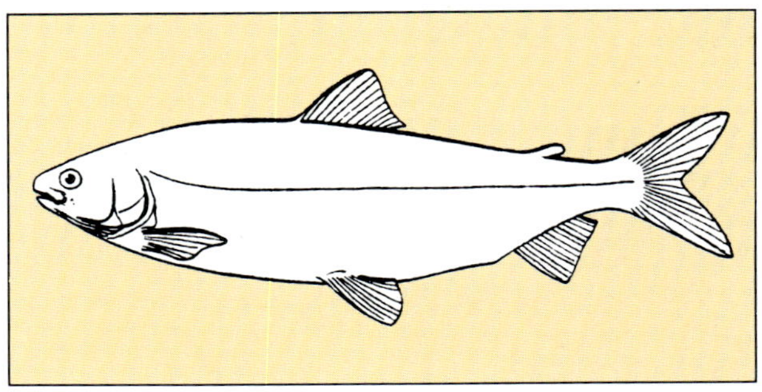

Blaufelchen zählen zu den Renkenarten mit unterschiedlich geformter Schnauze. Manche Exemplare haben die Frontpartie rund ausgebildet, andere dagegen besitzen eine zugespitzte Schnauze. Auch die Anzahl der Kiemenreusendornen variiert stark: Die Regel sind 33–39 und in Ausnahmen 25. Bei den Rheinexemplaren wurden im Durchschnitt 29,8 Kiemenreusendornen gezählt. Der Oberkieferknochen reicht bis zum vorderen Augenrand. Weitere Merkmale sind in Tabelle 8 aufgeführt.

Verbreitung: Das natürliche Verbreitungsmuster erinnert zum Teil an das des Seesaiblings mit Kern in Nordeuropa und in Seen glazialen Ursprungs (Abb. 7.28). Im Laufe der Zeit wurde dieser Fisch in vielen Wasserreservoiren, großen Teichen und Baggerseen ausgesetzt. Über den Ursprung des Besatzmaterials sowie über den taxonomischen Status wurde in der Regel nur wenig bekannt. Dies verdeutlicht, warum die hier als

Blaufelchen präsentierten Rheinfische keinen hohen Anspruch auf taxonomische Exaktheit besitzen. Einzelne Nachweise stammen aus dem Hochrhein [33] und aus dem Oberrhein (Belege der Autoren, s. Tab. 8). Vermutlich handelt es sich beim Blaufelchen um eine natürliche, künstlich geförderte Ausbreitung einer ursprünglichen Bodensee-Fischart.

Obwohl der Blaufelchen ein ausgesprochener Fisch der Binnenseen ist, kommt er, wenn auch vermutlich sporadisch zerstreut, im ganzen Rheinstrom vor. Michling (1988) [193] teilt mit, daß juvenile Exemplare zwischen 6 und 10 cm Gesamtlänge von Berufsfischern am Anfang des Niederrheins in Netzen gefangen wurden. Ferner berichtet er: „Die Regelmäßigkeit, mit der diese Art im Beifang auftaucht, spricht eher für einen stationären Bestand ... .“

Bionomie: Über die Lebensweise der Blaufelchen ist wenig bekannt. Cazemier (1988) [50] betrachtet ihn im niederländischen Rhein als eine seltene Fremdart, die sich natürlich fortpflanzt. Diese Angabe ist von großer Bedeutung. Die Blaufelchen vermehrten sich ursprünglich auf sandigem Bodensubstrat von Seen, die sehr arm an gelösten Nährstoffen sind (sog. oligotrophe Seen). Es ist zu vermuten, daß auch im äußersten Niederrhein sowie in den aufgestauten Bereichen des südlichen Oberrheins Strecken vorhanden sind, die zum Ablaichen geeignete Nischen haben.

Bedeutung: Zur Zeit besitzt der Blaufelchen im Rhein wenig Bedeutung, ist aber als Speisefisch hochgeschätzt, so daß seine Vermehrung die Fischfauna im Rhein nutzbringend bereichern würde.

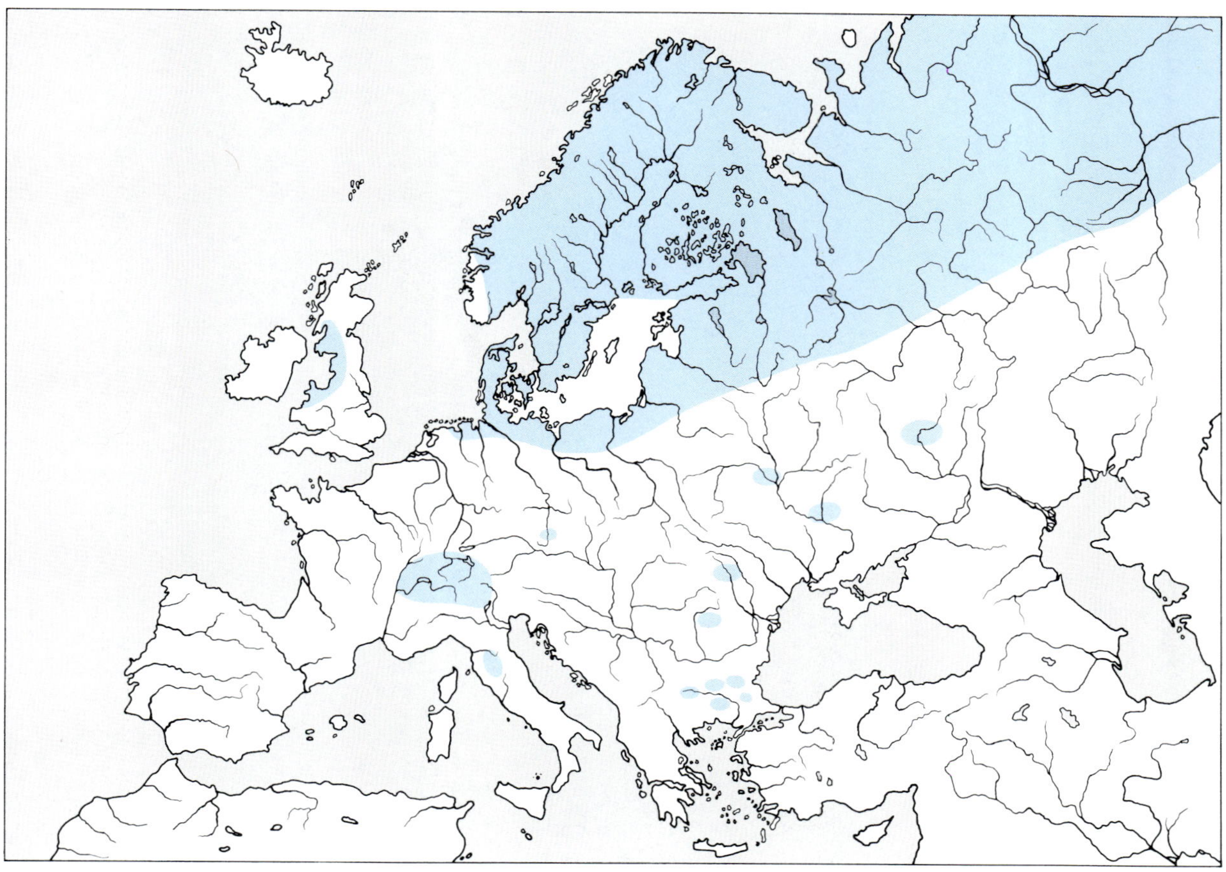

Abb. 7.28. Verbreitung der Blaufelchen in Europa.

7.5.2 Nordseeschnäpel

Coregonus oxyrhynchus (Linnaeus)

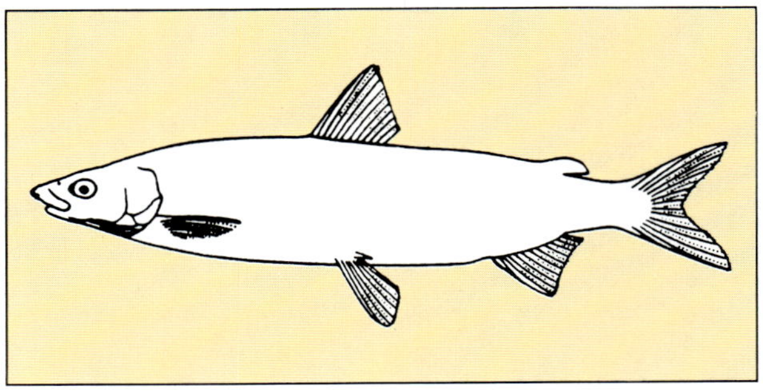

Für die Beschreibung des Nordseeschnäpel ist man auf alte Angaben angewiesen.

Allen Überlieferungen nach muß er eine lange, spitze Schnauze gehabt haben. Die Anzahl der Kiemenreusendornen am ersten Kiemenbogen variierte zwischen 35 und 44; sonstige Charakteristika sind der Beschreibung der anderen Renkenarten zu entnehmen. Sämtlichen Abbildungen nach handelte es sich um eine Fischart, deren Körperproportionen für das Schwimmen in strömendem Wasser geeignet waren.

Verbreitung: Über die Lebensweise kann heute nur spekuliert werden, da es keine neueren Informationen gibt. Anhand früherer Berichte gelang es, die Verbreitung in Europa annähernd zu rekonstruieren (Abb. 7.29). Das Hauptverbreitungsgebiet lag in der südlichen Nordsee. Der Schnäpel stieg regelmäßig die Flüsse Weser, Elbe und besonders den Rhein auf.

Bionomie: Im Spätsommer näherte sich der Schnäpel den Flußmündungen, und von Oktober bis Dezember fand der Aufstieg mit anschließendem Ablaichen statt. Als Laichgründe wurden die Sandbänke am Unterlauf des Rheins genannt. Diese Angabe deckt sich mit Berichten über das Ablaichen im Bodensee. Dort wurden die Eier auf der seichten Barre, die den Obersee vom Untersee trennt, in 3 cm Tiefe abgesetzt.

Nach Überlieferungen, die von Scheuring (1929) [238] übernommen worden sind, wurde der Schnäpel im Bodensee als Gangfisch (*Coregonus macrophthalmus* Nüsslin) bezeichnet.

Bemerkungen zur Nomenklatur: Bei der Übernahme der Informationen aus den Niederlanden von de Groot (1990) [56b] stößt man auf nomenklatorische Schwierigkeiten in bezug auf die Benennung der Renken. Da aber diese Mitteilung zu den wertvollsten zählt, geben wir sie dem Inhalt des Originals gemäß wieder: „Welche systematische Gliederung man akzeptieren möchte, ist von der Annahme abhängig, ob zwei oder drei Renkenarten den Rhein besiedelten: *Coregonus l. lavaretus* (L.) = Blaufelchen; *Coregonus oxyrhinchus* (L.) = Schnäpel; *Coregonus albula* (L.) = Kleine Maräne. Es ist besser, *Coregonus oxyrhinchus* (L.) als eine Unterart von Blaufelchen, *Coregonus lavaretus oxyrhinchus* (L.), zu betrachten [225, 227, 206]." Weiter teilt er mit: „Die Kleine Maräne wurde nur selten gefangen (zuletzt 1927), und falls sie heute noch vorkommen sollte, wird sie nicht identifiziert. Die Fischerei wurde auf Blaufelchen und Schnäpel eingestellt. In unsere Gewässer steigen nur die migrierenden Formen der Renken auf, und ihr Ablaichen wurde in der nahen Vergangenheit nicht beobachtet. Um die Jahrhundertwende wurde der Schnäpel in Mengen in allen großen Flüssen wie in Rhine, Ijsel und Meuse gefangen. Die Fischerei konzentrierte sich auf die Monate August bis November. Die Fangergebnisse von vor 1910 sind nur schwer zu erhalten, da die Fische direkt vom Fischer verkauft wurden. Möglich war es, die Fangangaben aus der Etappe von 1910 bis 1939 zu besorgen ..." Der Autor folgert weiter: „Bemerkenswert ist es, daß der starke Rückgang der Fänge in den Jahren 1916–1920 stattfand. 1917 wurden noch 5000 kg erbeutet, 1921 nur 1000 kg, 1927 500 kg, 1933 100 kg und 1939 nur noch 3 kg. Das Ausbleiben der Fänge bis beinahe zum Verschwinden der Arten verursachte bei der Regierung große Besorgnis. Künstliche Erbrütung wurde zuerst 1907 ausprobiert, dann fand das Aussetzen mit Eiern, einmonatigen oder einjährigen Blaufelchen statt. (Sogar mit russischem Material aus dem Peipus-See wurde gearbeitet.) Insgesamt wurden beinahe 119 Millionen larvale und juvenile Renken zwischen 1907 und 1939 in unsere Gewässer freigelassen. Alles jedoch ohne spürbare Ergebnisse."

Bedrohung: Die Erhaltung der Renkenarten ist bei weitem noch nicht gesichert. Es zeigte sich, daß ein massiver, teurer Besatz mit Fischen, noch dazu fremden Ursprungs, nicht zu positiven Ergebnissen geführt hat. Verantwortlich für den Rückgang der Renken und der Nordseeschnäpel ist vermutlich die Wasserverunreinigung [56b].

Einige Nachweise der Renken im niederländischen Bereich des Rheins sind vermutlich auf den erhöhten Besatz in den oberhalb liegenden Strecken zurückzuführen.

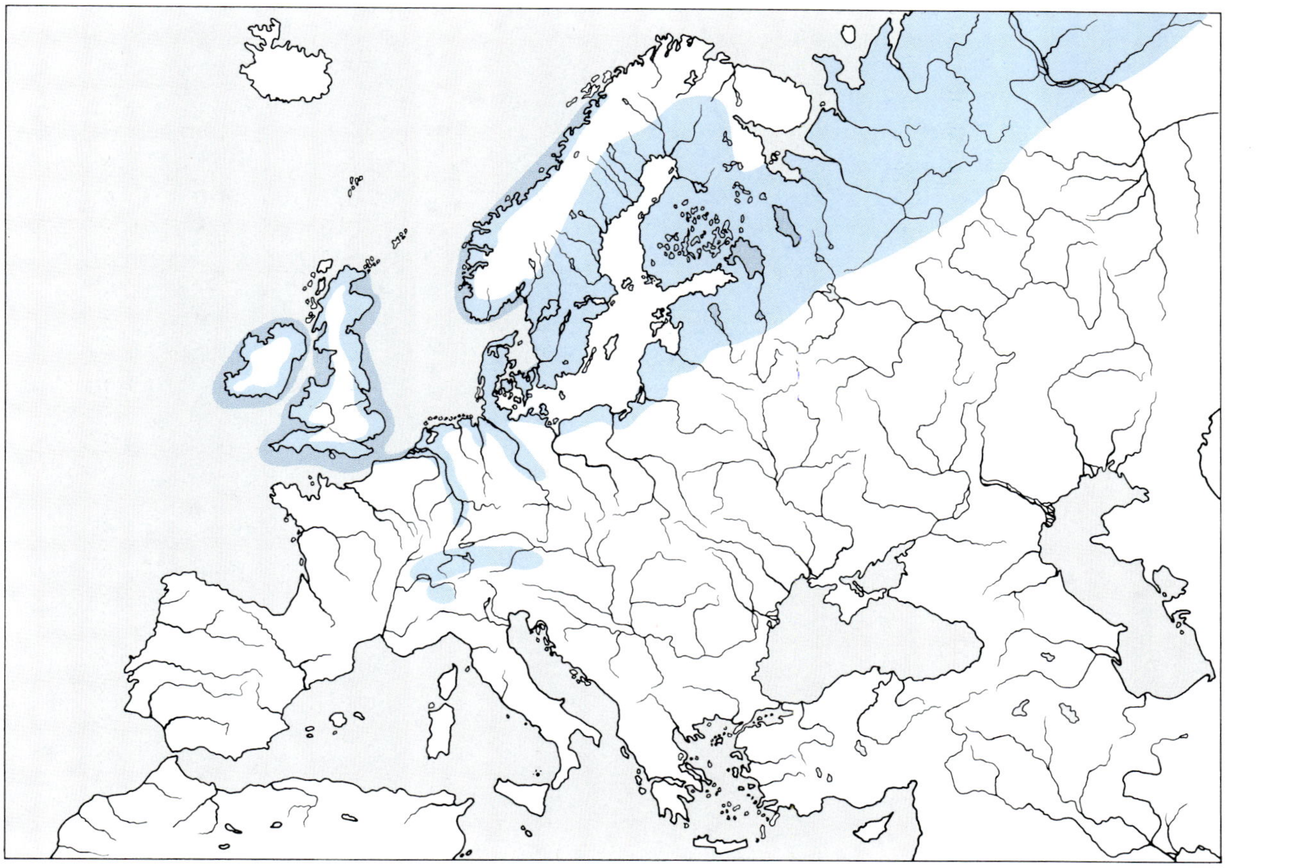

Abb. 7.29. Verbreitung der Nordseeschnäpel in Europa (nach Literatur rekonstruiert)

7.6 Äschen *Thymallidae*

Die Äschen, Verwandte der Lachsartigen und Renken, sind in Europa nur mit einer Art vertreten. Für diese Familie ist die breite und hohe Rükkenflosse mit mindestens 17 Flossenstrahlen typisch. Die Fettflosse ist vorhanden.

7.6.1 Äsche *Thymallus thymallus* (Linnaeus)

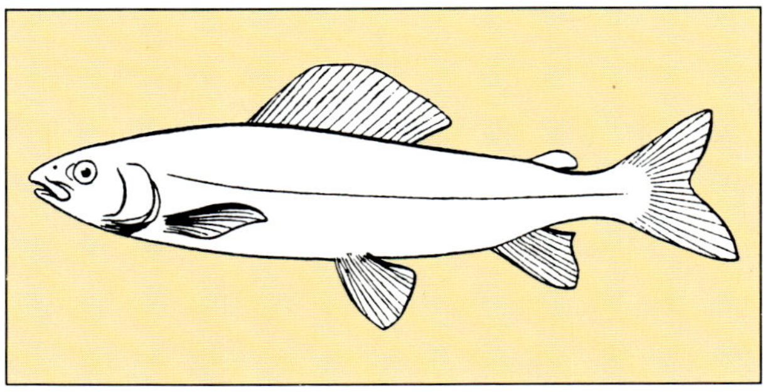

Die Erkennung der Äsche bereitet keine Schwierigkeiten. Die Körpergestalt verrät eine sehr gute Anpassung an recht schnell fließende Flußstrekken. Die Basis der Rückenflosse ist länger als der Kopf. Die Fettflosse ist gegenüber der Afterflosse lokalisiert (Abb. 7.30). Die meristischen Merkmale lauten: Rückenflosse 17–24 Strahlen, Afterflosse 10–15 Strahlen, und die Seitenlinie weist 74–95 Schuppen auf. Angaben über die im Rhein vorkommende Äsche finden sich in Tabelle 4.

Verbreitung: Die Äsche besiedelt die Flüsse Zentraleuropas bis zum Ural (Abb. 7.31). Im Rhein ist ihre Verbreitung im wesentlichen auf die Strecken des Hoch- und Oberrheins beschränkt. Sehr häufig kommt sie in den Rheinzuflüssen vor. Im Hochrhein und im südlichen Oberrhein sind die Bestände in den letzten Jahren zurückgegangen. Lauterborn (1917) [154] berichtete über die Verbreitung der Äsche stromabwärts nur bis Straßburg. Aus den niedrig liegenden Rheinabschnitten wurde das Vorkommen als sehr sporadisch gemeldet. Sposny (1975) [254] notierte nach Befragung der Berufsfischer das Vorkommen noch aus der Umgebung von Speyer und Germersheim (Rheinstromkilometer 400, 384). In den Rheinabschnitten der niederländischen Gewässer werden Äschen zwar ausgesetzt, kommen aber trotzdem nur selten vor.

Bionomie: Die Fortpflanzung der Äsche findet in flacheren, strömenden Strecken mit kiesig-sandigem Substrat statt. Die Eier werden in eine flache Grube gelegt und mit Kies zugedeckt. Die erste Geschlechtsreife bei den Milchnern tritt schon nach dem zweiten, spätestens dritten Lebensjahr ein, bei den Rognern in der Regel nach dem dritten Lebensjahr. Die Lebenserwartung dieser Art ist kurz, 6- bis 7jährige Exemplare sind schon eine Seltenheit. Die Nahrung besteht vorwiegend aus der wirbellosen Insektenfauna des Flußbettes, aber auch Insektenanflug aus der Luft spielt zeitweise eine nicht unbedeutsame Rolle im Nahrungsangebot. Über das Verhalten informiert die Arbeit von Fabricius u. Gustafson (1955) [72], und über die Ökologie dieser Art berichten Jankovič (1964) [116] und Lusk et al. (1987) [185] ausführlich. Eine Literaturübersicht liefern Armstrong et al. (1986) [6a].

Bedrohung: Die Äsche ist nicht so gravierend bedroht, daß man über ihr Aussterben nachdenken müßte. Das Aufkommen der Äsche hängt von geeigneten Laichplätzen und guter Wasserqualität ab. Die Giftwelle, die nach dem Sandoz-Unfall entstand, reduzierte die Rheinbestände erheblich [197]. Der Aufbau der neuen Bestände stellt jedoch keine großen Probleme dar. Dabei empfiehlt es sich, einen Teil der gesamten Population in ein neues Biotop zu überführen, anstatt wie üblich den Besatz nur mit juvenilen Fischen vorzunehmen [173]. Für die Äsche wären gut geeignete Biotope im Restrhein zu finden, wenn nicht die dortigen Wasserstandsschwankungen den Aufbau der Bestände erheblich hemmen würden.

Bedeutung: Ein ausgewogener Äschenbestand dient als zuverlässiger Indikator der Gewässergüte und der natürlichen Strukturierung der Flußstrecke. Gute Bestände erhöhen den Angelwert eines Gewässers erheblich, und das Fischfleisch gehört zum besten, was Fließgewässer liefern können. Als überlieferter Beweis der Wertschätzung der Äsche sei Baldner (1666) [11] zitiert: „Die Äschen sind gesunde und herrliche Fisch, werden auch sehr gelobt in der Speiß für alle Schuppfischen; ihre Wohnung haben Sie und sind gern in frischen und strengen Wassern; die größten bey uns kommen biß uff ein Werkschuh lang. Sie haben ihren Leych im Mertzen in strengen Wassern uff dem Steinboden, damals seind Sie am schlechtesten in der Speiß, werden bald widrumb gutt, und je länger je besser biß in Brachmonat, da seindt sie am fettesten und im vollen Rogen im Hornung. Sie haben ein kleinen Magen, und wenig gederm, auch keine Zähn. Ihre Speiß ist zwerch, Würmlin, käfferlin und desgleichen. Ihr Schmaltz wird in den Apotheken gebraucht."

Abb. 7.30. Äsche

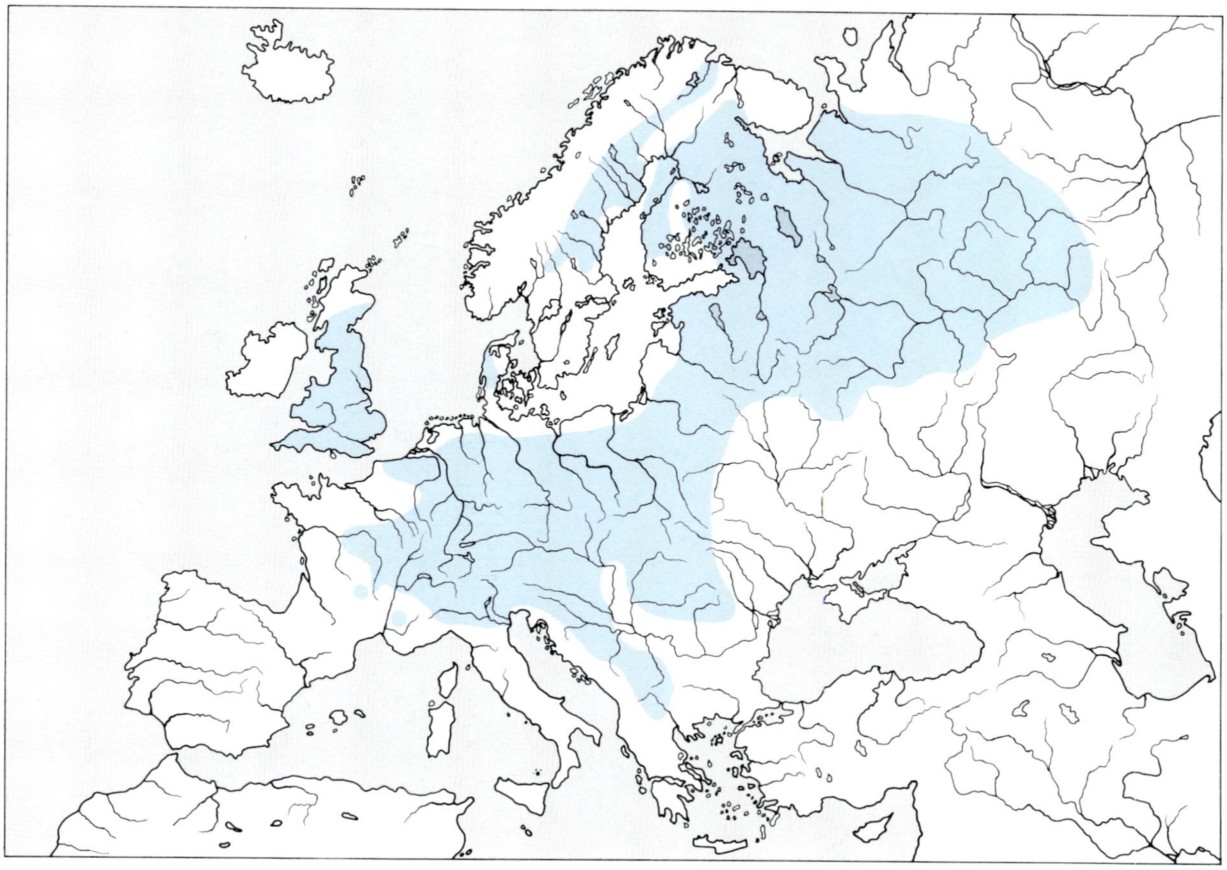

Abb. 7.31. Verbreitung der Äsche in Europa.

7.7 Stinte *Osmeridae*

Auffallend an der Familie der Stinte ist ein opalisierend durchscheinender Körper, die Mundspalte ist tief, die Schuppen klein und leicht abfallend. Auf der Rückenseite ist eine kleine Fettflosse vorhanden (Abb. 7.32). Charakteristisch ist ein gurkenähnlicher Geruch des Fisches. Stinte sind Fische der Küstenbereiche, die nur während der Fortpflanzung in die Flüsse einsteigen. Im Rhein kommt nur in den untersten Abschnitten eine Art vor.

7.7.1 Stint *Osmerus eperlanus* (Linnaeus)

Für den Stint sind gut entwickelte Zähne im Unterkiefer, auf dem Gaumen und auf der Zunge charakteristisch. Die Schuppen sind klein und leicht abfallend. Die Seitenlinie ist nicht vollständig durchgezogen, sondern sie beschränkt sich auf die ersten 6 bis 11 Schuppen. Der charakteristische „Gurkengeruch" entsteht, wenn die gefangenen Fische berührt werden.

Meristische Merkmale sind: Rückenflosse mit 9–12 Strahlen, Afterflosse mit 13–17 Strahlen, seitlich 61–69 Schuppen in der längsten Reihe.

Verbreitung: Der Stint kommt auf der nördlichen Hemisphäre zirkumpolar vor. Besiedelt werden hauptsächlich die Küstenareale. Bekannt sind auch sogenannte „landlocked"-Populationen, wo die Fische dauerhaft ohne Verbindung zum Meer im Süßwasser leben. In den 80er Jahren erbrachten Borchard et al. (1986) [42] den Nachweis des Stintes im Rhein nahe der niederländischen Grenze.

Die migrierende Form kommt zudem im Mündungsbereich des Rheins und im Wattenmeer vor; die nichtmigrierende Population ist im Ijsselmeer stark vertreten, des weiteren in den friesischen Seen und in Nord- und Süd-Holland.

Bionomie: Die Lebensweise der migrierenden Form spielt sich hauptsächlich im Bereich der Gezeiten ab. Zum Ablaichen kommt es bei niedrigen Wassertemperaturen zwischen 4° und 12 °C.

Abb. 7.32. Stint

Die klebrigen Eier haften auf Steinen, Schotter sowie an Pflanzen. Auf dem weichen, mit Silt bedeckten Flußboden abgelegte Eier können sich nicht entwickeln. Da durch die Umstrukturierung des Rheindeltas die Gezeiten nicht mehr zur Wirkung kommen, werden die Eier zunehmend mit Schwebstoffen bedeckt. Hierdurch wird die Reproduktion erheblich gehemmt, und die Bestände gehen zurück.

Unter Berücksichtigung der Veränderungen der Fischfauna in den reinen Süßwasserstrecken des niederländischen Rheins wurde das Vorkommen des Stintes in der Zeit von 1900 bis 1987 jedoch als unverändert angegeben [45].

Bedeutung: Früher war der Stint von erheblicher wirtschaftlicher Bedeutung. Heute (zwischen 1980 und 1988) zeigen nur die Populationen in holländischen Binnengewässern erheblich steigende Tendenz. Besonders im Ijsselmeer verdoppelte sich der Ertrag. Dagegen mußte aus den früheren Delta-Armen ein dramatischer Rückgang registriert werden, besonders seit der Inbetriebnahme des „Delta-Work“ 1966, einem Wasserbauwerk, welches Meer- und Süßwasser voneinander trennt [56b]. Ausführliche Informationen zum Thema „Stint“ finden sich bei Mohr (1941).

7.8 Hechte *Esocidae*

Die Familie der Hechte ist mit einer Art, dem Hecht *Esox lucius L.,* vertreten. Charakteristisch für die Hechte ist ihre abgeflachte Kopfpartie sowie die Rückenflosse, die auf dem letzten Drittel des Körpers sitzt. Der Unterkiefer ist mit starken Zähnen versehen.

7.8.1 Hecht *Esox lucius* Linnaeus

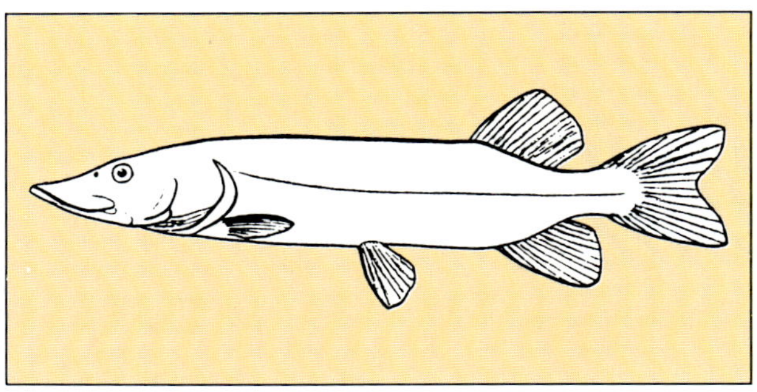

Der Körperhabitus des Hechtes ist allgemein gut bekannt.

Seine Färbung ist recht unterschiedlich. Juvenile und kleinere Exemplare sind deutlicher marmoriert als adulte und große Exemplare; besonders die grüne Farbe ist stark ausgeprägt (Abb. 7.33). Die morphometrischen und meristischen Merkmale sind der Tabelle 9 zu entnehmen. Zur weiteren Information wird auf Grimm (1988) [87] und auf die Monographie von Raat (1988) [224] hingewiesen.

Verbreitung: Der Hecht ist über die nördliche Hemisphäre verbreitet (Abb. 7.34). In Europa kommt er in fast allen größeren und stehenden Gewässern vor; Ausnahmen bilden die Iberische Halbinsel, Süditalien und Griechenland. Die Verbreitung im Rhein ist unterschiedlich. Massive Besatzmaßnahmen lassen aber keine Unterscheidung zwischen den natürlich vorkommenden Hechten und den ausgesetzten zu. Der Hecht besiedelt regelmäßig sowohl die Strecken des Oberrheins als auch die übrigen Rheinstrecken, allerdings weniger die ausgebauten Abschnitte. Bevorzugt werden jedoch die Altrheine und sonstige stehende und schwach durchströmte Biotope (Abb. 7.35; s. Kap. 6.6).

Bionomie: Die Lebensweise des Hechtes im Rhein weist keinen Unterschied zu der in anderen Gewässern auf. Als Laichplätze werden mit Pflanzen bewachsene Gebiete sowie überschwemmte Wiesen bevorzugt. Zeitlich erstreckt sich das Ablaichen vom zeitigen Frühjahr – vorausgesetzt, daß Pflanzenreste im Wasser vorhanden sind – bis zum sehr späten Frühjahr, wenn die frischen und auch die dürren Gräser überflutet sind. Der Hecht ist ein typischer Pflanzenlaicher. Planktonische Nahrung ist nur in den ersten juvenilen Lebensetappen nötig. Schon ab einer Länge von 5–7 cm ist der Hecht vorwiegend Fischfresser. Die Geschlechtsreife wird beim Milchner im zweiten, beim Rogner im dritten Lebensjahr erreicht. Das Wachstum der Hechte im Rhein ist sehr gut. Bis zum Ende der Vegetationsperiode erreichen sie eine Körperlänge von 16–21 cm. Die durchschnittlichen Körperlängen der 1-, 2- und 3jährigen Exemplare betragen 21, 42 und 50 cm.

Bedeutung: Charakteristisch für den Hecht ist, daß sein Nahrungsspektrum beinahe ausschließlich aus Fischen besteht. Das Nahrungsangebot an verschiedenen karpfenartigen Fischen ist in allen Rheinabschnitten mehr als ausreichend. In der Zukunft wird sich mit großer Wahrscheinlichkeit daran nichts ändern. Mögliche Sorgen, daß der Hecht andere, zum Teil seltene Arten, ausrotten könnte, sind nicht berechtigt. Einerseits liegen die Biotope der bedrohten Arten außerhalb der gewöhnlichen Hecht-Standorte, andererseits lassen sich die Hechtbestände durch Maßnahmen der Fischerei gut reduzieren. Eine übermäßige Vermehrung ist auch nicht zu erwarten, da die natürlichen Laichplätze sehr selten sind.

Eine Erhöhung der Hechtbestände könnte sogar zur Regulierung der dominierenden Fischarten im Rhein wirksam beitragen (s. Kap. 6.5.1). Die Wege zur Verbesserung der Hechtbestände bestehen in Restaurierung und Regenerierung der Altrheine und sämtlicher Nebengewässer, im künstlichen Einbringen von Laichsubstraten (Bäume, Äste) in geeignete Nischen und in der Erhöhung des Besatzes. Über die Zusammenhänge zwischen der submersen Vegetation und dem Rückgang der Bestände informiert de Nie (1987) [58] ausführlich.

Abb. 7.33. Ein junger Hecht vor dem Eintreten der Geschlechtsreife.

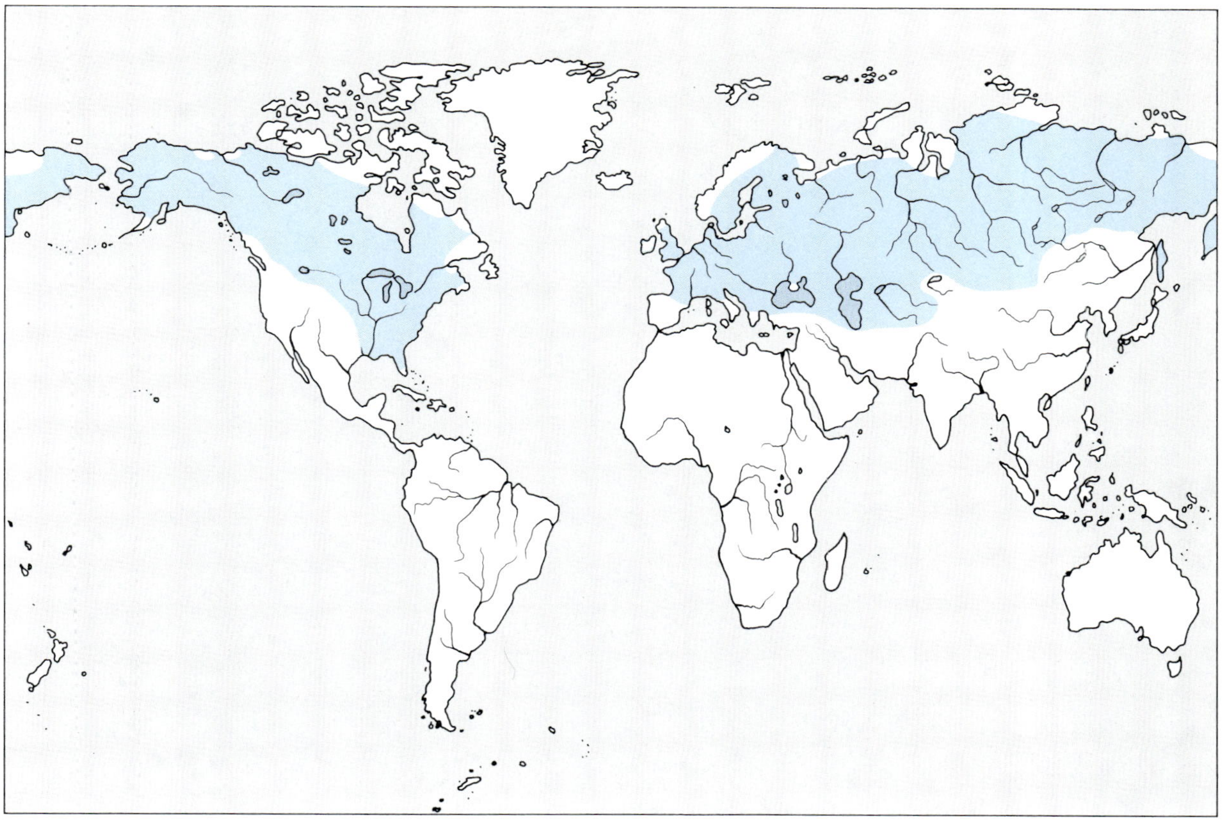

Abb. 7.34. Die Verbreitung des Hechtes.

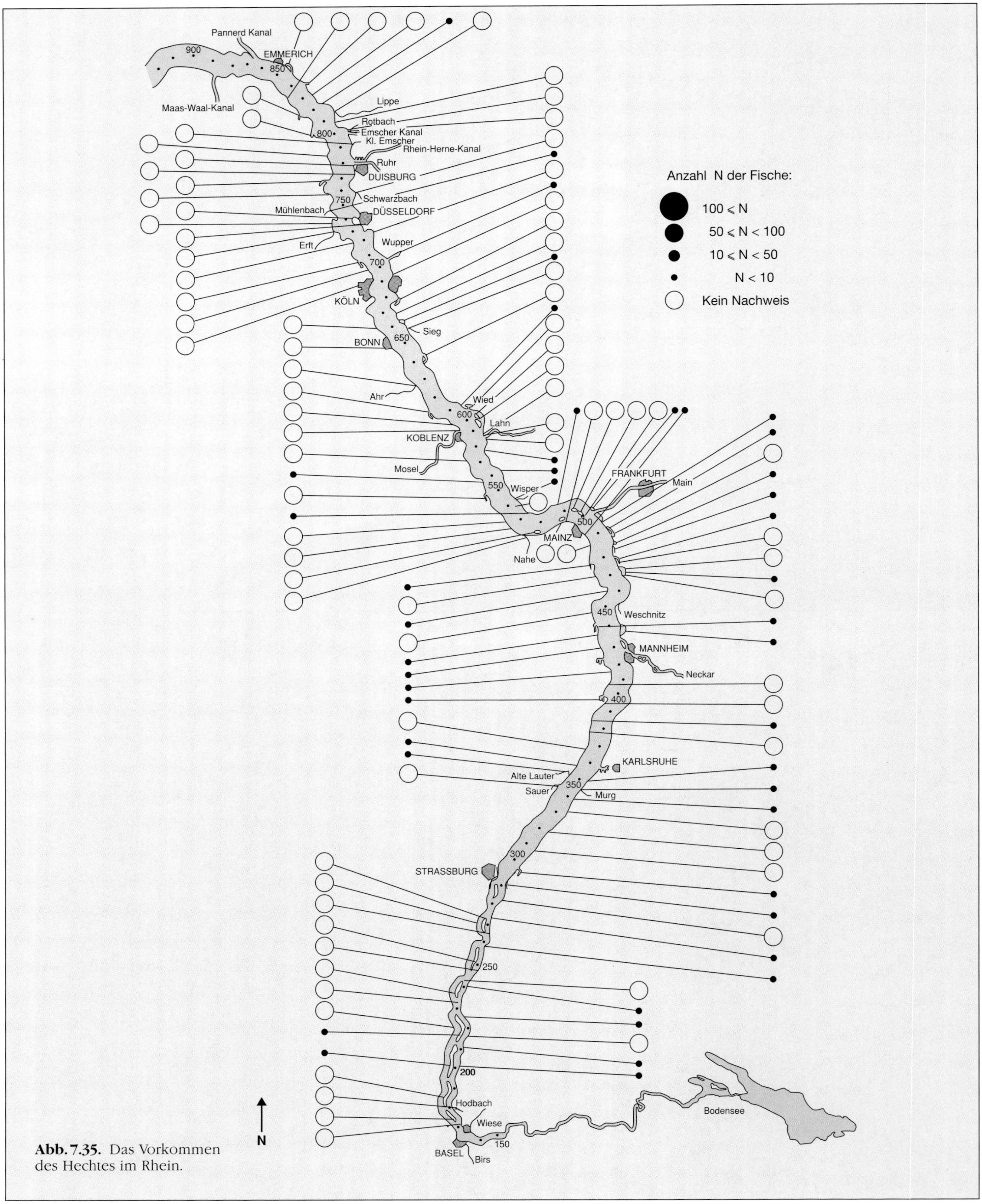

Abb. 7.35. Das Vorkommen des Hechtes im Rhein.

7.9 Karpfenartige *Cyprinidae*

Für diese im Rhein am häufigsten auftretende Fischfamilie sind folgende Merkmale charakteristisch: Schlundzähne auf dem letzten Kiemenbogen, in zwei Kammern geteilte Schwimmblase und zycloide Schuppen. Der Körperhabitus der einzelnen Arten kann sehr unterschiedlich sein. Auch die Größe der erwachsenen Tiere differiert merklich: Sie kann von 5–6 cm beim Bitterling bis zu 70–80 cm beim Karpfen reichen.

7.9.1 Aland *Leuciscus idus* (Linnaeus)

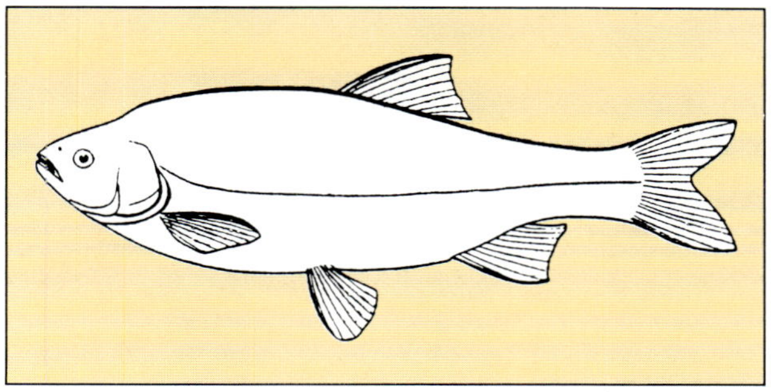

Die Merkmale der verschiedenen Arten innerhalb der Gattung *Leuciscus* sind nicht besonders deutlich voneinander abgegrenzt. Trotzdem ist es nicht schwierig, Aland, Hasel und Döbel voneinander zu unterscheiden, sofern man die meristischen Merkmale zu Hilfe zieht.

Beim Aland sind alle Flossen der Körperunterseite rötlich bis strahlend rot. Die Afterflosse ist leicht vertieft (konkav) und besonders farbintensiv. Die Mundspalte ist nicht breit, ihre Position ist endständig. Die Rückenfarbe ist dunkel (Abb. 7.36). Die meristischen Merkmale zur sicheren Bestimmung sind: Rückenflosse 10–12 Strahlen, Afterflosse 12–13 Strahlen. Die Daten für die im Rhein lebenden Exemplare können Tabelle 10 entnommen werden.

Die Goldorfe ist die rote Aberration *orfus* des Alands. Gelegentlich im Rhein gesichtete Exemplare stammen aus Zierteichen oder Versuchseinrichtungen, wo diese künstlich gezüchtete Fischart als Standardtestfisch verwendet wird.

Verbreitung: Der Aland kommt von Belgien und Nordostfrankreich über das Rheineinzugsgebiet bis nach Osteuropa vor (Abb. 7.37). Westlich dieser Grenze und auch in England wurde er künstlich verbreitet. Er gelangte zusammen mit dem Besatz der sogenannten Weißfische aus dem Donaugebiet aus den Zuflüssen des Rheins in den Hauptstrom. Im Rhein zählt er heute zu den seltenen Arten. Im nördlichen Oberrhein wurde er dreimal nachgewiesen. Im Niederrhein nimmt sein Vorkommen zum Delta hin zu. Da der Aland mit anderen Karpfenartigen verwechselt werden kann (z. B. mit Rotauge, Döbel und Hasel), wurde seine tatsächliche Verbreitung sehr wahrscheinlich nicht genau erkannt.

Bionomie: Über die Bionomie des Alands im Rhein ist wegen seines seltenen Vorkommens nur sehr wenig bekannt. Älteren Berichten zufolge kam er während der Frühjahrsmonate im unteren Main vor. Über massenhafte Migrationen, wie sie aus dem Donaugebiet bekannt sind, wurde in bezug auf den Rhein auch in früheren Zeiten nichts berichtet. Berg et al. (1989) [33] bezeichnen diese Art als nicht häufig im Rhein. Die Zeit der Fortpflanzung ist das Frühjahr. Als Laichplätze dienen stehende bis leicht strömende Abschnitte, die mit Unterwasserpflanzen bewachsen sind. Auch sauberes Flußbett mit Schotter wird als Laichsubstrat angenommen. Die juvenilen Individuen sind Pflanzenfresser, später wechseln sie zur Aufnahme wirbelloser Bodenfauna über. In höherem Alter erreicht der Aland die beachtliche Größe von bis zu 40 cm (Peňáz 1961) [216].

Bedeutung: Diese ist innerhalb der Artengemeinschaft wegen seiner Seltenheit z. Zt. gering. Von Berufs- und Sportfischern wird er wenig geschätzt. Vermutlich wird der Aland weiter stromaufwärts vordringen, da sich mit der Verbesserung der Wasserqualität seine Fortpflanzungsmöglichkeiten erhöht haben.

Abb. 7.36. Aland

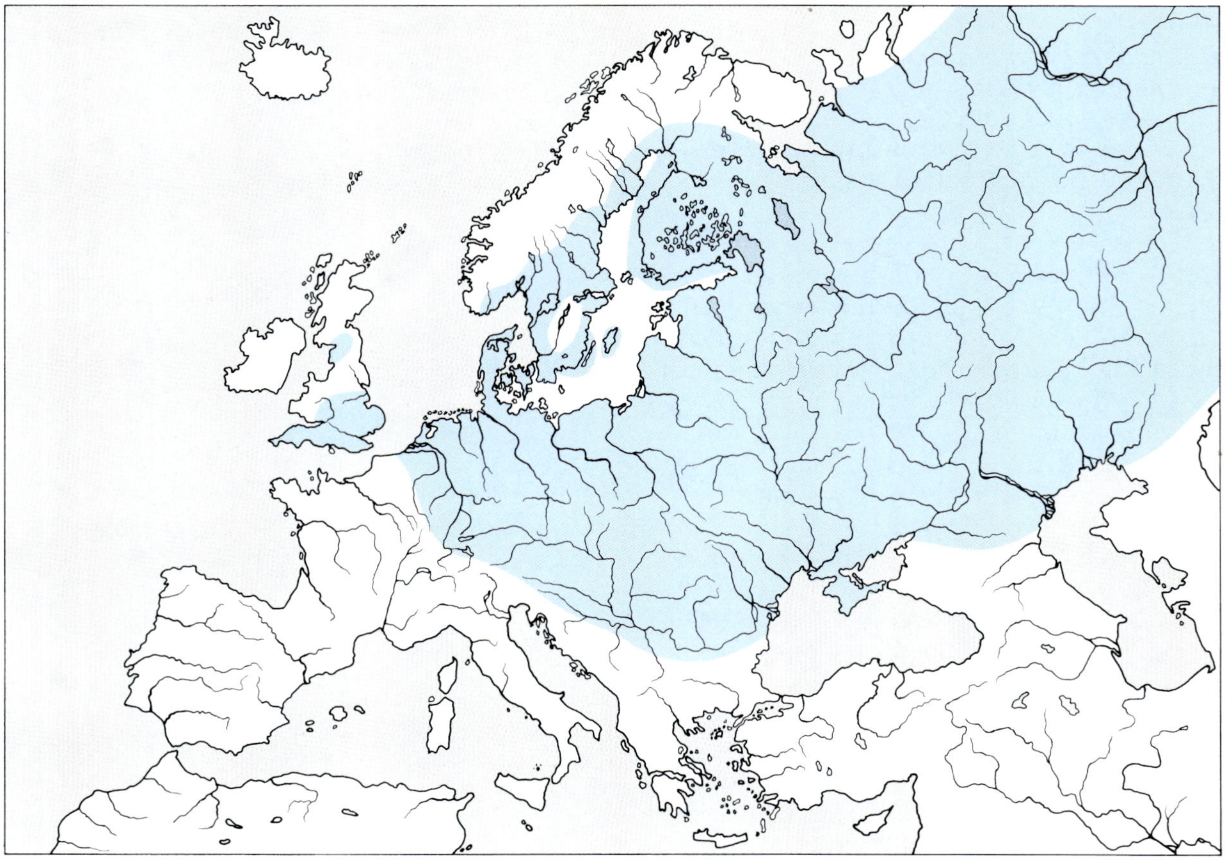

Abb. 7.37. Verbreitung des Alands in Europa.

7.9.2 Barbe *Barbus barbus* (Linnaeus)

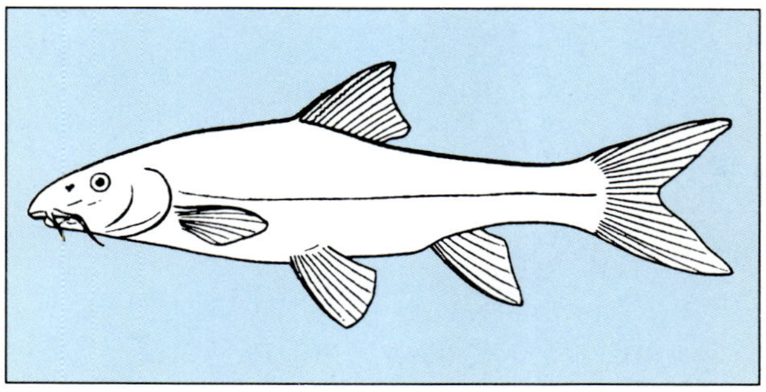

Die Barbe besitzt sämtliche Merkmale der am Flußboden lebenden Fischarten. Der Körper, im Querschnitt betrachtet, ist rund mit flacher Bauchseite; die Schnauze ist lang und die Mundöffnung unterständig. Es sind 4 Barteln vorhanden, wovon sich das erste Paar auf der vorderen Lippe und das zweite Paar im Mundwinkel befindet. Der längste Rückenflossenstrahl ist auf seiner ganzen Länge deutlich gezackt. Die Rückenfarbe ist dunkel braun-grün, die Bauchseite gelblich. Bei den kleineren Individuen (15–25 cm) ist der Körper bis unterhalb der Seitenlinie schwarz punktiert. Meristische Daten: Rückflosse 10–12 Flossenstrahlen, Afterflosse 8 Strahlen, auf der Seitenlinie 56–65 Schuppen. Die Merkmale der im Rhein vorkommenden Barben zeigen Tabelle 11 und Abbildung 7.38.

Verbreitung: Die Barbe kommt in Zentral- und Osteuropa vor (Abb. 7.39). Im Rhein war diese Art noch in den 70er Jahren sehr selten. Seit der Verbesserung der Wasserqualität erhöhten sich die Bestände jedoch unerwartet schnell. Heute ist die Barbe entlang der ganzen Rheinstrecke vom Hochrhein bis in die niederländischen Abschnitte verbreitet (Abb. 7.40).

Die graphische Darstellung des Vorkommens der Barbe bezieht sich auf die Häufigkeit entlang der Uferlinie. Im Hauptstrom selbst müssen die Bestände viel höher sein, was auch die Meldungen der Angler bestätigen. Das höchste Vorkommen von jungen Individuen wurde auf überfluteten Sandbänken, insbesondere am Niederrhein und in den letzten Strecken des nördlichen Oberrheins festgestellt.

Bionomie: Die Lebensweise der Barbe ist gut bekannt. Sie hält sich in kleineren, am Boden lebenden Schwärmen auf, wobei die einzelnen Schwärme jeweils von Fischen etwa gleicher Größe gebildet werden. Zur Laichzeit unternimmt die Barbe längere Migrationen zu schottrigen bis steinigen Flußabschnitten mit schnell fließendem Wasser. Die Eier haften fest am Substrat. In frühjuvenilen Stadien halten sich die Barben an vergleichbaren Standorten wie der Gründling, in der Nähe der Uferlinie, auf (Kap. 7.9.10). Nach den Ergebnissen der letzten Benthos-Untersuchungen [275] muß das Nahrungsangebot im Rhein für die Barbe z. Zt. optimal sein.

Bedeutung: Die Rolle der Barbe liegt darin, daß sie die reichhaltige Produktion von Wirbellosen in der Rheinsohle am besten ausnutzen kann. Ihre Vorkommensdichte ist nicht so hoch, daß man ein Konkurrieren mit anderen Fischarten befürchten müßte. Die Bestände haben auch bei weitem noch nicht die ausgangs des letzten Jahrhunderts beschriebenen Ausmaße erreicht [178]. Sie können wegen des Flußausbaus auch nicht mehr so hoch werden. Trotzdem hat die Barbe beim heutigen Zustand des Rheins durchaus die Möglichkeit, in Zukunft weiter zu expandieren.

Bedrohung: Vor wenigen Jahren war die Barbe noch ernsthaft bedroht. Wenn sich die heutige Wasserqualität nicht verschlechtert, wird der Aufwärtstrend des Barbenbestandes im nicht aufgestauten Rheinbereich anhalten. Schutzmaßnahmen in kleineren „Barben-Gewässern“ sollten jedoch keinesfalls aufgegeben werden.

Abb. 7.38. Die Barbe repräsentiert typische, am Grund des Flusses lebende Fischarten.

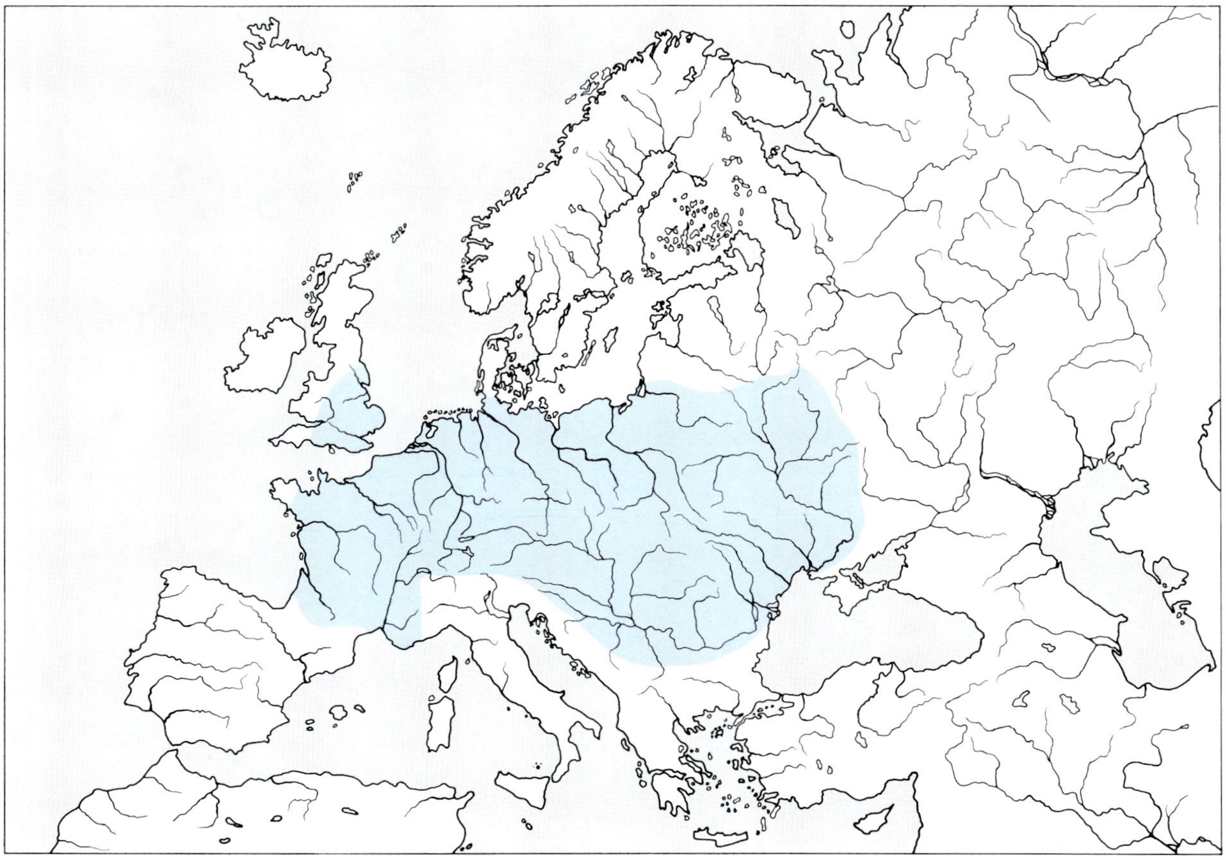

Abb. 7.39. Verbreitung der Barbe in Europa.

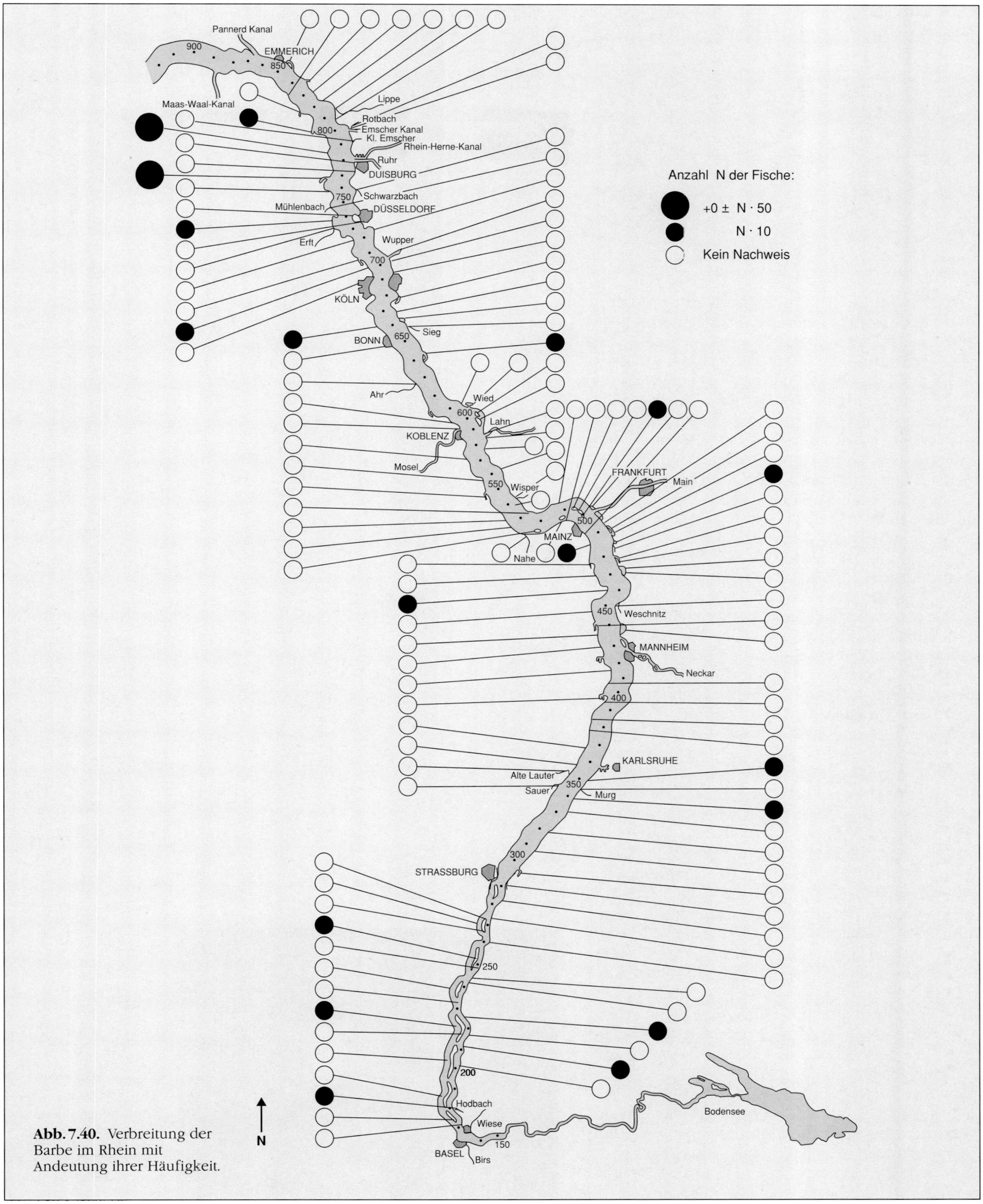

Abb. 7.40. Verbreitung der Barbe im Rhein mit Andeutung ihrer Häufigkeit.

7.9.3 Bitterling
Rhodeus sericeus amarus (Bloch)

Der Bitterling, eine der kleinsten Arten unserer Fischfauna, ist charakterisiert durch einen seitlich sehr abgeflachten Körper. Seine Seitenlinie ist nicht vollständig, sie dehnt sich sichtbar nur über die ersten 4 bis 6 Schuppen am vorderen Teil des Körpers aus (Abb. 7.41 b). Der ganze Fisch schimmert „metallisch" und während der Laichzeit dominiert ein ausdrucksvolles Lila. Beim Rogner entwickelt sich ein langes Legeröhrchen. Die meristischen Merkmale sind: Rückenflosse (9) 12–13 (15) Strahlen, Afterflosse (19) 11–12 (14) Strahlen; in der längsten, seitlichen Schuppenreihe befinden sich 32–42 Schuppen.

Verbreitung: Der Bitterling ist vom äußersten Osten Europas bis nach Zentraleuropa verbreitet (Abb. 7.42). Im Rhein kommt er nur selten vor. Die Begründung liegt nahe: Diese Fischart lebt in stehenden, pflanzenreichen Gewässern. Bisher haben wir nur ein Exemplar im nördlichen Oberrhein nachgewiesen. Anhand früherer Berichte gibt Leuthner (1877) [178] einen Fundort dicht unterhalb von Basel an. Nach Baldner (1666) [11] kam der Bitterling auch im Rhein bei Straßburg vor, wo er an manchen Stellen häufig aufgetreten sein soll. Cazemier (1988) [50] berichtet aus dem niederländischen Gebiet, daß diese Art örtlich häufig, jedoch ausschließlich oberhalb der Gezeitenzone vorkommt.

Bionomie: Wegen seiner interessanten und komplizierten „Brutpflege" ist der Bitterling eingehend untersucht worden. Der Rogner legt seine Eier mit Hilfe eines langen, flexiblen Legeröhrchens in die Mantelhöhle der Teich- oder Malermuschel (Fam. *Unionidae*) ab (Abb. 7.41 a). Hier entwickeln sich die Embryonen bis zum juvenilen Stadium (sog. ostracophile Art, Kap. 6.3). Über die physikalischen und wasserchemischen Ansprüche dieser Art gibt es weniger Berichte. In den Nebengewässern des Rheins könnten adäquate Habitate vorgefunden werden, sofern dort noch weiche Wasserpflanzen wachsen. Leider sind in den meisten Altrheinen die Wasserpflanzen aber drastisch zurückgegangen und man kann vermuten, daß die Bitterlinge nach dem Verlassen der Muschel auch in den Altrheinen praktisch keine Unterstände mehr finden.

Obwohl im Rhein selbst das Muschelvorkommen ausreichend ist, tritt der Bitterling nicht häufig auf. Möglicher Grund sind die gute Durchströmung der Biotope des Rheins sowie der periodische Wellenschlag des Schiffsverkehrs.

Bedeutung: Für die Fischerei hat der Bitterling keine Bedeutung, vermutlich spielt er auch als Nahrung der Raubfische keine Rolle. Die alten Teichwirte waren davon überzeugt, daß der Bitterling auch zu Zeiten hohen Vorkommens keine Bedeutung als Futterfisch für Hecht und Zander hatte. Die ökotechnische Neugestaltung der Altrheine und Nebengewässer wird in Zukunft vermutlich zur Anhebung der Bitterlingsbestände führen.

Abb. 7.41 a. Der Bitterling legt seine Eier in die Mantelhöhle der Teich- oder Malermuschel, wo sich die Embryonen bis zum juvenilen Stadium entwickeln.

Abb. 7.41 b. Bitterling

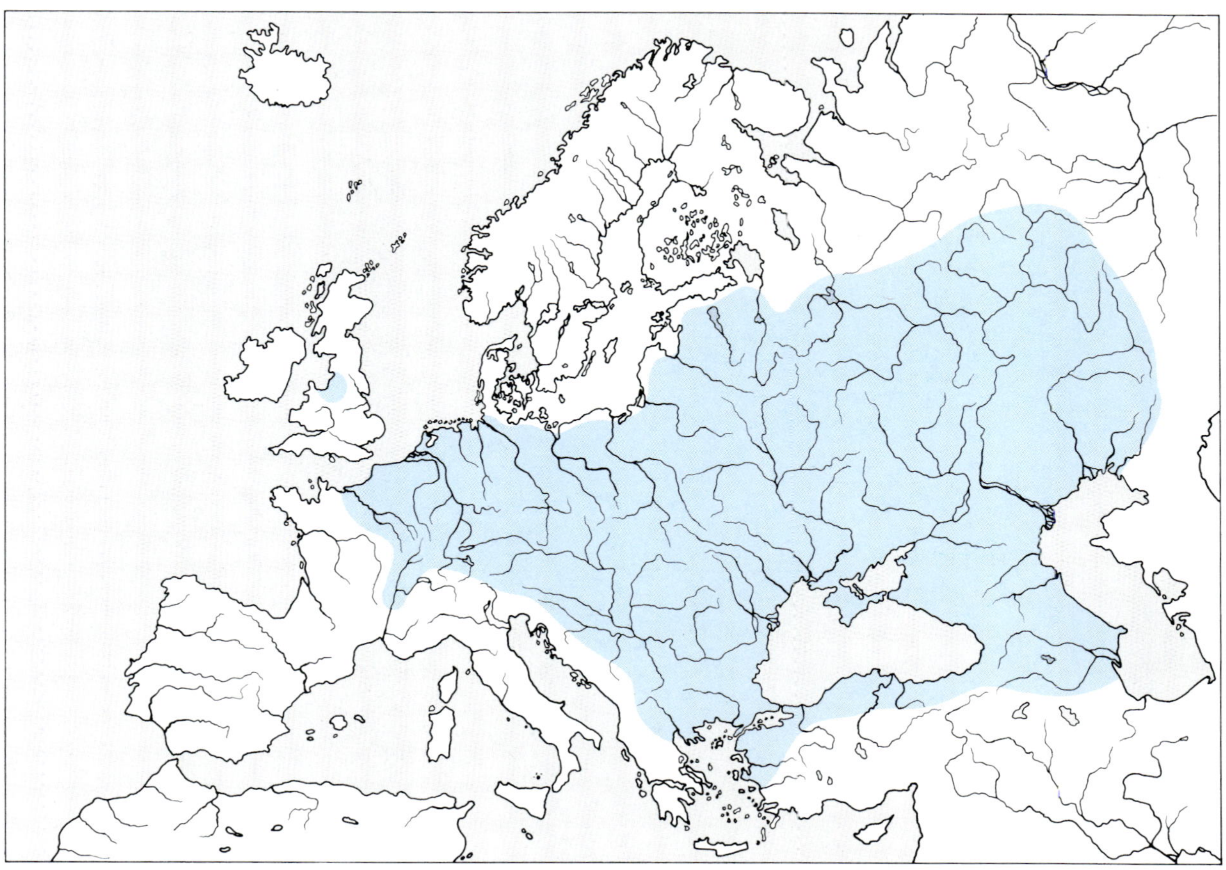

Abb. 7.42. Verbreitung des Bitterlings in Europa und angrenzenden Gebieten.

7.9.4 Blaubandbärbling

Pseudorasbora parva (Schlegel)

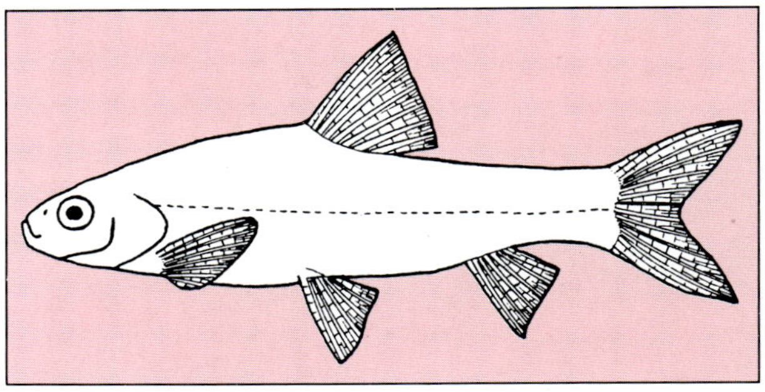

Der Blaubandbärbling genannte Fisch ist sehr klein, grünlich bis violett gefärbt, besitzt eine stumpfe Schnauze und eine oberständige Mundöffnung. Entlang der Seitenlinie sind nur 36–37 Schuppen. Detaillierte Merkmale finden sich in Tabelle 4 und Abbildung 7.43.

Verbreitung: Zu Beginn der 60er Jahre gelangte mit Lieferungen von Graskarpfen aus Asien der Blaubandbärbling unbeabsichtigt nach Osteuropa und breitete sich von dort aus innerhalb der letzten 30 Jahre allmählich nach Westeuropa aus. Im Rhein wurden erstmals 1988 und 1989 Exemplare nachgewiesen. Beide Belege stammen aus den Nebengewässern, die mit dem Rhein in Verbindung stehen (Rheinstromkilometer 786,5 und 440,1). Auch aus dem Rheineinzugsgebiet wurden kürzlich vereinzelte Funde gemeldet. Über die vermuteten Verbreitungswege im Rheingebiet informieren Köhler et al. (im Druck) [138]. Arnold (1990) [7] faßte die bisherige Verbreitung des Blaubandbärblings in Europa zusammen.

Bionomie: Die Lebensweise dieser Art ist in unseren Gewässern nur in Ansätzen bekannt. Aus verschiedenen Beobachtungen geht hervor, daß der Blaubandbärbling in Vergesellschaftung von mehreren „Kleinfischarten“ gefangen wurde, z. B. mit dem Gründling, Bitterling, Karausche, Giebel, Sonnenbarsch, Kaulbarsch, Flußbarsch u. a.

Im Aquarium frißt er im Wasser schwebende Kleinkrebse (*Cyclosps sp.* und *Daphnia sp.*), Würmer *(Tubifex)*, die üblichen Trockenfuttersorten sowie auch den Aufwuchs der Aquarienobjekte und kleine Wasserschnecken. Trotz dieses breiten Nahrungsspektrums bevorzugt er Zooplankton. Aus diesen Aufzählungen läßt sich ableiten, daß diese Art ein Nahrungskonkurrent der Kleinfischarten in stehenden Gewässern sein kann. Die Fortpflanzung kann bei sehr verschiedenen Temperaturen mit Erfolg stattfinden (z. B. in Litauen auf 55° nördlicher Breite). Die Biotopansprüche sind vermutlich gering, da diese Art aus verschiedenen Gewässern belegt wurde. Bevorzugt sind jedoch stehende, zugewachsene Habitate, strömende Abschnitte meidet sie.

Abb. 7.43. Blauband-bärbling aus dem Rhein.

Bedeutung: Die zufällige Einführung dieser Art scheint auf den ersten Blick bedeutungslos zu sein. In Anbetracht der instabilen Situation und der schwer vorhersagbaren Entwicklung der Rhein-Nebengewässer könnte ein verstärktes Auftreten dieses Fisches weitreichende und negative Auswirkungen auf die heimische Fischfauna haben.

7.9.5 Blicke *Blicca bjoerkna* (Linnaeus)

Die Blicke zählt zu den im Rhein häufig vorkommenden Fischarten. Ihr Körper ist hoch und abgeflacht, und die Afterflosse ist breit. Diese Art kann im Rhein nur mit den Brachsen verwechselt werden. Als wichtigste Unterscheidungsmerkmale dienen die Anzahl der Flossenstrahlen in der Afterflosse und die Färbung. Die Basis der Brustflosse ist orange-rötlich, die Bauch- und Afterflossen sind, besonders an der Basis, gelblich (Abb. 7.44). Die Anzahl der Flossenstrahlen in der Rückenflosse beträgt 10–12, in der Afterflosse 21–26 (durchschnittlich 20,45). Die weiteren morphometrischen und meristischen Merkmale sind in Tabelle 12 zusammengefaßt.

Verbreitung: Die Verbreitung der Blicke reicht vom Ural bis nach Zentraleuropa (Abb. 7.45). Im äußersten Norden sowie im Süden Europas kommt sie nicht vor. Im Rhein ist sie vom Ende des südlichen Oberrheins bis ins Deltagebiet anzutreffen, wo sie häufig auftritt. Nach Auskunft der Fischer findet man sie auch im Rhein-Seitenkanal unterhalb von Basel. Die graphische Darstellung ihrer Verbreitung (Abb. 7.46) zeigt lokal unterschiedlich häufiges Auftreten, welches saisonbedingt ist. So gibt es Agglomerationen während der Laichzeit, aber auch Schwankungen der Populationsstärke, deren Ursachen noch nicht ausreichend geklärt sind. Vom nördlichen Oberrhein bis zu den niederländischen Rheinabschnitten kommt die Blicke an für sie geeigneten Standorten regelmäßig, manchmal massenhaft vor.

Bionomie: Die Lebensweise der Blicke im Rhein wurde mit Ausnahme des Deltagebietes bisher noch nicht ausreichend untersucht. Die Milchner sind nach dem 2. bis 3. Lebensjahr fortpflanzungsfähig, die Rogner erst nach dem 3. bis 4. Lebensjahr. Zum Ablaichen und Anheften der Eier werden bevorzugt submerse Pflanzen aufgesucht. Mehrmals wurde das Ablaichen an stillen, steinigen Ufern, im Wurzelwerk der am Ufer wachsenden Weiden oder in altem Schilfbestand beobachtet. Die Verbauung des Rheins schließt die Fortpflanzung der Blicke nicht aus. Das Wachstum scheint im Rhein im Vergleich zu demjenigen in anderen Gewässern gut. Angaben aus dem nördlichen Oberrhein lauten wie folgt:

Alter in vollen Jahren	1	2	3	4	5	6	7	8
Körperlänge in mm	43	75	100	137	157	165	174	191

Obwohl die Blicke zu der Artengemeinschaft in langsam fließenden Flußabschnitten, der sogenannten Brachsenregion gehört, ist sie eine der sehr anpassungsfähigen Arten, d. h. sie kann auch im stärker strömenden Rhein existieren. Auch wurde sie während der 70er Jahre durch schlechte Wassergüte nur wenig beeinträchtigt.

Bedeutung: Die Blicke hat vom wirtschaftlichen Standpunkt aus betrachtet keine besondere Bedeutung. Als Speisefisch wird sie wenig geschätzt und findet nur geringen Absatz beim Konsumenten. Als Futterfisch für die fischfressenden Vögel sowie als Nahrung für die Raubfische ist sie nur in den ersten 2 bis 3 Lebensjahren geeignet.

Abb. 7.44. Blicke

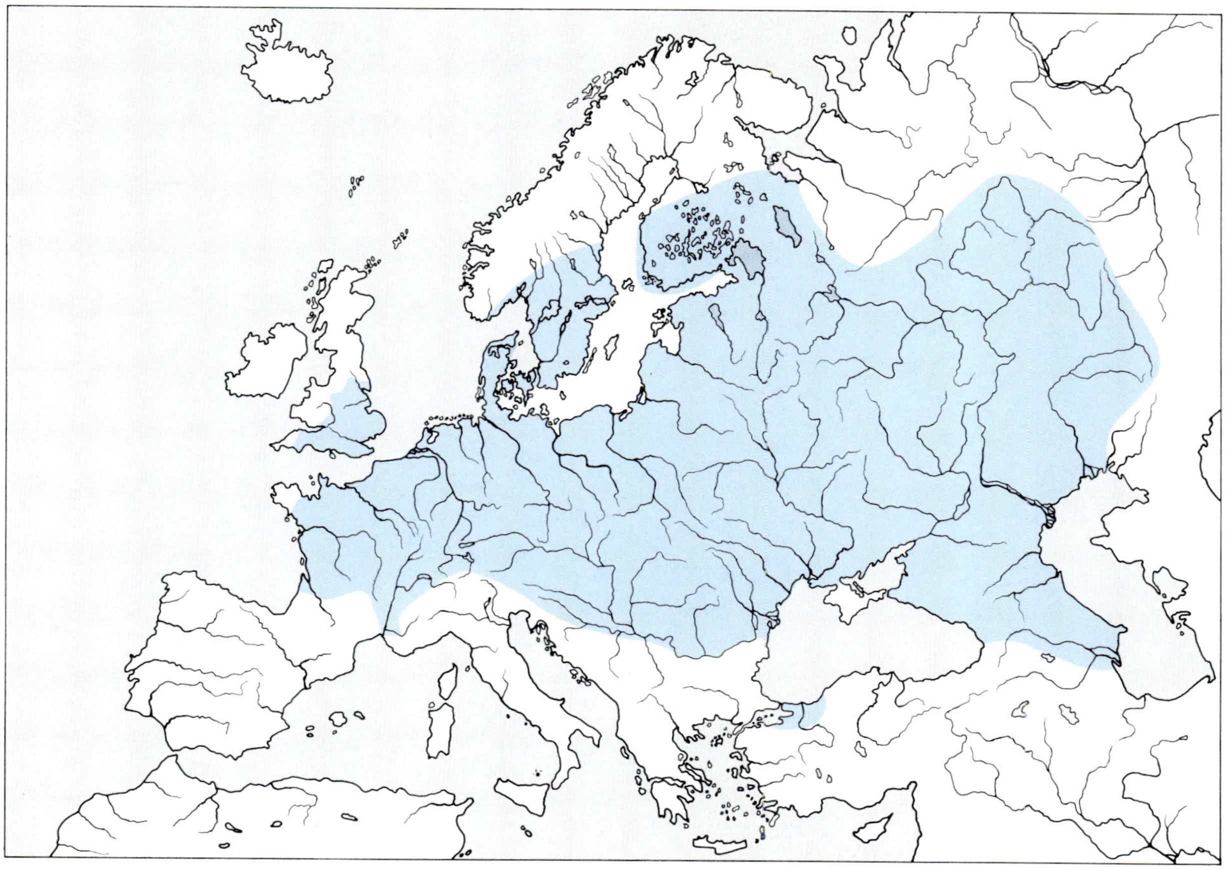

Abb. 7.45. Verbreitung der Blicke in Europa.

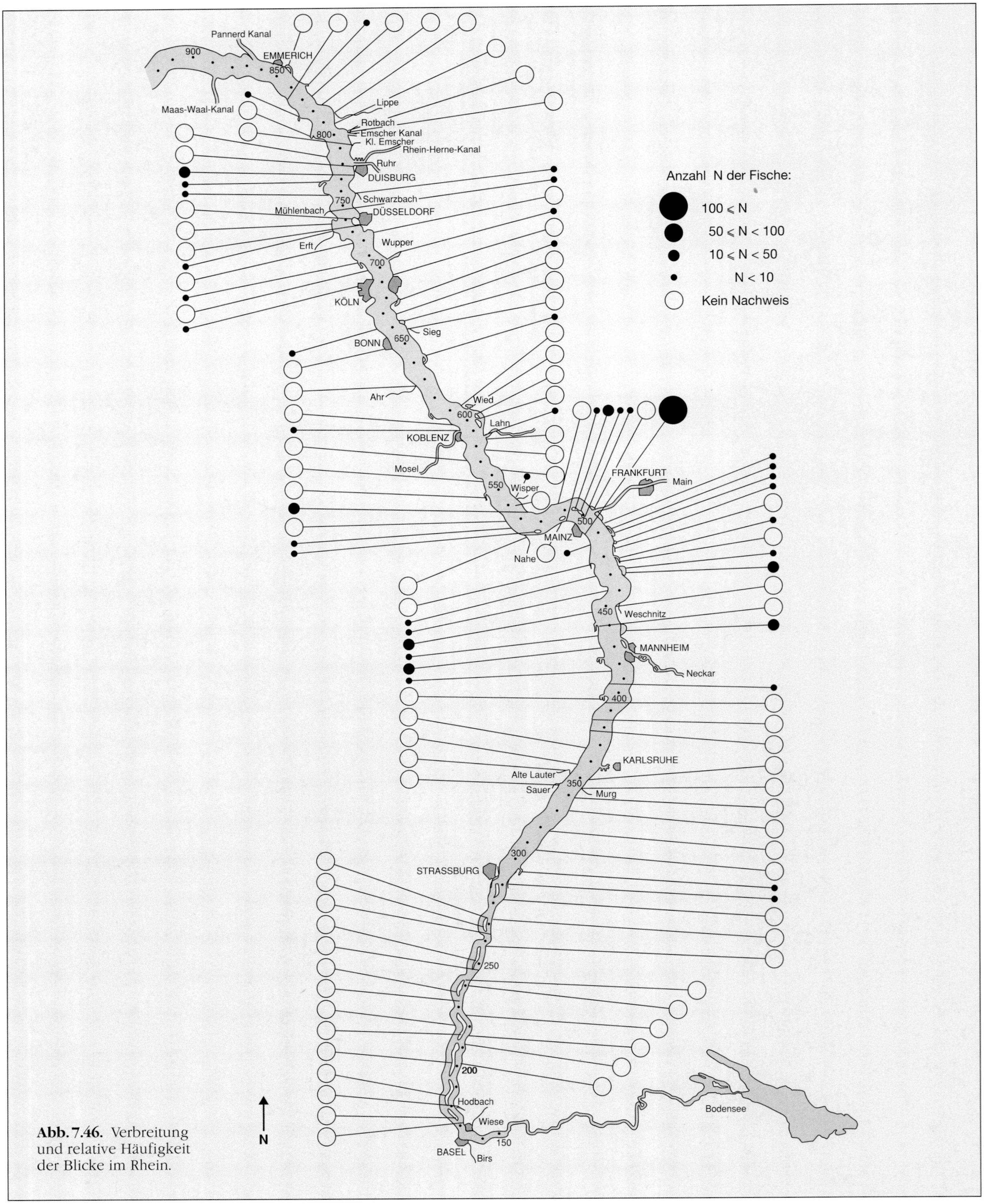

Abb. 7.46. Verbreitung und relative Häufigkeit der Blicke im Rhein.

7.9.6 Brachsen *Abramis brama* (Linnaeus)

Der Brachsen, eine der häufigsten Arten des Rheins, ist in unseren Gewässern die Fischart mit dem höchsten Rücken (Abb. 7.47). Seine maximale Höhe beträgt ca. 40% seiner Körperlänge. Im Rhein kann er nur mit der Blicke verwechselt werden. Sein zuverlässigstes Unterscheidungsmerkmal ist die Breite der Afterflosse mit 24–31 Flossenstrahlen; die Seitenlinie hat 49–60 Schuppen. Auch die Färbung der Flossen ist bei der Bestimmung hilfreich: Ihre Basis ist nie orangefarben wie bei der Blicke, und die Ränder der Flossen gehen ins Dunkelgraue über. Weitere morphometrische und meristische Merkmale sind Tabelle 13 zu entnehmen. Zusätzliche Informationen über den Brachsen finden sich in der Monographie von Backiel und Zawisza (1968) [9].

Verbreitung: Der Brachsen ist vom Aralsee über das Kaspische Meer und Kleinasien bis nach dem Westen Frankreichs verbreitet. In Südeuropa fehlt er auf Teilen des Balkans, in Italien und auf der Iberischen Halbinsel (Abb. 7.48). Im Rhein kommt diese Art beinahe überall, jedoch unterschiedlich häufig, vor. Das höchste Vorkommen wurde in den Rheinstrecken registriert, die wenig oder kaum Strömung aufweisen (Abb. 7.49). Dies bestätigt auch seine Einstufung als Leitfisch der sogenannten Brachsenregion. Der Brachsen besiedelt auch brackige Gewässer.

Bionomie: Die Lebensweise der Brachsen ist teilweise derjenigen der Blicke vergleichbar. Seine Bindung an stille, pflanzenreiche Abschnitte ist jedoch geringer als die der Blicke. Sein häufiges, örtlich massenhaftes Vorkommen wird durch mehrere Faktoren begünstigt: geringe Ansprüche an die Wasserqualität, keine ausgesprochene Präferenz für bestimmte Laichsubstrate, niedriger Befischungsdruck und wenig natürliche Feinde, die den Brachsen im erwachsenen Stadium bedrohen können. Hinzu kommt noch, daß er sich viele verschiedene Nahrungsquellen zunutze machen kann. Im juvenilen Stadium findet er ausreichend Planktonnahrung. Später ernährt er sich von der wirbellosen Fauna am Gewässerboden. Das Wachstum in den strömenden Rheinabschnitten ist gut. Die Größenunterschiede der Fische, die in unterschiedlichen Biotopen leben sind jedoch recht markant. Besonders in Nebengewässern ohne Verbindung mit dem Hauptstrom ist das Wachstum langsamer. Durchschnittliche Körpergrößen sind:

Alter in vollen Lebensjahren	1	2	3	4	5	6	7
Körperlänge in mm	50	73	132	182	212	218	250

Die Geschlechtsreife tritt bei den Milchner normalerweise im 3., bei den Rogner im 4. Lebensjahr ein, wobei die Abweichungen um ein Jahr mehr Regel als Ausnahme sind.

Bedeutung: Die wirtschaftliche Bedeutung des Brachsens ist gering. Würde die große Menge der Brachsen von der Fischerei wirklich genutzt, dann könnte dieser Fisch zu den ertragreichsten Arten des Rheins gehören. Leider ist die Nachfrage nach Brachsen gering. Die Berufsfischerei befischt die Bestände nur örtlich und die Angelfischerei fällt kaum ins Gewicht.

Wirbeltiere, die die Brachsenbestände regulieren könnten, sind entweder nicht vorhanden oder nur im frühen Alter des Brachsen wirksam.

Abb. 7.47. Brachsen

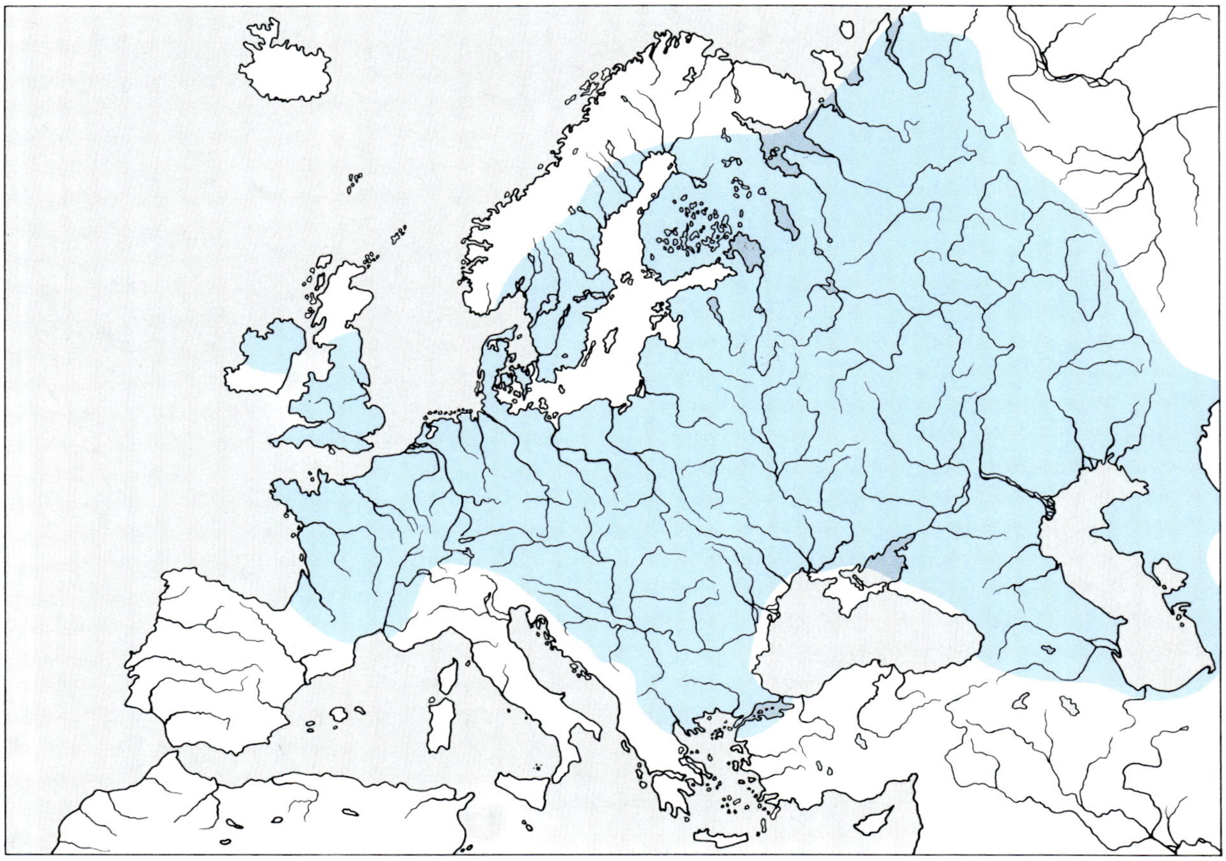

Abb. 7.48. Verbreitung des Brachsens in Europa.

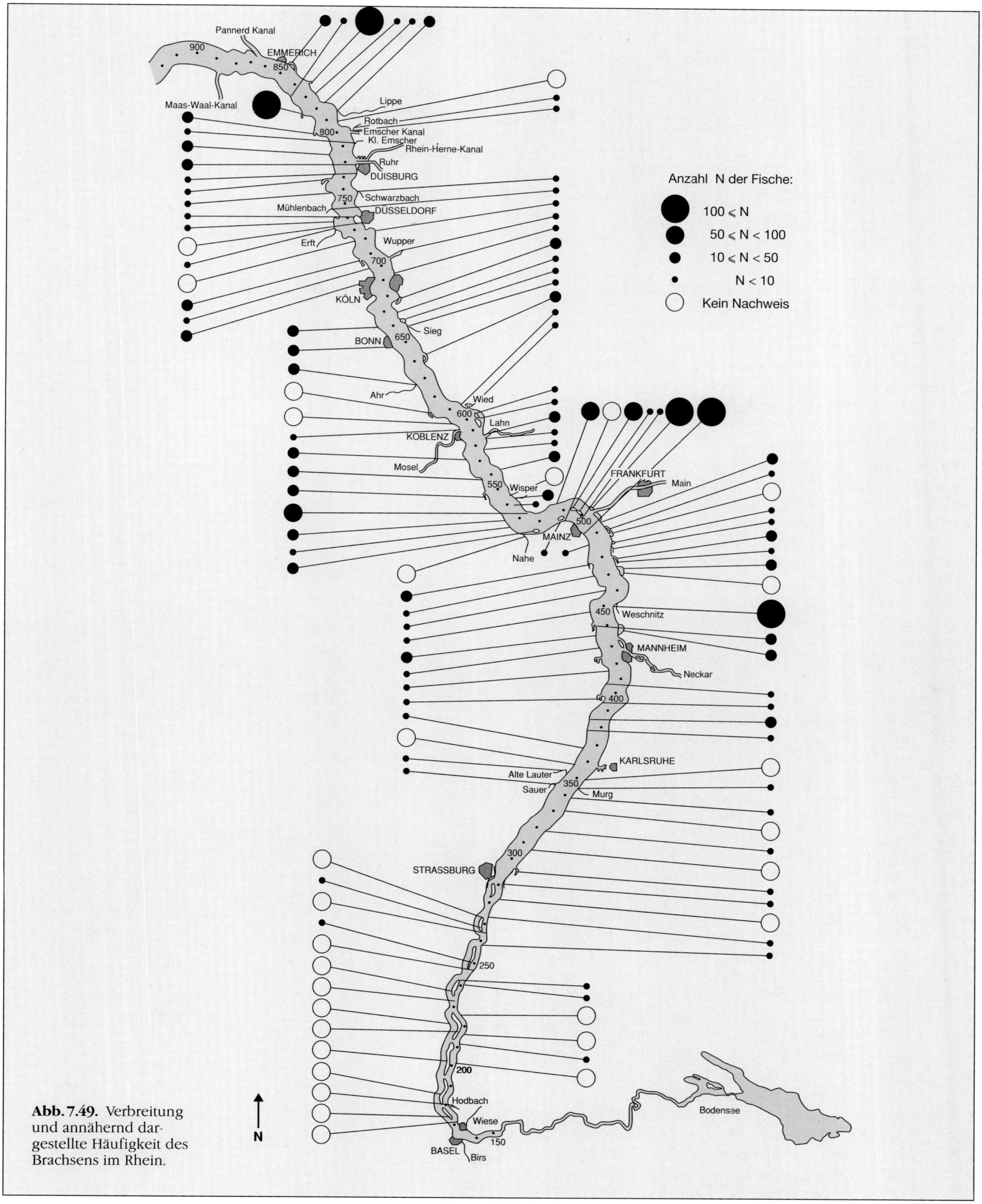

Abb. 7.49. Verbreitung und annähernd dargestellte Häufigkeit des Brachsens im Rhein.

7.9.7 Döbel *Leuciscus cephalus* (Linnaeus)

Der Döbel zählt seit etwa 10 Jahren zu einer bekannten, weit verbreiteten Fischart. Die erwachsenen Exemplare können nicht mit anderen Arten wie Aland und Hasel verwechselt werden, wenn auf nachstehende Merkmale geachtet wird: Breiter Kopf mit endständigem Maul, große Schuppen. Die Brust-, Bauch- und Afterflossen haben eine rosarote Farbe, wobei die Afterflosse am rötlichsten ausstrahlt; sie ist auch deutlich konvex (Abb. 7.50). Alle anderen Arten dieser Gattung haben eine konkave Afterflosse. Die Anzahl der Strahlen in der Rückenflosse ist 9–12, in der Afterflosse 9–13; in der Seitenlinie sind 42–48 Schuppen. Die morphometrischen und meristischen Merkmale der Exemplare aus dem Rhein sind in Tabelle 14 dargestellt.

Verbreitung: Der Döbel ist in Europa, Kleinasien und bis zum Ural weit verbreitet, wobei die Verbreitungskarte (Abb. 7.51) mehrere Unterarten einschließt. Im Rhein kommt der Döbel vom Bodensee bis zum Delta vor. Die Häufigkeit des Döbels weist erhebliche Unterschiede auf (Abb. 7.52). Er ist mehr von der Vielfalt des Flußbettes, der Uferlinie und der Strömung abhängig als von der topographisch-hydrologischen Lage des Stromes. Die höchsten Döbelbestände mit Populationen aller Altersklassen wurden im südlichen Oberrhein, besonders im Restrhein gefunden. Auch die einmündenden Zuflüsse beherbergen regelmäßig verschiedene Altersklassen des Döbel. Überraschend hoch sind die Bestände am Niederrhein, wo die Monotonie des Stromes ausgeprägt ist. Dort konzentrieren sich die Döbel in beinahe allen reichlich durchströmten Biotopen.

Bionomie: Der Döbel ist kein Nahrungsspezialist. Für die erfolgreiche Rekrutierung benötigt er grob-steiniges Flußbettsubstrat. Während der langen Laichperiode, die sich bis zum Spätfrühjahr hinzieht, suchen kleinere Schwärme mit maximal 20 Exemplaren unterschiedlich gestalteten Boden mit mäßiger Strömung auf. Die photophoben Larven schlüpfen relativ schnell. Sie verbringen ihre erste Lebensetappe in der Dunkelheit des gegliederten Flußbettes, bis der Dottersack aufgezehrt ist. Als erste Nahrungsquelle dienen die Wirbellosen aus den seichten Stellen in der Nähe des Laichplatzes. Später wechselt der Döbel auf vielfältige pflanzliche und tierische Nahrung über. Große, erwachsene Exemplare haben ein sehr vielfältiges Nahrungsspektrum. Sie fressen Pflanzen, bevorzugen größere Krebse, Fische, konsumieren Aale und sogar warmblütige Wirbeltiere. Ein im Magen eines Döbels gefundener Maulwurf war allerdings eine Ausnahme. In der Regulierung der massenhaft auftretenden karpfenartigen Fische spielt der Döbel eine geringere Rolle als ausgesprochene Raubfische.

Bedeutung: Der Döbel gilt als wichtiger Indikator eines „sauberen" Flußbettes. Zu Beginn der 70er Jahre, als die Oberfläche des Flußbettes mit einem Belag von Pilzen und Protozoen überzogen war, trat der Döbel nur selten auf. Für die Fischerei ist diese Art weniger interessant, da sie beim Konsumenten kaum geschätzt wird. Beliebt ist der Döbel hingegen bei den Angelfischern.

Abb. 7.50. Ein Döbel mit den typischen Körperfarben nach einem längeren Aufenthalt in leicht trübem Wasser.

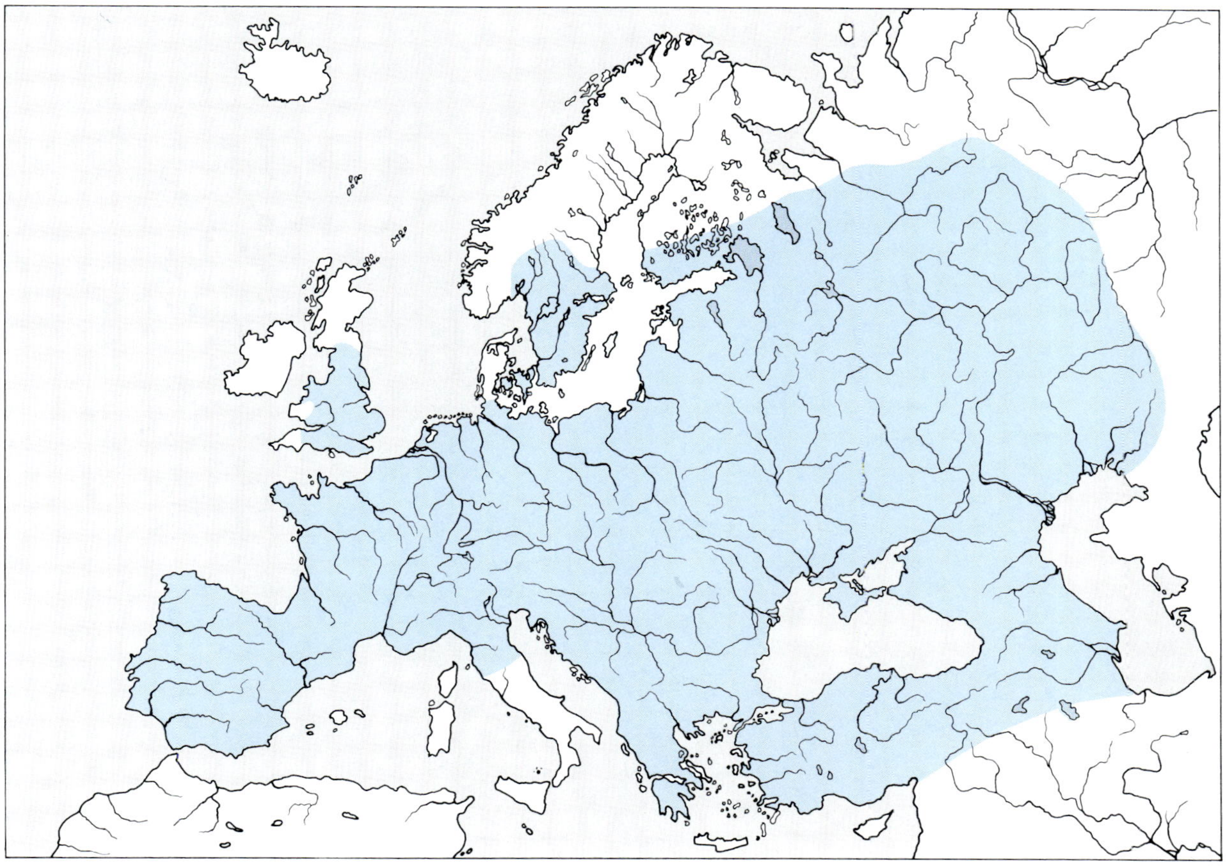

Abb. 7.51. Verbreitung des Döbels in Europa und angrenzenden Gebieten.

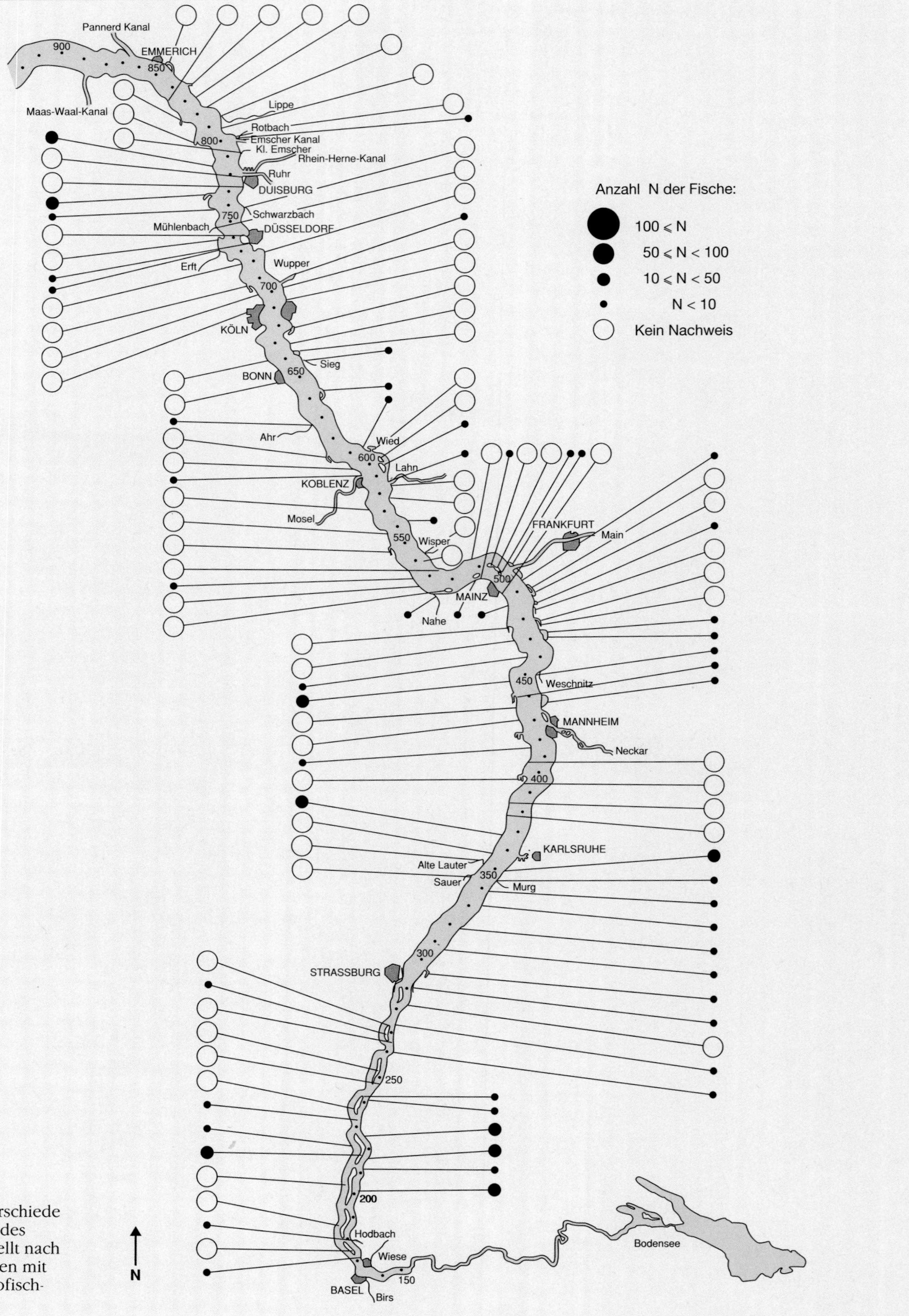

Abb. 7.52. Unterschiede im Vorkommen des Döbels, dargestellt nach Probenentnahmen mit Hilfe des Elektrofischfanggerätes.

7.9.8 **Elritze** *Phoxinus phoxinus* (Linnaeus)

Die Elritze ist eine kleine Fischart, die für den Hauptstrom selbst keine Bedeutung hat. Ihr Körper erscheint kompakt, im Querschnitt rund und ist mit sehr kleinen Schuppen bekleidet. Die Färbung variiert je nach Jahressaison und Laichzeit. Außerhalb der Laichzeit sind die Fische olivgrün, zur Bauchseite hin hell. Laichreife Milchner haben rote Flossenansätze und strahlend grüne Seiten. Der temporäre Laichausschlag ist beim Milchner kräftig, beim Rogner erheblich geringer entwickelt (Abb. 7.53). Die Merkmale der Elritze sind: Rückenflosse 9–10 (11) Strahlen, Afterflosse 9–10 Strahlen, 77–92 Schuppen in der längsten seitlichen Reihe. Die Seitenlinie ist nicht vollständig.

Verbreitung: Die Elritze besiedelte alle kälteren, schneller fließenden Bäche und Flüsse in Zentraleuropa, sowie weite Teile Asiens (Abb. 7.54). Im Rhein-Hauptstrom kam diese Art nie häufig vor. Höchstens in den Mündungen der Zuflüsse wird ihr Vorkommen heute noch nachgewiesen. Die Elritze hält sich in mäßig strömenden Abschnitten auf, in der Regel in Schwärmen.

Bionomie: Als Laichsubstrat benutzt sie saubere kiesige Strecken mit guter Strömung. Die Eiablage erfolgt zwischen Schotter und Kies.

Bedeutung: Die Elritze spielt eine Rolle innerhalb der Nahrungskette der Artengemeinschaft, d. h. sie dient als Nahrung für größere Forellen und ebenso als Futter für Vögel. Die Bestände haben sich aber erheblich verringert. Die schlechte Wasserqualität der jüngeren Vergangenheit, Versiegelung des kiesigen Flußbettes sowie örtlich auftretende Versäuerungen sind dafür die Ursache. Der Schutz dieser Fischart muß bei den kleinen Gewässern einsetzen.

Abb. 7.53. Elritze; zwei Milchner im Prachtkleid.

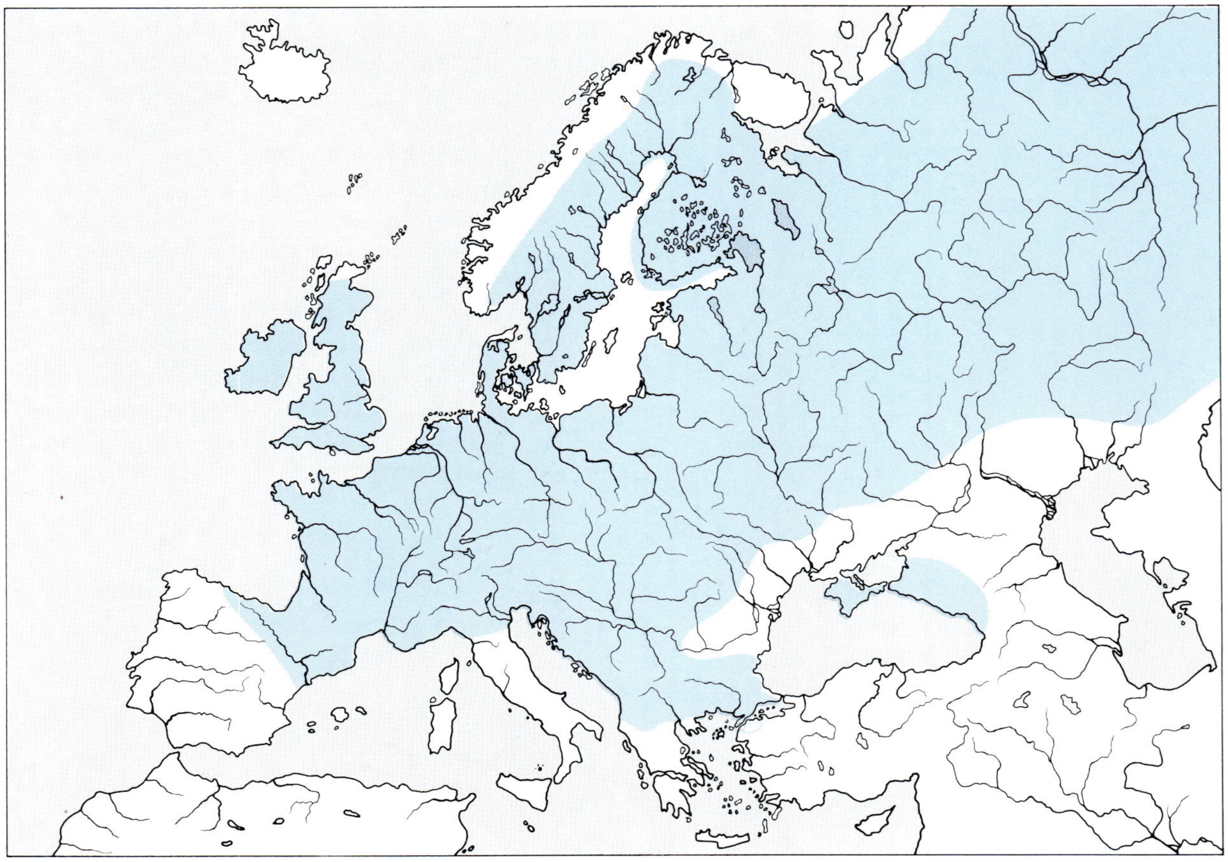

Abb. 7.54. Verbreitung der Elritze.

7.9.9 Giebel (Silberkarausche)

Carrassius auratus (Linnaeus)

Der Giebel ist eine fremde Fischart, die aus dem asiatischen Raum nach Westen vordrang. Die Unterscheidungsmerkmale des Giebels, der oft mit der Karausche verwechselt wird, sind folgende: Der Körper ist silbrig bis gelblich, der längste Strahl der Rückenflosse ist gezackt, die Schuppenzahl der Seitenlinie beträgt 27–31, und die obere Linie der Rückenflosse ist leicht nach innen gebogen (Abb. 7.55 a). Das Bauchfell ist auffällig schwarz pigmentiert (Abb. 7.55 b).

Verbreitung: Das ursprüngliche Verbreitungsgebiet des Giebels lag östlich der Donau. Seit etwa 1960 schreitet die Verbreitung entlang der Donau nach Westen fort, und 10 Jahre später breitete er sich invasionsartig in Richtung Nordwest-West aus. Eine Verbreitungskarte zu erstellen wäre irreführend, da viele Angaben anstelle von Giebel die Karausche betreffen und eine Überprüfung der Fundstellen und Bestimmung der Arten technisch nicht durchzuführen ist. Im Gebiet der Bundesrepublik wird er vereinzelt in Gewässern großstadtnaher Gebiete registriert, wobei sich die Frage stellt, ob es sich bei diesen Fischen nicht um die verwilderte Form der Goldkarausche handelt.

Seit 1970 ist der Giebel immer öfter auch in anderen stillen Gewässern zu finden. In den letzten 4–5 Jahren kommt er häufig bis massenhaft in Tümpeln und Nebengewässern der Flüsse Rhein und Main vor. Es ist anzunehmen, daß der Giebel zusammen mit Besatzfischen aus dem Donaueinzugsgebiet eingeschleppt wurde. In vielen Geschäften wird zu Wiedereinbürgerungszwecken in Feuchtgebieten und Tümpeln der Giebel anstelle der Karausche verkauft, wodurch er sich noch weiter ausbreitet.

Bionomie: Es handelt sich beim Giebel um eine Art, die in stillen und langsamfließenden Gewässern lebt. Sie erträgt eutrophiertes Wasser, stärkere Verunreinigungen und minimalen Sauerstoffgehalt. Die Ernährung des Giebels ist sehr vielseitig und opportunistisch, je nach Nahrungsangebot. Für die Vermehrung ist kein spezifisches Laichsubstrat notwendig. Häufig werden die gleichen Laichgebiete aufgesucht, die auch von der Wildform des Karpfens benutzt werden.

Abb. 7.55a. Giebel

In unseren Gewässern bildet der Giebel monosexuelle Populationen, in denen fast ausschließlich Rogner vertreten sind (Milchner, wenn vorgefunden, wiesen keine Gonadenentwicklung auf). Die Fortpflanzung dieser Art erfolgt gynogenetisch, d.h. die Befruchtung ist unvollständig und der Embryo entwickelt sich nur aus der weiblichen Zelle (Ei). Daraus gehen wiederum nur Rogner hervor. Die Giebelweibchen laichen zusammen mit anderen karpfenartigen Fischarten (z.B. Brachsen, Blicke, Rotauge, Karpfen, Schleie, Karausche usw.) ab. Das Zusammentreffen der Eizelle mit artfremden Spermien dient nicht der Zygotenbildung, sondern stellt nur einen Auslösemechanismus für die Embryonalentwicklung dar. Diese Reproduktionsweise ist mitverantwortlich für die explosionsartige Vermehrung des Giebels. Raubfische können die Bestände dieser Art nur im ersten, höchstens noch im zweiten Lebensjahr kontrollieren, denn die Wachstumsgeschwindigkeit ist so groß, daß der Giebel im dritten Lebensjahr beinahe keine Feinde mehr besitzt.

Bedeutung: Es besteht die Gefahr, daß durch ein massenhaftes Vorkommen des Giebels andere heimische, in ihrem Bestand bedrohte und sehr seltene Fischarten aus ihren wenigen, noch vorhandenen Biotopen verdrängt werden. Da der Giebel weder als Nahrungsmittel noch als Angelfisch geschätzt ist, wird er nicht oder nur selten gefangen. Er ist auch nicht zur Bekämpfung von Schadinsekten von Nutzen. Über Aspekte der Ökologie und Ausbreitungsgeschichte informiert Pelz (1987) [214], in dessen Arbeit auch die wichtigste Literatur über den Giebel angeführt ist.

Abb. 7.55b. Das Bauchfell des Giebels ist schwarz, während dasjenige der Karausche (Seite 123) die Farbe der Eingeweide aufweist.

7.9.10 Graskarpfen
Ctenopharyngodon idella (Valenciennes)

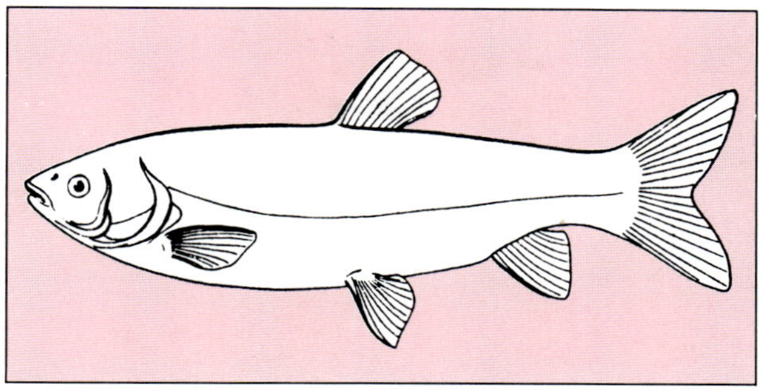

Der Graskarpfen ist eine fremde Fischart asiatischen Ursprungs. Er besitzt einen robusten, langgestreckten Körper mit großen Schuppen, breitem Kopf und großem endständigen Maul. In der Rückenflosse sind 43–45 Strahlen, in der Afterflosse 11 Strahlen, und die Seitenlinie hat 43–45 Schuppen. Die Färbung ist unauffällig: grau-grüne Rückenpartie, gelbliche Seiten und ebensolcher Bauch.

Verbreitung: Der Graskarpfen stammt aus dem Einzugsgebiet des Amur. Nach Europa gelangte diese Art Mitte der 50er bis Anfang der 60er Jahre. Im Rhein und seinen Zuflüssen wurde der Graskarpfen mehrmals nachgewiesen.

Bionomie: In seinem ostasiatischen Gebiet besiedelt der Graskarpfen große Flüsse, laicht in deren ausgedehnten Überflutungsgebieten wo die Wassertemperaturen auf längere Zeit bei 25 °C liegen. Schon in den frühen juvenilen Stadien geht diese Art zur pflanzlichen Ernährung über. An einem Tag können bis zu 120% des Körpergewichtes an Wasserpflanzen gefressen werden. Unter 15 °C Wassertemperatur wird die Nahrungsaufnahme eingestellt. In Europa wurde der Graskarpfen ursprünglich zur Bekämpfung der submersen Vegetation eingesetzt und ist mehrmals aus Teichen und geschlossenen Gewässern durch besondere Umstände (z.B. Überschwemmungen) in freie Gewässer gelangt. Seine Fortpflanzung konnte bisher noch nicht beobachtet und auch nicht nachgewiesen werden.

Bedeutung: Die Bedeutung des Graskarpfens ist sehr umstritten. Vom Aussetzen in freie Gewässer wird abgeraten. Für den Rhein selbst ist diese Art z.Zt. ohne jegliche Bedeutung.

7.9.11 Gründling *Gobio gobio* (Linnaeus)

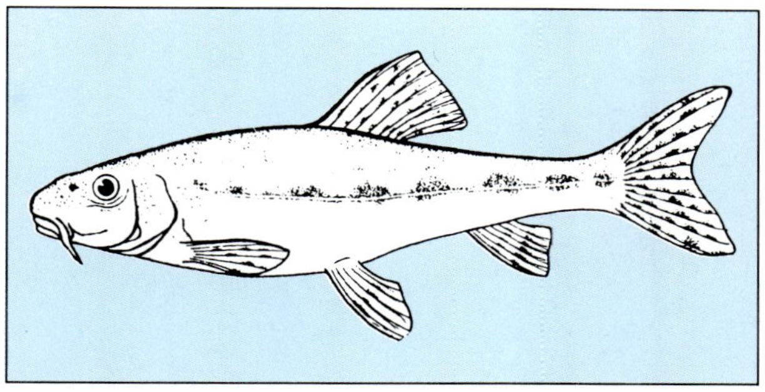

Der Gründling gehört zu einer kleinen Fischart, die im Rhein weit verbreitet ist. Sein Körperhabitus ist dem Leben auf der Flußsohle angepaßt: beinahe gerade Bauchlinie, rundlicher Körperquerschnitt, breite Brustflossen, unterständiges Maul mit Barteln. Die Körperfarbe paßt sich im Laufe der Zeit der Umgebung an. Die größten Individuen erreichen höchstens 14–16 cm Länge. Die Rückenpartie ist bräunlich bis grünlich, die Bauchseite heller. Die schwarze Pigmentierung der Schwanzflosse ist eher unregelmäßig (Abb. 7.56). Die Rückenflosse hat 9–11 Strahlen, die Afterflosse 8–10 Strahlen, und auf der Seitenlinie befinden sich 40–45 Schuppen. Die weiteren morphometrischen und meristischen Merkmale der Rhein-Gründlinge sind in Tabelle 14a aufgeführt.

Verbreitung: Der Gründling ist vom äußersten Osten Europas in Richtung Westen bis zu Teilen der Iberischen Halbinsel und im Norden bis zum südlichsten Rand Skandinaviens weit verbreitet (Abb. 7.57). Vom Hoch- bis zum Niederrhein hat er sich in den letzten 10 Jahren wieder zunehmend verbreitet (Abb. 7.58).

Der Gründling bevorzugt sandige Bänke oder langsam in die Tiefe absinkende Gleithänge. Schwach durchströmte Strecken und Nebengewässer besiedelt er nur dann, wenn die Schlickschicht sehr dünn ist. Die bestgeeigneten Habitate sind in der Regel mit kleinen Schwärmen besiedelt. Als Laichsubstrat benötigt der Gründling sauberes, sandiges bis kiesiges Flußbett. Das Ablaichen findet während der Nacht in sehr flachem Wasser statt. Seine Lebenserwartung ist kurz; 4- bis 5-jährige Exemplare sind eine Ausnahme.

Bedeutung: Der Gründling spielt innerhalb der Nahrungskette der Artengemeinschaft eine Rolle als Nahrung für die Raubfische, besonders für den Aal. Ebenso wichtig ist diese Art für die fischfressenden Vogelarten. Die wirtschaftliche Nutzung war nie der besonderen Erwähnung wert.

Abb. 7.56. Gründling

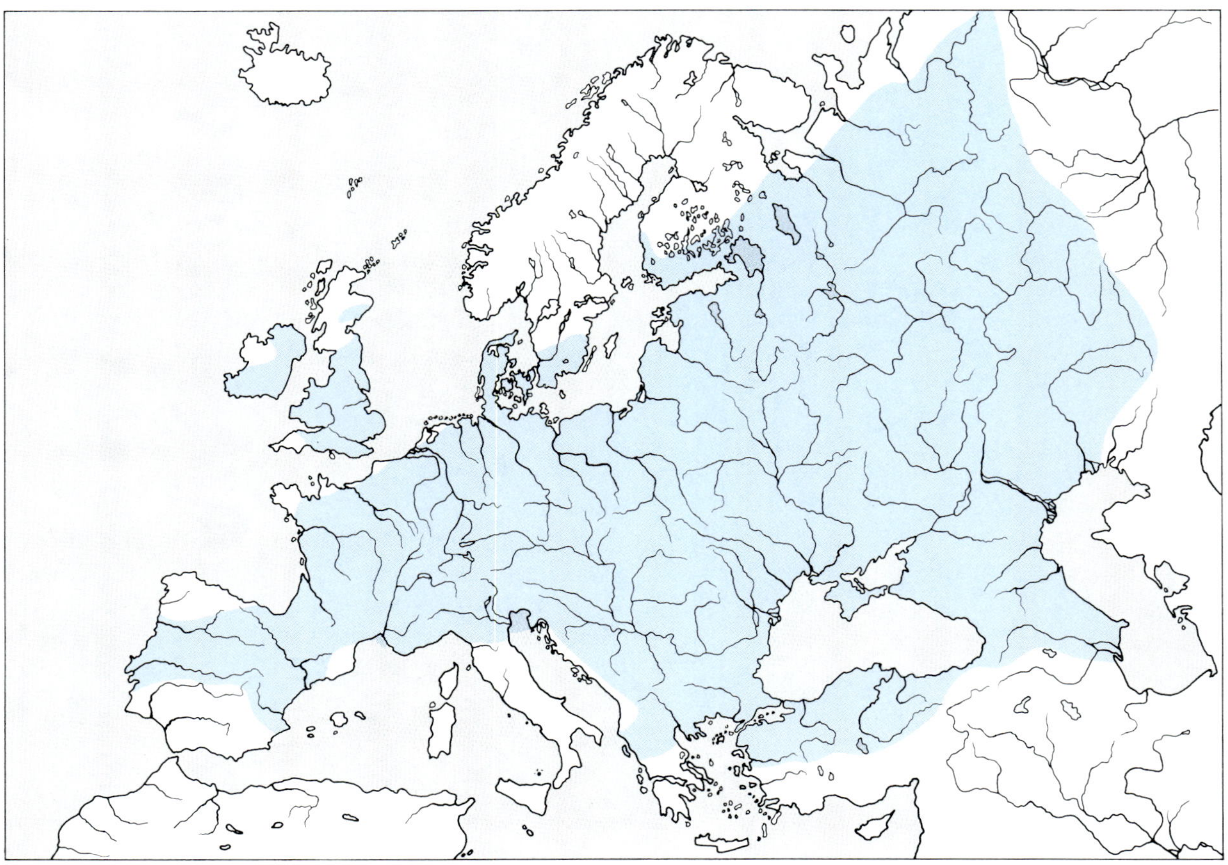

Abb. 7.57. Verbreitung des Gründlings in Europa und angrenzenden Gebieten.

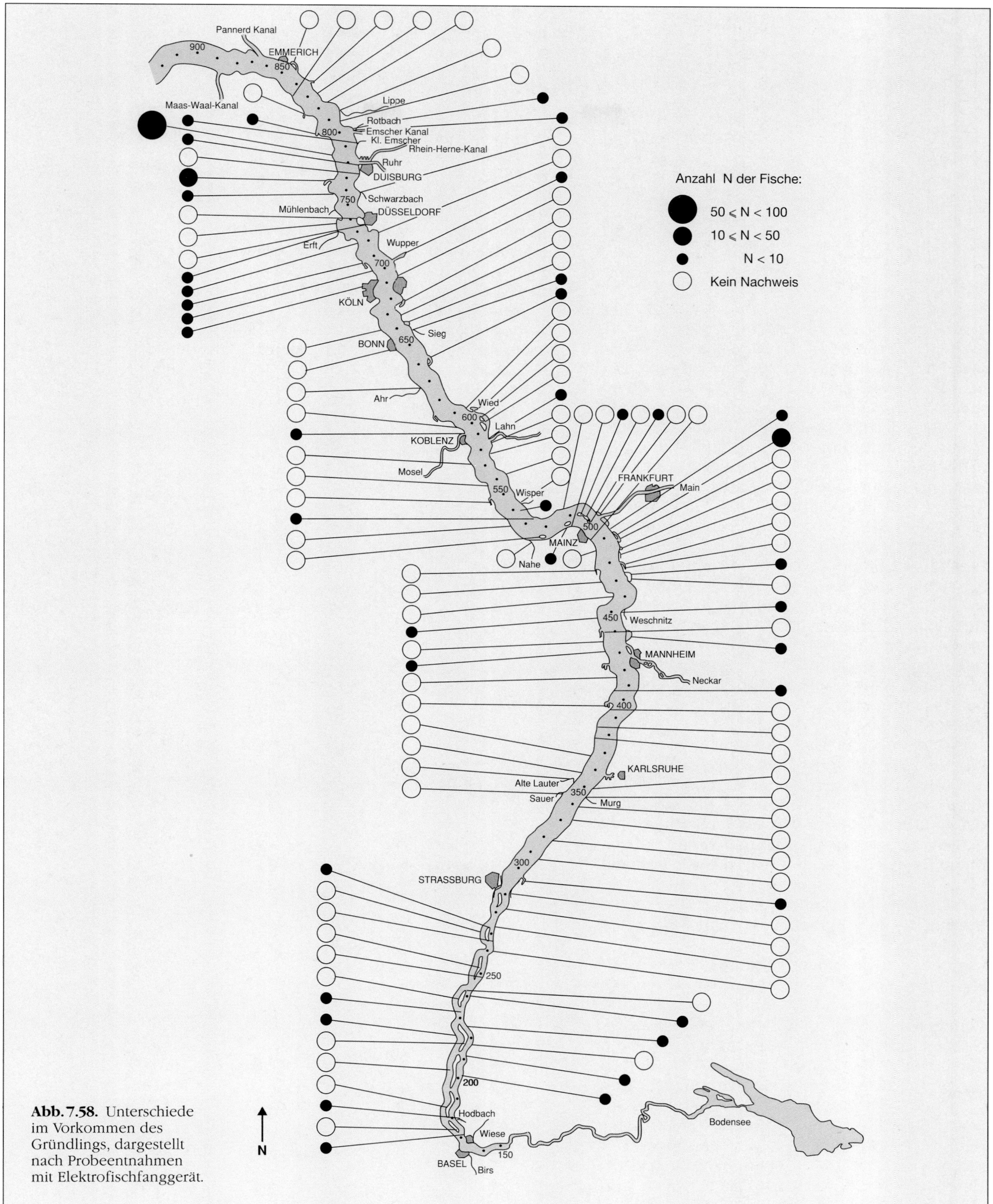

Abb. 7.58. Unterschiede im Vorkommen des Gründlings, dargestellt nach Probeentnahmen mit Elektrofischfanggerät.

7.9.12 **Hasel** *Leuciscus leuciscus* (Linnaeus)

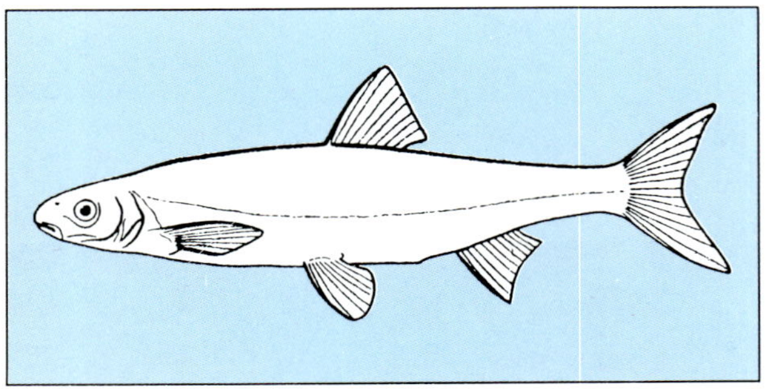

Der Hasel hat im Rhein im letzten Jahrzehnt erheblich zugenommen. Seine Identifizierung kann durch Beachten folgender Merkmale erleichtert werden: Der Körperhabitus deutet schon auf die Anpassung an das Leben im strömenden Wasser hin, d.h. der Körper ist langgestreckt und seitlich nicht besonders abgeflacht. Der kleine Kopf besitzt eine halb unterständige, schmale Mundöffnung. Die Färbung ist überwiegend silbrig, die Rückenpartie oliv-grün. Die Flossen sind nie auffällig gefärbt. Die konkave Afterflosse ist ebenso unauffällig getönt wie die Bauchseite, die höchstens im Frühjahr einen rosa-gelblichen Schimmer aufweist. Bei Bauch- und Brustflosse nimmt die schwache Färbung allmählich noch weiter ab (Abb. 7.59). Alle anderen Arten mit vergleichbarem Habitus haben mindestens die Afterflosse intensiver rosa-rot gefärbt. In der Rückenflosse sind 10 Strahlen, die Afterflosse hat durchschnittlich 11 Strahlen, und in der Seitenlinie sind 47–54 Schuppen. Die morphometrischen und meristischen Merkmale des Hasels sind in Tabelle 15 aufgeführt.

Verbreitung: Der Hasel kommt in West-, Zentral-, und weiten Teilen Nordeuropas bis tief in den asiatischen Raum hinein vor (Abb. 7.60). Im Rhein ist die Art weit verbreitet. Die Abschnitte des südlichen Ober- sowie des Niederrheins, die entlang der Ufer sehr wenig feinkörnige Ablagerungen aufweisen, sind am dichtesten besiedelt (Abb. 7.61). In den Nebengewässern kommt der Hasel wesentlich seltener vor als im Hauptstrom. In abgetrennten Tümpeln ist sein Vorkommen eine Ausnahme.

Bionomie: Die Lebensweise des Hasels ist der Strömung angepaßt. Zum Ablaichen dienen kleine Flußbettstrecken, die sich unmittelbar hinter steinigen und schottrigen Stellen ausdehnen. Die Nischen sind meistens grob-sandig und mäßig durchströmt. Der Hasel zählt zu den Frühlaichern: Die Wassertemperaturen betragen während der Laichzeit etwa 10 °C, die im Rhein im März bis April erreicht werden. Die Geschlechtsreife tritt beim Milchner im 2., beim Rogner im 3. Lebensjahr ein. Die Lebenserwartungen des Hasels ist kurz. Nur selten werden 5 bis 6 Jahre alte Individuen nachgewiesen. Ihre maximale Größe liegt bei 25 cm Körperlänge. Das durchschnittliche Wachstum ist erstaunlich schnell. Nach vollendeten Lebensjahren geordnet, wurden beim Hasel folgende Körperlängen festgestellt: 1. Jahr – 59 mm; 2. Jahr – 97 mm; 3. Jahr – 133 mm; 4. Jahr – 164 mm. Als Hauptnahrungsquelle dient die Insekten-Bodenfauna, aber auch Anflugnahrung wird angenommen. Der Hasel lebt meist in kleinen Schwärmen; das Vorkommen solitär lebender Exemplare ist eine Ausnahme.

Bedeutung: Seit Verbesserung der Wasserqualität des Rheins wird die Bedeutung des Hasels zunehmend größer. Er nutzt das reichliche Futterangebot des Stroms und kann selbst in der Nahrungsvernetzung der Fischarten eine wichtige Nahrungsquelle für Raubfische werden. Keine Bedeutung hat der Hasel hingegen für die Berufsfischerei und Angler.

Abb. 7.59. Hasel

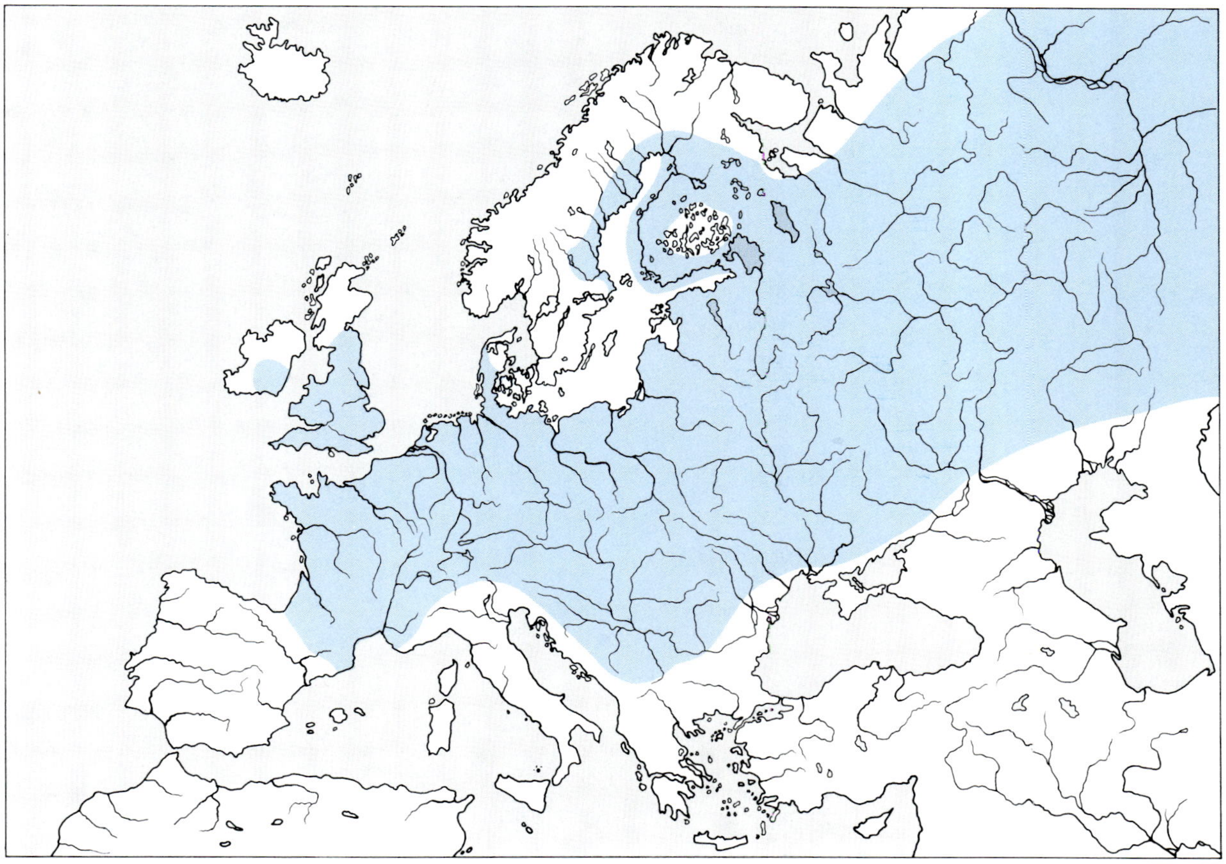

Abb. 7.60. Die Verbreitung des Hasels.

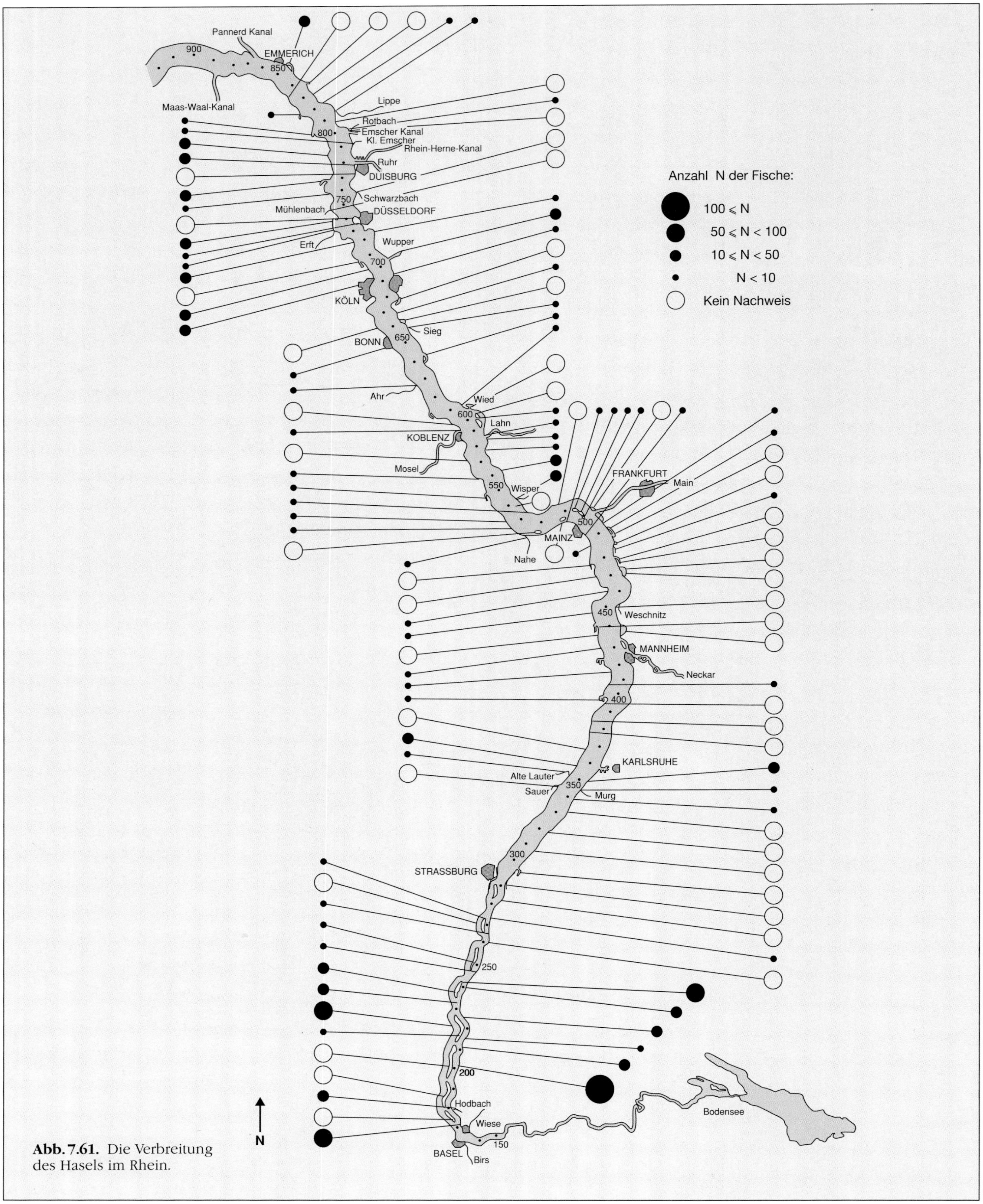

Abb. 7.61. Die Verbreitung des Hasels im Rhein.

7.9.13 Karausche

Carassius carassius (Linnaeus)

Einst war die Karausche in allen Tümpeln und stehenden Gewässern entlang des Rheins der häufigste Fisch der Familie der Karpfenartigen, heute aber ist die Karausche dort äußerst selten zu finden. Sie zeichnet sich durch einen hohen, plumpen Körper und durch eine oliv-braune Rückenpartie aus, die seitlich zur Bauchseite hin gelblich-gold schimmert. Die Bauchseite selbst ist dunkel-gelblich. Der Kopf ist sehr klein, die Schuppen sind groß. Die Rückenflosse zeigt eine geringe Wölbung nach außen (Abb. 7.62). Die Karausche kann mit dem heute häufig auftretenden Giebel leicht verwechselt werden, was auch tatsächlich geschieht (s. Kap. 7.9.9). Die Hauptunterscheidungsmerkmale sind: Anzahl der Kiemenreusendornen 22–23, Rückenflosse 17–25 Strahlen, Afterflosse 7–11 Strahlen, in der Seitenlinie 32–35 Schuppen. Öffnet man die Bauchhöhle der Karausche, so kann man feststellen, daß das Bauchfell die Farbe der Eingeweide hat oder nur sehr leicht schwarz pigmentiert ist. Der Giebel dagegen hat ein schwarzes Bauchfell (siehe Abb. 7.55 b; Seite 116).

Verbreitung: Die Verbreitung der Karausche erstreckt sich über große Teile Europas; ausgenommen sind die nördlichen Regionen und im Süden Griechenland, Italien, Südfrankreich und Nordspanien (Abb. 7.63). Bei unseren Proben wurde die Karausche zuletzt 1974 in Altrheinen des nördlichen Oberrheins nachgewiesen. Seitdem sind wir auf fremde Befunde angewiesen, wobei die Artenzugehörigkeit nicht bestätigt worden ist. Berg et al. (1989) [33] geben nur einen Fundort mit häufigerem Vorkommen am Ende des südlichen Oberrheins an, wobei sie die Unsicherheit bei der Identifizierung dieser Art unterstreichen.

Bionomie: Die Lebensweise der Karausche deutet auf Anpassung an extreme Umweltbedingungen hin. Sie hat nur minimalste Ansprüche auf im Wasser gelösten Sauerstoff, besitzt gute Überlebenschancen in dicht verkrauteten, periodisch beinahe austrocknenden Tümpeln und ist von regelmäßiger Nahrungsaufnahme weitgehend unabhängig. Für die Vermehrung jedoch ist das Vorhandensein submerser Pflanzen von entscheidender Bedeutung, da die Karausche ein ausgesprochener Krautlaicher ist (s. Kap. 6.3). Das Vorkommen dieser Art im strömenden Wasser stellt eine große Ausnahme dar. Geschlechtsreif sind die Karauschen nach dem 2. bis 3. Lebensjahr. Das Wachstum der Fische ist vom jeweiligen Nahrungsangebot abhängig. Bei übermäßiger Vermehrung, was früher in manchen Tümpeln regelmäßig der Fall war, reduzierten sich die Zuwachsraten. Bei guten Bedingungen kann die Karausche die beachtliche Größe von bis zu 30 cm erreichen.

Bedeutung: Für die Fischerei war die Karausche zu keiner Zeit von wirtschaftlicher Bedeutung. Dagegen sorgte das hohe Aufkommen dieser Art für die Reduzierung der Stechmückenlarven in stagnierenden Gewässern [83]. Kleinere Exemplare stellten die Ernährungsbasis für fischfressende Vögel und andere Wirbeltiere inklusive der Raubfische dar.

Die Wiedereinbürgerung der Karausche wäre wünschenswert. Diese Maßnahme wird aber nur dann erfolgreich sein, wenn die Nebengewässer, besonders die Altrheine, in einen biologisch gut funktionierenden Zustand gebracht werden.

Abb. 7.62. Karausche

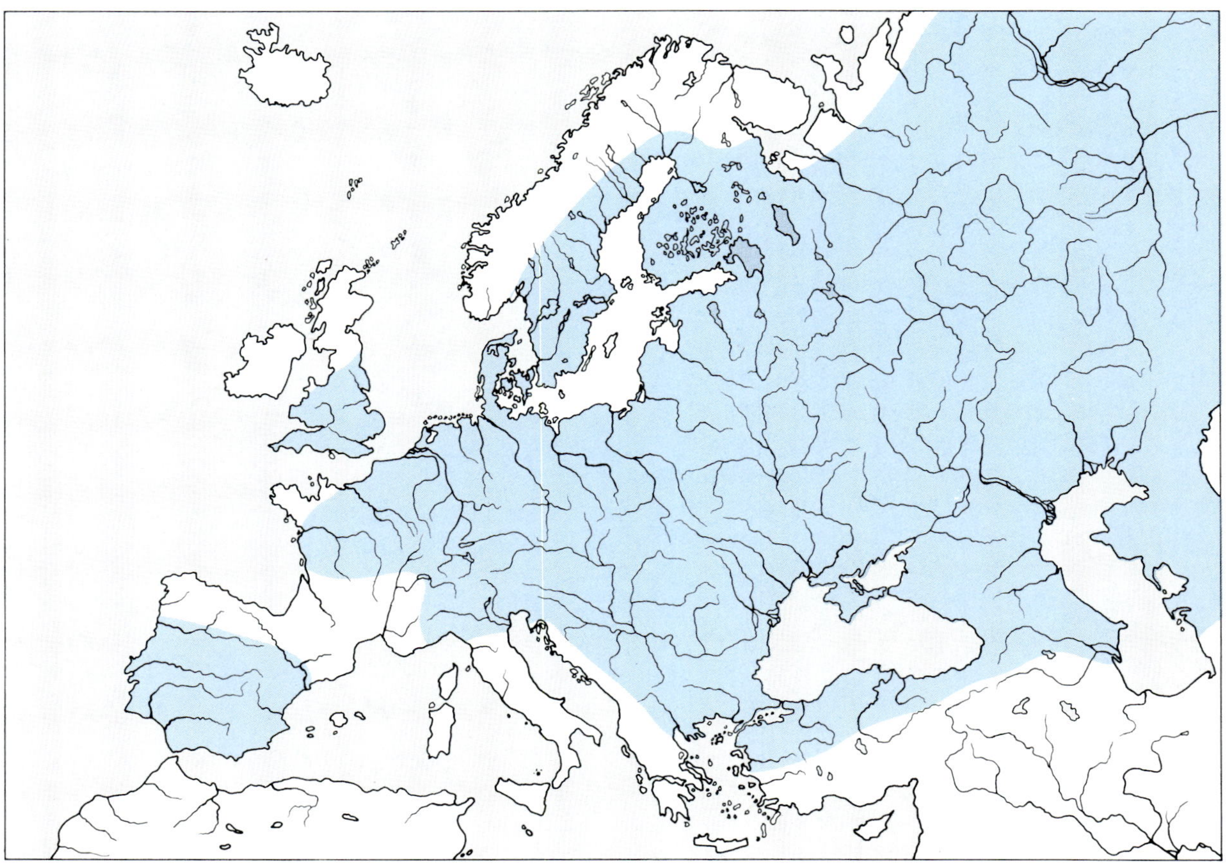

Abb. 7.63. Verbreitung der Karausche.

7.9.14 Karpfen *Cyprinus carpio* Linnaeus

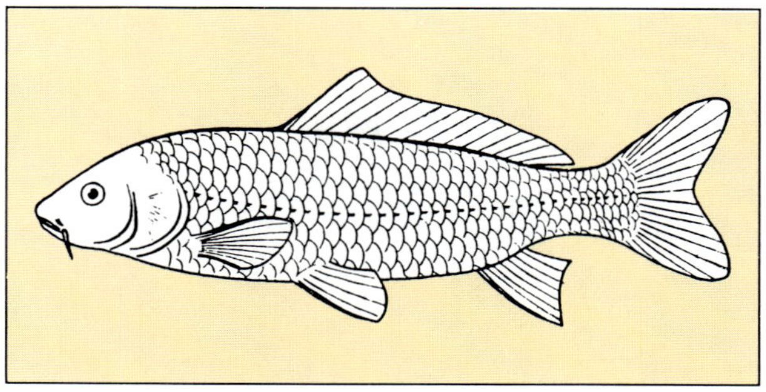

Der Karpfen zählt zu den bekanntesten Fischarten und kommt im Rhein noch in seiner ursprünglichen, langgestreckten, verwilderten Form vor. Als Vertreter der ganzen Familie zeichnet er sich durch einen robusten, ovalen Körper, große Schuppen und 2 Paar Mundbarteln aus (Abb. 7.64).

Um mögliche Mißverständnisse zu vermeiden, soll darauf hingewiesen werden, daß der Karpfen in 3 Formen bekannt ist. Die beschuppte, hochrückige Form steht dem Habitus nach der schlanken, verwilderten, im Rhein lebenden Form am nächsten. Die bekannteste Erscheinung des Karpfens, als „Weihnachtskarpfen" bekannt, ist der sogenannte Spiegelkarpfen mit wenigen großen Schuppen entlang des Rückens und am Schwanzstiel. Die dritte Form ist der schuppenlose Lederkarpfen. Alle drei Formen wurden seit dem frühen Mittelalter, möglicherweise auch schon früher, in geschlossenen Gewässern gehalten und zielstrebig auf Hochrückigkeit gezüchtet.

Die Unterschiede zwischen der verwilderten Form und den domestizierten „Rassen" des Karpfens sind mehr ökologischer Natur und betreffen weniger äußerlich sichtbare Merkmale. Die Rükkenflosse hat im Durchschnitt 21, die Afterflosse 8 Strahlen, und in der Seitenlinie sind 37 Schuppen. Die weiteren morphometrischen und meristischen Merkmale sind der Tabelle 16 zu entnehmen.

Verbreitung: Die künstliche Vermehrung des Karpfens hat seine heutige Verbreitung bestimmt (Abb. 7.65). Man findet den Karpfen auf allen Kontinenten. Nach der Theorie von Balon (1974) [16] kam der Karpfen ursprünglich im Donau-Einzugsgebiet vor und wurde von dort aus vermutlich zur Zeit der römischen Herrschaft über große Teile Europas nach Westen gebracht. Dies bedeutet, daß der Karpfen im Rhein als fremde Fischart einzustufen ist. Die Verbreitung der wildlebenden Form ist an die Strecken des Stromes gebunden, wo die natürliche Fortpflanzung noch möglich ist. Im übrigen findet man im Rhein beinahe alle Zuchtformen des Karpfens, die als „Fischbesatz" im Rhein und seinen Nebengewässern ausgesetzt wurden.

Bionomie: Die Lebensweise des verwilderten Karpfens im Rhein unterscheidet sich weitgehend von derjenigen domestizierter Teichformen. Als Laichsubstrat benutzen jedoch beide Formen überschwemmte Gräser (s. Abb. 3.10). In den natürlichen oder naturnahen Biotopen wird vom Wildkarpfen härterer Bewuchs bevorzugt, wobei die Seggenbestände *(Carex sp.)* beinahe anlockend wirken. Die Wassertemperatur hat eine entscheidende Wirkung auf das Ablaichen: Die Wildkarpfen konzentrieren sich in kleinen Schwärmen schon ab 15 °C auf das Laichgebiet und die Eiabgabe mit Besamung erfolgt schon bei einer Wassertemperatur von 17–18 °C. Dagegen benötigen die Kulturformen eine höhere Wassertemperatur von etwa 20 °C. So ist es zu erklären, daß beide Formen bisher noch nicht völlig vermischt sind. Eine detaillierte Beschreibung der Laichvorgänge mit Abbildungen lieferte Lelek (1985) [166]. Nach dem Ablaichen versuchen die Wildkarpfen in den Strom zurückzukehren, was oft durch unüberlegte bautechnische Maßnahmen innerhalb der Auen verunmöglicht ist [47]. Die Geschlechtsreife wird beim Milchner ausnahmsweise nach dem 2., in der Regel nach dem 3. Lebensjahr erreicht, beim Rogner 1 Jahr später. Das Wachstum (siehe unten) ist im nördlichen Oberrhein sehr gut, und die Zuwachsraten sind besser als in Teichen ohne zusätzliche Fütterung.

Alter in vollen Lebensjahren	1	2	3	4	5	6
Körperlänge in cm	15	26	34	38	47	50

Die Rekrutierung der Karpfen ist nicht in jedem Jahr erfolgreich. Nach mehr als 10jährigen Beobachtungen kann man sagen, daß etwa in jedem 3. bis 4. Jahr ein starker Jahrgang zu erwarten ist. Die Mißerfolge in der natürlichen Reproduktion werden gelegentlich durch Besatzmaßnahmen überbrückt. Leider ist nicht genügend darauf geachtet worden, nur die Wildform des Karpfens in den Zuchtanstalten nachzuzüchten und dann auszusetzen. Sehr oft erfolgte der Besatz durch beschuppte Formen des Kulturkarpfens. Nach vorläufigen Untersuchungsergebnissen aus der Teichwirtschaft wurde festgestellt, daß die aus Kreuzungen zwischen Wild- und Kulturkarpfen hervorgegangenen Exemplare in der ersten Generation Schnellwüchsigkeit aufweisen (Harsanyi, mündl. Mitteilung). Eine ökotechnische Neugestaltung vieler Nebengewässer könnte den wertvollen und gleichzeitig selten gewordenen Wildkarpfen dauerhaft vor dem langsamen Verschwinden schützen.

Bedeutung: Unter der Voraussetzung, daß die Wasserschwankungen zwischen dem Hauptstrom und den Nebengewässern unbehindert ablaufen können, stellt der Karpfen ein wichtiges Element der Artengemeinschaft im Hauptstrom

Abb. 7.64. Wildform des Karpfens nach längerer Haltung im Aquarium.

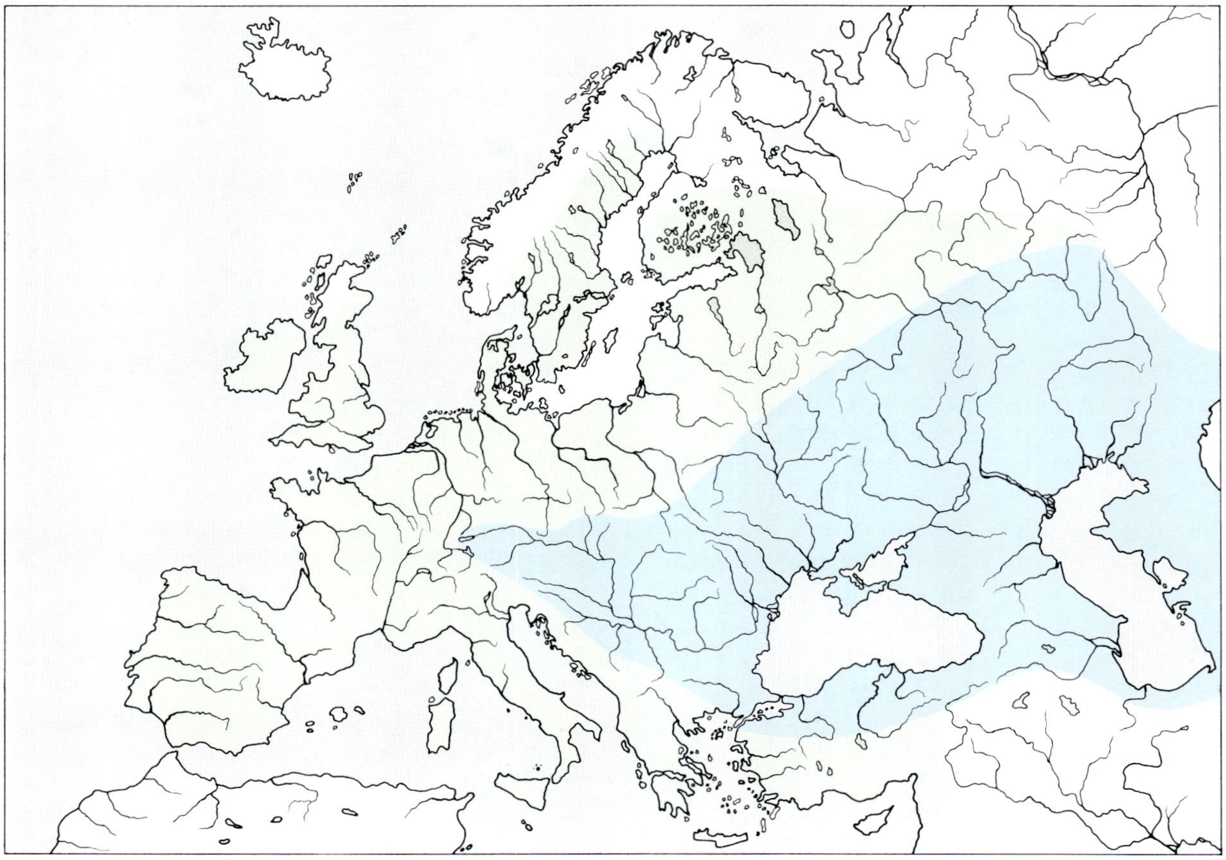

Abb. 7.65. Verbreitung des Karpfens. Die dunkle Fläche deutet die vermutete, ursprüngliche Verbreitung an, die helle Fläche zeigt die heutige Verbreitung in Europa.

sowie in den überfluteten Gebieten dar. Da auch die juvenilen Wildkarpfen nach ihrem Rückzug in den Hauptstrom früh zur Bodennahrung übergehen, konkurrieren sie nur wenig mit anderen Fischarten. Die Trübung der Altrheine durch das Wühlen der Karpfen in schlammigen Böden entsteht nur dann, wenn den Fischen der Rückzugsweg zum Hauptstrom abgeschnitten ist. Juvenile Individuen stellen eine reiche Nahrungsquelle für fischfressende Vogelarten dar, und außerdem tragen sie dazu bei, daß die Stechmückenlarven natürlich bekämpft werden. Der Karpfen ist für alle Sparten der Fischerei attraktiv.

7.9.15 Moderlieschen

Leucaspius delineatus (Heckel)

Das Moderlieschen ist eine der kleinsten Arten unserer Gewässer. Die Unterscheidung des Moderlieschens von anderen Fischarten ist leicht. Seine Körperform ist sehr zierlich und seitlich abgeflacht, die Mundspalte ist typisch oberständig und die Seitenlinie ist nur an den ersten 2 bis 12 Schuppen sichtbar. Die maximale Gesamtlänge beträgt 7–8 cm. Der Körper glänzt silbrig, nur die Rückenpartie ist oliv-grün und entlang der Seite erstreckt sich ein dunkler Streifen (Abb. 7.66). Die meristischen Daten lauten: Rückenflosse 10–12 Strahlen, Afterflosse 13–16 Strahlen.

Verbreitung: Das Moderlieschen kommt vom Rheineinzugsgebiet in östlicher Richtung bis zum Kaspischen Meer vor; im Norden und Süden Europas fehlt diese Art (Abb. 7.67). Im Rhein selbst kommt sie nur sehr selten vor. Das liegt nicht an mangelnder Wasserqualität, sondern an spezifischen Ansprüchen an die Habitate. Bei unseren Proben wurde das Moderlieschen nur einmal im Main nachgewiesen. Darüber hinaus wurde es in einigen wenigen Nebengewässern des Oberrheins gefunden [82]. Im Deltagebiet und im Niederrhein kommt es örtlich nur sporadisch vor. Lehmann (1934) [158] bestätigte das Auftreten in einem Zufluß des Niederrheins und Duncker (1960) [66] erwähnte einen Tümpel in der Nähe von Bonn. Michling (1988) [193] konnte das Moderlieschen trotz intensiver Befischung des Niederrheins nicht nachweisen.

Bionomie: Die Lebensweise des Moderlieschens erklärt, warum es im Rhein äußerst selten vorkommt: Das Moderlieschen ist ein typischer Bewohner kleiner bis kleinster Kanäle und versumpfter, verkrauteter Bäche, wo es in Schwärmen lebt. Das Moderlieschen zeichnet sich durch Brutpflege aus. In manchen zugewachsenen Teichen kommt es periodisch zu einer explosionsartigen Vermehrung, gefolgt von Zeiten sehr sporadischen Vorkommens. Die Geschlechtsreife wird nach dem 1. Lebensjahr erreicht, 2-jährige Exemplare haben schon die Grenze der Lebenserwartung erreicht. Nur in Aquarien und Behältern, in denen eine Vermehrung unmöglich ist, lebt das Moderlieschen länger.

Bedeutung: Für den Hauptstrom hat diese Art keine Bedeutung. Würde das Moderlieschen auch nach Rekultivierung der Nebengewässer dort wieder vermehrt vorkommen, so könnte es einerseits den Raubfischen als Nahrung dienen und andererseits einen Beitrag zur Bekämpfung der Stechmückenlarven leisten.

Abb. 7.66. Moderlieschen

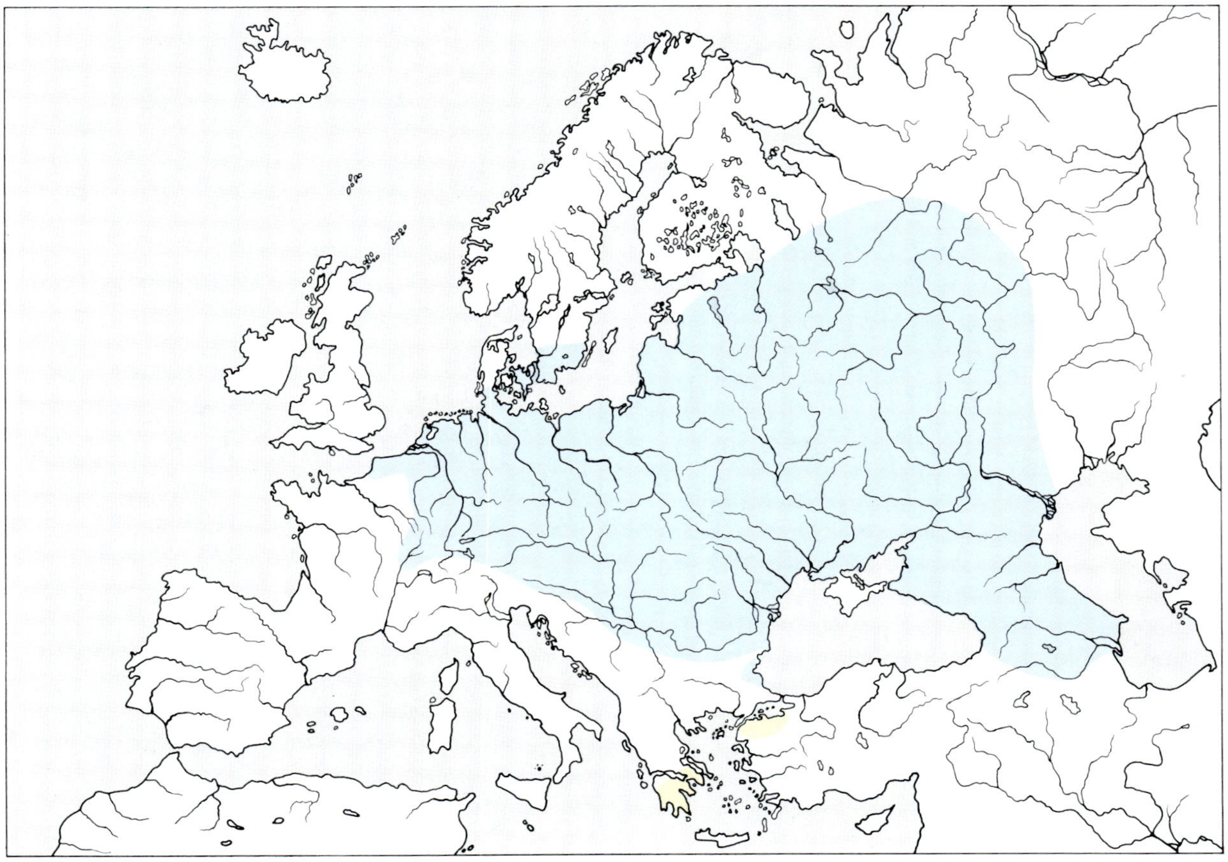

Abb. 7.67. Das Verbreitungsgebiet des Moderlieschens.

7.9.16 Nase *Chondrostoma nasus* (Linnaeus)

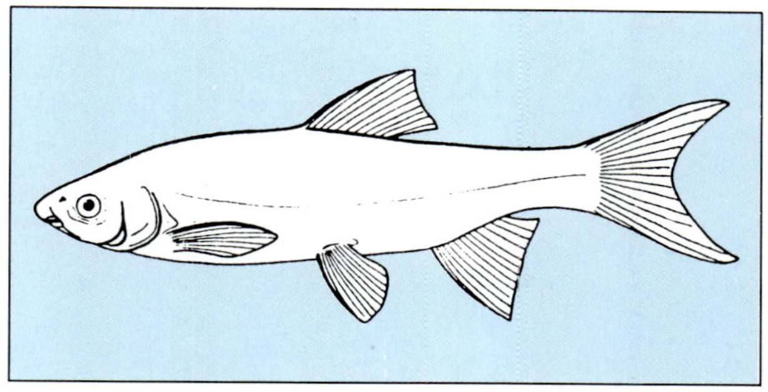

Die Nase ist dank ihrer Körpergestalt gut an das Leben in schnell fließenden Strecken des Rheins angepaßt. Der Körper ist spindelförmig und langgestreckt, die Flossen niedrig an der Bauchseite angelegt und die verdickte Oberlippe rundet die Schnauze ab. Die Mundspalte liegt auf der unteren Kopfseite, die Unterlippe ist scharfkantig mit hornigem Rand. Die Färbung ist vorwiegend silbrig, die Rückenpartie dunkelgrau-grün (Abb. 7.68 und 7.70). Während der Laichzeit färben sich die Kiemendeckel und Flossenansätze rötlich. Der Rücken ist sehr dunkel. Bei den Milchnern tritt ein starker Laichausschlag auf. Die Rückenflosse hat 11–14 Strahlen, die Afterflosse 13–15, in der Seitenlinie sind 56–63 Schuppen. Weitere Merkmale für die im Rhein vorkommende Nase sind in Tabelle 17 angeführt.

Verbreitung: Das Verbreitungszentrum der Nase liegt in Osteuropa. Im Elbe-Einzugsgebiet ist sie nicht vorhanden. Lediglich in einigen Zuflüssen der oberen Elbe wurde sie in den letzten 20 Jahren eingesetzt. Die westliche Verbreitungsgrenze endet in Frankreich (Abb. 7.69). In schnell fließenden Abschnitten des Rheins trat die Nase früher sehr häufig auf. Nach den für die Wasserqualität des Rheins kritischen 60er und 70er Jahren kam sie nur noch im südlichen Oberrhein regelmäßig vor. Die Bestände haben sich aber inzwischen wieder erholt. Trotzdem läßt sich das Vorkommen nicht mit dem früherer Zeiten vergleichen. Oberhalb der Furkationszone (am südlichen Oberrhein) waren Fänge in der Nähe der Stadt Basel registriert, die heute unglaublich erscheinen: Im Jahre 1664 wurden etwa 200 000 Exemplare und 1714–1840 an Birs und Wiese etwa 100 000 Stück gefangen. Mangels Konservierungsmöglichkeiten wurde die Nase damals als Dünger verwendet. Man legte zu jeder Saatkartoffel einen Fisch! (Diese jahreszeitlich gut belegten Berichte und auch Chroniken der Stadt Basel geben gleichzeitig Auskunft über eine der wichtigsten Lebensetappen der Nase, die Laichmigrationen.) Heute kommt die Nase wieder regelmäßig und häufig an sandig-schottrigen Stellen vor, besonders im südlichen Oberrhein, am Ende des nördlichen Oberrheins und weiter stromabwärts bis in den Niederrhein (Abb. 7.71).

Abb. 7.68. Nase

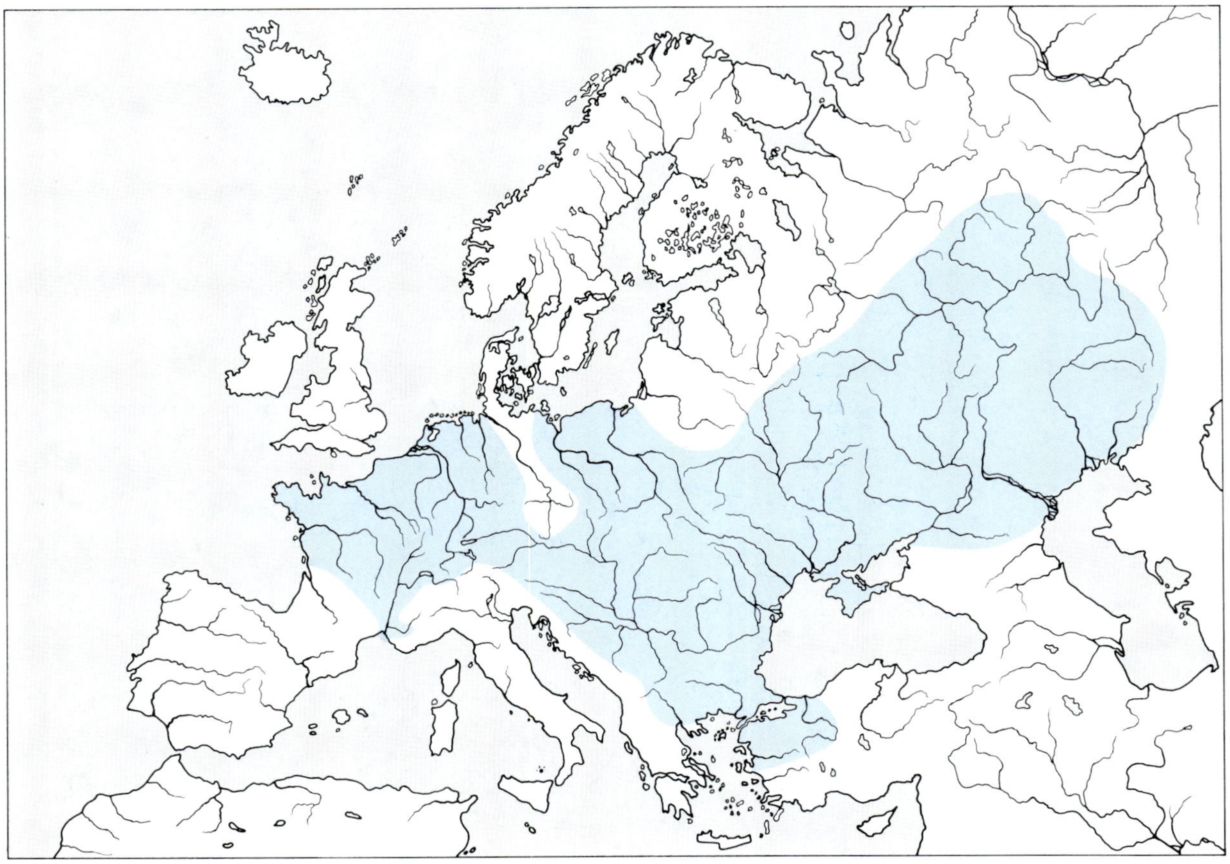

Abb. 7.69. Verbreitung der Nase.

In der niederländischen Stromstrecke tritt sie jedoch nur selten auf [50].

Bionomie: Die Lebensweise der Nase ist recht gut untersucht. Wichtigste Nahrungsquelle sind die Algen. Mit ihren scharfen, meißelartigen Unterlippen kratzt die Nase den Algenbewuchs von Steinen in der Strömung ab. Heute ernährt sie sich auf die gleiche Weise an den steilen Betonwänden der Wasserbauten unterhalb der Wehranlagen. Entscheidend für ihr Überleben und für ihren Bestand ist, daß entsprechende Möglichkeiten zum Ablaichen vorhanden sind. Im frühen Frühjahr ziehen die Nasen zu grob steinigen Abschnitten stromaufwärts. Früher waren solche Abschnitte oberhalb der Furkationszone reichlich vorhanden. Auch die grobschottrigen Einmündungen der Zuflüsse dienten als ausgezeichnete Laichplätze. Dort versammelten sich bei niedrigen Wassertemperaturen (12–13°) riesige Schwärme von Milchnern. Sie standen dort dicht nebeneinander, oft mehrere Tage, in der Erwartung, daß ein Rogner in ihren Schwarm eindringe. Sobald dies geschah drängten sich die wartenden Milchner zum Rogner. Der Laichakt – das Ausstoßen der Eier und ihre Befruchtung – dauerte bei lebhaftem Plätschern nur wenige Sekunden. Auf dem Höhepunkt der Fortpflanzung „kochte" das Wasser über dem ganzen Laichgebiet. Lelek und Peňáz (1963) [176] schildern diese Vorgänge ausführlich. Die Eier haften, oft schichtweise angelegt, auf den Steinen. Erst nach dem Schlüpfen und dem Verbrauch der Dottersackreserven verteilen sich die Larven, die späteren juvenilen Fische, stromabwärts [184, 217]. Die Nase lebt über 10 Jahre und kann beträchtliche Größen, oft bis zu 60 cm Körperlänge, erreichen.

Bedeutung: Die Nase spielt wirtschaftlich kaum eine Rolle. Nur an wenigen Orten wurde sie wenn auch als minderwertiger Speisefisch angesehen. Zur Zeit sind die Bestände nicht groß genug, um über eine gezielte Verwendung der Nase nachdenken zu müssen. Ihre Rolle liegt heute in der Nutzung der oft übermäßigen Algenproduktion. Es ist zu erwarten, daß die Bestände der Nase sich weiter erhöhen werden. Hierzu tragen auch die Besatzmaßnahmen bei, die besonders in den letzten Jahren in den Rheinzuflüssen getätigt wurden.

Abb. 7.70. Die hornige Mundspalte der Nase.

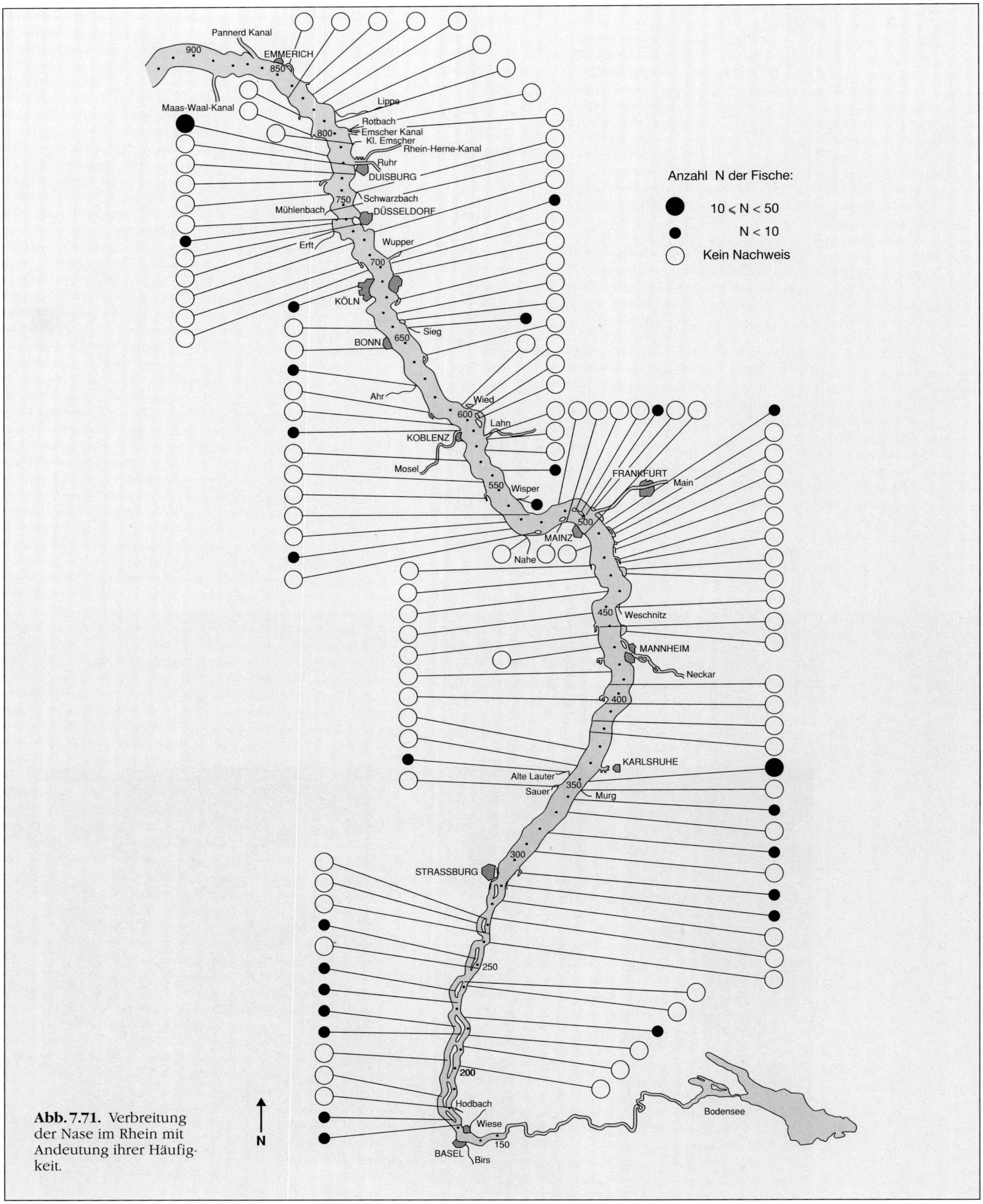

Abb. 7.71. Verbreitung der Nase im Rhein mit Andeutung ihrer Häufigkeit.

7.9.17 **Rapfen** *Aspius aspius* (Linnaeus)

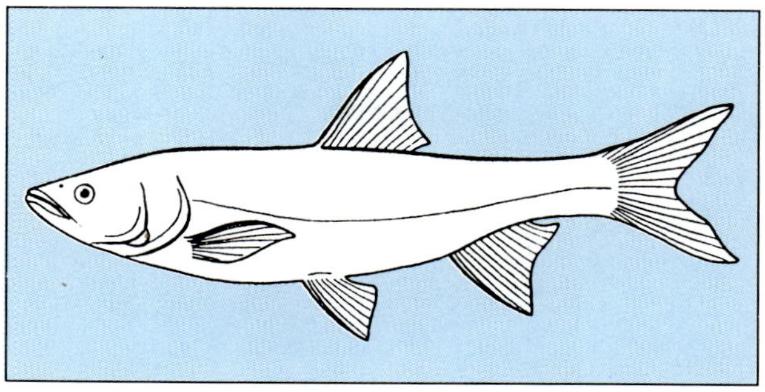

Der Rapfen war und ist bis heute eine im Rhein selten vorkommende Fischart. Sein Körperhabitus verrät, daß er zum schnellen Schwimmen ebenso geeignet ist wie zum langsameren Schweben in wenig strömendem Wasser. Als Unterscheidungsmerkmal dient die leicht oberständige Mundöffnung, deren Spalte bis unterhalb des Augenrandes reicht. Die Afterflosse ist breit angelegt (Abb. 7.72). Der juvenile Rapfen kann nur mit dem Ukelei verwechselt werden. Entscheidend sind jedoch die meristischen und morphometrischen Merkmale des Rapfens: Die Rückenflosse hat 11–12, die Afterflosse 15–18 Strahlen, und in der Seitenlinie sind 64–76 Schuppen. Die Merkmale der im Rhein lebenden Exemplare entsprechen den Mittelwerten von Tabelle 18.

Verbreitung: Der Rhein stellt die westlichste Verbreitungsgrenze des Rapfens dar (Abb. 7.73). Der Kern seiner Verbreitung liegt im Donau-Gebiet und erstreckt sich bis in das äußerste Osteuropa. Im Rhein ist der Rapfen selten und wird, wenn gefangen, überhaupt nur von wenigen Fischern erkannt. Über sein Vorkommen informierten schon Nau (1787) [201 c] und Siebold (1863) [248]. Zuverlässige Berichte aus späterer Zeit sind nicht bekannt. Belege über das Vorkommen des Rapfens im Rhein sind erst in den letzten 10 Jahren erbracht worden. In niederländischen Rheinabschnitten ist der Rapfen äußerst selten, und eine Vermehrung konnte dort nicht beobachtet werden. Er wird in diesem Gebiet als Fremdart betrachtet. Geschlechtsreife Exemplare wurden im Oberrhein (Rheinstromkilometer 470) und juvenile Individuen aus mehreren Abschnitten, besonders des Niederrheins, registriert. Mehrere Fänge von diesjährigen Rapfen lassen vermuten, daß eine natürliche Fortpflanzung stattgefunden hat. Massive Einführungen von Rapfen erfolgten auch aus Böhmen (mündl. Mittlg. von J. Vostradovský).

Bionomie: Nur in Teilgebieten von Elbe und Donau wurde die Lebensweise des Rapfens bisher erforscht [67]. Der Rapfen besiedelt vorzugsweise mittelgroße Flüsse, gelegentlich ist er auch in stehenden Gewässern vorzufinden. Nach dem Erreichen von 20–30 cm Länge besteht seine Hauptnahrung aus anderen Fischen. Die juvenilen Individuen leben in Schwärmen; erwachsene gleichgroße Exemplare schließen sich in kleinen Gruppen zusammen und „jagen" gemeinsam andere Fischarten, besonders Ukeleien. Die Geschlechtsreife wird im Alter von 4–5 Jahren erreicht. Das Ablaichen findet auf schottrigem Substrat statt, bevorzugt werden rasch strömende Abschnitte unterhalb von Flußschwellen.

Bedeutung: Über die Bedeutung des Rapfens im Rhein sind keine sicheren Aussagen, sondern nur Spekulationen möglich. Sollte sich der Rapfen dauerhaft im Rhein etablieren und sollten seine Bestände zunehmen, so könnte er zur Regulierung der massenhaft vorkommenden Ukeleien beitragen. Da die freie Wasserfläche des Rheins groß und mit Ausnahme des Ukeleis nur wenig besiedelt ist, kann angenommen werden, daß sich das Raubverhalten des Rapfens nicht schädlich auf andere Fischarten auswirken wird. Als Speisefisch ist der Rapfen nur wenig geschätzt, obwohl er eine beachtliche Größe von 60–80 cm erreichen kann.

Abb. 7.72. Rapfen

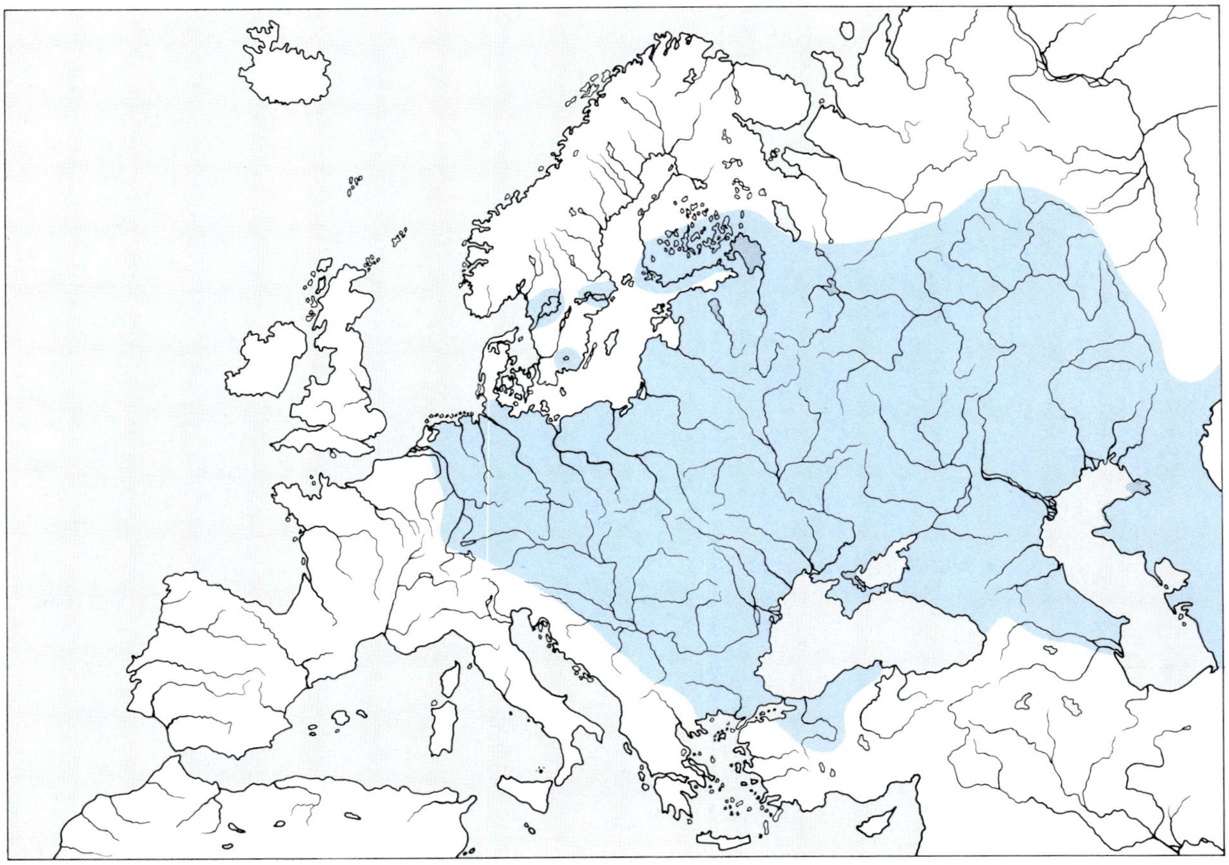

Abb. 7.73. Verbreitung des Rapfens in Europa und angrenzenden Gebieten.

7.9.18 Rotauge *Rutilus rutilus* (Linnaeus)

Das Rotauge ist unumstritten die im Rhein am häufigsten vorkommende Fischart. Schon der Körperhabitus verrät, daß diese Art alle Nischen des Stroms besiedeln kann: mäßig hochrückig, mit robustem, im Querschnitt gesehen ovalen Körper, kräftig entwickelten Flossen und endstehendem Maul. Um mögliche Verwechslungen mit der Rotfeder zu vermeiden, empfiehlt es sich, auf folgende Flossenstellung zu achten: Wenn die senkrechte Gerade vom Ansatz der Rückenflosse den Ansatz der Bauchflosse schneidet, handelt es sich um ein Rotauge. Die Augenfarbe, die der Name der Art verrät, ist zur Bestimmung äußerst ungeeignet. Auch andere Arten können eine solche Augenfarbe aufweisen. Die Rückenseite ist gewöhnlich grün-grau gefärbt, die Bauchseite silbrig, und die Afterflosse kann verschiedene Rottönungen haben. Die restlichen Flossen sind entweder leicht orange gefärbt oder ganz unauffällig in der Farbe der Bauchseite (Abb. 7.74). Die wichtigsten meristischen Merkmale des Rotauges sind: Rückenflosse 12–14, Afterflosse 13–14 Strahlen, in der Seitenlinie 41–48 Schuppen. Für Merkmale der Rhein-Exemplare siehe Tabelle 19.

Verbreitung: Der Kern der Verbreitung des Rotauges liegt im Osten Europas, die westliche Verbreitungsgrenze in Frankreich. Im Norden besiedelt es England und Skandinavien und kommt auch in ausgesüßten (sehr geringer Salzgehalt) Bereichen der Ostsee vor (Abb. 7.75). Im Rhein gibt es nur wenige Stellen, wo das Rotauge nicht nachgewiesen werden konnte, wie z. B. im Rheinseitenkanal. Nach Berichten der Fischer ist sein Vorkommen aber auch dort als gesichert und reichlich anzusehen (Abb. 7.76).

Bionomie: Obwohl das Rotauge überall massenhaft vorkommt, bevorzugt es bestimmte Biotope wie stille Nischen neben der Hauptströmung (Hafenanlagen und naturnahe Buchten; s. auch Kap. 6.5.1 u. 6.5.2). Diese Art kann jedoch grundsätzlich als „Top-Universalist“ angesehen werden: Wenn pflanzliches Substrat fehlt, dienen dem Rotauge zum Ablaichen alle kantigen Unebenheiten entlang der Uferlinie. Als Nahrung nimmt es, je nach Jahreszeit, die wirbellose Fauna des Flußbettes, Molusken, planktonische und gedriftete lebende Elemente des Wassers sowie Algenaufwuchs auf. In kritischen Situationen verwendet es auch den organischen Detritus von Flußablagerungen.

Die Geschlechtsreife tritt beim Milchner in der Regel im 2. Jahr, beim Rogner 1 Jahr später auf. Das Wachstum ist in den verschiedenen Rheinabschnitten unterschiedlich. Beispielsweise sind die Rotaugen aus dem nördlichen Oberrhein genauso groß wie die 1 Jahr älteren Exemplare aus dem Niederrhein. Die durchschnittlichen Körperlängen für die gesamte Rheinstrecke wurden wie folgt aufgezeichnet:

Alter in vollen Lebensjahren	1	2	3	4	5
Körperlänge in mm	50	85	117	151	179

Die Häufigkeit des Rotauges im Rhein beeinträchtigt sein Wachstum in keiner Weise, da das Nahrungsangebot im Strom überreichlich ist. In anderen Gewässern ist dies oft nicht der Fall. Das Rotauge kann 10–12 Jahre alt werden, dementsprechend sind auch die Körpergrößen. Exemplare über 25 cm Gesamtlänge (von der Spitze der Schnauze bis zu den längsten Flossenstrahlen der Schwanzflosse) sind aber selten. Über die Populationsstruktur des Rotauges aus einem klimatisch vergleichbaren Gebiet berichtete Lelek (1965) [160].

Bedeutung: Das Rotauge hat im aquatischen System eine vielfältige Bedeutung. Diese Art kann die gewaltige Produktion an nutzbaren Stoffen, wie Algen, Plankton und sonstige Nährstoffe des Rheinwassers in allen Etappen seines Lebens und in allen Zyklen des Jahres umsetzen. Dabei ist das Rotauge aufgrund seiner niederrükkigen Körpergestalt (es läßt sich leicht verschlingen) ständig als Futter für andere Wirbeltiere im Wasser und fischfressende Vögel verfügbar.

Nicht zuletzt ist das Rotauge auch wirtschaftlich wichtig. Alle Branchen der Fischerei fangen und verwerten diese Art. Die Wertschätzung des Rotauges ist aber lokal verschieden. Vor allem auf der französischen Seite des Stroms und in der Nähe der Moselmündung wird das Rotauge als Speisefisch geschätzt. In Küstennähe wird traditionell der Seefisch dem Rotauge vorgezogen.

In den letzten Jahren wurden erhebliche bis dramatische Bestandsschwankungen erwähnt [33]. Aus bisher ungeklärten Gründen verschwand das Rotauge zeitweilig aus sonst von ihm dicht besiedelten Strecken. Es liegt die Vermutung nahe, daß der natürliche Mechanismus zur Populationsregulierung, die sogenannte Katastrophentheorie (Klima, Witterung, parasitäre Erkrankungen etc.), eingesetzt hatte. Mit Sicherheit war die Überfischung keine primäre Ursache des Rückganges.

Abb. 7.74. Rotauge

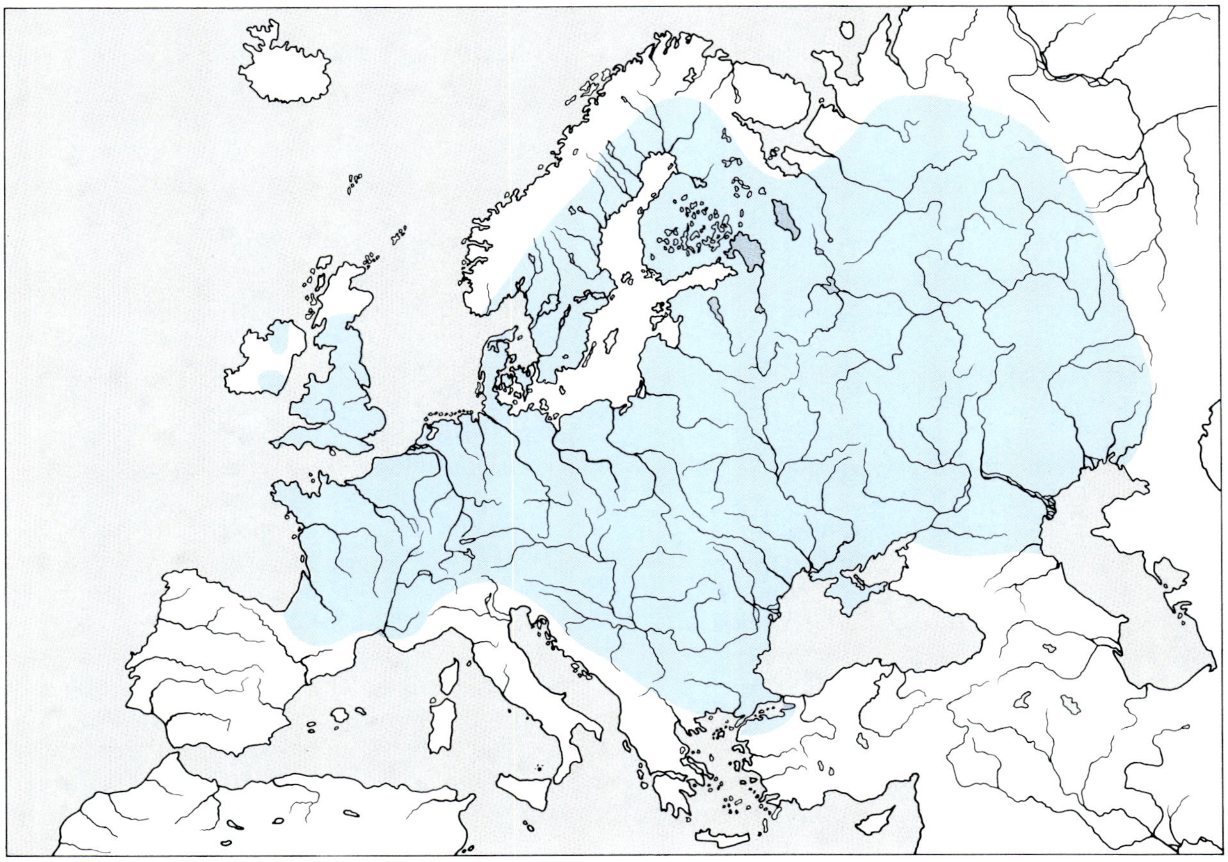

Abb. 7.75. Verbreitung des Rotauges in Europa und angrenzenden Gebieten.

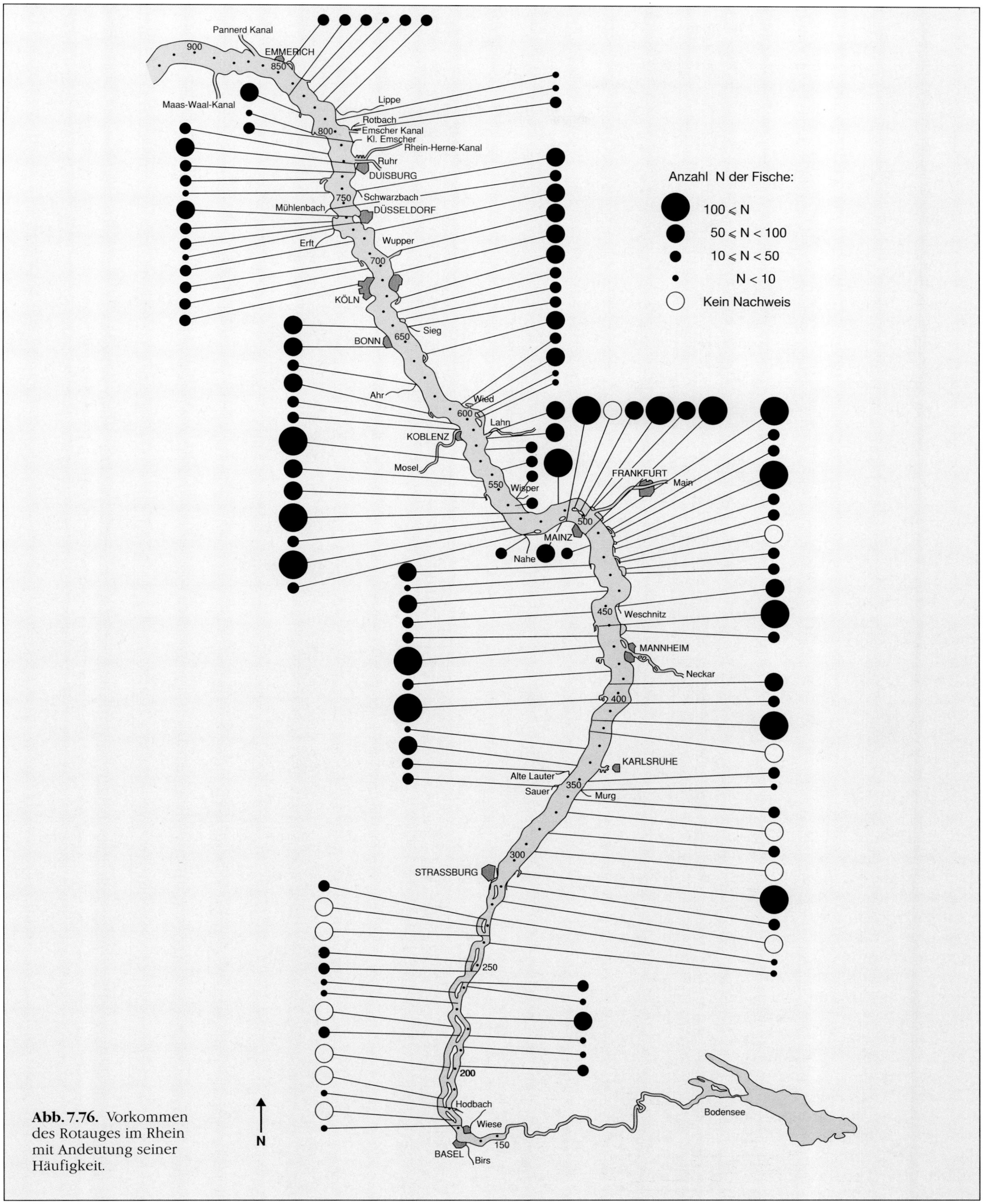

Abb. 7.76. Vorkommen des Rotauges im Rhein mit Andeutung seiner Häufigkeit.

7.9.19 Rotfeder

Scardinius erythrophthalmus (Linnaeus)

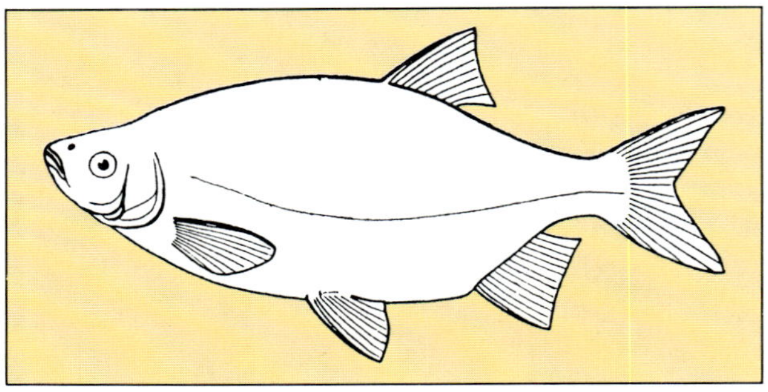

Die Rotfeder zählt zu den seltenen Arten im Rhein. Sie ist im Habitus dem Rotauge sehr ähnlich, mit dem sie häufig verwechselt wird. Sie läßt sich aber dennoch leicht identifizieren. Eine hypothetische senkrechte Linie von dem Ansatz der Rückenflosse nach unten überquert die Bauchlinie hinter der Basis der Bauchflosse. Die Mundöffnung ist oberständig und auf der Bauchseite zwischen den Bauchflossen und der Afterflosse findet sich eine scharfe beschuppte Kante, der sogenannte Kiel. Die Färbung des ganzen Körper ist unauffällig, jedoch ist die Afterflosse immer karottenrot. Oft sind auch die vorne liegenden Flossen deutlich rot gefärbt (Abb. 7.77). Die Rükkenflosse hat 10–13, die Afterflosse 12–15 Strahlen, und in der Seitenlinie befinden sich 34–43 Schuppen. Die für die im Rhein lebenden Exemplare typischen morphometrischen und meristischen Merkmale sind in Tabelle 20 zu finden.

Verbreitung: Die Verbreitung der Rotfeder erstreckt sich von Frankreich bis zum äußersten Osten Europas. Im Norden sind Irland, England und die südlichsten Gebiete Skandinaviens von der Rotfeder besiedelt, im Süden fehlt sie in Italien, Spanien und Griechenland (Abb. 7.78).

Bionomie: Das Vorkommen ist primär an stehende Nebengewässer mit Bewuchs durch Unterwasserpflanzen gebunden. Eine schwache Strömung schließt sein Vorkommen nicht aus, jedoch sind die Pflanzen unerläßlich als Laichsubstrat und wichtige Nahrungsquelle. Die Rotfeder zählt zu unseren wenigen pflanzenfressenden Fischarten. Planktonischen Organismen werden auch aufgenommen, aber entscheidend wichtiger ist Vegetation mit Aufwuchs. Die Laichvorgänge spielen sich in sehr kleinen Gruppen, oft nur paarweise ab. Die klebrigen Eier werden an die Pflanzen angeheftet. Die Eierstöcke reifen in 2 Etappen, was der Art ermöglicht, die Laichperiode auszudehnen. Besonders wichtig ist dies während der schwankenden Wasserstände. Wenn eine Eiablage trocken fällt, kann die zweite noch zum Erfolg der Reproduktion führen. Die Rotfeder ist ausgesprochen unempfindlich in bezug auf Sauerstoffschwankungen und hohe Wassertemperaturen. Als Schutzmaßnahme für die Rotfeder ist die Restaurierung von Biotopen nützlicher als teuere und oft sinnlose Besatzmaßnahmen.

Bedeutung: Innerhalb der Artengemeinschaft der stehenden Gewässer vertritt die Rotfeder die Rolle der pflanzenfressenden Arten. Wirtschaftlich spielt die Rotfeder eine untergeordnete Rolle.

Abb. 7.77. Rotfeder

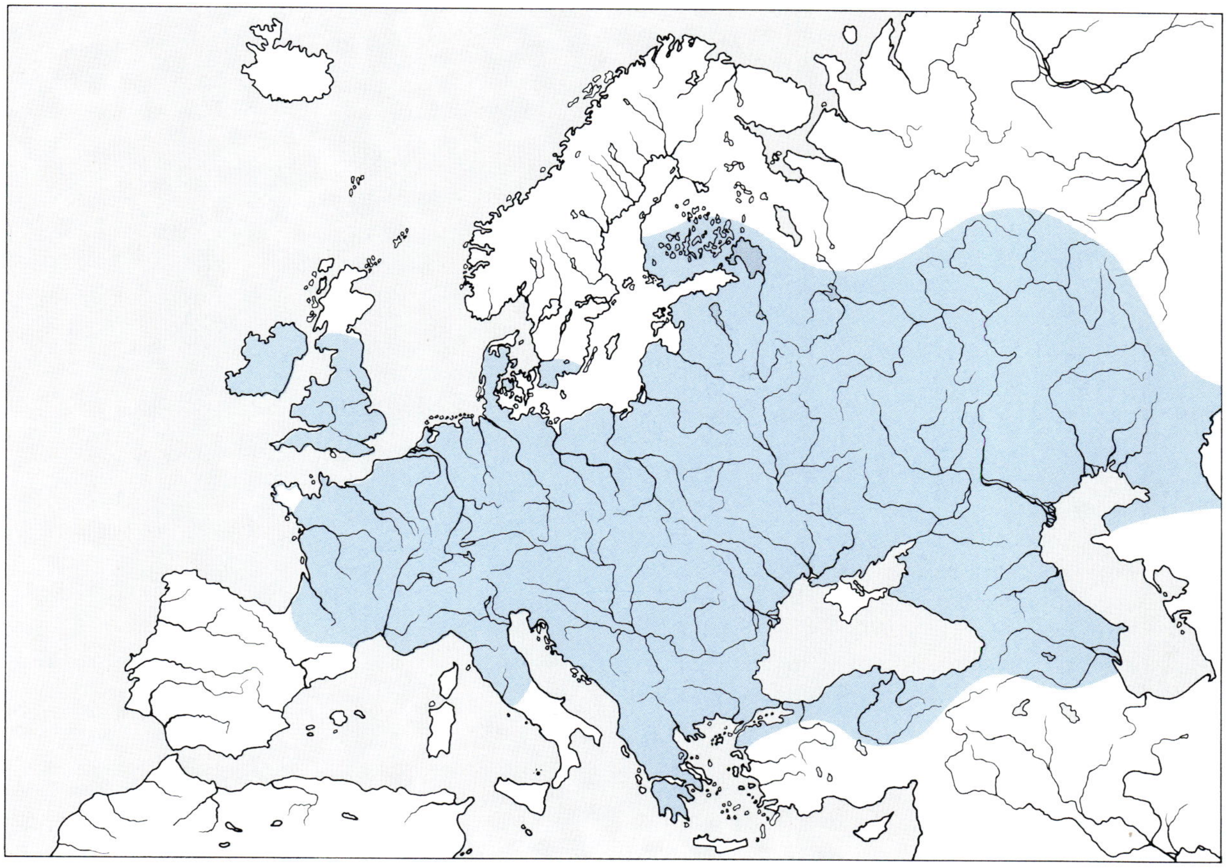

Abb. 7.78. Verbreitung der Rotfeder in Europa.

7.9.20 Schleie *Tinca tinca* (Linnaeus)

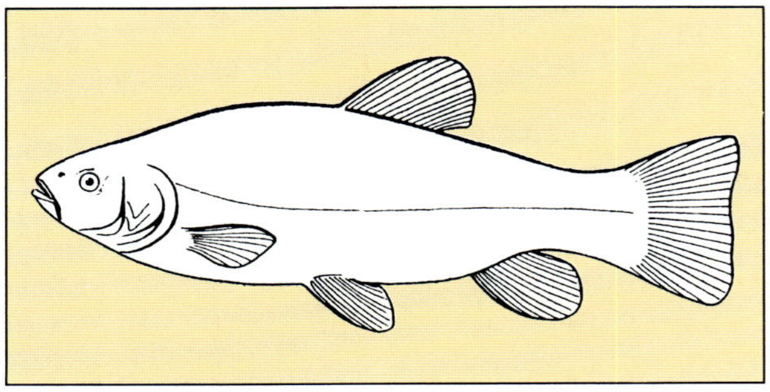

Eine heutzutage seltene Fischart der Rhein-Nebengewässer ist die Schleie. Die Unterscheidung von anderen Fischarten stellt keine Probleme dar: Die Farbe des Fisches ist schon im jüngsten Lebensstadium dunkelgrünlich, bei älteren Individuen kommt ein goldgelber Farbton hinzu. Die Bauchseite ist hellgelb, der Kopf klein, und in der Mundspalte befindet sich auf jeder Seite eine Bartel (Abb. 7.79). Auffallend sind die Geschlechtsunterschiede. Beim Milchner ist der 2. Bauchflossenstrahl verdickt und zur Laichzeit sind die Flossenflächen sichtbar vergrößert. Die Rückenflosse hat 11–12, die Afterflosse 9–11 Strahlen, und in der Seitenlinie befinden sich 87–115 Schuppen. Für die Merkmale der Rhein-Exemplare siehe Tabelle 21.

Verbreitung: Die Schleie ist beinahe in allen Gebieten Europas bis tief in den Osten hinein verbreitet. Skandinavien ist nur im Süden besiedelt, und auf dem westlichen Balkan fehlt diese Art (Abb. 7.80). In den Nebengewässern des Rheins ist die natürliche Verbreitung auf die mit Pflanzengürteln versehenen stehenden Gewässer beschränkt. Im Hauptstrom kommt die Schleie nur ausnahmsweise und in den Nebengewässern sporadisch vor.

Bionomie: Die Lebensweise der Schleie weist auf die Anpassung an das Leben unter extremen Bedingungen, wie z. B. hohe Temperaturen und Sauerstoffdefizite, hin. Zur Fortpflanzung sind die submersen Pflanzen unentbehrlich, aber es muß nicht unbedingt Bewuchs mit grünem Laub sein. Schon im Wasser schwebendes Wurzelwerk des Schilfes genügt zum Anheften der klebrigen Eier. Das Nahrungsspektrum ist vom lokalen Angebot abhängig: von planktonischen Organismen zur Fauna des Gewässergrundes bis hin zum Aufwuchs an submersen Pflanzen. Das Wachstum ist sehr unterschiedlich und hängt vom Nahrungsangebot ab. Bekannt sind Exemplare beachtlicher Größe von 40 cm Länge aber auch kleinbleibende Schleien aus nährstoffarmen Gewässern.

Bedeutung: In stehendem und sehr langsam fließenden Wasser kann die Schleie bei der Bekämpfung der Stechmücken sehr wirksam sein. Auch ihre wirtschaftliche Bedeutung darf nicht unerwähnt bleiben, denn es handelt sich um einen hochgeschätzten Speisefisch. Die Steigerung der Bestände wäre aus vieler Hinsicht wünschenswert. Solange der Zustand der Nebengewässer kritisch ist, sind jedoch Besatzmaßnahmen nur als Überbrückung zu werten. Von einem Besatz mit dem räuberisch lebenden Wels in Gewässer, in denen die Schleie selten ist, muß dringend abgeraten werden. Dies gilt für viele Nebengewässer des Rheins.

Abb. 7.79. Schleie

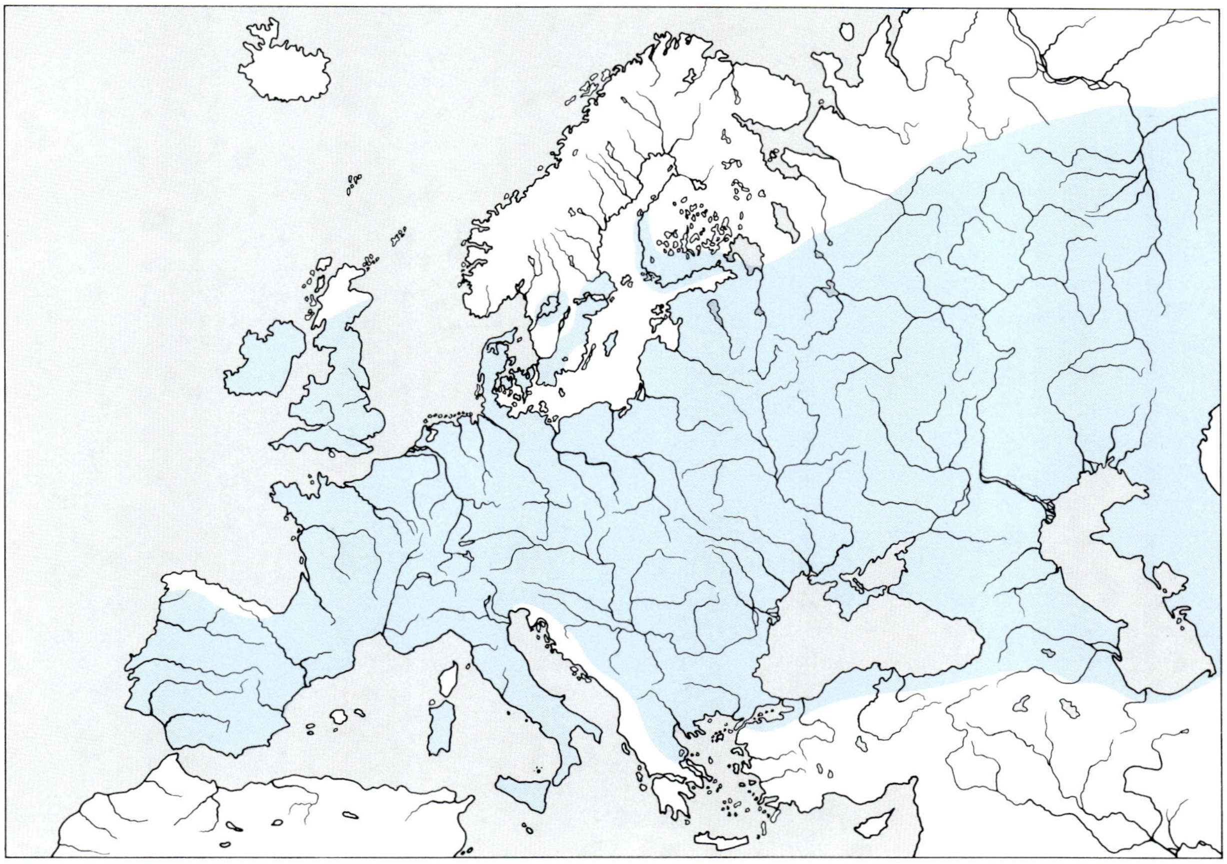

Abb. 7.80. Die Verbreitung der Schleie.

7.9.21 Schneider
Alburnoides bipunctatus (Bloch)

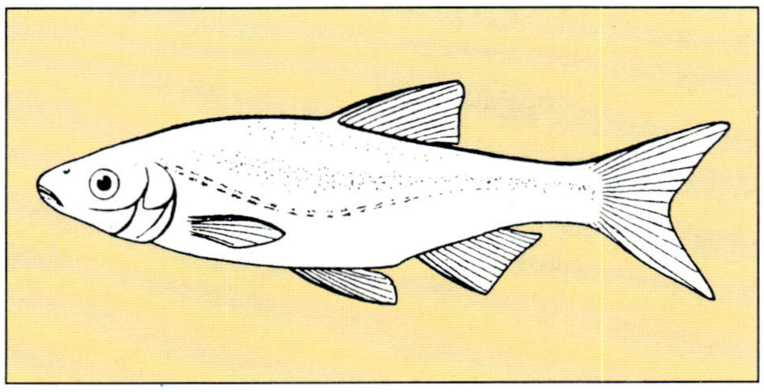

Der Schneider ist eine kleine Fischart. Er war früher im südlichsten Oberrhein und seinen Zuflüssen häufig vorhanden. Die Erkennung des Fisches ist äußerst einfach. Auf einem beinahe zierlichen, abgeflachten Körper zieht sich eine vollständige, gebogene Seitenlinie hin, deren Auffälligkeit noch durch schwarze Pigmentierung unterstrichen wird. Die Chromatophoren sind in 2 parallelen Reihen deutlich sichtbar. Hinzu kommt noch ein dunkler Streifen oberhalb der Seitenlinie, der vom Kiemendeckel bis zur Schwanzflosse reicht. Die Basen der Paarflossen und der Afterflosse sind orangegelb gefärbt (Abb. 7.81). Die Rückenflosse hat 10–12, die Afterflosse 15–20 Strahlen. In der Seitenlinie sind 44–55 Schuppen. Die morphometrischen und weitere meristische Merkmale der Exemplare aus dem Rhein sind in Tabelle 22 wiedergegeben.

Verbreitung: Ursprünglich war der Schneider von Frankreich bis tief in den Osten Europas weit verbreitet. In südlichen und nördlichen Teilen Europas kommt der Schneider nicht vor (Abb. 7.82). Über das Auftreten im Rhein fehlen zuverlässige Informationen. Der Ukelei wurde häufig als Schneider bezeichnet, wodurch viele Informationen in Zweifel geraten sind. Berg et al. (1989) [33] stellten im Einklang mit unseren Untersuchungen fest, daß nur vereinzelte Exemplare nachgewiesen wurden. Die Fundorte aus dem Rhein beschränken sich auf die Einmündung der Birs und auf das Vorkommen im Restrhein.

Bionomie: Der Schneider besiedelt nur Gewässer mit mäßiger bis stärkerer Strömung. Dort halten sich die Fische in Schwärmen auf. Bevorzugte Standorte sind solche, wo die starke, turbulente Strömung sich beruhigt und das Wasser über große Steine oder grobe Bettunebenheiten langsamer fließt. Die Nahrung besteht fast ausschließlich aus Insektenlarven, nur ein Bruchteil aus Insektenanflug [182]. Der Schneider ist standorttreu. Während der Laichzeit suchen die Schwärme flachere, grobsandige und kiesige Abschnitte auf, wo die Eier in die Zwischenräume des aufwuchsfreien Bodensubstrates abgelegt werden. Das Laichkleid eines Milchners ist aus Abbildung 7.81 ersichtlich.

Der Bewuchs mit submersen Pflanzen ist für das Vorkommen des Schneiders unbedeutend. Die Ansprüche an den Sauerstoffgehalt im Wasser sind hoch; dennoch verträgt er hohe sommerliche Wassertemperaturen. Dauerhaftes Vorkommen ist nur in einem Flußbett ohne Algenbelag garantiert. Während der Eutrophierung der Gewässer mit ausgewaschenen anorganischen Düngemitteln wurde die Feinststrukturierung des Flußbettes, besonders die Zwischenräume der steinigen Stellen mit Aufwuchs von Algen und bakteriellen Belegen aufgefüllt. Dadurch gingen die erforderlichen Nischen verloren. Besonders in den kleinen Flüßchen der Äschenregion verschwand diese Art völlig. Heute bieten sich dem Schneider nur noch in wenigen Abschnitten des Restrheins und den Einmündungen der Zuflüsse geeignete Lebensräume an.

Bedeutung: Die Bedeutung dieser Art liegt nicht in der ökonomischen Nutzung, sondern darin, daß sie die Artengemeinschaft vervollständigt. Der Schneider füllt die Lebensräume aus, die von anderen Fischarten weniger genutzt werden. Hinzu kommt noch sein hoher Wert als Indikator für saubere Flußstrecken. Auch in der Nahrungskette der aquatischen Wirbeltiere und der fischfressenden Vögel nimmt er einen wichtigen Platz ein. Rettungsaktionen mit Hilfe von Besatzmaßnahmen werden ergebnislos bleiben, solange die Eutrophierung nicht reduziert worden ist und geeignete Biotope zur Verfügung stehen. In Baden-Württemberg sind erste Anzeichen zur Erholung der Bestände beoachtet worden [33].

Abb. 7.81. Schneider

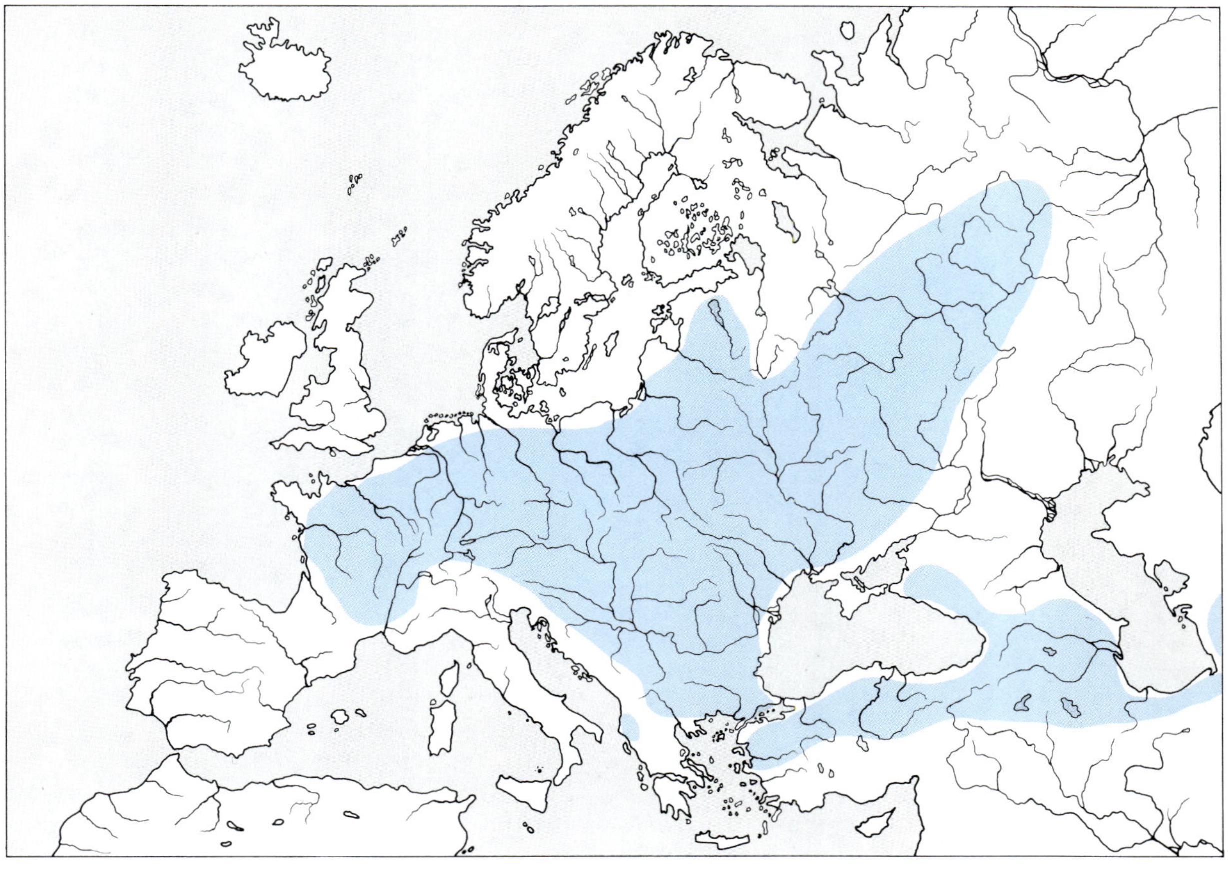

Abb. 7.82. Die Verbreitung des Schneiders in Europa und angrenzenden Gebieten.

7.9.22 Silberkarpfen

Hypophthalmichthys molitrix (Valenciennes)

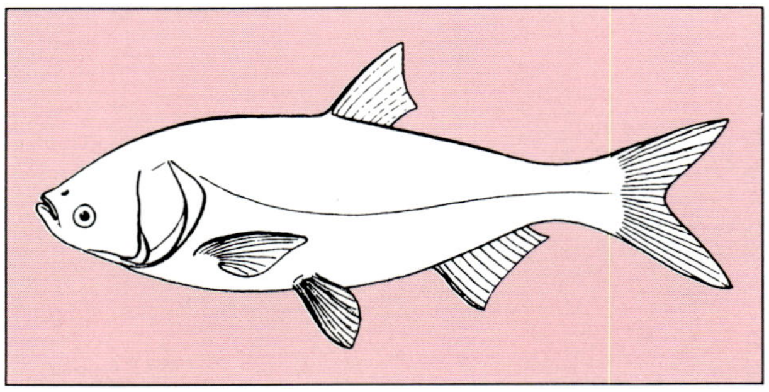

Der Silberkarpfen ist eine aus dem Orient eingeschleppte Art. Er wurde im Hauptstrom des Rheins noch nicht nachgewiesen. Vereinzelte Belege stammen aus Baggerseen, die eine offene Verbindung zum Rhein haben.

Der Silberkarpfen ist ein robust bis dick aussehender Fisch mit niedrig aufgesetzten Augen, schmalen Flossen und sehr kleinen Schuppen. Die Rückenflosse hat 9–10, die Afterflosse 14–17 Strahlen, in der Seitenlinie sind 110–124 Schuppen vorhanden.

Verbreitung, Bionomie und Bedeutung: Über Art und Zeitpunkt der Einführung des Silberkarpfens gibt es keine genauen Informationen. In China wurde er schon vor 1000 Jahren als Zuchtfisch gehalten. Seine Nahrung besteht aus Algenplankton. Eine Fortpflanzung im Rhein konnte nicht nachgewiesen werden. Die Gefahr, daß diese Art im Rhein heimisch werden könnte, ist äußerst gering. Die für die Fortpflanzung des Silberkarpfens (Ablaichen, Abwachsen der Larven) notwendigen Voraussetzungen sind nicht gegeben.

Anmerkung: Es ist nicht auszuschließen, daß auch der Marmorkarpfen *Aristichthys nobilis* (Bleeker), zusammen mit der oben genannten Art eingeschleppt worden ist. Darüber liegen aber nur mündliche, bisher nicht bestätigte Berichte vor.

7.9.23 Strömer

Leuciscus souffia agassizi (Valenciennes)

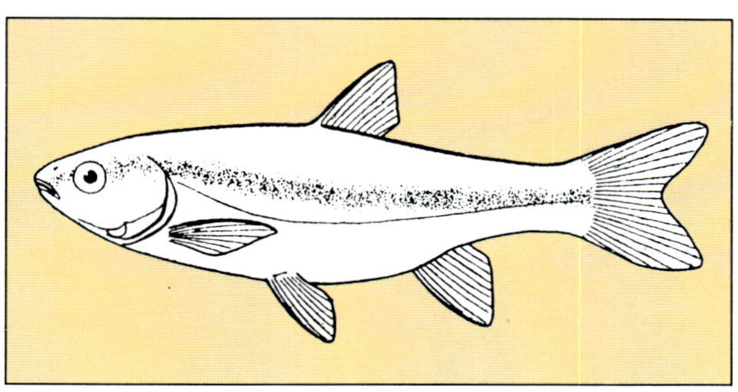

Der Strömer ist eine kleine Fischart der oberen Rheinstrecken und Zuflüsse. Die Erkennung des Strömers ist problemlos. Abgesehen von frühjuvenilen Stadien ist an den Seiten des Fisches ein sehr dunkler, breiter Streifen auffällig sichtbar, der sich vom Auge bis zur Schwanzflosse hinzieht. Die maximale Länge überschreitet kaum 18 cm. Von den insgesamt vier *Leuciscus*-Arten ist diese am farbigsten. Die Rückenpartie ist während der Laichzeit dunkel bis blauschwarz. Die Basen der paarigen Flossen und der Afterflosse sind orangerötlich, ebenso wie die Verbindungen der Kiemendeckelknochen. Die Bauchseite ist silbrig hell (Abb. 7.83). Die morphometrischen und meristischen Merkmale sind in Tabelle 23 aufgeführt.

Verbreitung: Der Kern der Verbreitung des Strömers liegt in Flüssen, die von den Alpen kommen (Abb. 7.84). Früher war diese Art aus dem Oberrhein und seinen Zuflüssen sowie aus den Nebenflüssen der oberen Donau in Bayern und Österreich bekannt (1858) [94]. Berg, L. S. (1932) [31] beschrieb sein Vorkommen für Gebiete in Hochrhein, in Aare sowie im Vierwaldstätter See, Zürich-, Walen-, Thuner-, Bieler- und Neuenburger See. Der Strömer fehlte aber im Bodensee. Lauterborn (1916) [154] fand ihn im Hochrhein recht häufig, wo er heute noch regelmäßig vorkommt (R. Müller, pers. Mittlg.). Im Oberrhein dagegen wurde er nur noch in der Mündung der Birs nachgewiesen. Die heutige inselartige Verbreitung läßt sich im Einklang mit Klausewitz (1974) [129b] und Berg, R. et al. (1989) [33] nur dadurch erklären, daß aufgrund der Beeinträchtigung der Gewässer durch wasserbauliche Maßnahmen die Bestände zurückgegangen sind.

Bionomie: Die Lebensweise des Strömers benötigt noch weitere, eingehendere Untersuchungen. Bekannt ist, daß seine Laichplätze in kiesigen und steinigen Abschnitten des strömenden Wassers liegen. Nach unseren gelegentlichen Beobachtungen und Befischungen an Stellen seines Vorkommens in der Birs steht fest, daß erhebliche jahreszeitlich bedingte Standortwechsel stattfinden.

Bedrohung: Die Ursachen des nahezu völligen Verschwindens dieser Art lassen sich mit denen des Schneiders vergleichen (s. Kpt. 7.9.21). Allen Berichten nach muß der Strömer aber auf alle anthropogenen Veränderungen noch empfindlicher reagieren als der Schneider. Die Rettungsmaßnahmen sollten sich z. Zt. nur auf den Schutz der heute noch existierenden Lebensräume konzentrieren. Die laufenden Labor- und Freilanduntersuchungen (Bundesforschungsanstalt für Naturschutz und Landschaftsökologie, Institut für Naturschutz und Tierökologie, Bonn; EAWAG/ETH, Kastanienbaum) werden schon bald konkrete und sinnvolle Empfehlungen liefern können, um eine einheimische Fischart vor dem Aussterben zu bewahren. Wirtschaftlich hat der Strömer keine Bedeutung.

Abb. 7.83. Strömer

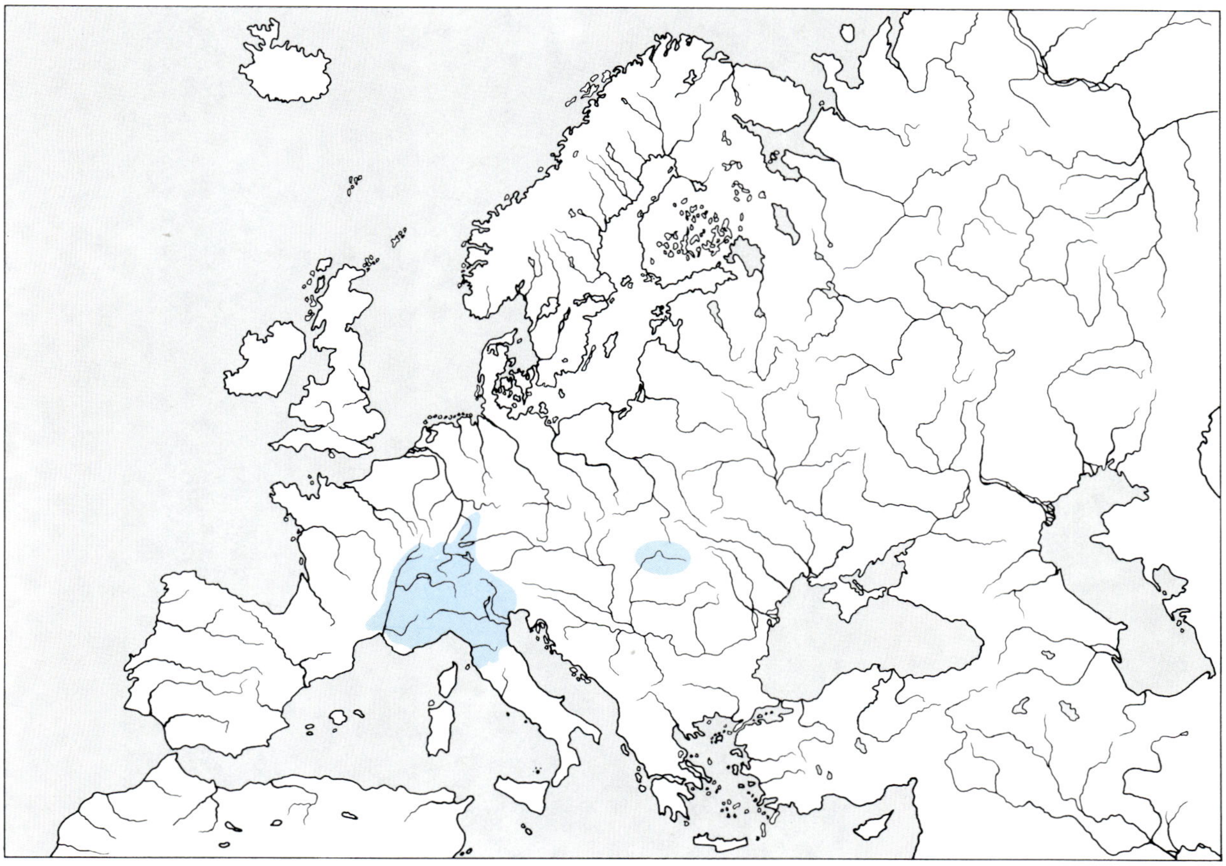

Abb. 7.84. Die ursprüngliche Verbreitung des Strömers in Europa.

7.9.24 Ukelei *Alburnus alburnus* (Linnaeus)

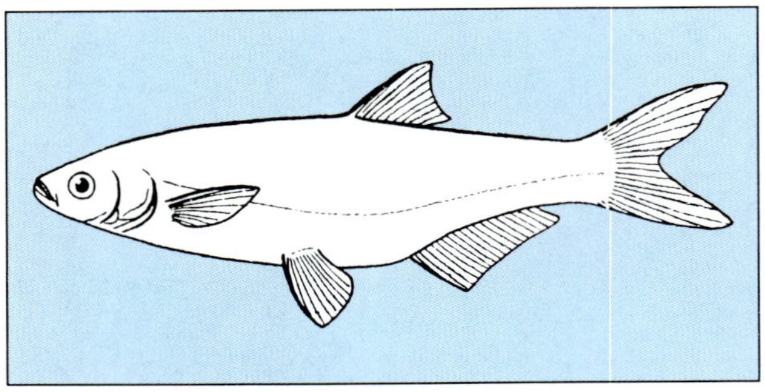

Der Ukelei ist eine der kleinen, aber im Rhein häufigsten Fischarten. Er ist problemlos von anderen karpfenartigen Fischen zu unterscheiden. In allen Entwicklungsstadien ist er ein zierlicher, seitlich abgeflachter Fisch mit deutlich oberständigem Maul, breiter Afterflosse und silbrig glänzenden Schuppen. Die Rückenpartie ist graugrünlich (Abb. 7.85). In der Rückenflosse sind 10–12, in der Afterflosse 17–23 Strahlen und in der Seitenlinie 45–55 Schuppen. Die wichtigsten morphometrischen und weitere meristische Merkmale der Exemplare aus dem Rhein sind Tabelle 24 zu entnehmen.

Verbreitung: Der Ukelei ist von Frankreich bis weit nach Osten hin verbreitet; er fehlt im nördlichsten Skandinavien und auch im Süden Europas (Abb. 7.86). Die Verbreitungsdichte des Ukeleis im Rhein ist unterschiedlich, er fehlt aber nur an wenigen Stellen. Verallgemeinernd läßt sich sagen, daß die Häufigkeit vom Hochrhein zum Niederrhein unregelmäßig zunimmt (Abb. 7.87). Im Rhein-Seitenkanal konnte er bei Probeentnahmen nicht festgestellt werden. Nach Auskunft der Fischer ist die Art aber auch dort vorhanden.

Bionomie: Die Lebensweise des Ukeleis ermöglicht ihm ein beinahe universales Vorkommen. Es handelt sich um eine Fischart, die, mit Ausnahme der jüngsten Lebensstadien, in den oberen Teilen des freien Wassers lebt (pelagisch). Ihre Ansprüche auf das Laichsubstrat sind fast überall erfüllt: nicht bewachsene, harte Objekte in Ufernähe, wie z. B. Steine zur Befestigung der Uferlinie, Kiesbänke, Buhnen oder rauhe Betonwände.

Das Ablaichen muß nicht unbedingt in einer Phase erfolgen. Ein Wetterumschwung unterbricht z. B. den Laichvorgang kurzfristig, aber nach einer geringfügigen Wetterbesserung geht das Ablaichen weiter. Schon nach der larvalen Phase leben die Jungfische in Schwärmen an schwach strömenden und stillen Stellen des Rheins, wie z. B. in Buchten, im Stromschatten der Buhnen und in Hafenanlagen. Der Ukelei lebt ausschließlich von tierischer Nahrung, insbesondere von Insektenlarven. Die adulten Individuen nutzen die Driftnahrung an der Wasseroberfläche. Das Leben in Schwärmen schützt die Fische vor räuberischem Zugriff. Nur während der Wasserabkühlung, wenn die Ukeleien tiefere Stellen aufsuchen, dienen sie dem räuberisch lebenden Zander und dem Hecht als Futterfisch.

Die ältesten nachgewiesenen Exemplare waren 5 Jahre alt und erreichten eine Körperlänge von etwa 16 cm. Die am häufigsten vertretenen Altersgruppen waren Fische im 1., 2. und 3. Lebensjahr. Das Wachstum war gut. Gegen Ende der Vegetationsperiode erreichten die im gleichen Jahr geschlüpften Exemplare eine Körperlänge von 2–3 cm, im 2. Jahr von 7–8 cm und im 3. Jahr von durchschnittlich 12 cm. Im Vergleich zu Populationen aus Seen erscheint das Wachstum der Fluß-Ukeleien langsamer und ihre Lebenserwartung kürzer [28].

Bedeutung: Die einzige Bedeutung des Ukeleis liegt in der Ausnutzung der wirbellosen Biozönose als Nahrungsquelle. In den Nebengewässern, wo der Ukelei auch vorkommt, dient er den fischfressenden Vögeln, besonders dem Graureiher, als Nahrung.

Sollte sich jedoch der intensiv geschützte Rapfen (s. Kap. 7.9.17) stark vermehren, so könnte auch ihm der Ukelei als Nahrung dienen. Auf diesem Wege würde die gewaltige Ichthyomasse in wertvolleres Fischfleisch umgesetzt werden. (In der Vergangenheit wurde aus den guaninreichen, silbrigen Schuppen des Ukeleis „Perlenessenz“ hergestellt.)

Abb. 7.85. Ukelei

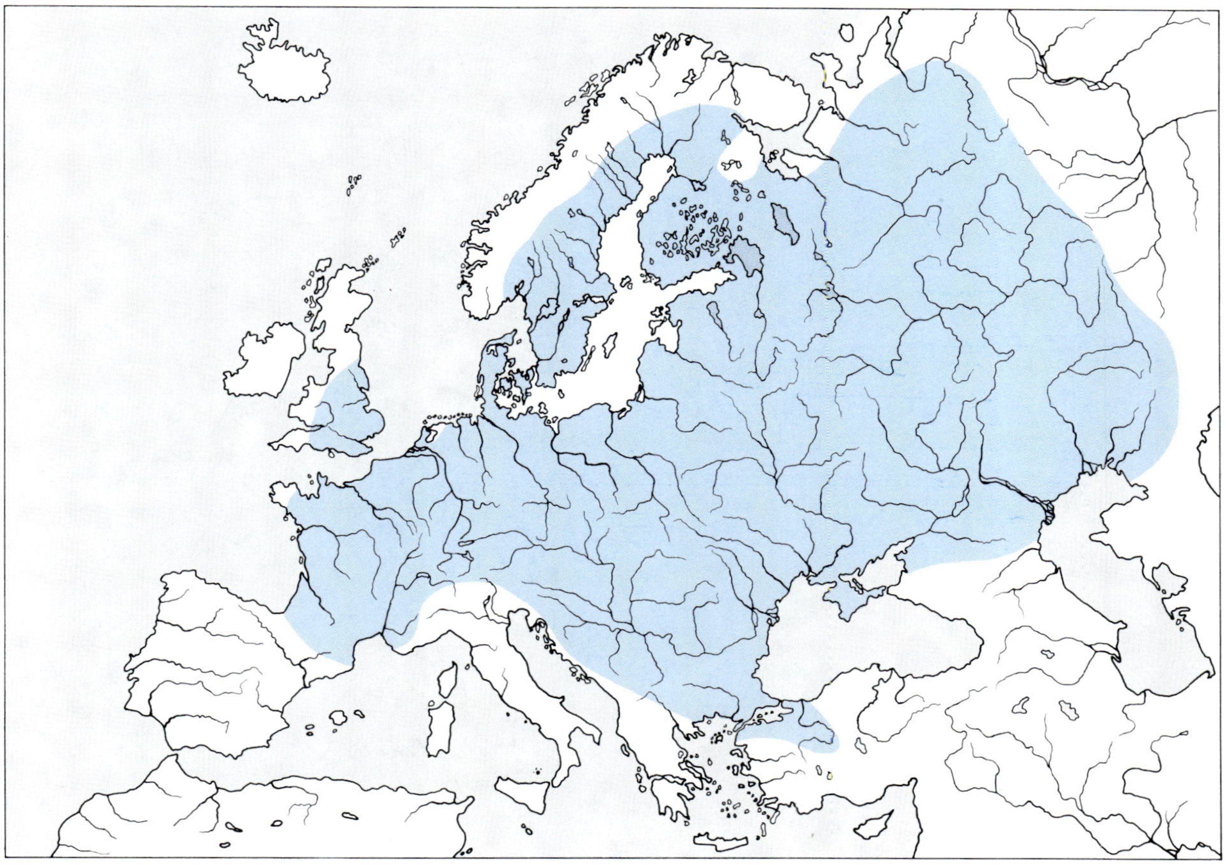

Abb. 7.86. Verbreitung des Ukeleis in Europa und angrenzenden Gebieten.

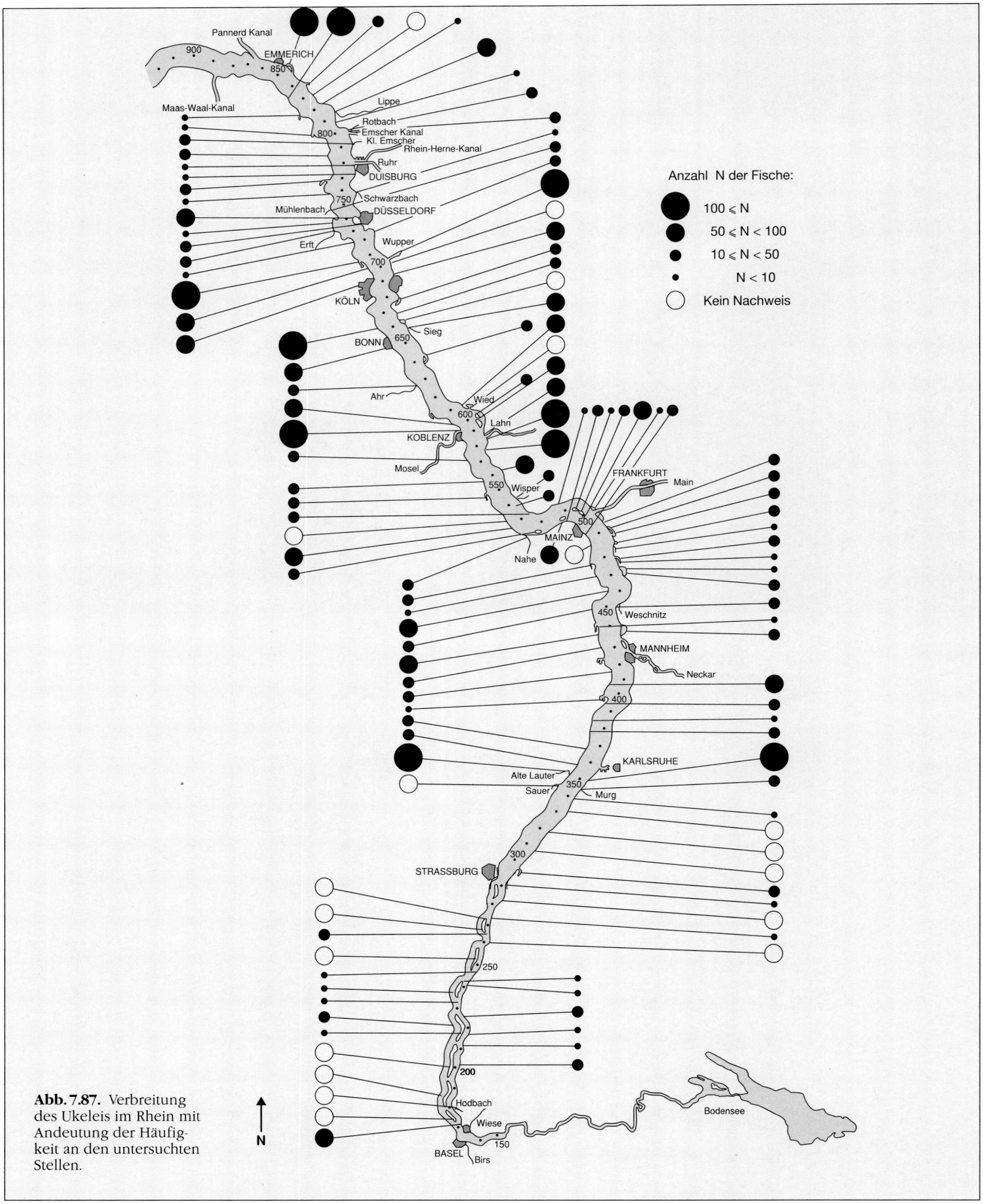

Abb. 7.87. Verbreitung des Ukeleis im Rhein mit Andeutung der Häufigkeit an den untersuchten Stellen.

7.9.25 **Zährte** *Vimba vimba* (Linnaeus)

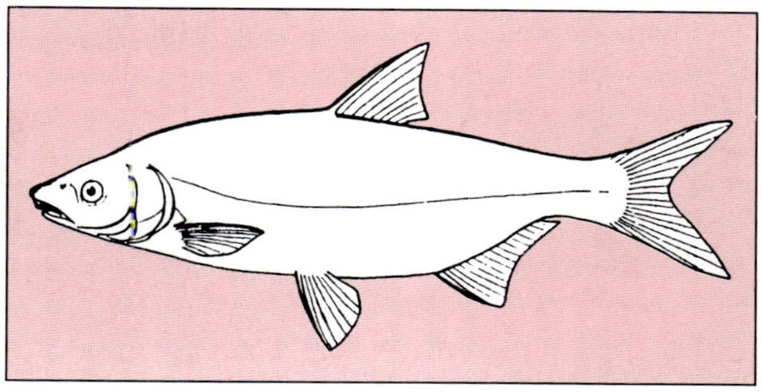

Die Zährte läßt sich von anderen äußerlich vergleichbaren Arten leicht und zuverlässig unterscheiden. Die Schnauze ist lang, weich und spitz, die Mundöffnung unterständig. Die Färbung ist je nach Jahreszeit, bzw. Laichsaison, sehr verschieden. Die Rückenpartie der laichreifen Exemplare, besonders der Milchner, ist dunkel bis schwarz, die Bauchseite strahlend orangefarbig angelegt die Rogner sind etwas blasser gefärbt. Außerhalb der Fortpflanzungssaison ist der Rücken dunkelgrau, die Bauchseite silbrig hell (Abb. 7.88). Die entscheidenden meristischen Merkmale sind: Rückenflosse 11–12, Afterflosse 21–24 Strahlen, und in der Seitenlinie sind 57–64 Schuppen.

Verbreitung: Die natürliche Verbreitung der Zährte liegt östlich des Rheins (Abb. 7.89). In den Rhein und seine Zuflüsse wurde sie vermutlich aus der Donau, wo sie heimisch ist, zusammen mit für Besatz vorgesehenen anderen Fischen eingeschleppt. Funde liegen aus der Mündung der Mosel vor [213]. Ebenfalls gemeldet wurde ihr Vorkommen in der Lippe, einem Zufluß des Niederrheins. In dieses Gebiet dürfte die Zährte durch den Rhein-Herne-Kanal oder den Wesel-Dattel-Kanal aus dem Einzugsgebiet der Ems, wo sie angesiedelt ist, zum Rhein vorgedrungen sein. Auch aus dem Main liegen Belege vor. Nach Fertigstellung des Rhein-Donau-Kanals ist die dauerhafte Ansiedlung der Zährte im Rhein nicht auszuschließen. Auf die Möglichkeit der Bastardierung mit der Blicke wurde schon hingewiesen [19 a]. Die Ausbreitung der Zährte ist unerwünscht, da sie heimische Arten verdrängen könnte.

Bionomie: Die Lebensweise der Zährte ist aus dem Donaugebiet bekannt. Der Fisch besiedelt untere Flußstrecken, sogenannte Brachsenregionen. Im Frühjahr steigt er stromaufwärts und laicht auf hartem, steinigem Substrat ab.

Abb. 7.88. Zährte

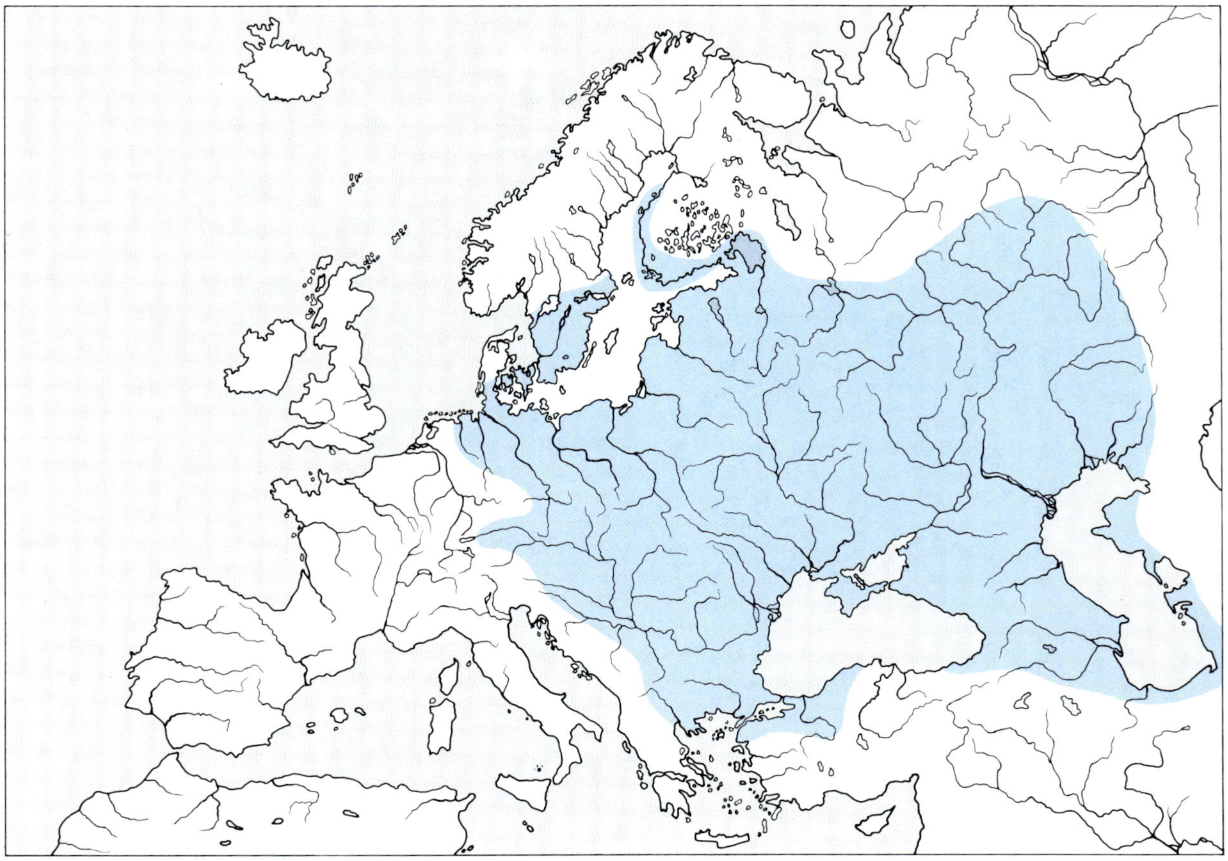

Abb. 7.89. Verbreitungsgebiet der Zährte.

7.10 Schmerlen *Cobitidae*

Im Rhein kommen 3 Arten vor. Typisch für die Familie der sogenannten kleinen Grundfische ist ein walzenförmiger, langgestreckter Körper. Das Maul ist unterständig und mit Barteln versehen. Die Schlundzähne sind vorhanden, die Kiefer sind zahnlos. Der vordere Teil der Schwimmblase endet in einer Knochenkapsel.

7.10.1 Bachschmerle

Noemacheilus barbatulus (Linnaeus)

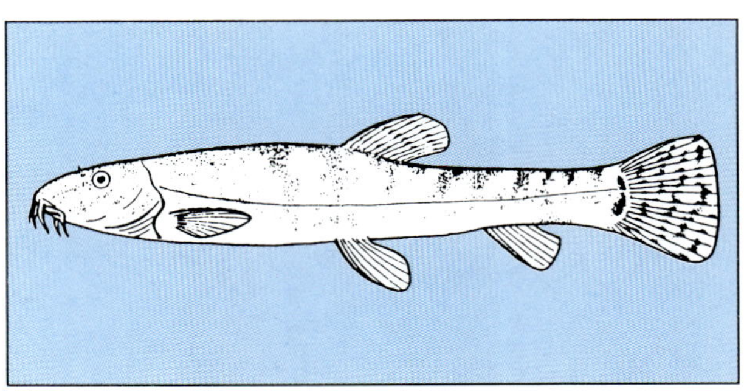

Die Bachschmerle ist ein typischer Repräsentant der kleinen Fischarten, die dauerhaft die Stromsohlen besiedeln. Sie erreicht eine maximale Größe von etwa 15–17 cm. Ihr Körper ist oval. Das unterständige Maul trägt 6 Barteln, davon 4 an der Spitze der Schnauze und eine auf jeder Seite der Mundspalte. Von den abgerundeten Flossen hat die Brustflosse die größte Fläche. Die Schuppen sind tief in der Haut eingebettet. Die Färbung der Bachschmerle ist der Umgebung angepaßt. In sauberen Gewässern ist die dunkle Marmorierung des Rückens und der Körperseiten zu erkennen. Die Bauchseite ist hell. In trüben, mäßig verunreinigten Gewässern ist die Färbung fast gleichmäßig bräunlich, nur die Bauchseite ist heller (Abb. 7.90). In der Rückenflosse sind 10–11, in der Afterflosse 8–9 Strahlen. Die morphometrischen und weitere meristische Merkmale der Exemplare aus dem Rhein sind in Tabelle 25 aufgeführt.

Verbreitung: Die Bachschmerle kommt von den Pyrenäen bis tief nach Asien hinein vor (Abb. 7.91). (Der Ursprungskern der europäischen Schmerle liegt in Asien.) Im Rhein ist die Bachschmerle vom Hochrhein bis zu den Niederlanden zu finden. Ihr Vorkommen ist jedoch unterschiedlich dicht, und bisher fehlt sie in den Abschnitten, die in den letzten Jahren durch Verunreinigungen stark belastet waren. Die Bachschmerle fehlt ebenfalls an mit groben Steinen befestigten Uferlinien. Im allgemeinen lagen die Fundorte an strukturierten Übergängen zwischen Nebengewässern und Hauptstrom sowie tief in den Einmündungen, besonders der kleinsten Rheinzuflüsse.

Bionomie: Die Toleranz der Schmerle gegen Verunreinigung, ihre Ausbreitung [46] sowie die Fortpflanzungsbiologie und ihre Stellung innerhalb der Artengemeinschaften wurden gründlich untersucht. Alle Ergebnisse beziehen sich jedoch auf Abschnitte kleiner Gewässer, die als Forellen- und Äschenregion bekannt sind.

Die Vermehrung der Bachschmerle findet in strömendem Wasser statt. Die klebrigen Eier werden an sauberen Steinen in seichtem Wasser angeheftet. Der Milchner bewacht den Laich. Ob die Fortpflanzung im Hauptstrom erfolgreich sein kann, wo der Wasserstand sich häufig ändert und seichte Strecken durch Wellenschlag beeinträchtigt werden, ist fraglich.

Bedeutung: Für den Rhein ist die Bachschmerle ohne wirtschaftliche Bedeutung. Zur Erhöhung ihres Bestandes im Rhein könnte eine ökologisch sinnvolle Umgestaltung der Mündungsgebiete der Zuflüsse beitragen.

Abb. 7.90. Bachschmerle, gut getarnt im Flußbett.

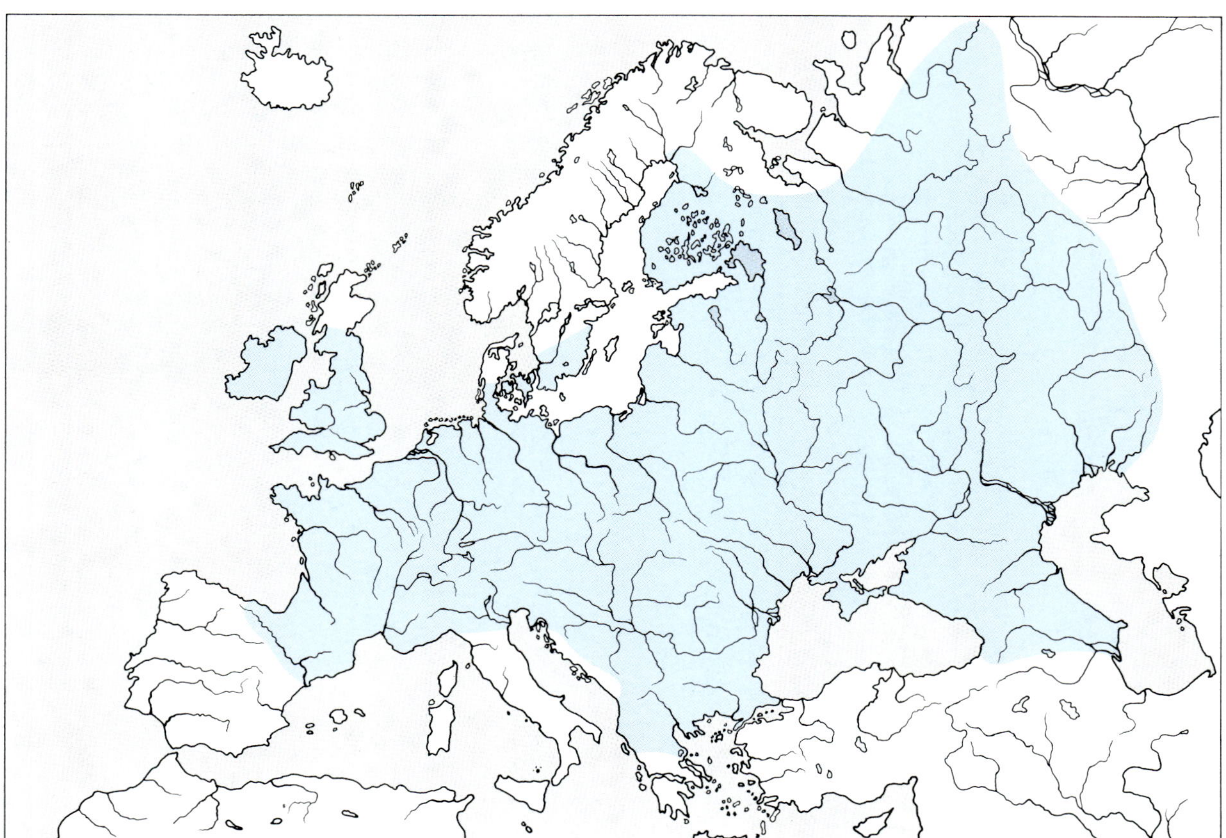

Abb. 7.91. Verbreitung der Bachschmerle.

7.10.2 Schlammpeitzger

Misgurnus fossilis Linnaeus

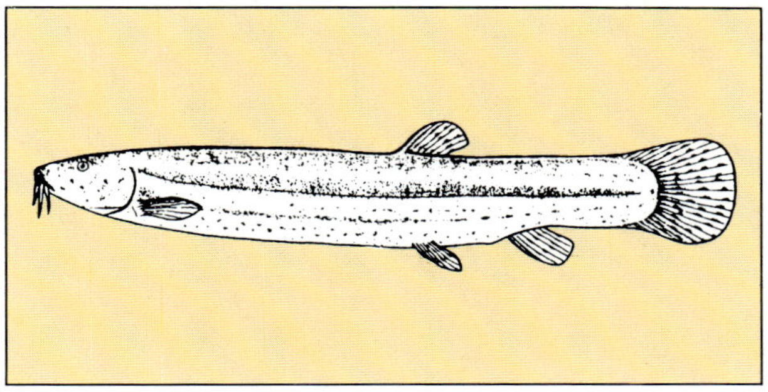

Der Schlammpeitzger repräsentiert die größte Schmerlenart; Exemplare von 20–25 cm Länge sind keine Ausnahme. Er lebte früher nicht im Rhein selbst, sondern in dessen sumpfigen Seitengewässern. Die Bestimmung dieses Fisches ist problemlos: An den Körperseiten entlang ziehen sich 3 dunkle Streifen, wobei der mittlere und breiteste vom Auge bis zur Schwanzflosse reicht. Der Mund ist unterständig. Es sind 10 Barteln vorhanden, davon 2 Paare auf dem Oberkiefer, ein Paar im Mundwinkel und 2 Paare auf dem Unterkiefer. Die Färbung ist je nach Standort und Jahreszeit verschieden (Abb. 7.92). Das breiteste Seitenband hat dieselbe Färbung wie die Rükkenpartie. Die restlichen Streifen sind oft nur angedeutet. Die Körperfläche ist zur Bauchseite hin ockergelb oder ockerbraun, im Frühjahr und besonders während der Laichzeit deutlich strahlend orangerot. Die Rückenflosse hat 7–11, die Afterflosse 7–8 Strahlen, und die Schuppen sind tief in die Haut eingebettet. Weitere morphometrische und meristische Merkmale sind Tabelle 7 zu entnehmen.

Verbreitung: Das Zentrum des Vorkommens des Schlammpeitzgers liegt in Osteuropa. Es erstreckt sich von Frankreich, mit Ausnahme des Rhone-Einzugsgebietes, südlich der Alpen entlang nach dem Südosten Europas (Abb. 7.93). Im strömenden Rhein selbst war das Vorkommen eher die Ausnahme, dagegen stellten die Nebengewässer die Hauptbiotope dar. Heute kommt der Schlammpeitzger trotz Verbesserung der Wasserqualität in den Altrheinen und Tümpeln nur sehr selten vor. Berg et al. (1989) [33] konnten diese Art im südlichen Oberrhein ebenfalls nur als äußerst selten einstufen. In den Nebengewässern des nördlichen Oberrheins wurde sein Vorkommen auch in den für ihn bestens geeigneten Biotopen nicht nachgewiesen. Lediglich in sumpfigen, etwa 2–4 km vom Strom entfernten Kanälen wurden besiedelte Habitate gefunden. Desto mehr überrascht der Fund dieser Art im Rechengut des Kühlwassers eines Elektrizitätswerkes in der Nähe von Karlsruhe [283].

Bionomie: Die Lebensweise des Schlammpeitzgers ist den sumpfigen Gebieten mit weitgehend zugewachsenen Tümpeln und Kanälen angepaßt. Diese Art kann dauerhaft in Gewässern mit sehr großer Faulschlammschicht am Boden leben. Der Fisch ist fähig, den Sauerstoff aus der Luft aufzunehmen, wozu ihm das Epithelium des Enddarmes dient. Die Schlammpeitzger sind vor allem dämmerungsaktiv. Zur Zeit der erhöhten Wasserstände im Frühjahr laichen die Fische auf den überfluteten Pflanzen ab. Die Larven schlüpfen bei einer Wassertemperatur von 15–20 °C in 4–5 Tagen aus den Eiern.

Bedeutung: Der Schlammpeitzger war wichtig für die Besiedlung von Gebieten, in denen außer der Karausche keine andere Fischart dauerhaft leben konnte. Im Donau-Einzugsgebiet wurde beobachtet, daß der Schlammpeitzger dem Nachtreiher *(Nycticorax nycticorax)* saisonbedingt als Hauptnahrung diente. Die Maßnahmen zur Erhaltung dieser Art sind einfach: Lokalitäten mit einem gesicherten Vorkommen müssen vor dem Verlanden geschützt werden. Dann können die zeitweiligen Überflutungen für die weitere Ausbreitung des Schlammpeitzgers sorgen.

Abb. 7.92. Schlammpeitzger

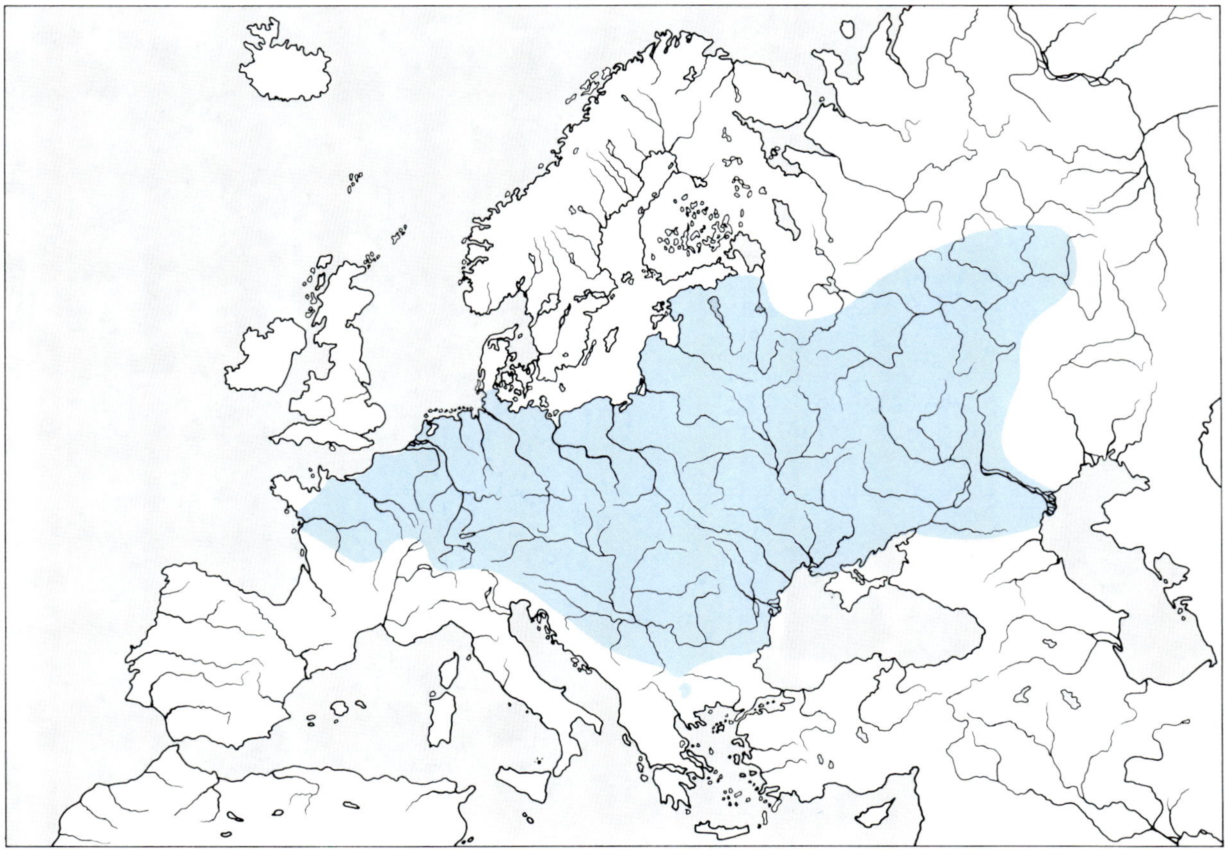

Abb. 7.93. Verbreitung des Schlammpeitzgers.

7.10.3 Steinbeißer *Cobitis taenia* (Linnaeus)

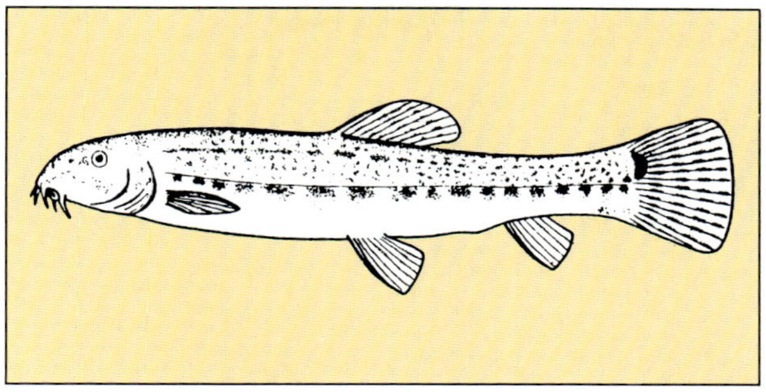

Die kleinste und attraktivste Schmerlenart des Rheingebietes ist der Steinbeißer. Der grobe Körperhabitus ähnelt dem der anderen Schmerlen, unterscheidet sich aber durch eine seitlich größere Abflachung und seine Färbung. Entlang der Körperseiten dehnen sich 2 Reihen dunkelbrauner Flecken aus, wobei die oberen kleiner sind als die unteren. Beide sind deutlich abgegrenzt. Kopf und Mundöffnung sind sehr klein. Der Steinbeißer besitzt 3 Bartelpaare, wovon sich je ein Paar an der Spitze der Schnauze, im Mundwinkel und unterhalb der Mundöffnung befindet. Unterhalb des Auges befindet sich ein zweispitziger Dorn (Abb. 7.94). In der Rückenflosse sind 8–10 und in der Afterflosse 7–9 Strahlen. Die weiteren morphometrischen und meristischen Merkmale der Rheinexemplare sind Tabelle 26 zu entnehmen.

Verbreitung: Der Kern der Verbreitung des Steinbeißers liegt im fernen Osten; sein Vorkommen reicht bis zum Westen Frankreichs (Abb. 7.95). Im Rheingebiet und im Rhein selbst trat diese Art früher häufig bis regelmäßig auf. Auch heute kann sie noch an mehreren Stellen nachgewiesen werden, wie z. B. in den Altrheinen des südlichen und nördlichen Oberrheins, in einem Zufluß des Niederrheins und dessen Altrheinen. Im niederländischen Rheingebiet werden regelmäßig Einzelexemplare nachgewiesen. Die Existenz einer Population im nördlichen Oberrhein konnte nach dem ersten Nachweis 1976 fünf Jahre später nicht mehr bestätigt werden.

Bionomie: Die Lebensweise des Steinbeißers ist noch nicht gründlich erforscht worden. Das bisherige Wissen über die Standorte seines Vorkommens läßt darauf schließen, daß der Steinbeißer ebenso wie der Schlammpeitzger sowohl in langsam fließenden Abschnitten als auch im stehenden Wasser leben kann. Der Boden darf durchaus sehr weich sein, hingegen an Stellen mit Faulschlammschichten konnte kein Nachweis des Steinbeißers erbracht werden. In stehenden Gewässern bevorzugt er sandige Abschnitte mit einer dünnen Schicht von Detritus, in Bächen sind es Abschnitte mit feinkörnigem, sandigem Substrat. Seine Nahrung liefert die Fauna des Bodens. Die Aktivität des Steinbeißers steigert sich mit der Dämmerung, während er am Tage fast völlig im Sediment verborgen liegt und nur die Augen und ein Teil der Schwanzflosse darüber hinausragen. Sauerstoffschwankungen erträgt er gut, jedoch ist die physiologische Anpassung zur Nutzung atmosphärischen Sauerstoffs weniger ausgeprägt als bei dem Schlammpeitzger.

Bedeutung: Aus ökonomischer Sicht besitzt der Steinbeißer keinerlei Bedeutung. Sein Vorkommen füllt aber eine Nische im Gewässer aus, die von keiner anderen Fischart benutzt wird. Der Rückgang der Bestände des Steinbeißers ist sehr wahrscheinlich auf die Prädation der übermäßig häufig auftretenden Aale in den Verbindungsstrecken zwischen den Altrheinen und dem Hauptstrom zurückzuführen.

Als dauerhafte und wirksame Maßnahme zur Erhaltung dieser Art sind die Aufrechterhaltung der Verbindungen zwischen Nebengewässern und Hauptstrom sowie weitere ökotechnische Maßnahmen zur Erhaltung der Funktion der gesamten Flußaue nötig.

Abb. 7.94. Steinbeißer

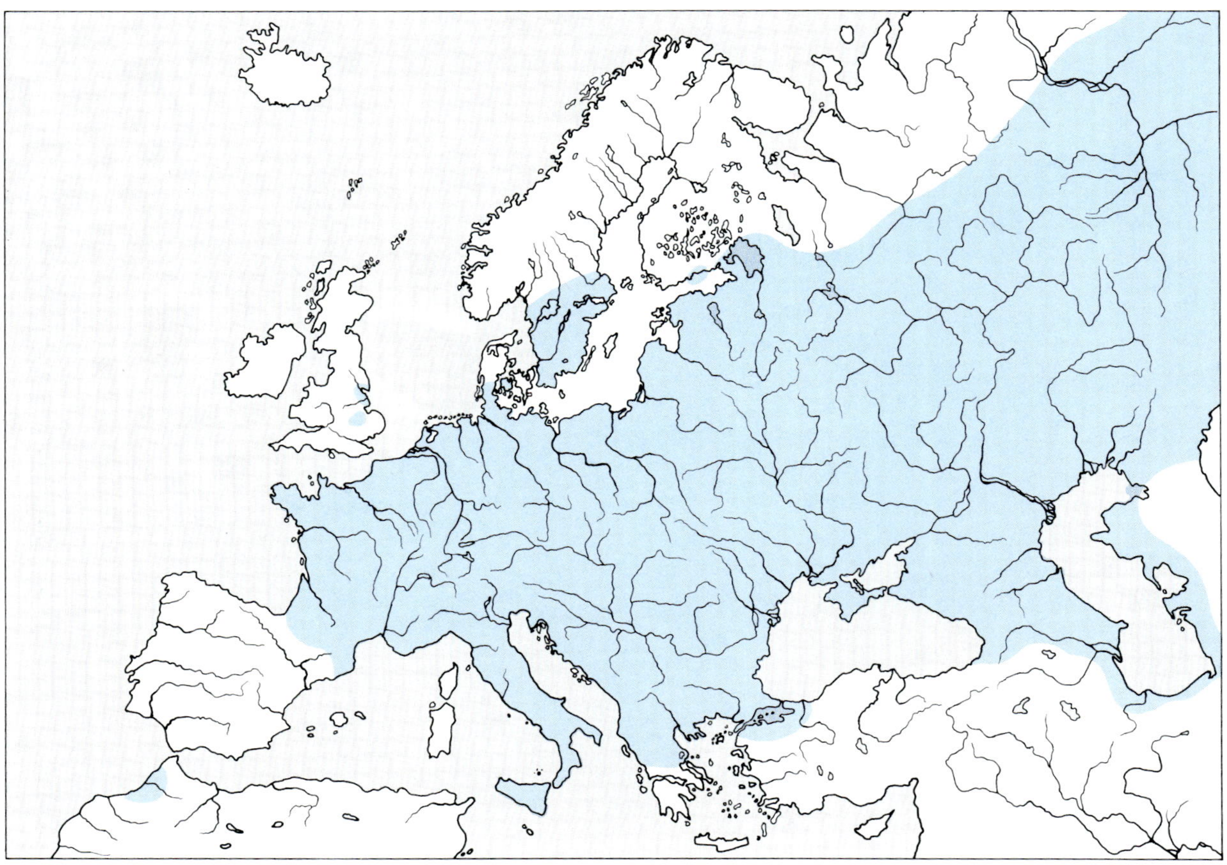

Abb. 7.95. Verbreitung des Steinbeißers einschließlich mehrerer Unterarten.

7.11 Welse *Siluridae*

Dieser Familie gehören Fische mit sehr abgeflachtem, breitem Kopf und Maul an. Der Körper ist schuppenlos, die Rückenflosse auffällig schmal und die Afterflosse extrem langgezogen. Die Kiefer sind mit vielen kleinen Zähnen versehen und die Mundbarteln der Oberlippe sind sehr lang. In Zentraleuropa ist die Familie der Welse durch eine Art vertreten, die eine beachtliche Größe erreichen kann.

7.11.1 Wels *Silurus glanis* Linnaeus

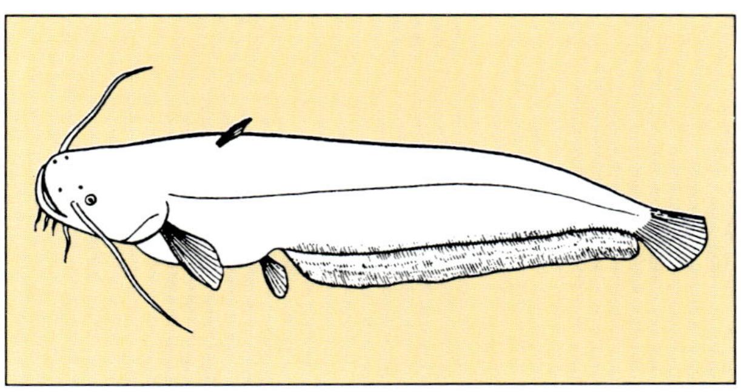

Durch seine Größe erweckt der Wels besondere Aufmerksamkeit. In Europa ist nur eine Art vertreten, deren Habitus obiger Beschreibung entspricht (Abb. 7.96). Die Rückenflosse hat nur 3–5, die Afterflosse hingegen 72–92 Strahlen (Tab. 27).

Verbreitung: Der Wels kommt vom nördlichen Oberrhein über den Osten Europas bis hin zu den Zuflüssen des Aralsees vor. In den südlichen und westlichen Teilen Europas wurde er künstlich verbreitet (Abb. 7.97). Die natürliche Verbreitung im Rhein erstreckt sich nur auf den Oberrhein. Aus dem südlichen Oberrhein wurde er schon im Jahre 1858 gemeldet und in der Umgebung von Straßburg bereits im 17. Jahrhundert [248]. Die ersten Besatzmaßnahmen zur Stützung der Bestände erfolgten in den vergangenen 10–15 Jahren, wobei die Welse angeblich aus der ungarischen Donaustrecke stammten. Heute wird jedoch auch in Deutschland selbst Besatzmaterial in mehr als ausreichendem Maße gewonnen.

Bionomie: Der Wels wurde in der Donau-Region eingehend studiert. Die hieraus gewonnenen Erkenntnisse sind weitgehend auf die im Rheingebiet lebenden Exemplare übertragbar. Die Geschlechtsreife wird beim Milchner nach dem 3., beim Rogner im 5. Jahr erreicht. Das Ablaichen erfolgt vorzugsweise im Wurzelwerk der am Ufer wachsenden Bäume oder auf überfluteten Wiesen bei Temperaturen von mindestens 18 °C. Der Rogner baut ein primitives Nest aus Pflanzenresten; der Laich wird vom Milchner überwacht. Die juvenilen Individuen ernähren sich schon früh von der Bodenfauna und gehen bald zu Fischnahrung über. Die großen, erwachsenen Exemplare nehmen auch andere Wirbeltiere, z. B. Vögel zu sich. Die Wachstumsgeschwindigkeit hängt vom Ernährungsangebot ab. Unter sehr guten Ernährungsbedingungen erreicht der Wels im 1. Lebensjahr 18 cm, im 2. Lebensjahr bereits bis zu 56 cm Gesamtlänge [106]. Neuere Untersuchungen der im Fluß gefangenen Exemplare zeigen viel geringere Zuwachsraten: im 1. Lebensjahr 11–14 cm, im 5. Lebensjahr 55–59 cm und im 10. Lebensjahr 87–112 cm. Exemplare mit einer Länge von 2 m waren schon 25 Jahre alt [245]. Obwohl die wenigen, uns tot angelieferten Exemplare für die Wachstumsuntersuchungen nicht ausreichend waren, kann man doch vermuten, daß auch die Rhein- und Main-Exemplare (162 und 197 cm) ein beachtliches Alter erreicht haben müssen. Die nachgewiesenen juvenilen Individuen weisen auf eine erfolgreiche Fortpflanzung im Rhein hin.

Bedeutung: Es ist schwer einzuschätzen, welche Folgen das Auftreten des Welses für die bereits im Rhein etablierten Fischpopulationen haben wird. Im Hauptstrom besteht kaum eine Gefahr für die sich bildenden Bestände von Barben und Nasen. Hingegen könnte der Wels in den wenigen Altrheinen, die auch er als Rückzugsgebiet benutzt, aufgrund seiner piscivoren Ernährungsweise besonders die Bestände der Schleien sehr negativ beeinflussen.

Abb. 7.96. Kopf eines Welses

Abb. 7.97. Die Verbreitung des Welses in Europa und angrenzenden Gebieten. Die punktierten Flächen zeigen einige Gebiete mit künstlicher Verbreitung an.

7.12 Zwergwelse
Ictaluridae (Ameiuridae)

Die Familie der Zwergwelse ist im Rheingebiet nur mit einer aus Nordamerika eingeführten Art vertreten (s. Kap. 6.4.1). Zu den typischen Merkmalen dieser am Boden lebenden Arten zählen: walzenförmiger Körper, breites Maul und 2 Rükkenflossen, wovon die erste einen sehr starken Strahl aufweist, während die zweite eine sehr lange, strahllose Fettflosse ist. Die insgesamt 8 Barteln sind auf dem Ober- und Unterkiefer zu je 2 Paaren verteilt.

7.12.1 Katzenwels *Ictalurus melas* (Rafinesque)

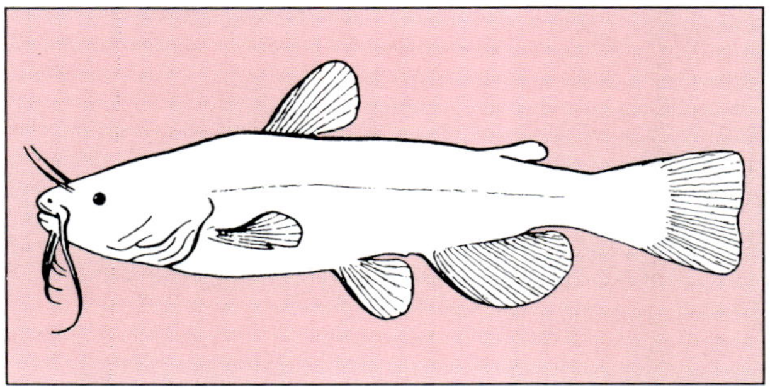

Die allgemeine Beschreibung der eingeführten Art deckt sich mit der der Familiencharakteristik. Die Färbung der Rückenseite ist meist braungrün und geht zur Bauchseite hin in eine gelbliche Tönung über.

Verbreitung: Über das Vorkommen des Katzenwels in unseren Gewässern liegen noch keine schlüssigen Daten vor. Aus dem nördlichen Oberrhein wurde zwar ein Nachweis erbracht, aber weitere klärende Berichte sind nicht vorhanden [33].

Bionomie: In der usprünglichen Heimat ist die Lebensweise des Katzenwels gut bekannt. Die nordamerikanischen Ergebnisse können schon aufgrund der verschiedenen klimatischen Bedingungen nicht auf mitteleuropäische Verhältnisse übertragen werden. Ein Vergleich mit den im Ursprungsland viel größeren Körperlängen deutet darauf hin, daß noch weitere bisher unbekannte Einflüsse in der neuen Umgebung eine Rolle spielen müssen. Eine natürliche Fortpflanzung im Oberrhein konnte bisher nicht nachgewiesen werden. Am Niederrhein und in den niederländischen Abschnitten vermehrt sich der Katzenwels im Strom natürlich [42, 50]. In einigen Kiesgruben sowie auch in größeren Zierteichen unweit des Rheins wurde eine natürliche Reproduktion und sogar Übervölkerung beobachtet.

Bedeutung: Der Katzenwels kann sehr nachteilige Auswirkungen für die heimische Fauna haben. Zum einen tritt er als Konkurrent der heimischen Arten auf, die vom Benthos abhängig sind, zum anderen betätigt er sich als Laich- und Bruträuber. Das Aussetzen von in Heimaquarien gehaltenen Katzenwelsen in freie Gewässer sollte untersagt werden.

7.13 Aale *Anguillidae*

Die Körperform des Aals ist so gut bekannt, daß man sich auf folgende ergänzende Angaben beschränken kann: Auf beiden Kiefern befinden sich feine Zähne, die Flossen haben nur weiche Strahlen, wobei die Rückenflosse am Ende des Körpers mit der Afterflosse zusammengewachsen ist. Die Schuppen sind sehr klein und tief in der Haut eingebettet.

7.13.1 **Aal** *Anguilla anguilla* (Linnaeus)

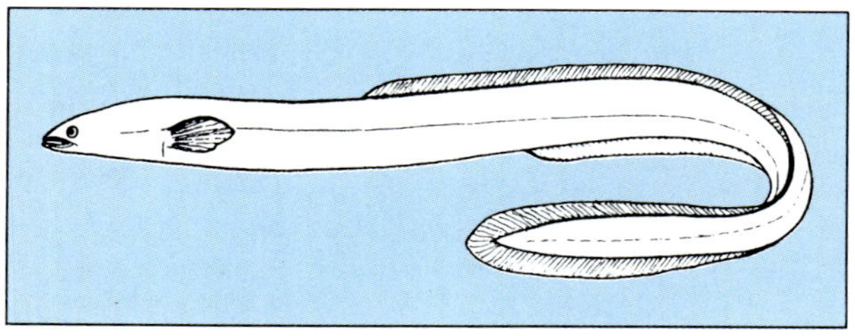

Der Aal ist eine der am häufigsten vorkommenden Fischarten und für die heutige Fischerei von größter Bedeutung.

Verbreitung: Der Aal kommt von der Sargassosee (südlich der Bermudas) über den Atlantik bis zu den Küsten Europas vor. Auf dem europäischen Kontinent besiedelt er alle Flüsse, die in den Atlantik sowie in die Nord- und Ostsee münden. Im Süden werden alle Zuflüsse des Mittel- und des Schwarzen Meeres bewohnt. Im östlichen Verbreitungsgebiet wurde das geringe natürliche Aufkommen durch Besatz mit juvenilen Aalen stark erhöht (Abb. 7.99).

Bionomie: Einige Lebensbereiche des Aals sind bis heute noch nicht völlig geklärt. Charakteristisch für den Aal ist sein Wechsel zwischen Salz- und Süßwasser.

Das Laichgebiet des Aals liegt südlich der Bermudas. Die Larven schlüpfen im warmen Wasser der Sargassosee und werden im Laufe von 3 Jahren mit dem Golfstrom passiv über den Atlantik bis zu den Küsten Europas und Nord-Afrikas verfrachtet. Vor den Flußeinmündungen verwandeln sich die Aallarven in die sogenannten Glasaale, die dann die Flüsse stromaufwärts steigen. Im Süßwasser verändert sich der durchsichtige Glasaal wieder und nimmt den definitiven Habitus des Aals an. Vor dem Aufstieg bleibt ein Teil der zugewanderten Jungfische im brackigen Wasser oder in der Nähe der Küste zurück. Aus diesen entwickeln sich vorwiegend die Milchner. Die aufsteigenden Aale können bis in die oberen Regionen der Flüsse vordringen. Ihre Anzahl ist jedoch zunehmend geringer geworden, je weiter sie sich von den Einmündungen entfernen.

In den Flüssen leben die Aale mehrere Jahre (7–18) und können bis zu 50–80 cm lang werden. Sie sammeln große Energiereserven und verändern sich zu sogenannten Blank- oder Silberaalen, die schließlich stromabwärts wandern. Während dieser Abwanderungsetappe reifen ihre Gonaden. In der Mehrheit handelt es sich um Rogener. Nach dem Verlassen der Flüsse ziehen die erwachsenen Aale in nordwestlicher Richtung durch die Nordsee, nördlich der Britischen Inseln über den Atlantik zur Sargassosee, wo sie ablaichen und dann verenden. Diese komplizierte Wanderung wird als die katadrome Migration bezeichnet und wurde von dem Dänen Johannes Schmidt kurz nach der Jahrhundertwende entdeckt [240, 241]. Ausführliche Literatur und Forschungsergebnisse wurden in mehreren Monographien zusammengetragen [262, 196, 54, 32].

Künstlich überhöhte Aalbestände: Der Ausbau fast aller Flüsse machte die Aalmigration nahezu unmöglich. Den Rückgang der Bestände glich die Fischerei durch künstlichen Aalbesatz aus. Die Erfolge dieser Maßnahmen waren derart ermutigend, daß die Aale in allen Gewässern in übermäßigen Mengen eingesetzt wurden. Berg et al. (1989) [33] beschreiben hierzu ein Beispiel vom Bodensee: „Der Aalbestand im Bodensee hat sich durch Besatzmaßnahmen gegenüber früheren Zeiten mit ausschließlich natürlicher Zuwanderung etwa um den Faktor 1000 erhöht.“ Die übermäßig hohen Bestände wirken sich negativ auf die übrige Fischfauna aus [212, 263]. Da der Aal ab einer Körperlänge von etwa 40 cm zunehmend auf Fischnahrung angewiesen ist [32], besteht die Gefahr, daß seltene am Gewässerboden lebende Arten reduziert werden, wie z. B. der Steinbeißer in Nebengewässern des Rheins. Während der Fortpflanzungsperiode der „Pflanzenlaicher“ konzentrieren sich große Aalmengen in den Altrheinen. Zu bestimmten Jahreszeiten, etwa bei Sommeranfang, ernähren sich die Aale bevorzugt von der Brut des Wildkarpfens [166, 167 a]. Die durch den Sandoz-Unfall im Jahre 1986 verursachte Reduzierung der Aalbestände war vorübergehender Natur. Innerhalb von nur wenigen Monaten erfolgte die Wiederbesiedlung der Rheinstrecken, und nachträglich wurde dem Rhein noch ein neuer höherer Aalbesatz zugefügt [171 b, c].

Bedeutung: Der Aal hat aus zwei gegensätzlichen Gesichtspunkten große Bedeutung. Für die Fischerei ist der Aal unentbehrlich. Seit dem Wegfall der Lachsfänge bildet der Aalfang für die Berufsfischerei die Existenzgrundlage. Vom biologischen Standpunkt aus bedrohen die künstlich hoch gehaltenen Aalbestände aber den Erhalt seltener und bedrohter Fischarten. Aus beiden Gründen ist deshalb eine Intensivierung des Aalfangs wünschenswert. Am Rhein ist dabei die Anwendung der Elektrofischfanggeräte eine der effektvollsten Methoden (Abb. 7.101).

Abb. 7.98. Aal

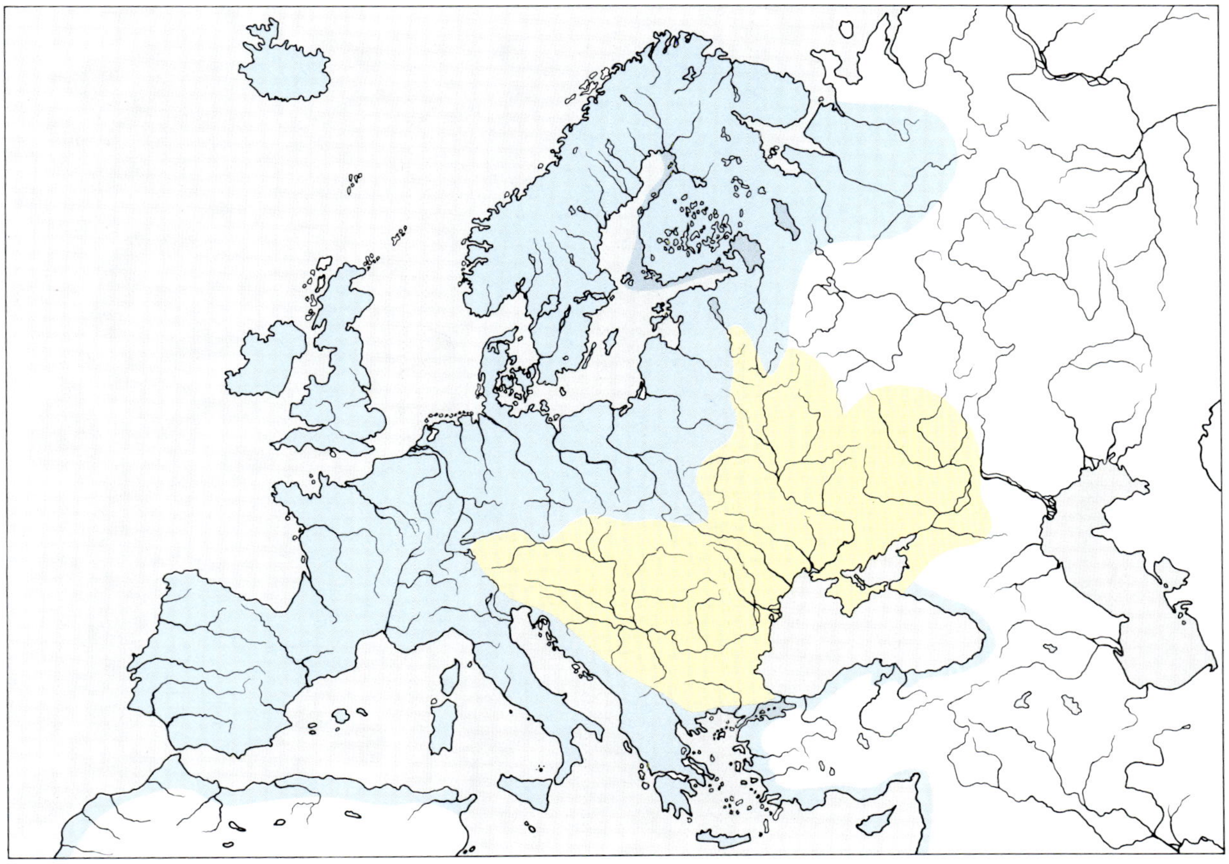

Abb. 7.99. Verbreitung des Aals in Europa. Natürliche Verbreitung (dunkle Flächen), vorwiegend durch Besatz gestützte Verbreitung (helle Flächen).

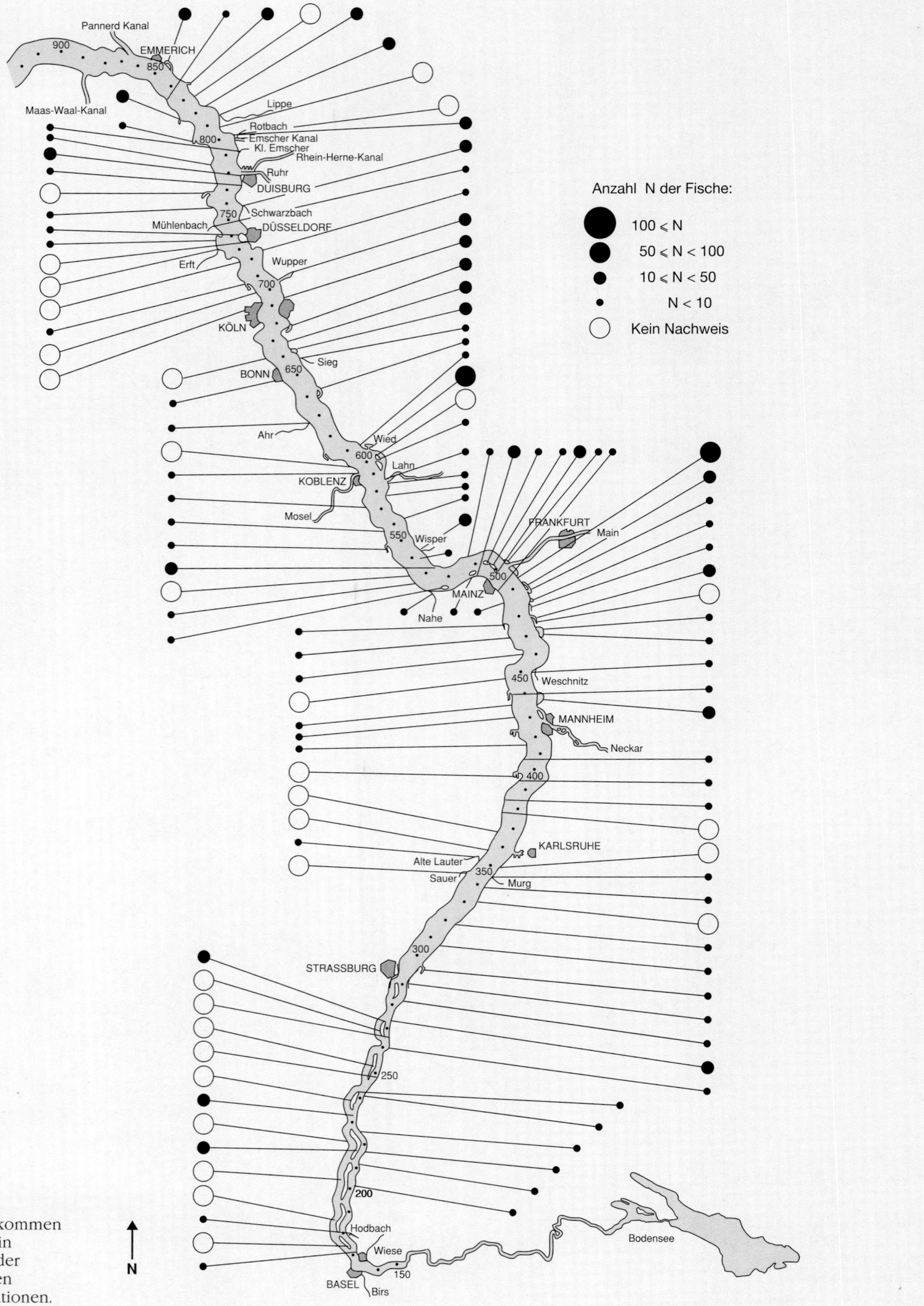

Abb. 7.100. Vorkommen des Aals im Rhein mit Andeutung der Häufigkeit an den untersuchten Stationen.

Abb. 7.101. Die heute wirksamste Methode des Aalfangs ist die Abfischung mit Hilfe des Elektrofischfanggerätes.

7.14 Dorschfische *Gadidae*

Diese vorwiegend im Meer lebende Fischfamilie ist in Binnengewässern nur durch eine Art vertreten. Ein charakteristisches Merkmal der Dorschfische ist das Vorhandensein von nur einer Bartel auf dem Unterkiefer. Die Bauchflossen befinden sich vor den Brustflossen, unmittelbar hinter dem Kopf.

7.14.1 Quappe (Trüsche)

Lota lota (Linnaeus)

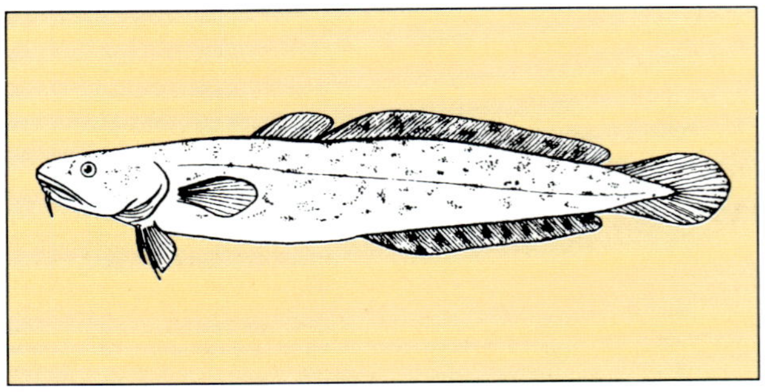

Die Quappe ist die einzige Art der sonst ausschließlich im Meer lebenden Dorschfische, die in Binnengewässern vorkommt. Ihr Körperhabitus ist wie folgt gekennzeichnet: Die Rückenflosse ist geteilt, im vorderen Teil sind 10–15 Strahlen, im hinteren Teil 71–88. Die lange Afterflosse hat 65–85 Strahlen. Typisch für die Quappe ist die deutliche Marmorierung des oberen Körperteils. Die Seiten sind heller, und der Bauch ist nicht marmoriert. Die Farbtöne der einzelnen Exemplare können sehr unterschiedlich sein. In der Mehrheit überwiegt eine braungrüne, nicht selten graugrüne Färbung. Zur Laichzeit konnte auch eine froschgrüne Färbung der Rückenpartie beobachtet werden (Abb. 7.102). Die morphometrischen und meristischen Merkmale der Quappe aus dem Rhein sind in Tabelle 28 zusammengefaßt.

Verbreitung: Man kann die Verbreitung der Quappe als zirkumpolar bezeichnen. In Europa fehlt sie in Teilen Frankreichs, in den meisten Gebieten der Britischen Inseln, im Süden Europas sowie im äußersten Norden (Abb. 7.103). Im Rhein kommt sie vom Hochrhein bis nach Holland mit unterschiedlicher Häufigkeit vor. Insgesamt ist sie aber sehr selten. Die größten Bestände sind vermutlich am Hochrhein zu finden. Weiter stromabwärts wurden im südlichen Oberrhein nur 2 Stellen mit häufigerem Aufkommen festgestellt [33]. Unsere Proben haben nur vereinzelte Exemplare im Restrhein und im nördlichen Oberrhein nachgewiesen.

Bionomie: In kleineren und unbelasteten Gewässern wurde die Lebensweise der Quappe eingehend untersucht. Bekannt ist, daß diese Art hohe Ansprüche an Wasserqualität und gelösten Sauerstoff stellt. Der Höhepunkt ihrer Aktivität fällt in die Dämmerung. Am Tage hält sich die Quappe im strukturierten Flußbett unterhalb von Bänken, im Wurzelwerk am Ufer wachsender Bäume oder in seichten Zonen der Nebengewässer zwischen submersem Pflanzenbewuchs auf. Oft treten die Quappen gemeinsam mit anderen Flußbettbewohnern auf, besonders mit dem häufig vertretenen Aal. Die Untersuchungen von Parey (1983) [212] trugen zur Klärung der möglichen Konkurrenzbeziehungen dieser beiden Arten bei. Die von der Quappe benötigten Unterstände sowie die entsprechende Wasserqualität und das Nahrungsangebot sind heute in nur begrenztem Umfang im Hochrhein vorhanden.

Die Laichzeit beschränkt sich auf die Wintermonate. Die Eier werden auf sandig-schottrigem Substrat abgelegt, wo sie nur wenig haften. Mit der Strömung können sie leicht abgedriftet werden. So ist es zu erklären, daß juvenile Quappen auch in den Altrheinen des nördlichen Oberrheins nachgewiesen wurden (1977–1978), wo die Laichsubstrate äußerst ungünstig waren. Nur während der Laichzeit ist es möglich, die Fische auch am Tag zu beobachten, da sie sonst sehr lichtscheu sind. Die Prädation der Quappe kann sehr gefährlich sein, wenn geschwächte Forellenbrut in Gewässer mit hohem Quappenvorkommen ausgesetzt wird.

Die Quappe kann auch aufgestaute Flußbereiche und Talsperren besiedeln. Ihr Vorkommen dort wird möglicherweise unterschätzt. Zur Zeit extrem warmer Wassertemperaturen im Sommer fällt die Quappe in Lethargie. Sie bewegt sich nur minimal und die in kalten Monaten große Gefräßigkeit hört gänzlich auf.

Bedeutung: Bei dem heutigen Zustand der Fischfauna im Rhein wäre es nicht ratsam, das Quappenvorkommen durch Besatz zu stützen. Zu einem späteren Zeitpunkt, wenn auch die Bestände der kleinen, am Boden lebenden Arten sich vergrößert haben, könnten entsprechende Maßnahmen in Betracht gezogen werden. Als Speisefisch ist die Quappe besonders hoch geschätzt. Da aber diese Art so weit zurückgegangen ist, kann an eine wirtschaftliche Nutzung nicht gedacht werden.

Abb. 7.102. Quappe, Trüsche

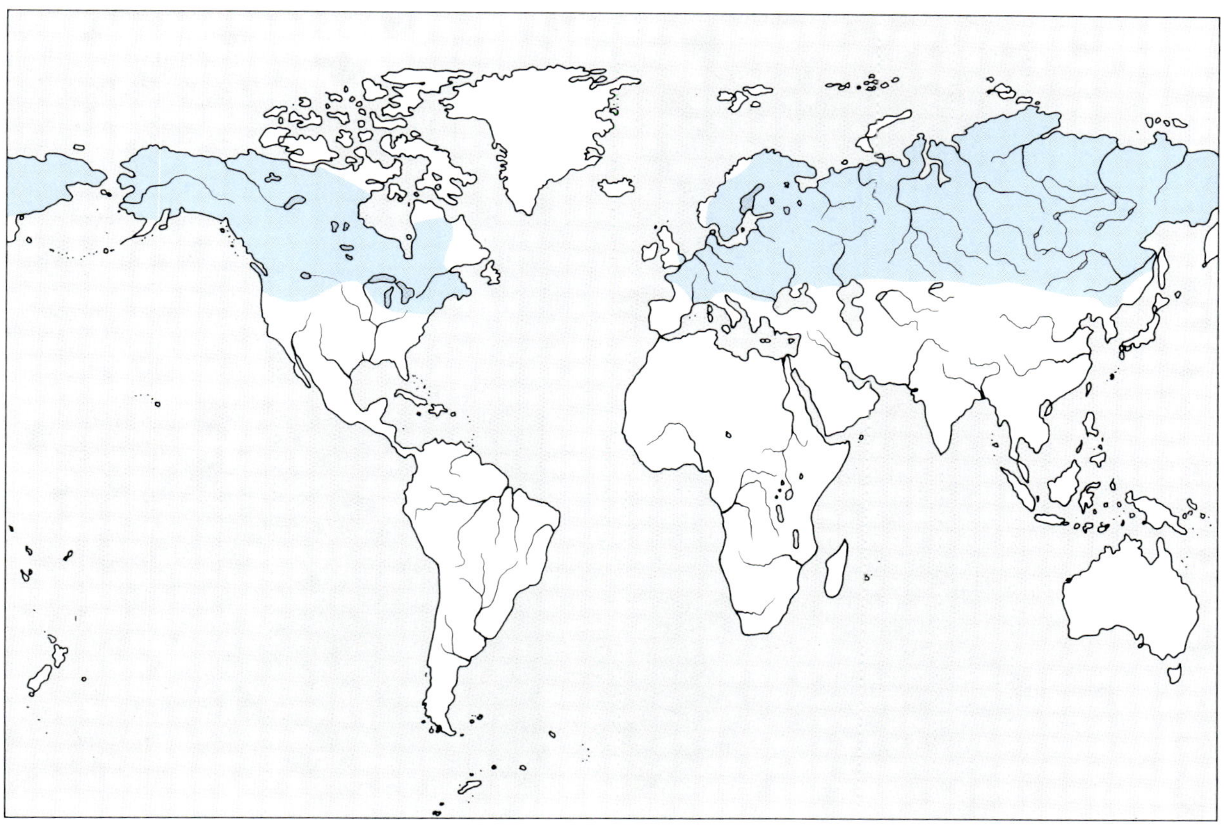

Abb. 7.103. Die Verbreitung der Quappe.

7.15 Stichlinge *Gasterosteidae*

Diese artenarme Familie wird im Rhein nur durch den dreistachligen und den neunstachligen Stichling vertreten. Typisch für diese sehr kleine Art sind die knöchernen Schildchen an den Körperseiten sowie die Rückenflosse mit wenigen isolierten harten Strahlen, gefolgt von einer längeren weichstrahligen Flosse. Brust- und Bauchflossen liegen im vorderen Körperteil, wobei die Bauchflosse nur einen harten Flossenstrahl besitzt. Eine Monographie über die Stichlinge liegt von Paepke (1983) [211] vor.

7.15.1 Dreistachliger Stichling

Gasterosteus aculeatus Linnaeus

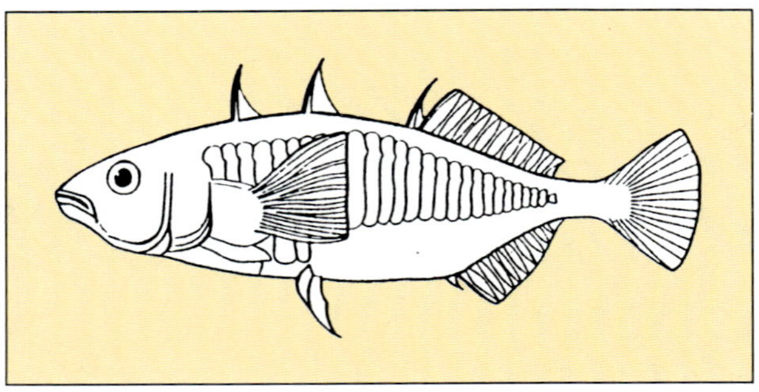

Der dreistachlige Stichling gehört zu den kleinsten und attraktivsten der im Rhein vorkommenden Arten. Gegenwärtig tritt er unterschiedlich häufig auf. Eine Verwechslung mit anderen Fischen ist nicht möglich. Sein Kopf ist groß, die erste Rückenflosse hat 3 große, scharfe Strahlen, die zweite Rückenflosse und die Afterflosse stehen einander gegenüber. Entlang der Körperseite befinden sich knöcherne Schildchen in variabler Anzahl (Abb. 7.104b). Die Färbung des Milchners ist je nach Lebensphase extrem unterschiedlich: Während der Laichzeit trägt er leuchtende Farben (Abb. 7.104a), vor allem sein Bauch ist leuchtend rot getönt. Zu der übrigen Zeit hat der Milchner einen olivgrünen Rücken und einen hellsilbrigen Bauch. Die morphometrischen und meristischen Merkmale der Rheinexemplare sind in Tabelle 29 zusammengefaßt.

Verbreitung: Mit Ausnahme der arktischen Gebiete ist der dreistachlige Stichling beinahe zirkumpolar verbreitet. In Europa kommt er entlang der Küsten aller Meere vor (Abb. 7.105). In das Donau-Einzugsgebiet wurde der Stichling eingeschleppt. Die stärkste Verbreitung konzentriert sich auf die unteren Abschnitte des Niederrheins bis über die Gezeitenzone in das Meer, stromaufwärts hingegen nimmt sein Vorkommen ab.

Bionomie: Die Lebensweise des dreistachligen Stichlings zählt zu den am besten bekannten der einheimischen Fischfauna, vor allem in bezug auf das Verhalten bei der Paarbildung und dem Nestbau [273]. Der Fisch lebt im ruhigen Wasser, dort wo für den Milchner die Möglichkeit zum Nestbau besteht, wobei seine Territorialansprüche alle Lebensabläufe bestimmen. Die ausgeprägte Brutpflege mindert den Verlust an abgelegten Eiern erheblich. So besteht ein Gelege meist nur aus etwa 90 bis 250 Eiern. Diese können auch von mehreren Rognern stammen, die der Milchner zur Paarung angelockt hat. In den jüngsten Lebensstadien dienen dem dreistachligen Stichling planktonische Organismen als Hauptnahrung, später auch größere Insektenlarven des Gewässerbettes. In stillen, mit submersen Pflanzen mäßig bewachsenen Buchten und Nebengewässern kann das Vorkommen sehr hoch sein. Im Rhein selbst mangelt es an solchen Habitaten, weshalb der Stichling entlang der ganzen Rheinstrecke nur vereinzelt auftritt.

Bedeutung: Wirtschaftlich gesehen ist der dreistachlige Stichling bedeutungslos. Hingegen stellt er ein wichtiges Element der litoralen Artengemeinschaft dar. Der Stichling eignet sich sehr gut zur Haltung in Aquarien. Die Beschäftigung mit ihm kann, vor allem bei Kindern, Interesse und Verständnis wecken und so zum verantwortungsbewußteren Umgang mit den einheimischen aquatischen Lebewesen beitragen. Wenn dem dreistachlichen Stichling auch in Zukunft geeignete Biotope zur Verfügung stehen, bedarf es keiner weiteren Schutzmaßnahmen.

Abb. 7.104 a. Dreistachliger Stichling: ein Milchner in Paarungspracht.

Abb. 7.104b. Dreistachlige Stichling außerhalb der Brutzeit.

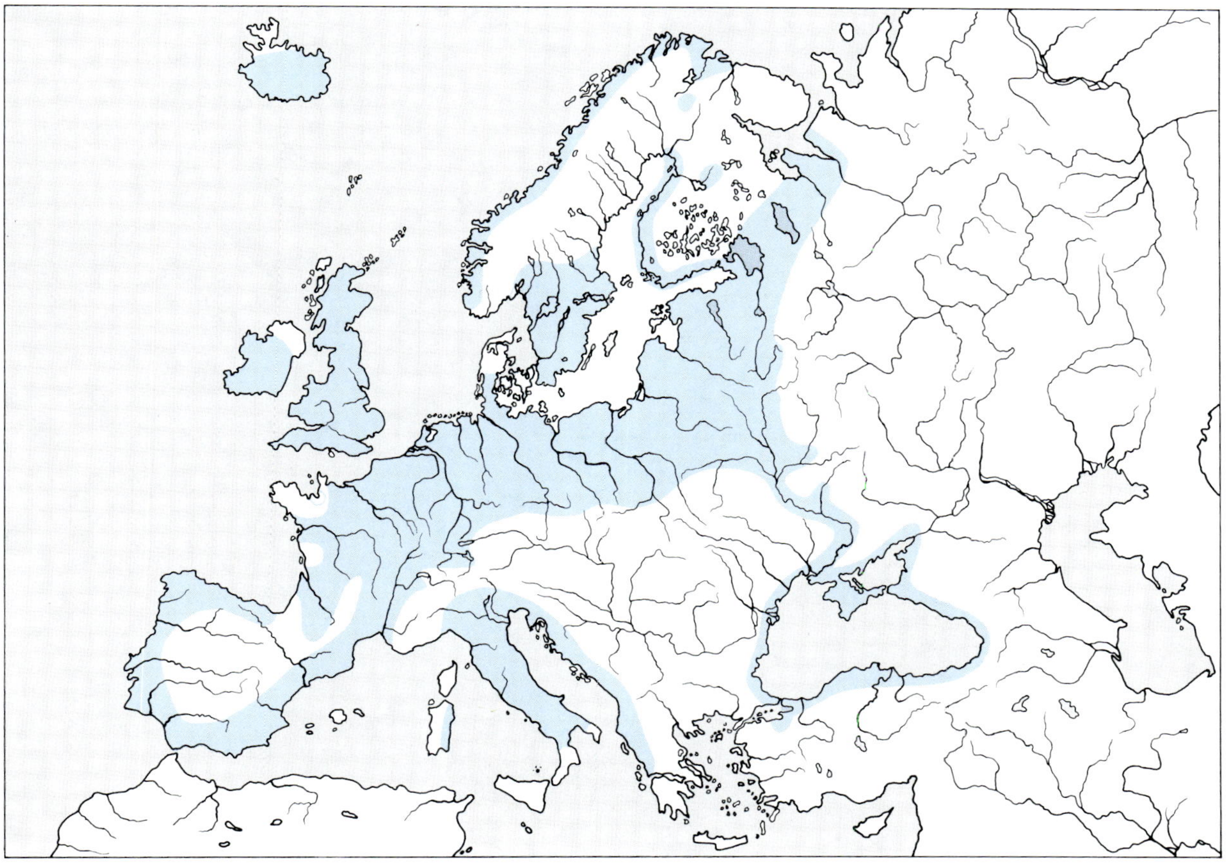

Abb. 7.105. Die Verbreitung des dreistachligen Stichlings in Europa.

7.15.2 Neunstachliger Stichling

Pungitius pungitius Linnaeus

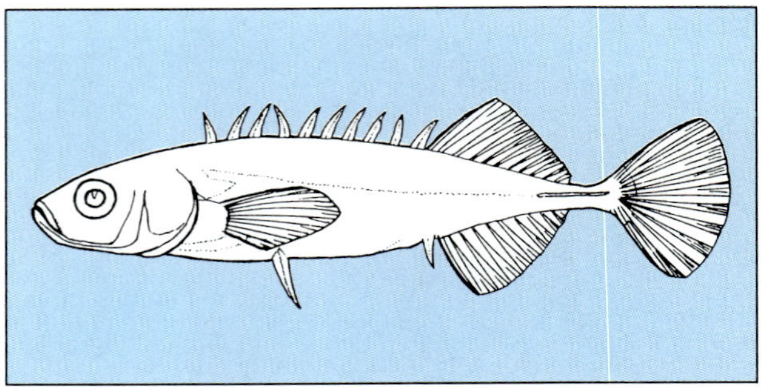

Der kleinste Fisch der Rheinfauna ist der neunstachlige Stichling. Sein Körperhabitus ist unverwechselbar. Im erwachsenen Stadium ist er etwa 5 cm lang (Abb. 7.106). Die erste Rückenflosse hat 9–10 stachlige Strahlen, die zweite Rückenflosse liegt der Afterflosse gegenüber. Während der Laichzeit hat das Männchen einen schwarzen Unterkiefer und einen hellen oder leuchtenden Strahl der Bauchflosse. Die meristischen Merkmale sind: erste Rückenflosse 7–12 Strahlen, zweite Rückenflosse 9–12 Strahlen; 32–33 Schuppen in der Seitenlinie.

Verbreitung: Das Vorkommen des neunstachligen Stichlings konzentriert sich auf die nördlichen Gebiete Europas. Er lebt sowohl im Süßwasser als auch im Salzwasser (Abb. 7.107). Im Rheingebiet nimmt das Vorkommen mit der Entfernung von der Küste ab. Aber auch in Küstennähe tritt diese Art nicht sehr häufig auf. Das bisher südlichste Vorkommen wurde in der Nähe von Frankfurt nachgewiesen [232].

Bionomie und Bedeutung: Beide sind weitgehend mit jener des dreistachligen Stichlings vergleichbar. Da er sehr klein ist, besiedelt der neunstachlige Stichling auch sehr flache, zugewachsene Kanäle und Nebengewässer. Zukünftige Schutzmaßnahmen müssen sich zuerst auf den Schutz der für ihn geeigneten Biotope konzentrieren.

Abb. 7.106. Neunstachliger Stichling

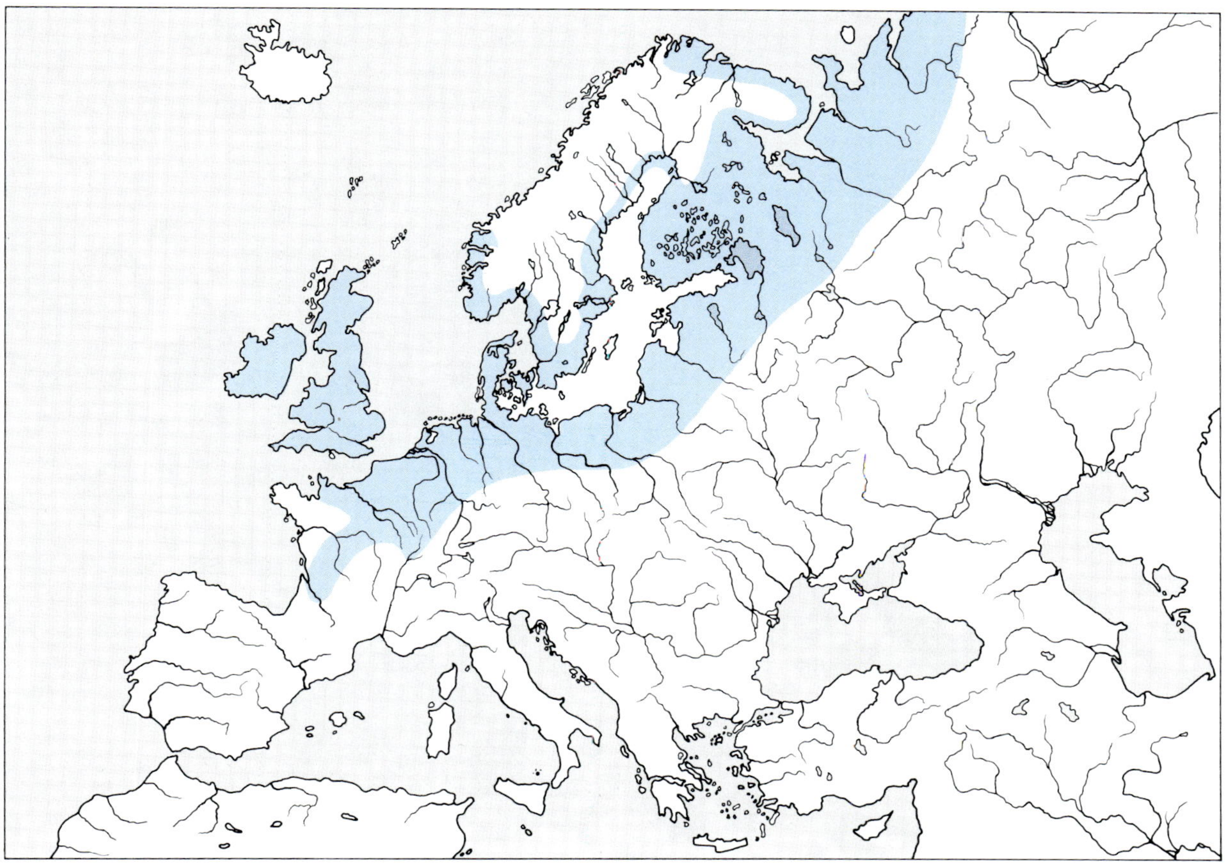

Abb. 7.107. Verbreitung des neunstachligen Stichlings in Europa.

7.16 Sonnenbarsche
Centrarchidae

Die Sonnenbarsche sind im Rhein durch eine aus Nordamerika eingeführte Art vertreten (s. Kap. 6.4.1), die sich im Strom fest etabliert hat. Ihr Körperhabitus erinnert an den der Barsche. Die Rükkenflosse besitzt im ersten Teil harte, im zweiten Teil weiche Flossenstrahlen. Die Afterflosse hat 3 harte und mehrere weiche Strahlen. Die Seitenlinie ist komplett, die Brustflossen sind sehr lang. Typisch für diese Fischgruppe sind Nestpflege und Überwachung des Laichs in einer flachen nestartigen Grube.

7.16.1 Sonnenbarsch
Lepomis gibbosus (Linnaeus)

Der Sonnenbarsch ist eine besonders schöne Fischart, die aber außer ihrer Farbenpracht unseren Gewässern nichts Positives gebracht hat. Er ist unschwer zu erkennen: Sein Rücken ist hoch und trägt eine doppelte ungeteilte Rückenflosse (Abb. 7.108). An die ersten 10–11 stachligen Strahlen schließen sich 10–12 weiche Strahlen an. In der Afterflosse sind 3 harte, ungeteilte und 10–11 weiche Strahlen vorhanden. In der Seitenlinie befinden sich 35–47 Schuppen. Für die Merkmale der Rhein-Exemplare siehe Tabelle 27.

Verbreitung: Das Ursprungsgebiet des Sonnenbarschs liegt im Osten Nordamerikas, von wo aus diese Art nach Europa verbracht wurde (s. Kap. 6.4.1). Im Rhein zeigt sich der Sonnenbarsch zwar als sehr anpassungsfähig, ist aber entlang der gesamten Stromstrecke nur sporadisch anzutreffen, da er vom Vorhandensein geeigneter Biotope abhängig ist.

Bionomie und Bedeutung: Vor allem in den USA und in Kanada wurde die Lebensweise des Sonnenbarschs gründlich erforscht. Dort hat der „Pumpkinseed“ als Angel- und Speisefisch große

wirtschaftliche Bedeutung. Exemplare aus unseren Gewässern eignen sich höchstens als Zierfische für Aquarien. Die Heimhaltung und das anschließende Freisetzen hat in allen europäischen Ländern zur Ausbreitung des Sonnenbarschs beigetragen. Es zeigt sich, daß er häufiger im Umkreis von Ballungsgebieten als in ländlichen Bereichen vorkommt. Das territoriale Verhalten dieser Art während der Brutzeit hindert möglicherweise andere, heimische Arten daran, die gleichen Nischen zu benutzen. Die oft zitierte Eigenschaft des Sonnenbarsches als Bruträuber konnte bisher nicht überzeugend nachgewiesen werden und bedarf noch der Klärung.

In unseren Gewässern kommt dieser Fischart kaum Bedeutung zu. Gelegentlich fand man sie zwar in Aalmägen, es ist aber nicht bekannt, ob sie auch anderen Raubfischen als Nahrung dient. Am Beispiel des Sonnenbarsches wird deutlich, daß die unüberlegte Einführung einer Art nicht mehr rückgängig gemacht werden kann.

Abb. 7.108. Sonnenbarsch aus dem Altrhein am Oberrhein.

7.17 Barsche *Percidae*

Von den drei im Rhein lebenden Arten gehören zumindestens im erwachsenen Stadium zwei zur wichtigsten Gruppe der Raubfische. Die Rückenflosse, ob geteilt oder ungeteilt, hat im vorderen Teil harte Strahlen, die Afterflosse besitzt stets zwei harte Flossenstrahlen. Die Schuppen sind rauh und werden als Kammschuppen (ctenoide) bezeichnet, die Seitenlinie ist vollständig.

7.17.1 Flußbarsch *Perca fluviatilis* Linnaeus

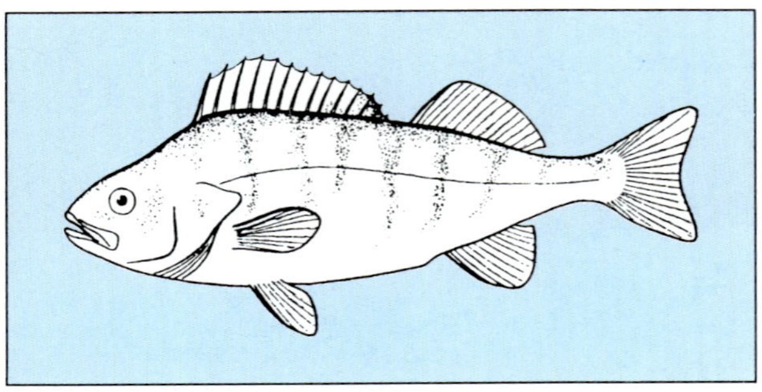

Der Flußbarsch zählt zu den häufig vorkommenden und bekanntesten Fischarten des Rheins. Seine Bestimmung ist sehr einfach: Auf der Rückenseite befinden sich 2 getrennte Flossen, die vordere mit harten, die hintere mit weichen Strahlen. Die Körperfarben sind auffällig: Die Rückenpartie ist meistens olivgrün, die Seiten sind gelbgrün und die untere Bauchseite ist hell. Die paarigen Flossen sind orangerot, und auch der untere Lappen der Schwanzflosse ist rötlich gefärbt. Über die gesamte Körperseite laufen 5–9 senkrechte schwarze Streifen (Abb. 7.109). Die morphometrischen und meristischen Merkmale sind in Tabelle 30 aufgeführt. Für weitere Informationen empfiehlt sich die Monographie von Thorpe (1977) [271].

Verbreitung: Der Flußbarsch ist fast über ganz Europa verbreitet, d. h. von den Pyrenäen bis fast nach Sibirien. Unbesiedelt sind die nördlichsten Gebiete der Britischen Inseln, Süditalien und die Gewässer des Balkans, die zum Mittelmeer fließen (Abb. 7.110). Im Rhein zeigt sich eine regelmäßige Verbreitung vom Hochrhein bis nach Holland (Abb. 7.111). Ein höheres Aufkommen wurde in stillen Bereichen beobachtet, z. B. in Häfen und Buchten, in deren Nähe der Flußbarsch ablaichen kann.

Bionomie: Eine ausgesprochene Präferenz zu einem bestimmten Laichsubstrat konnte dem Flußbarsch weder im Rhein noch in anderen Gewässern nachgewiesen werden. Auch die Tiefe des Wassers ist nicht entscheidend. Bänder mit Laich wurden in Tiefen von 20 cm bis zu 3 m gefunden. Als wichtigste Störfaktoren zeigten sich der Wellenschlag und sonstige rasche Wasserbewegungen. Die Fortpflanzung findet bei noch niedrigen Wassertemperaturen statt, und schon bei 8–9 °C wurden Laichvorgänge festgestellt. Der Flußbarsch ist ein ausgesprochener Frühlaicher. Die Geschlechtsreife wird beim Milchner schon im 2., spätestens im 3. Lebensjahr erreicht, beim Rogner ein Jahr später. Bis zu einer Länge von 5–6 cm läßt sich der Flußbarsch als Planktonfresser einstufen. Mit Zunahme seiner Größe, die mehr als 30 cm erreichen kann, gewinnt die Fischnahrung an Bedeutung. Er nimmt besonders die Larven und die Brut der spät laichenden Rotaugen auf, verschmäht aber auch nicht die eigene Brut. Der Kannibalismus im Rhein erreicht aber nicht die in geschlossenen Gewässern beobachteten Ausmaße. Er selbst dient Hecht, Zander und Aal als Beute. Das Wachstum des Flußbarsches im Rhein, bisher nur an kleineren Individuen untersucht, war leicht überdurchschnittlich im Vergleich zu dem in anderen Gewässern. Die Körperlängen bei vollendeten Lebensjahren betrugen bei den Einjährigen 69 mm und bei den Zweijährigen 119 mm.

Die Flußbarsche waren die ersten Fische, die in den flachen, während der Sommermonate übermäßig erwärmten und eutrophierten Gewässern der Altrheine verendeten.

Bedeutung: Der Flußbarsch spielt aus zwei Gründen eine wichtige Rolle: zum einen als wertvoller, örtlich häufig auftretender Speisefisch und zum anderen als ein wirksamer Regulator des sogenannten Weißfisch-Bestandes. Sein Wirkungsgrad hängt aber von dem phenologischen Ablauf des Frühjahrs ab. Wenn die allgemeine Kälte lange andauert und die Aufwärmung erst spät eintritt, dann stimulieren die plötzlich erhöhten Wassertemperaturen das Ablaichen beinahe aller Fischarten. Bei langsamem Temperaturanstieg im Frühjahr kommt es hingegen zu einem sukzessiven Ablaichen der einzelnen Arten. Die juvenilen Individuen der Frühlaicher (besonders Flußbarsche und Hechte) sind schon groß genug, um die Larven der Spätlaicher als Nahrung zu sich zu nehmen. Bei dem augenblicklichen Zustand der Rheinfauna besteht keine Gefahr, daß der Flußbarsch zu verbutteten Populationen neigen könnte. Auch durch Erhöhung des Befischungsdrucks wird der Flußbarsch nicht bedroht werden können.

Abb. 7.109. Flußbarsch

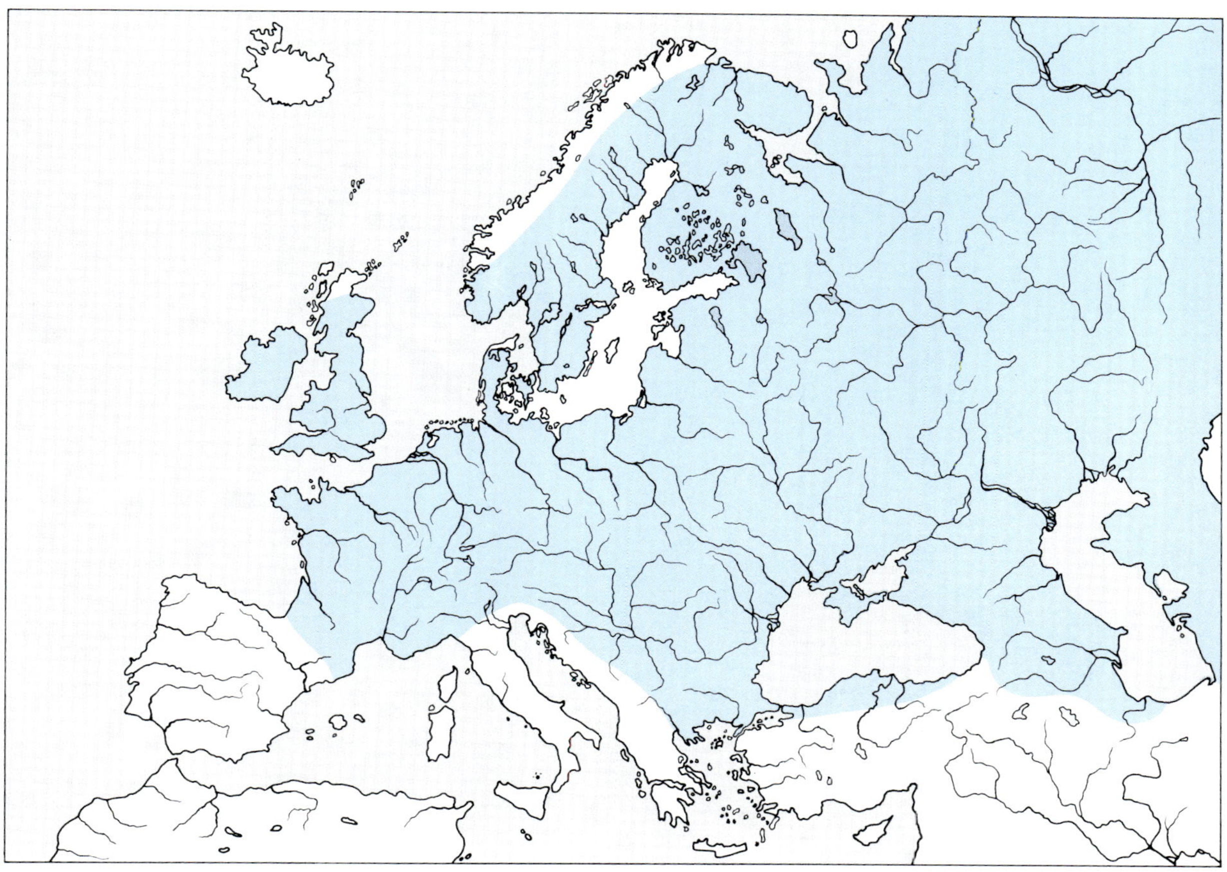

Abb. 7.110. Verbreitung des Flußbarschs in Europa und angrenzenden Gebieten.

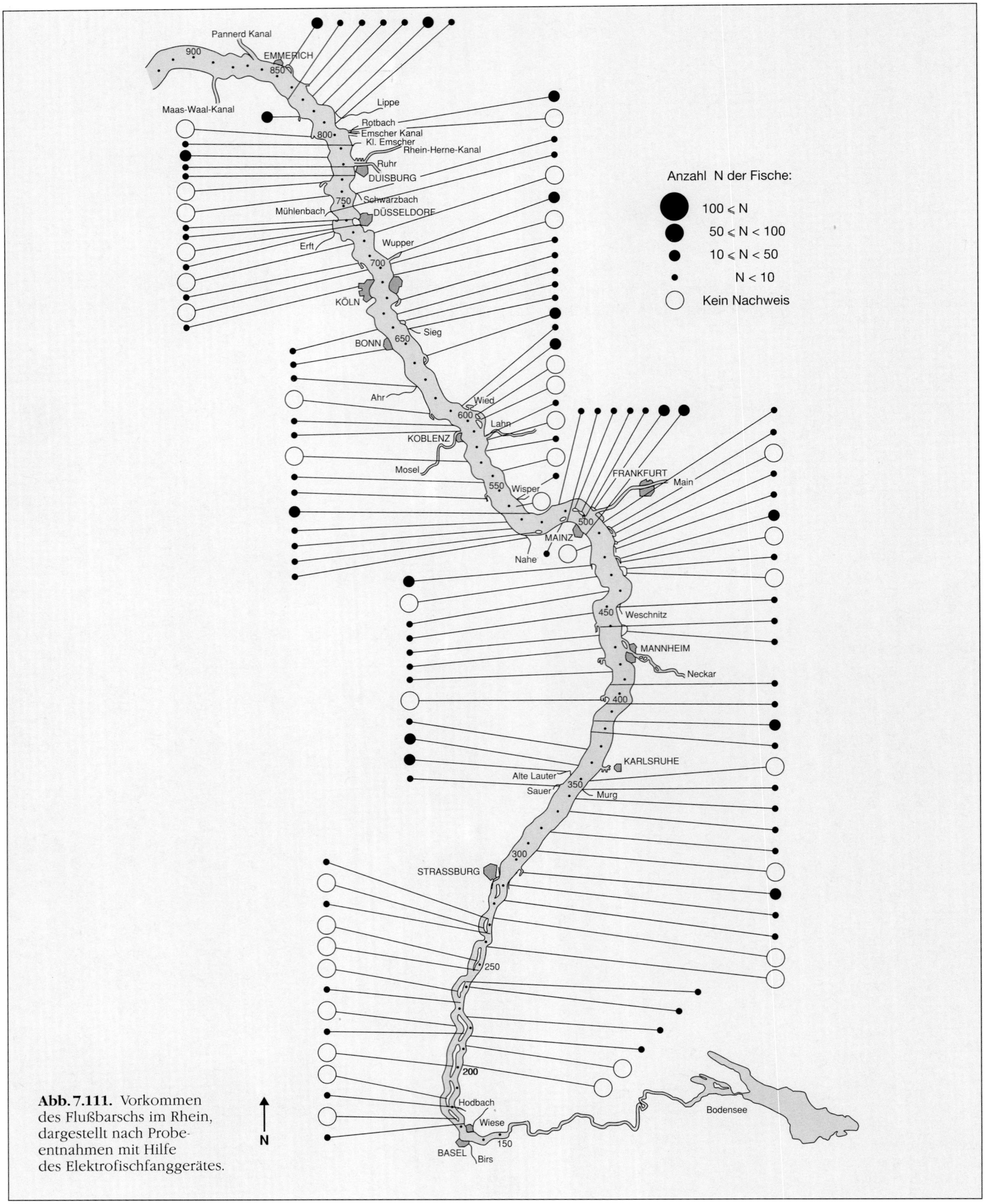

Abb. 7.111. Vorkommen des Flußbarschs im Rhein, dargestellt nach Probeentnahmen mit Hilfe des Elektrofischfanggerätes.

7.17.2 Kaulbarsch

Gymnocephalus cernuus (Linnaeus)

Diese kleinste Fischart der Familie der Barsche ist im Rhein häufig anzutreffen. Von den beiden anderen Arten dieser Familie unterscheidet sich der Kaulbarsch im erwachsenen Stadium zunächst durch seine Größe, die höchstens 18–20 cm beträgt. Die beiden Rückenflossen sind zusammengewachsen. Die Körperfärbung ist unauffällig braungrün, die Bauchseite in der Regel heller (Abb. 7.112). Im 1. Teil der Rückenflosse können 12–15 harte Strahlen sein, im 2. Teil 10–14 Strahlen. In der Seitenlinie befinden sich 34–38 Schuppen. Morphometrische und meristische Merkmale der Exemplare aus dem Rhein sind in Tabelle 31 zusammengefaßt.

Verbreitung: Der Kaulbarsch kommt in vielen Gewässern Europas und Asiens vor. Er fehlt im Süden Europas, in westlichen Teilen Frankreichs, im Norden der Britischen Inseln und in Nordskandinavien (Abb. 7.113). Im Rhein kommt er vom Hochrhein bis zum Delta vor. In strömenden Abschnitten des Rheins konnte er nicht nachgewiesen werden. Im stillen Wasser von Hafenanlagen, im Strömungsschatten der Buhnen, in Altrheinen und mit dem Rhein verbundenen Baggerseen kommt er in der Regel jedoch vor. Gehäuftes Auftreten wurde entweder zur Laichzeit oder während der Wintermonate im stillen tieferen Wasser beobachtet.

Bionomie: Zum Ableichen benötigt der Kaulbarsch lediglich ein schlammfreies Bodensubstrat, das aus Sand, Kies oder Pflanzen bestehen kann. Bis zur Geschlechtsreife im 2., spätestens im 3. Lebensjahr gewinnt der Kaulbarsch rasch an Größe, danach verlangsamt sich sein Wachstum erheblich. An mäßig warmen Tagen ernähren sich die Kaulbarsche auch im flachen Wasser von der Brut der spät ablaichenden Fischarten.

Bedeutung: Der Kaulbarsch kann in einem tiefen Wasserkörper indikativen Charakter besitzen. Wenn während der Schichtung die untersten Wasserprofile sauerstoffrei werden, kann es zum Massensterben kommen. Über die Rolle des Kaulbarsches in der Nahrung der Raubfische ist wenig bekannt. Wirtschaftlich spielt er keine Rolle.

Abb. 7.112. Kaulbarsch

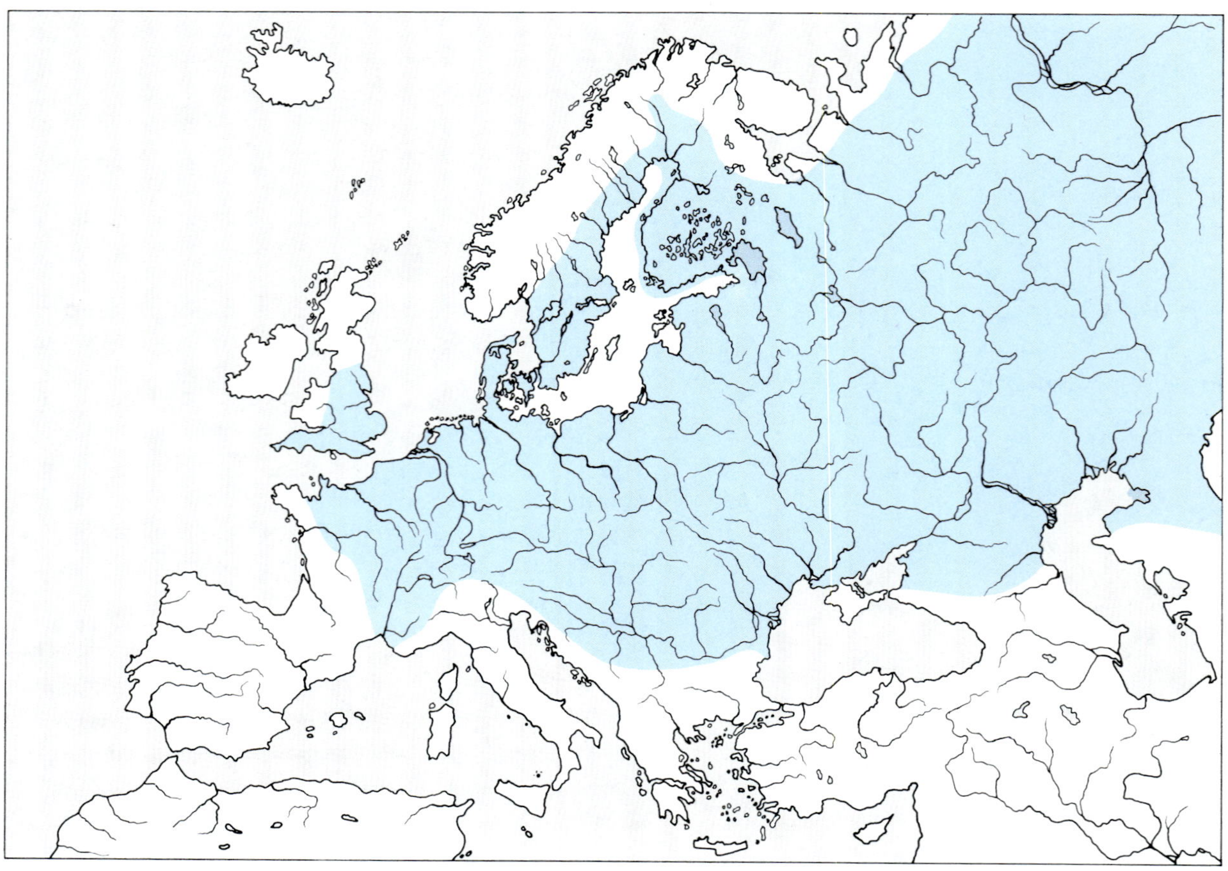

Abb. 7.113. Verbreitung des Kaulbarschs in Europa und angrenzenden Gebieten.

7.17.3 Zander
Stizostedion lucioperca (Linnaeus)

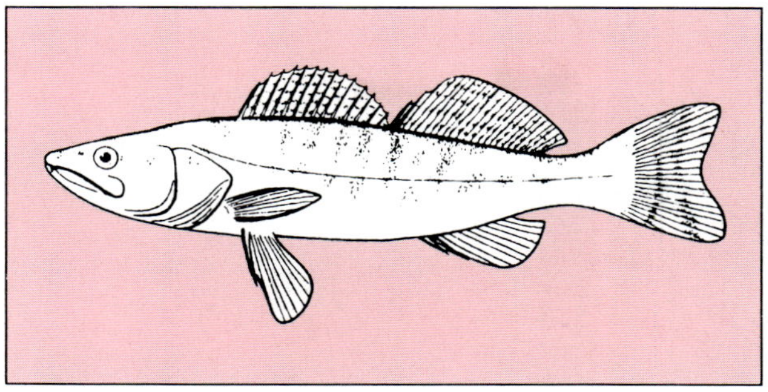

Der Zander ist eine vor 100 Jahren eingeführte Raubfischart, die heute örtlich häufiger auftritt als der heimische Hecht. Der Zander stellt die größte Art in der Barschfamilie dar. Er besitzt im 1. Teil der geteilten Rückenflosse nur harte, im 2. Teil vorwiegend weiche Flossenstrahlen. Beide Kiefer sind reichlich bezahnt, auffallend sind je 2 große Fangzähne in beiden Kiefern. Die Grundfärbung des Zanders ist metallig-silbrig mit einem grünlichen Stich. Während der Laichzeit tritt bei den Milchnern eine auffallende, schwarze Pigmentierung an der Bauchseite auf (Abb. 7.114). In der 1. Rückenflosse sind 13–17 harte Strahlen und in der 2. Flosse 1–4 harte, gefolgt von 19–24 weichen Strahlen. In der Seitenlinie befinden sich 80–99 Schuppen. Morphometrische und meristische Merkmale der Exemplare aus dem Rhein finden sich in Tabelle 32.

Verbreitung: Der Kern der Verbreitung des Zanders liegt tief im Osten Europas und erstreckt sich in westlicher Richtung bis zum Einzugsgebiet des Rheins. Im Laufe der Zeit wurde der Zander auch in Südskandinavien und inselartig in England und Italien angesiedelt. In den Balkanländern kommt er außerhalb des Donau-Einzugsgebietes nicht vor (Abb. 7.115).

Im Rhein wurde der Zander eingesetzt (s. Kap. 6.4.1). Seine heutige Ausbreitung reicht vom Hochrhein mit einigen Unterbrechungen über den ganzen Rhein, wobei sie zu den Niederlanden hin massiv zunimmt (Abb. 7.116). Mehrere Einbürgerungsversuche mußten unternommen werden, denn erst seit der Verbesserung der Wasserqualität siedelte sich diese Art erfolgreich im Rhein an. Die Besatzmaßnahmen im gesamten Oberrhein machen sich vermutlich nur in den mit dem Rhein verbundenen Nebengewässern und Baggerseen sowie in Stillwasserbiotopen bemerkbar. Ein Teil der freigelassenen Fische bewegt sich wahrscheinlich mit der Strömung und trägt so zur Erhöhung der Häufigkeit in den unteren Rheinstrecken bei. Eine andere, noch wahrscheinlichere Erklärung besteht darin, daß die Holländer den Zander massiv eingesetzt haben und daß nun die Ausbreitung auch stromaufwärts erfolgt.

Bionomie: Betrachtet man die Lebensweise und Ansprüche des Zanders, so kann man die Zunahme seines Vorkommens besser verstehen. Dieser Fisch benötigt nur ein sauberes Flußbett und, um erfolgreich ablaichen zu können, nur ein sandiges Substrat, das auch leicht mit feiner, dünner Sedimentschicht bedeckt sein kann. Solche Stellen sind in den letzten Jahren zunehmend häufiger geworden. Der Zander laicht in Tiefen von 0,5 bis 1,5 m ab, so daß Wasserstandsschwankungen keine Beeinträchtigung bewirken. Die Brutpflege trägt zweifellos auch zum Erfolg der Reproduktion bei. Der Zander erreicht die Geschlechtsreife bei einer Größe von 35–45 cm und einem Alter von 3–4 Jahren. Die Untersuchung des Wachstums am nördlichen Oberrhein zeigte im Durchschnitt folgende sehr gute Zuwachsraten:

Alter in vollen Lebensjahren	1	2	3	4
Körperlänge in cm	11	23	33	41

Der Zander zählt zu den späteren „Frühlaichern", und oft kann sich die Zanderbrut schon von den Larven der spätablaichenden Fischarten ernähren.

Bedeutung: Der Zander ist für die gegenwärtige Situation der Artengemeinschaft äußerst wichtig. Mit Hilfe der Prädation des Zanders wird ein Teil des sogenannten Weißfischbestandes reduziert. Die Umwandlung der Masse der Weißfische in wertvolles Speisefischfleisch wird allgemein begrüßt und ist unumstritten. Sollte sich jedoch in der Zukunft zeigen, daß diese vor 100 Jahren eingeführte Art die Entwicklung der heimischen Fischfauna verhindert, müßten die Bestände dieses Raubfisches gezielt reduziert werden.

Abb. 7.114. Zander

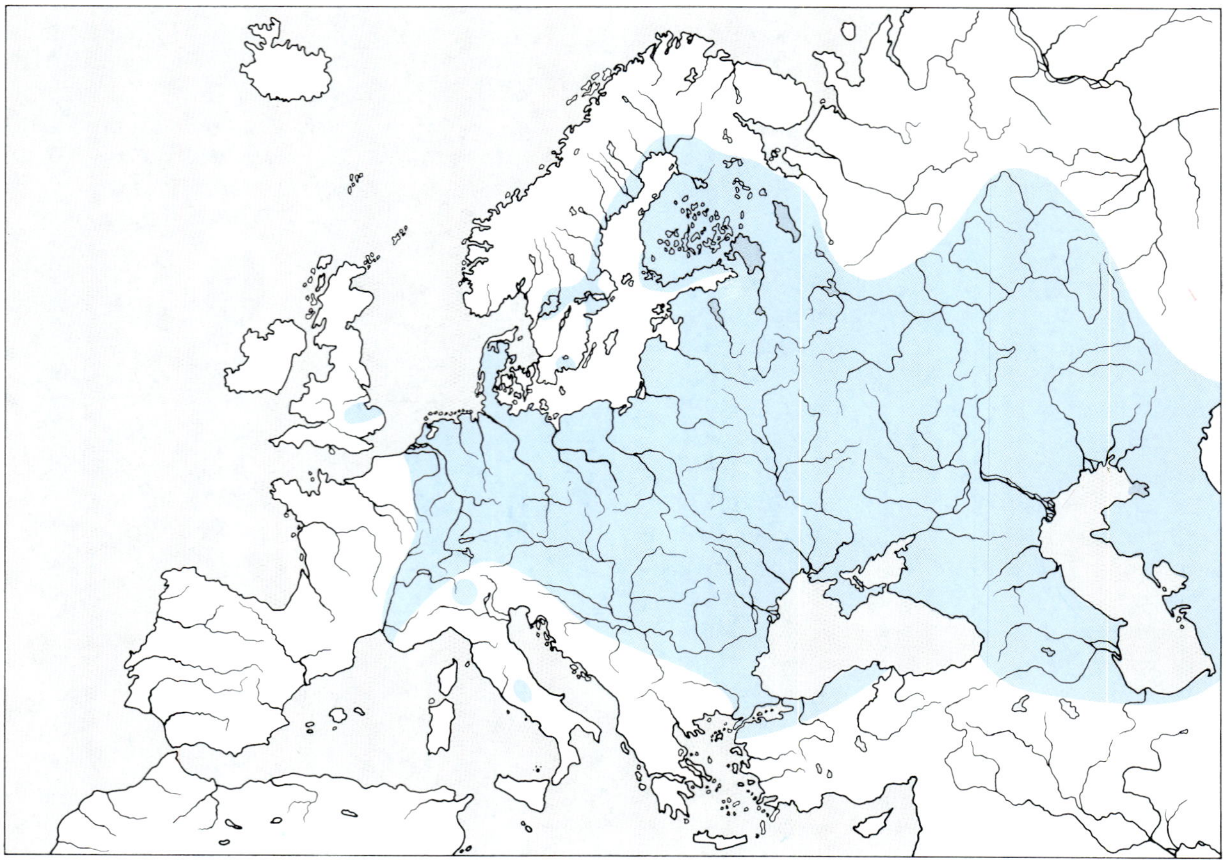

Abb. 7.115. Verbreitung des Zanders nach seiner künstlichen Einführung in Europa (westlich vom Rhein).

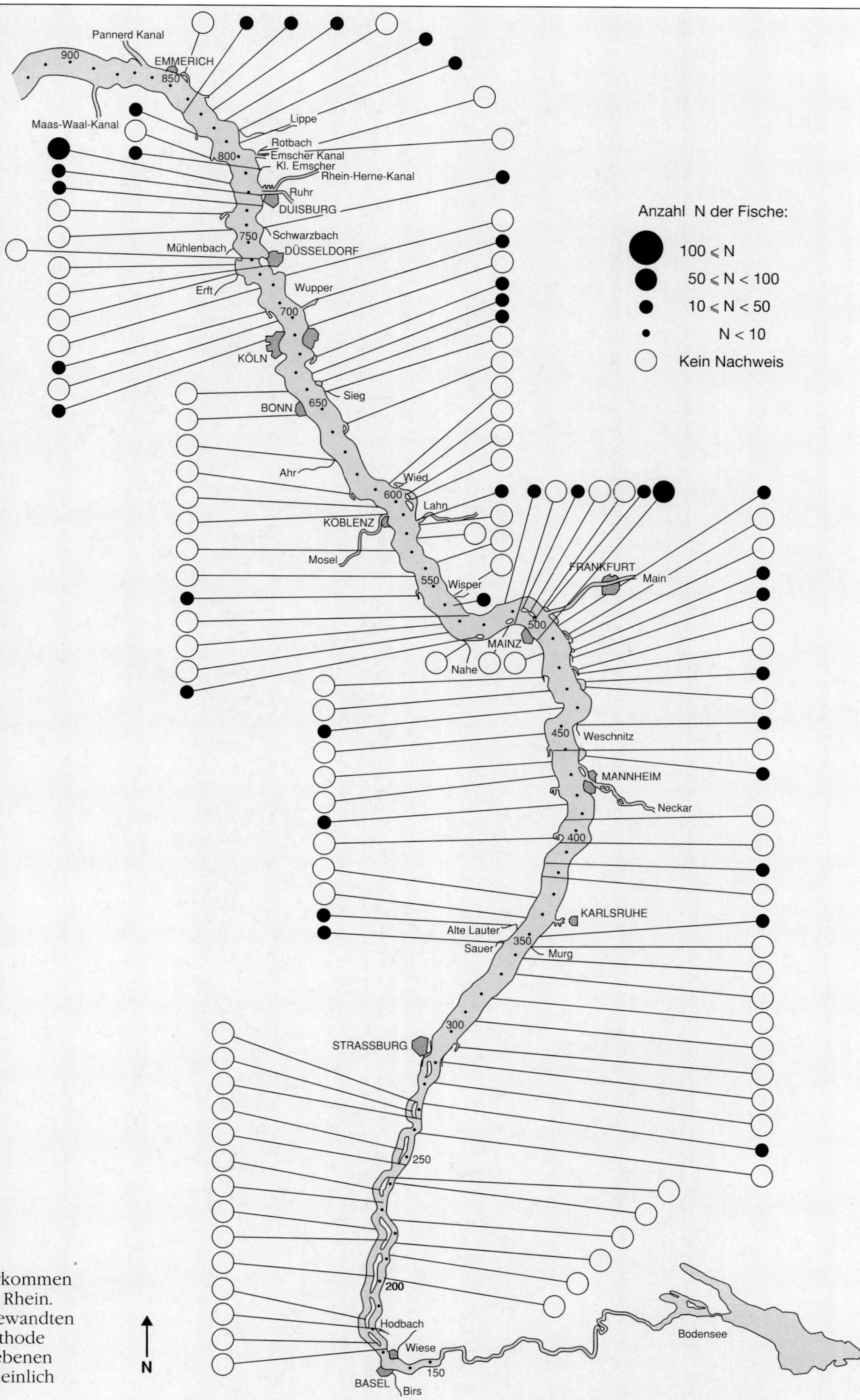

Abb. 7.116. Vorkommen des Zanders im Rhein. Wegen der angewandten Abfischungsmethode sind die angegebenen Zahlen wahrscheinlich zu niedrig.

7.18 Buntbarsche *Cichlidae*

Diese Familie ist im Rhein nicht ständig vertreten. Es handelt sich um Arten mit „barschartigem" Körperhabitus. Typisch für den Buntbarsch ist die in zwei Reihen aufgeteilte Seitenlinie, deren vorderer Teil oberhalb des Kiemendeckels anfängt und etwa im zweiten Drittel des Körpers aufhört. Die untere Schuppenreihe der Seitenlinie dehnt sich nur im letzten Drittel des Körpers aus.

Nur eine dieser in den Tropen häufigen und wirtschaftlich wichtigen Arten konnte im Rhein festgestellt werden. Es handelt sich dabei um den aus Südamerika stammenden Pfauenaugenbuntbarsch *Astronotus ocellatus* [53] (s. auch [166]). Die Einführung solch tropischer Arten in unsere Gewässer ist zumeist ungefährlich und bedeutungslos, da diese Fische während der Wasserabkühlung in den Herbst- und Wintermonaten sterben. Nur wenn sie sich dauerhaft in den Wärmefahnen der Kühlwasser unterhalb der Kraftwerke aufhalten, haben sie eine Überlebenschance. Für ihre Reproduktion sind unsere klimatischen Bedingungen ungeeignet.

7.19 Groppen *Cottidae*

Die Familie der Groppen ist im Rhein nur durch eine Art vertreten. Typisch für alle Arten dieser Familie ist ein flacher und breiter Kopf mit großer Mundöffnung. Die Rückenflosse ist zweiteilig, die Brustflossen sind enorm breit und besitzen harte Strahlen. Die Schuppen fehlen, und die Seitenlinie ist voll entwickelt. Die Groppe lebt vorwiegend am Gewässerboden.

7.19.1 Groppe *Cottus gobio* Linnaeus

Die Bestimmung der Groppe ist wegen ihrer ungewöhnlichen Körpergestalt sehr einfach. Sie ist ein Bodenfisch, abgeflacht, mit sehr breitem Kopf, ausgebreiteten Brustflossen, doppelter Rückenflosse und unter dem Körper liegenden Bauchflossen. Ihre Färbung paßt sich der Umgebung an. Von oben gesehen wirkt sie dunkel, genau wie das Bodensubstrat, nur die Bauchseite ist heller (Abb. 7.117). Die Merkmale der Groppe sind: 1. Rückenflosse mit 6–9, 2. Rückenflosse mit 15–20 Strahlen und die Afterflosse mit 10–14 Strahlen (s. Tabelle 27). Der Körper ist schuppenlos.

Verbreitung: Die Groppe ist über große Teile Europas verbreitet. Besiedelt sind jedoch vorzugsweise kalte, sauerstoffreiche Gewässer der Forellenregion. Im Süden Europas, im Norden der Britischen Inseln und in Irland kommt sie nicht vor (Abb. 7.118). Im Rhein trat sie früher häufig auf. Nach Mitteilungen von Leuthner (1877) [178] und Lauterborn (1916, 1917) [154] bewohnte sie den südlichen Oberrhein. Sie war auch in großen Rheinzuflüssen wie Neckar und Main verbreitet [88, 130]. Die weiter stromabwärts reichende Ausdehnung dieser Art wurde bezweifelt, bis Schleuter (1991) [239] über mehrere Funde aus dem Niederrhein informierte. Cazemier (1988) [50] gibt die Groppe sogar als in den niederländischen Abschnitten häufig vorkommend an, und Brink et al. (1990) [45] bezeichnen das Vorkommen in den Niederlanden als alltäglich.

Bionomie und Bedeutung: Die Groppe wurde bisher nur im Zusammenhang mit der Artengemeinschaft des Rhithrals (Forellenzone) betrachtet. Aus Untersuchungen dieser Biotope sind die Ansprüche auf Flußbettsubstrat, Nischen zum Ablaichen und Nahrung bekannt [259]. Desto mehr überrascht der Bericht von Schleuter [239], demzufolge die Groppe auch in Tiefen über 9 m lebt, und daß das Flußbett im Niederrhein (um Rheinstromkilometer 725) genauso strukturiert ist wie jenes in Biotopen, in denen die Groppe sonst gewöhnlich vorkommt. Die Tatsache, daß ganze Populationen nachgewiesen werden konnten, zeigt wie wichtig geeignet strukturierte Biotope für die dauerhafte Erhaltung der Art sind.

Die Lebenserwartung der Groppe ist nicht höher als 5 Jahre. Betrachten wir die größte Niederrheingroppe aus der Probeentnahme von Schleuter (8–9 cm), so handelt es sich um ein mindestens 3–4 Jahre altes Exemplar. Über die örtliche Reproduktion kann nicht gezweifelt werden, da sich in den Proben auch Individuen von 3 cm Länge befanden.

Abb. 7.117. Groppe

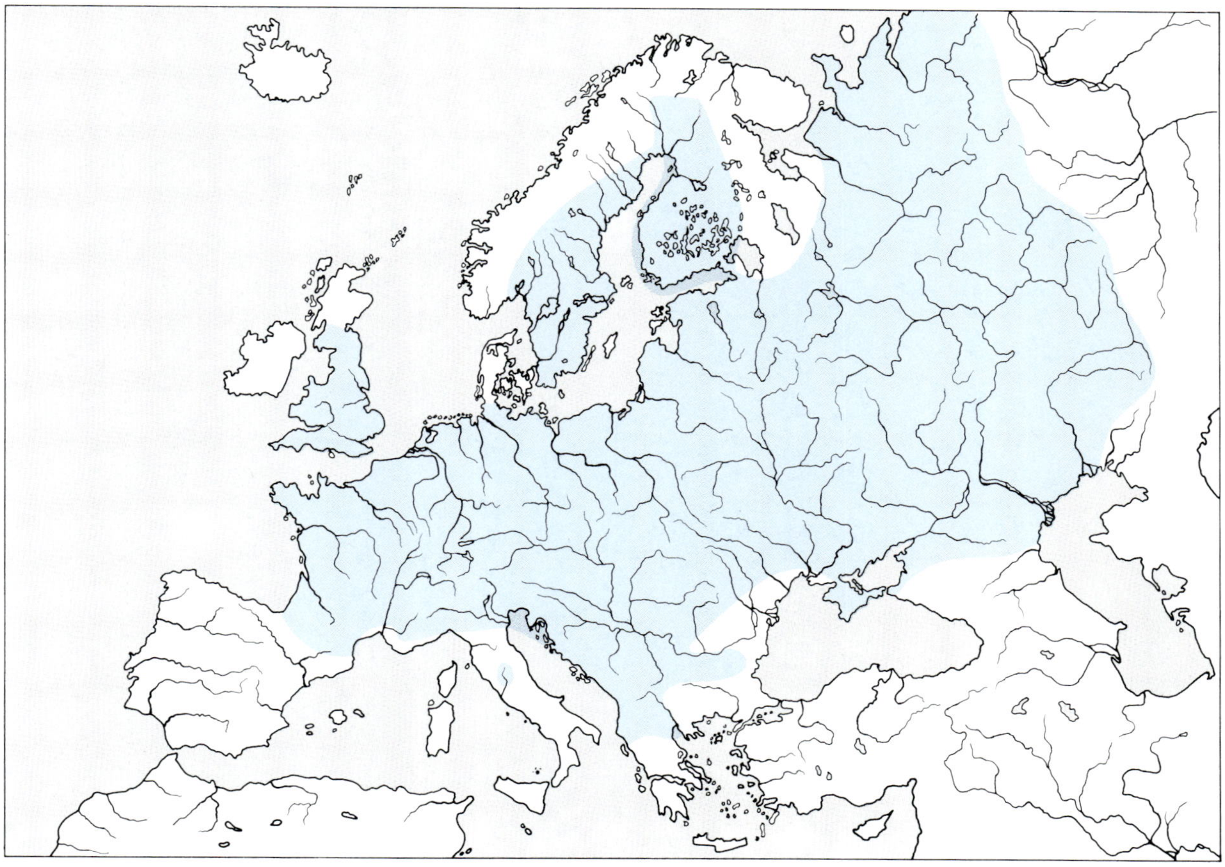

Abb. 7.118. Verbreitung der Groppe in Europa.

7.20 Plattfische *Pleuronectidae*

Diese vorwiegend im Salzwasser lebende Fischfamilie ist im Rhein nur durch eine Art vertreten. Charakteristisch für die Plattfische ist der stark modifizierte Körper, der schon darauf hinweist, daß es sich um ausgesprochene Grundfische handelt. Beide Augen liegen auf einer Körperseite. Pigmentiert ist nur die nach oben gerichtete augentragende Seite. Der Körper ist mit kleinen Schuppen versehen, die Seitenlinie ist vollständig.

7.20.1 Flunder *Platichthys flesus* (Linnaeus)

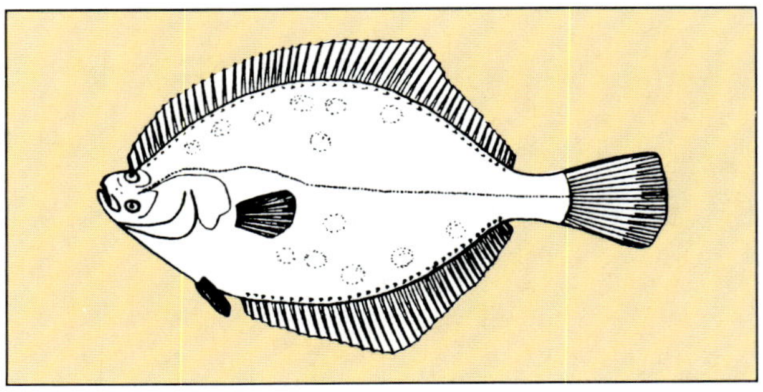

Im Rhein kommt aus der Familie der Plattfische nur die Flunder vor, und dies nur gelegentlich. Diese Art ist so bekannt, daß die Angabe der artspezifischen Daten genügt (Abb. 7.119). Die Rückenflosse hat 49–71 und die Afterflosse 34–48 Strahlen. Morphometrische und meristische Merkmale der Exemplare aus dem Rhein sind Tabelle 7 zu entnehmen.

Verbreitung: In Europa kommt die Flunder entlang der Küstenbereiche vor. Besonders häufig ist sie in Gebieten mit geringer Salinität, wie in der Nord- und Ostsee, vertreten. Von dort aus steigt sie auch in die einmündenden Flüsse auf. In Südeuropa ist ihr Vorkommen im Süßwasser ausgesprochen selten. Entlang des Rheins erregte auch in älteren Zeiten das ungewöhnliche Erscheinen einer Flunder Aufsehen [248]. Lauterborn (1904, 1906) [152, 153] schrieb über zuverlässige Nachweise aus dem Neckar sowie aus der Nähe von Worms und Bonn, d. h. alle Befunde betrafen den Mittel- und Oberrhein. Weitere Berichte folgen erst wieder in den 80er Jahren. Michling (1988) [193] informiert über mehrere Funde aus dem Niederrhein im Jahr 1987. Von der Rheinstrecke an der deutsch-holländischen Grenze gibt es Einzelnachweise aus den Jahren 1985 [42] und 1987 [26] sowie aus den Jahren 1988 und 89 [171 a, c].

Bionomie: Die Existenz der Flunder ist vom Salzwasser abhängig. Die Fortpflanzung und besonders die embryonale Entwicklung müssen im Meerwasser mit einem Mindestsalzgehalt von 10‰ stattfinden.

Abb. 7.119. Flunder aus dem nördlichen Oberrhein (gef. 2. 6. 1987).

8 Die Fischerei

Der Beruf des Fischers ist einer der ältesten. Im Laufe der Zeit wurden Fangmethoden und Geräte immer mehr verfeinert und es entstand eine eigene Fachterminologie [109].

Bis zum 19. Jahrhundert dienten die Fische des Rheins seinen Anwohnern als selbstverständliche Nahrungsquelle und der Fluß selbst als Trinkwasserlieferant, als Transportweg, aber auch als universale „Entsorgungseinrichtung". Letzterer Verwendungszweck zusammen mit der Stromregulierung führte schließlich zu einem Rückgang des Fischreichtums, und somit verliert die Fischerei zu Beginn der Neuzeit schrittweise an Bedeutung. Helfer (1949) [95] beschreibt die Wandlung der Nutzung der Gewässer durch die Fischerei sowie die Bemühungen zum Erhalt der Fischerträge mit folgendem Wortlaut: „Von Natur aus wäre eine Bewirtschaftung der Binnengewässer seitens der Menschen gar nicht nötig, würde er nicht Sondererträge wollen und gäbe es nicht viele Feinde in Gestalt der Kulturereignisse des Menschen ... man ist vom einfachsten Fang mit der Zeit zur Hege und Pflege gekommen, ja gezwungen worden ...".

Die Fischerei am Rhein

Die Bedeutung der Fischerei am Rhein wandelte sich in den letzten 300 Jahren erheblich. Eine Darstellung in absoluten Zahlen liegt nur für einige Abschnitte vor. Ein Gesamtbild des Rückganges der Fischerei, angefangen bei den Etappen der Stromkanalisierung und der Strombelastung bis zu den jetzigen Verbesserungsphasen, läßt sich nur annähernd liefern (Abb. 8-1). Bis 1765 war der Rhein in einem natürlichen Zustand. Die Fänge schwankten geringfügig je nach witterungsbedingten Rekrutierungserfolgen der Fischarten (Abb. 8-1; Nr. 1). Die zweite Etappe der Fischerei und der beginnende Rückgang der Erträge (Abb. 8-1; Nr. 2) wurde nicht durch die Verschlechterung der Wasserqualität verursacht, sondern die Korrekturen des Oberrheins wirkten sich deutlich auf die Erträge aus. Die Schwankungen der Fänge waren ausgeprägter, da die Witterungseinflüsse den Rekrutierungserfolg in dem kanalisierten Fluß intensiver beeinflußten. Etwa ab 1915 (Abb. 8-1; Nr. 3) kumulierten die Auswirkungen der Schiffbarmachung mit dem Ausbau der Industrie. Die Fänge gingen schlagartig zurück, und die Lachsfischerei wurde durch die Aalfischerei ersetzt. Diese schon äußerst bedenkliche Situation dauerte von den 30er Jahren bis zum Ende des zweiten Weltkrieges. Eine geringfügige Erholung der Fischbestände – auch der Lachs wurde gelegentlich gefangen – zeigte sich infolge des kurzfristigen Wegfalls der industriellen Verunreinigung nach den kriegerischen Ereignissen. Nach kurzer Erholung folgte die durch allgemeinen Aufschwung von Wirtschaft, Industrie und Landwirtschaft gekennzeichnete Etappe (Abb. 8-1; Nr. 6), die schwere Belastungen für den Fluß brachte. Die Fische aus dem Rhein waren wegen des starken Phenol-Geruchs kaum mehr genießbar. Bei niedrigeren Wasserführungen traten besonders im Niederrhein Fischsterben auf. Auch wurden während dieser Zeit lokale und ausgedehnte Fischvergiftungen registriert.

Nach dem massiven Ausbau von Kläranlagen im Einzugsgebiet von industriellen Betrieben, Gemeinden und Großstädten wurde die organische Last des Stroms reduziert. Der Sauerstoff wurde nun nicht mehr ausschließlich für zehrende Prozesse verbraucht (s. Abb. 4.8, S. 20). Schon allein diese Tatsache verursachte eine beachtliche Erhöhung der Fischbestände, besonders der ubiquitären Fischarten. Auch früher verschollene oder äußerst selten gewordene Fischarten wurden wieder vereinzelt nachgewiesen. Ebenso wurden die anspruchsvollen Arten, z. B. Barben und Nasen, zunehmend häufiger registriert. In den letzten Jahren, etwa ab 1985 ist die Vielfalt der Fischarten zwar gleich geblieben, aber die Menge einiger weniger Arten ist angestiegen. Alle Sparten der Fischerei zeigten in den letzten Jahren wieder erhöhte Fänge. Eine detaillierte wirtschaftliche Analyse der Fischereierträge aus der gesamten Stromstrecke ist aufgrund des multinationalen Charakters der Fischereigesetzgebung äußerst schwierig. Die Anfertigung einer Analyse bezogen auf ökologisch zusammengehörende Rheinabschnitte ist hingegen eine durchaus lösbare Aufgabe.

Fischerträge am Oberrhein

Die ersten Anzeichen einer Fangverminderung zeigten sich schon kurz nach der Korrektion des Oberrheins, besonders aber von 1850 bis etwa 1900, als der Rhein schiffbar gemacht wurde. Eine steile und kontinuierliche Abnahme der Fänge begann ab 1915. Die zurückgehenden Anlandungen der Störe, Lachse, Meerforellen und Maifische zeigten unmißverständlich das Ende des früheren Fischreichtums an. Die Überfischung mit Entwertung der Biotope und die Verschlechterung der Wasserqualität waren dafür verantwortlich [36, 37, 48, 59, 134, 278, 279, 282]. Trotz der Bemühungen, den Aal als gegen Verunreinigungen widerstandsfähigste Fischart künstlich einzusetzen, waren die Ergebnisse zweifelhaft. Bless (1979, 1981) [36, 37] erwähnte ein Beispiel vom Mittelrhein aus dem Jahr 1946, als ein Berufsfischer 650 kg Aale gefangen hatte; 1964 be-

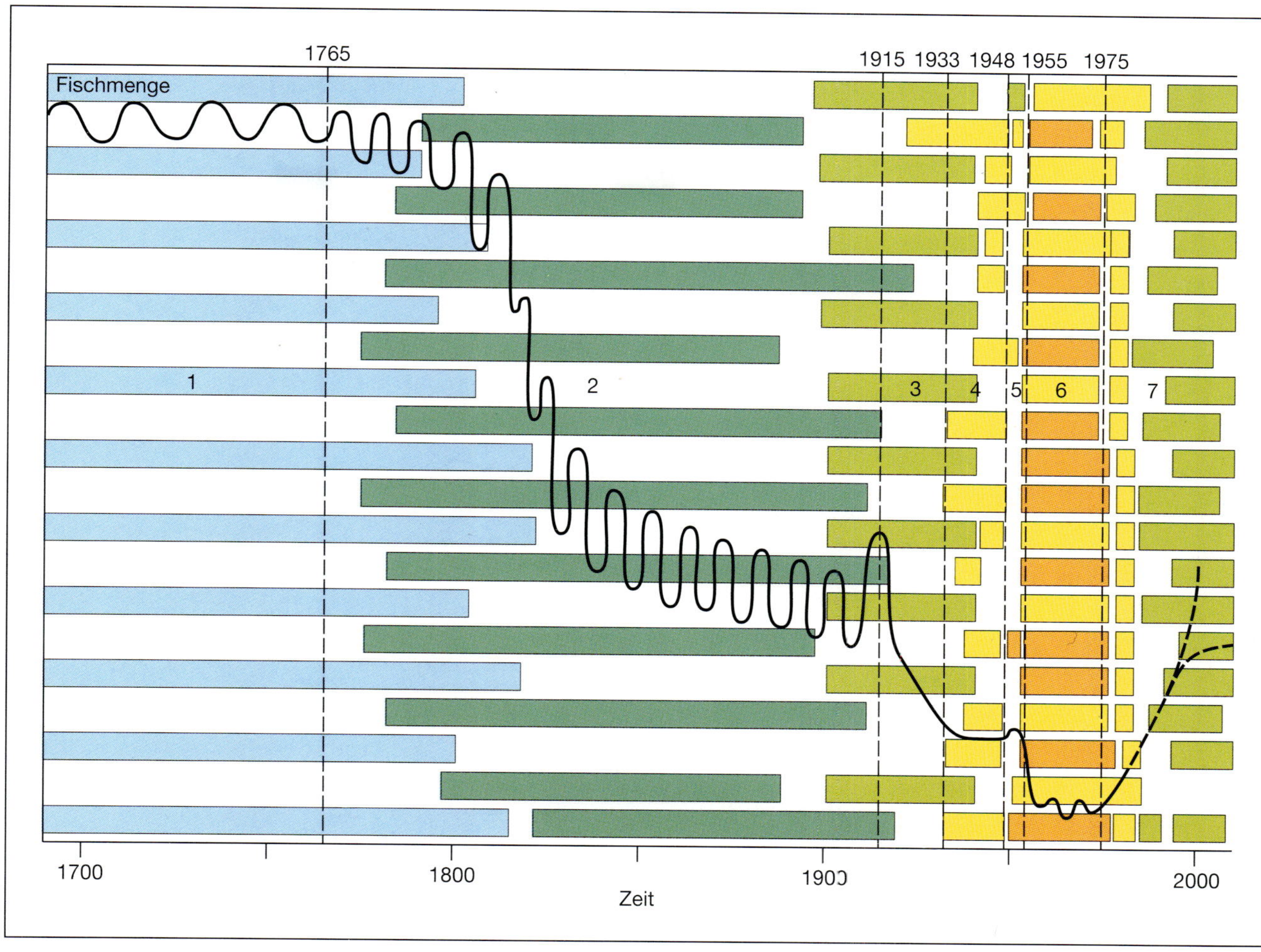

Abb. 8-1. Schematische Darstellung der beruflichen Fischereierträge im Rhein. Die Numerierung von 1–6 bezieht sich auf die Veränderungsetappen des Stroms vom natürlichen bis zum beinahe verödeten Zustand. Nr. 7 deutet auf die jüngst eingetretene Verminderung der Verunreinigung hin. Die farbige Präsentation wurde in Anlehnung an die Gewässergüte in Abbildung 4.11, S. 25, angefertigt.

trug sein Fang auf derselben Strecke nur 2,3% der früheren Menge. Ebenso lag der Gesamtfang an Fischen um 92,5% niedriger. Nach Kuhn (1976) [143], der den Rückgang der Fischerei am Oberrhein beschreibt, wurden früher dort 300–400 Spezialboote zum Aalfang (sog. Aalschocker) eingesetzt; während der 60er Jahre operierten keine mehr.

Den Fischertrag am Oberrhein hat Kriegsmann (1970) [141] auf 37,6 kg/ha/Jahr geschätzt. In schwach strömenden, meist aufgestauten Abschnitten lag der Ertrag zwischen 21,1–61,8 kg/ha/Jahr. Eine Ertragsschätzung aus den früheren Zeiten um das Jahr 1800 berechnete Kriegsmann auf 240 kg/ha/Jahr, worin auch migrierende lachsartige Fische enthalten sind. Hohe Erträge wurden wieder aus der letzten Zeit angegeben. Kuhn (1976) [143] stellte fest, daß 200 kg/ha/Jahr in den Nebengewässern des Oberrheins, die eine Verbindung zum Hauptstrom haben, keine Ausnahme darstellen. Erträge in vergleichbaren Mengen wurden auch in den Gewässern des nördlichen Oberrheins festgestellt, obwohl die Berufsfischerei keine intensive Befischung durchführte.

Ertragsschätzungen für den gesamten Rhein

Die Fischerei am Rhein wird von zwei unterschiedlichen Interessengruppen ausgeübt, den Berufsfischern sowie den Angel- bzw. Sportfischern. Am nördlichen Oberrhein wurde ein Versuch unternommen, die Erträge der Berufs- und Angelfischer auf die gesamte Rheinfläche umzurechnen. Dabei zeigte sich, daß in den Jahren 1980–1986 die Berufsfischer durchschnittlich 40,12 t/Jahr Fische gefangen haben. Dies entspricht ca. 15 kg/ha/Jahr. Die Angelfischer haben etwa 8,2 kg/ha/Jahr herausgefischt. Der Fischertrag beider Fischereisparten betrug somit 23,2 kg/ha/Jahr und ist vermutlich nur ein Drittel, im ungünstigsten Fall die Hälfte des zu erwartenden Fischertrages [171 a–c].

Seit dem Rückgang der Geschmacksbeeinträchtigungen der Rheinfische durch Phenole vor etwa 12–14 Jahren verzeichnet die Fischerei einen langsamen Aufwärtstrend. Für den menschlichen Konsum werden in erster Linie Aal, Zander, Hecht, Schleie und gelegentlich Karpfen vermarktet. Die sogenannten Weißfische werden selten als Speisefische gehandelt, da sie beim

Konsumenten keinen hohen Beliebtheitsgrad aufweisen. Sie werden vorwiegend als Besatzfisch oder als Tierfutter in zoologischen Gärten verwendet.

Nach offizieller Schätzung sind auf der deutschen Rheinstrecke gegenwärtig 37 Berufsfischer im Haupterwerb tätig, hinzu kommen noch etwa 100 kleinere Berufsfischereien im Nebenerwerb. Die Berufsfischerei wird hauptsächlich in den Nebengewässern und Altarmen des Rheins ausgeübt, da sie im Strom selbst wegen der hohen Fließgeschwindigkeit und der regen Schiffahrt kaum betrieben werden kann.

Die Nutzung des Stroms durch die Angelfischer wird zunehmend intensiver ausgeübt. Auf der deutschen Rheinstrecke fischen etwa 60 000–100 000 Angler. Wenn die Angelfischer des Hochrheins sowie der französischen und niederländischen Strecken hinzugezogen werden, läßt sich die Anzahl der Angler auf über 200 000 schätzen.

Hege und Pflege der Fischbestände

Diese beiden Begriffe, die gewöhnlich der Fangbeschränkung und dem Fischbesatz gleichgestellt werden, bedürfen weiterer Erläuterungen.

Seit dem späten Mittelalter bis heute wird der Fischfang unter gleichen Prinzipien geregelt. Eine ausführliche historische Betrachtung hierzu mit weiterführenden Schriften lieferte Grimm (1968) [86]. Sämtliche heutigen Fischereigesetze, die auf die Hege bezogen sind, zeigen nur lokalen Bedingungen, Trends der Zeit und gelegentlich neuen Erkenntnissen angepaßte Versionen der gut gemeinten mittelalterlichen Ideen.

Unter Pflege der Fischerei wird im allgemeinen der Fischbesatz verstanden und bis auf wenige Ausnahmen auch praktiziert. Dies wäre, wie schon Helfer (1949) [95] beobachtete, nicht notwendig, wenn der Mensch nicht Sondererträge, insbesondere an sogenannten „Edelfischen" verlangen würde.

Die bisherigen Versuche, den Rückgang der Fischbestände, besonders den des Lachses, durch Hege- und Pflegemaßnahmen abzuwehren, blieb ohne Erfolg. Ebenso erfolglos war die Pflege der Coregoniden (Renken) und der Maifische in den Niederlanden. Die gesetzlichen Verordnungen zum Schutze der Fische haben den administrativen Apparat der Fischereiverwaltung zwar außerordentlich beschäftigt und zeitweilig sogar überfordert, zur Rettung bzw. zur Verhinderung des Rückganges der Arten und der Fischbestände im Rhein trug aber keine dieser Bemühungen bei. Besatz ohne gleichzeitige Erhaltung und Neuschaffung naturbelassener Fortpflanzungsräume ist sinnlos.

Zu einer wirksamen Pflege der Fischbestände, besonders der „Krautlaicher" dient die Erhaltung der Verbindungen zwischen den Nebengewässern und dem Hauptstrom. Die bisherigen Untersuchungen haben gezeigt, daß viele Arten, besonders während der Laichzeit, diese stillen, mit Pflanzen bewachsenen Nebengewässer aufsuchen. Auch während des Hochwassers dienen diese Biotope vielen Fischarten als Rückzugsgebiete [82, 164 b, 189]. Eine umfassende Übersicht der schutzwürdigen Biotope entlang des Rheins lieferten Solmsdorf et al. (1975) [252].

Probleme der Besatzmaßnahmen

Die Maßnahmen, die die Verringerung der Erträge aufhalten sollten, konzentrierten sich auf Besatz mit nur wenigen Fischarten. Zeitweilige Erfolge wurden nur durch Erhöhung des Aalbestandes und anderer Raubfische registriert. Beim gegenwärtigen Zustand des Rheins kommt der Pflege dieser anderen Raubfische Priorität zu. Bezüglich der Aale herrscht eine kontroverse Situation. Einerseits wurde ein Zustand erreicht, der sich geradezu als Zucht dieser Fische in einem freien Gewässer beschreiben läßt. Es können Beispiele genannt werden, bei denen aus freifließenden Flußabschnitten regelrechte „Produktionsstrecken" für Aale entstanden sind. In einem deutschen Bundesland wurden von 1980–1986 im Jahresdurchschnitt nahezu 7 Mio. Glasaale ausgesetzt. Bei einer vermuteten Sterberate von 95% überlebten in dieser Stromstrecke dennoch 340 000 Individuen; das gleiche gilt auch für andere Bundesländer. Andererseits wurde durch diesen äußerst intensiven Aalbesatz eine neue parasitäre Aalerkrankung eingeschleppt und verbreitet. Hierdurch besteht nicht nur eine potentielle Gefahr für den Aal, sondern gleichzeitig ist auch die einzige noch ertragbringende Fischerei bedroht. Nach unseren Beobachtungen sind nur 39% des Aalbestandes im Rhein ohne Parasitenbefall [171]. Näheres zum Auftreten des Parasiten *Anguillicola sp.* publizierten Koops & Hartmann (1989) [140].

Zum Bemühen, die Artenvielfalt im Rhein zu erhöhen, wurden nach offiziellen Angaben der Bundesländer insgesamt 20 Fischarten in die deutsche Rheinstrecke eingesetzt: Aal, Äsche, Bachforelle, Bachsaibling, Barbe, Bitterling, Coregoniden (Blaufelchen bzw. Renken), Elritze, Flußbarsch, Gründling, Hecht, Karausche, Teichformen des Karpfens, Moderlieschen, Regenbogenforelle, Schleie, Schneider, Wels, die Wildform des Karpfens, Zander und Rapfen. Aus dem schweizerischen Gebiet kommt noch der Lachs hinzu. Außerdem wurden fremde Fischarten unkontrolliert eingeführt und in die Nebengewässer und Zuflüsse ausgesetzt. Dabei handelt es sich um den Blaubandbärtling, den Giebel und möglicherweise auch den Zwergwels (Katzenwels). Die Motivation für diese „Anreicherung" der Fauna ist vielseitig, z. B. Verbesserung der Nahrungsgrundlage für fischfressende Vögel, falsch verstandene Tierliebe (dem Aquarienfisch wieder die Freiheit geben) und grobe Fahrlässigkeit (Köderfische werden im Wasser freigelassen). Alle diese Einführungen sind gesetzlich verboten und werden örtlich polizeilich verfolgt; jedoch leider kaum mit Erfolg.

Fischfang und Artenvielfalt

Meistens wird nur über die negativen Auswirkungen des Fischfanges, wie z. B. die Überfischungen der Störe, Maifische und Coregoniden gesprochen. Die positiven Auswirkungen des Fischfanges werden weitgehend unterschätzt. Eine Regulierung der Fischbestände des Rheins, die sich aus der Zusammensetzung der Nahrungskette der Lebewesen im Strom herleitet, ist nicht in Sicht, und auch zukünftig werden sich kaum natürliche, sich selbst regulierende Artengemeinschaften zusammenfinden. Aus diesem Grunde kann der Fischfang z. B. sehr wirksam das übermäßig hohe Aufkommen der Aale reduzieren. Ebenso wäre eine intensive Befischung der sogenannten Weißfische, besonders von Brachsen, Ukelei und Rotauge, empfehlenswert.

9 Die Zukunft der Fischfauna

Abschließend seien einige Betrachtungen über die mögliche zukünftige Entwicklung der Fischfauna im Rhein und die Fischerei angestellt. Vorausgesetzt, die jetzigen physikalisch-hydrologischen Bedingungen bleiben unverändert, so werden die schon massenhaft vorkommenden Arten ihre Dominanz behalten. Ihre Häufigkeit wird sich im Rahmen der üblichen phenologisch bedingten Populationsschwankungen bewegen. Bei Erhalt der gegenwärtigen Wassergüte dürften die rheophilen Arten in ihrer Häufigkeit zunehmen. Da Bemühungen um weitere Verbesserungen der Wasserqualität unternommen werden, beschleunigt sich der Aufbau der Artenpopulation, die in strömenden Gewässern lebt. Die in den letzten Jahren registrierten Wanderfische, z. B. Meerforellen und Meerneunaugen, werden wieder häufiger auftreten. Dagegen ist eine Erhöhung der Raubfischbestände, besonders des Hechts durch natürliche Fortpflanzung nicht zu erwarten. Die Ausnahme hiervon bildet der Zander, dessen Bestand sich auf natürliche Weise vergrößern kann. Ob der Rapfen auch eine wirksame Rolle als Raubfisch übernimmt, ist nicht abzuschätzen.

Zusammenfassend läßt sich sagen, daß die Fischfauna ein Spiegelbild der limnologisch-hydrologischen Beschaffenheiten des Stroms darstellt, wobei die bestehenden Flußverbauungen, die die Ökotope des Rheins maßgebend bestimmen, limitierende Faktoren sind. Eine Erhöhung der Wasserqualität allein kann nicht zu weiteren, grundlegenden Verbesserungen der Fauna führen. Sie wird nur die bestehenden ichthyologischen Zustände stabilisieren.

Anstrengungen, die Fischfauna des Flusses einem naturnahen Zustand näher zu bringen, bedingen die Abkehr von der jetzt existierenden Monotonie des Stroms. Den Rhein wieder entkanalisieren zu wollen, ist völlig utopisch. Dagegen bieten sich aber im kleineren Rahmen an vielen Stellen Verbesserungen an. Trotz der Abdeichung des Hauptstroms sind Reste der ursprünglichen Aue des Rheins entlang seiner gesamten Strecke verstreut vorhanden, deren Funktion als Bestandteil eines aquatischen Systems gestört ist. Dort, wo diese stehenden Gewässer noch mit dem Hauptstrom in Verbindung stehen, zeigen sich Verlandungssymptome, die dringend als erstes mit ökotechnischen Maßnahmen zu beseitigen sind. Eine weitere Möglichkeit, der Fischfauna zu naturnaher Entwicklung zu verhelfen, bietet sich durch Umbau im Bereich einmündender Zuflüsse an. Besonders zu betonen ist die Neugestaltung der Mündungsbereiche der kleinen Flüßchen und Bäche, die eine Vielfalt von Kleinbiotopen für zahlreiche Fischarten bieten könnten. Problematisch hingegen ist die Verbesserung der schiffbaren Zuflüsse. Ein weiterer Ausbau und eine Funktionsverbesserung der Fischpässe werden kaum Zugänglichkeit zu den Laichgebieten schaffen können, besonders dort nicht, wo die Verbauungen Kaskaden aufgestauter Flußstrekken verursacht haben, wie z. B. in der Mosel und im Main. Im südlichen Oberrhein wird es zu kostspielig sein, die Wasserbauten am Fluß selbst durch Umleitungen eines Teils des Stroms, mit verbesserten Fischpässen oder mit Fischliften für die migrierenden Fischarten passierbar zu gestalten.

Sind die ökotechnischen Maßnahmen erst einmal durchgeführt, so wird es leichter sein, die seltenen Fischarten durch gezielten Besatz zu stützen. Ebenso wird der Wunsch „Lachs 2000“ in greifbare Nähe rücken.

Anmerkungen zu den Tabellen

Allen Interessenten, die Fischarten aus anderen Einzugsgebieten mit denen des Rheins vergleichen wollten, fehlten bisher die detaillierten ichthyologischen Angaben. Um diese Lücke zu schließen, wurden aus der umfassenden Studie von Köhler (1991) [139] die meristischen (zählbaren) und morphometrischen (meßbaren) Merkmale in vereinfachter Form übernommen. Zum methodischen Vorgehen bei der Datenerhebung verweisen wir auf die Studien von Köhler [137, 139]. Zum besseren Verständnis für den interessierten Laien sind im folgenden die wichtigsten Definitionen der morphometrischen und meristischen Merkmale aufgeführt:

Morphometrische Merkmale

Standardlänge: Die Strecke vom vordersten *(anterior)* Punkt der Schnauze (bei geschlossenem Maul) bis zur verdeckten Basis der Schwanzflosse (Verbindung zwischen Hypuralplatte und mittleren Schwanzflossenstrahlen).
Gewicht: Körpergewicht in Gramm.
Max. Körperhöhe: Die größte vertikale Distanz von Körperober- zu Körperunterseite. Fleischige oder beschuppte Partien an der Basis der Flossen werden nicht gemessen.
Min. Körperhöhe: Höhe des Schwanzstieles an der Mitte seiner Längserstreckung.
Körperhöhe unterhalb der Mittellinie: Die vertikale Erstreckung zwischen Körperunterseite (auf Höhe der Brustflossen) und Mittellinie. Die Mittellinie ist definiert als gerade Linie von der Mitte des Hinterrandes der Hypuralplatte (an den unteren Fortsätzen der letzten Schwanzwirbel entstehende Knochenplatten) über die Körperseite zum vordersten Punkt der Schnauze. Die Körperhöhe unterhalb der Mittellinie steht stets senkrecht zur Mittellinie.
Max. Körperbreite: Die größte Körperbreite *(transversale)*, meist unterhalb der Rückenflossenbasis *(Dorsalis)* gemessen.
Länge des Schwanzstiels: Der Abstand zwischen hinterer *(posterior)* Afterflossenbasis *(Analis)* und verdeckter Basis der Schwanzflosse (Verbindung zwischen Hypuralplatte und mittleren Schwanzflossenstrahlen).
Breite des Schwanzstiels: Die Schwanzbreite *(transversale)* an der Mitte seiner Längserstreckung.
Länge der Brustflosse: Die maximale Länge der Brustflosse *(Pectoralis)* von der Basis des am vordersten *(anterior)* und äußersten gelegenen Flossenstrahls bis zum hintersten *(posterior)* Punkt der Brustflosse.
Breite der Brustflosse: Die maximale Breite der Brustflosse *(Pectoralis)* senkrecht zur sagittalen Ebene.
Spannweite der Schwanzflosse: Die geringste Distanz zwischen den hintersten *(posterior)* gelegenen Enden von ventralem (zur Bauchseite gehörendem) und dorsalem Lobus (zur Rückenseite gehörendem Lappen) der Schwanzflosse *(Caudalis)*.
Kopflänge: Der Abstand vom vordersten *(anterior)* Punkt der Schnauze (bei geschlossenem Maul) bis zum hintersten *(posterior)* Rand des Operculums (Kiemendeckel; die Operculummembran wird mit eingeschlossen).
Kopfhöhe: Der vertikale Abstand von Oberseite und Unterseite des Kopfes. Gemessen wird durch das Zentrum der Augenhöhle *(Orbit)*.
Kopfhöhe unterhalb des Auges: Der vertikale Abstand zwischen der Mitte der Augenhöhle *(Orbit)* und dem Unterrand des Kopfes.
Orbitdurchmesser: Die größte Durchmesserdistanz zwischen den Innenseiten der Augenhöhle *(Orbit)*.
Maulhöhe: Der größte vertikale Abstand zwischen den Innenrändern des voll geöffneten Maules.
Maulbreite: Der größte *transversale* Abstand zwischen den Innenrändern des voll geöffneten Maules.

Meristische Merkmale

Flossenstrahlen: die Anzahl wird wie folgt bezeichnet:

3/ – arabische Ziffer vor dem Schrägstrich = Hartstrahlen.
Hartstrahlen sind unverzweigte und in der Regel ungegliederte Flossenstrahlen (z. B. *Cypriniden*). Das gelegentliche Vorkommen gegliederter Hartstrahlen (in der Rückenflosse der *Cypriniden* und *Perciden*) ist stark altersabhängig. Kleine unverzweigte und gegliederte Flossenstrahlen am Ende der Flossenbreite der paarigen Flossen werden als Weichstrahlen mitgezählt.

/3 – arabische Ziffer hinter dem Schrägstrich = Weichstrahlen.
Weichstrahlen sind meist verzweigt und gegliedert, können jedoch im jungen Stadium auch unverzweigt sein (am Ende der Flossenbreite der paarigen Flossen). In der Rükken- und Afterflosse besitzen die letzten beiden verzweigten Weichstrahlen eine gemeinsame Basis und werden als ein Strahl berücksichtigt.

II/ – römische Ziffer vor dem Schrägstrich = Stachelstrahlen.
Stachelstrahlen sind harte, unverzweigte und stets ungegliederte Strahlen (z. B. bei barschartigen Fischen).

Kiemenreusendornen: Die Anzahl der Kiemenreusendornen auf der Außenseite des vordersten *(anterior)* Kiemenbogens. Diese Kiemenreusendornen sind häufig anders gestaltet, als die innere Reihe oder die Reihen der darauffolgenden Kiemenbögen (z. B. *Coregoniden*).
Schlundzähne: Die Anzahl der Zähne auf den Schlundknochen (z. B. *Cypriniden, Cobitiden*). Die Schlundzähne können in mehr als einer Reihe angeordnet sein und werden stets in einer Formel von links nach rechts gezählt; die Formel 1.1.3–3.1.1 bedeutet jeweils 1 Zahn auf der äußeren und mittleren Zahnreihe und 3 Zähne auf der inneren Zahnreihe. Die Zahnformel ist in diesem Beispiel für beide Körperseiten gleich.
Seitenlinienschuppen: Die Anzahl der Schuppen auf der sogenannten Seitenlinie meist vom Hinterrand des Operculums bis zur Basis der Schwanzflosse (Hinterrand der Hypuralplatte) reichend. Es werden sowohl porige als auch nicht porige Schuppen (wie z. B. bei *Perciden*) der Seitenlinie gezählt. Am kaudalen Abschnitt wird bis zur letzten porigen Schuppe gezählt. Diese liegt meist auf Höhe der Übergangsstelle von Hypuralplatte zu den Basen der Schwanzflossenstrahlen.
Schuppen unterhalb der Mittellinie: Die Anzahl der Schuppen unterhalb der Seitenlinie. Gezählt werden die Schuppen vom vorderen *(anterior)* Rand der Afterflossenbasis, der natürlichen Schuppenreihe folgend, bis zur Seitenlinie (die Seitenlinienschuppe wird dabei ausgelassen). Die Richtung der Schuppenreihe ist diagonal nach oben zum Vorderende hin. Die kleinen Schuppen an der Basis der Afterflosse werden mitgezählt.
Schuppen oberhalb der Seitenlinie: Die Anzahl der Schuppen oberhalb der Seitenlinie. Gezählt wird vom vorderen *(anterior)* Rand der Rückenflossenbasis, der natürlichen Schuppenreihe folgend, bis zur Seitenlinie (die Seitenlinienschuppe wird ausgelassen). Die Richtung der Schuppenreihe ist diagonal nach unten zum Schwanzende hin. Die dachförmige oberste Schuppe unmittelbar vor der Rückenflosse wird nicht mitgezählt.
Rückenflossenstrahlen: Die Anzahl aller Flossenstrahlen in der Rückenflosse *(Dorsalis)*. Gezählt wird wie vorher beschrieben. Bei *Perciden* und *Gadiden* wird die vordere Rückenflosse als D_1, die hintere als D_2 bezeichnet.
Bauchflossenstrahlen: Die Anzahl aller Flossenstrahlen in der Bauchflosse *(Pelvic)* einer Körperseite. Gezählt wird wie oben beschrieben. *Cypriniden* besitzen stets zwei Hartstrahlen in der Bauchflosse, wobei der kleinere vordere Hartstrahl in einer Furche des darauffolgenden Größeren liegt und somit schwer zu erkennen ist.
Afterflossenstrahlen: Die Anzahl der Flossenstrahlen in der Afterflosse *(Analis)*. Gezählt wird wie vorher beschrieben. Die beiden hintersten *(posterior)* Weichstrahlen besitzen eine gemeinsame Basis und werden als ein Strahl gezählt.
Brustflossenstrahlen: Die Anzahl aller Flossenstrahlen in der Brustflosse *(Pectoralis)* einer Körperseite. Gezählt wird wie vorher beschrieben. *Cypriniden* besitzen stets einen Hartstrahl.
Schwanzflossenstrahlen: Die Anzahl der Weichstrahlen inklusive der beiden äußeren meist unverzweigten Hartstrahlen. Beide Strahlentypen werden gesondert angegeben. Die äußersten kleinen Randstrahlen der Schwanzflosse werden nicht mitgezählt.

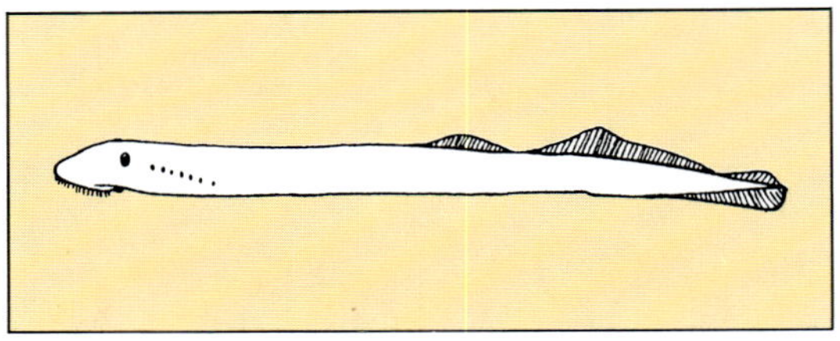

Tabelle 1. Das Meerneunauge *Petromyzon marinus* Linnaeus 1758. Morphometrische und meristische Merkmale des Meerneunauges aus dem Rhein (Hammer Aue, Karlsruhe, Mündungsbereich der Mosel; n = 6)

Morphometrische Merkmale	**Mittelwert**	**min. Wert**	**max. Wert**	**Standard-abweichung**	**Variations-koeffizient**
Standardlänge (mm)	720,00	675,00	760,00	35,36	4,91
Gewicht (g)	720,78	496,00	993,00	165,24	22,92
in % der Standardlänge:					
Prebranchiale	11,30	10,22	12,45	0,91	8,10
Preoculare	8,01	7,18	8,89	0,65	8,12
Länge der Saugscheibe	6,60	5,97	7,25	0,52	7,85
Augendurchmesser	1,07	0,93	1,29	0,14	12,97
Länge des Rumpfes	53,66	52,14	56,16	1,62	3,02
Länge des Kiemenbereiches	10,15	9,59	10,96	0,64	6,31
Schwanzlänge	24,56	22,80	26,47	1,31	5,35
Höhe der 2. Rückenflosse	5,23	5,11	5,47	0,12	2,38
Meristische Merkmale					
Anzahl der Zahnreihen	23				
Randständige Lippenzähne	(52–) 53,83 (–56)				
Zähne der inn. Lippenzahnplatten	2–2–2–2				
Zähne der Infraoralzahnplatte	(7–) 8 (–9)				
Zähne der Supraoralplatte	2				
Zähne der unt. Zungenzahnplatte	(11–) 13,17 (–15)				
Zähne der hint. Zungenzahnplatte	(22–) 24,17 (–27)				

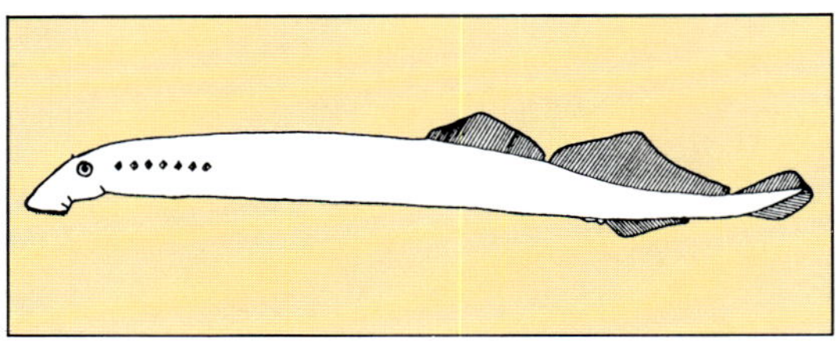

Tabelle 2. Das Flußneunauge *Lampetra fluviatilis* (Linnaeus 1758). Morphometrische und meristische Merkmale aus dem Rhein (Phillipsburg)

Morphometrische Merkmale	
Standardlänge (mm)	360,00
Gewicht (g)	71,50
in % der Standardlänge:	
Prebranchiale	10,33
Preoculare	6,25
Länge der Saugscheibe	4,25
Augendurchmesser	1,58
Länge des Rumpfes	51,39
Länge des Kiemenbereiches	10,00
Schwanzlänge	30,61
Höhe der 2. Rückenflosse	4,25
Meristische Merkmale	
Randständige Lippenzähne	72
Zähne der inn. Lippenzahnplatten	2–3–2
Zähne der Infraoralzahnplatte	7
Zähne der Supraoralplatte	2
Zähne der unt. Zungenzahnplatte	15

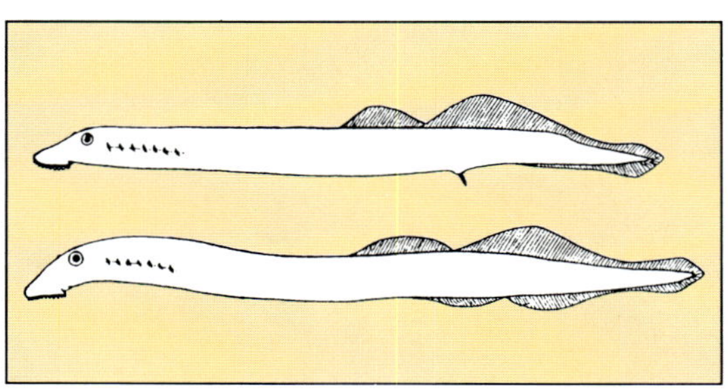

Tabelle 3. Das Bachneunauge *Lampetra planeri* (Bloch 1784). Morphometrische und meristische Merkmale des Bachneunauges aus dem Rhein (Rhein bei Karlsruhe und Rhein bei Phillipsburg; n = 4)

Morphometrische Merkmale	**Mittelwert**	**min. Wert**	**max. Wert**	**Standard-abweichung**	**Variations-koeffizient**
Standardlänge (mm)	130,75	102,00	144,00	19,55	14,95
Gewicht (g)	3,48	1,50	5,00	1,45	41,86
in % der Standardlänge:					
Prebranchiale	11,06	9,58	12,94	1,45	13,08
Preoculare	6,48	5,63	7,25	0,79	12,21
Länge der Saugscheibe	3,91	3,54	4,22	0,28	7,22
Augendurchmesser	1,81	1,39	2,00	0,29	15,75
Länge des Rumpfes	73,71	70,70	76,18	2,49	3,38
Länge des Kiemenbereiches	9,16	8,59	9,80	0,50	5,42
Schwanzlänge	26,13	24,12	29,93	2,73	10,45
Höhe der 2. Rückenflosse	3,35	2,85	4,30	0,66	19,79
Meristische Merkmale					
Randständige Lippenzähne	(74–) 79 (–82)				
Zähne der inn. Lippenzahnplatten	2–3–2				
Zähne der Infraoralzahnplatte	7				
Zähne der Supraoralplatte	2				
Zähne der unt. Zungenzahnplatte	(17–) 17,25 (–18)				

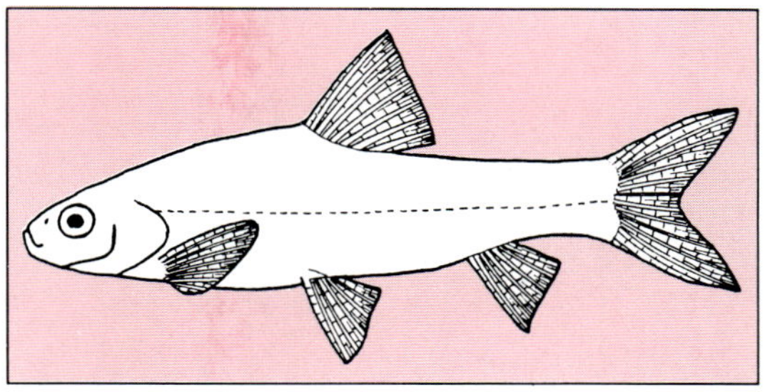

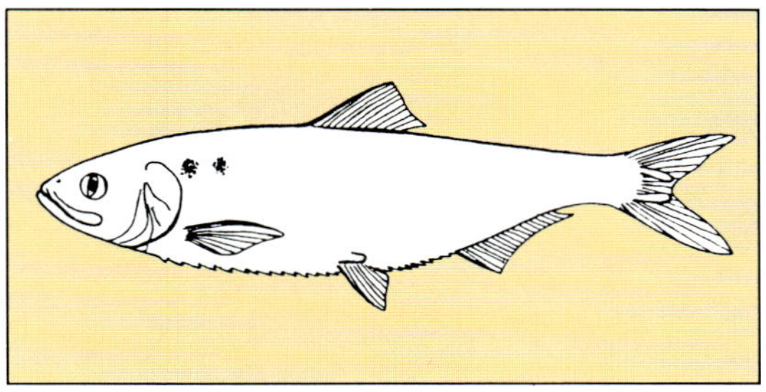

Tabelle 4. Morphometrische und meristische Merkmale von adulten Exemplaren seltener Fischarten aus dem Rhein

Arten	Blaubandbärbling *Pseudorasbora parva* (Schlegel 1842)		Äsche *Thymallus thymallus* (Linnaeus 1758)	Maifisch *Alosa alosa* (Linnaeus 1758)
Morphometrische Merkmale				
Standardlänge (mm)	57,20	36,20	130,00	400,00
Gewicht (g)	3,50	1,20	24,70	408,00
in % der Standardlänge:				
max. Körperhöhe	26,40	22,65	19,77	19,55
min. Körperhöhe	11,01	8,29	7,77	5,95
Körperhöhe unterhalb Mittelinie	12,94	11,60	9,08	10,00
Körperbreite	11,19	12,43	8,92	7,20
Länge des Schwanzstiels	23,60	22,65	15,38	13,45
Breite des Schwanzstiels	3,67	2,76	3,31	2,25
Länge der Brustflosse	15,73	16,02	15,54	15,90
Breite der Brustflosse	6,47	6,08	7,08	6,25
Spannweite der Schwanzflosse	19,23	22,93	23,85	20,33
Kopflänge	24,30	28,18	23,08	24,33
in % der Kopflänge:				
Kopfhöhe (total)	51,80	39,22	44,67	59,10
Kopfhöhe (unterhalb des Auges)	21,58	19,61	24,00	36,38
Augendurchmesser	18,71	19,61	26,33	15,42
Maulhöhe	17,27	12,75	17,33	35,97
Maulbreite	22,30	20,59	20,67	20,96
Meristische Merkmale				
Kiemenreusendornen	9	12	22	116
Schlundzähne	4–4	–	–	–
Seitenlinienschuppen	37	36	82	78
Schuppen unterh. Seitenlinie	5	4	8	9
Schuppen oberh. Seitenlinie	6	6	8	8
Rückenflossenstrahlen	3/7	3/7	7/14	5/15
Bauchflossenstrahlen	2/7	2/7	2/10	1/7
Afterflossenstrahlen	3/6	3/6	4/9	5/20
Brustflossenstrahlen	1/13	1/11	1/15	1/15
Schwanzflossenstrahlen	2/17	2/17	2/19	4/20
Station-Rheinstromkilometer	Lampertheimer Altrhein	768,5	Karlsruhe	Helmlingen

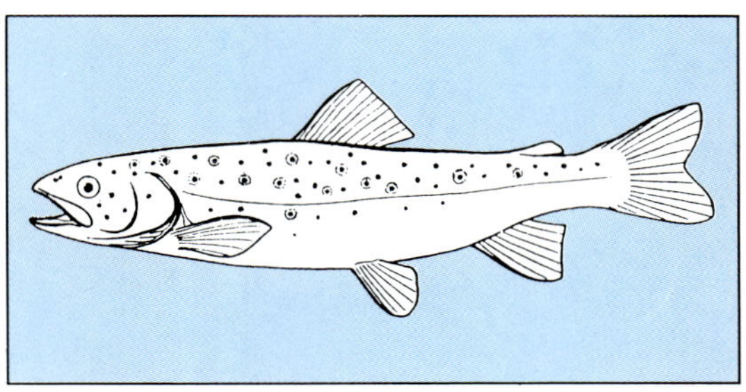

Tabelle 5. Die Bachforelle *Salmo trutta* f. *fario* Linnaeus 1758. Morphometrische und meristische Merkmale der Bachforelle aus dem Rhein (n = 10)

Morphometrische Merkmale	Mittelwert	min. Wert	max. Wert	Standardabweichung	Variationskoeffizient
Standardlänge (mm)	172,60	124,00	210,00	26,97	15,63
Gewicht (g)	90,32	36,30	170,00	39,16	43,35
in % der Standardlänge:					
max. Körperhöhe	23,79	22,16	25,76	1,18	4,97
min. Körperhöhe	9,73	9,00	10,28	0,37	3,81
Körperhöhe unterhalb Mittellinie	11,47	9,69	13,47	1,07	9,28
Körperbreite	12,27	10,70	14,31	1,15	9,34
Länge des Schwanzstiels	18,05	16,85	19,60	0,90	4,98
Breite des Schwanzstiels	4,22	3,75	4,81	0,32	7,50
Länge der Brustflosse	17,68	16,91	18,54	0,57	3,21
Breite der Brustflosse	8,71	7,78	9,86	0,79	9,09
Spannweite der Schwanzflosse	26,67	22,40	31,57	2,49	9,34
Kopflänge	26,53	25,35	27,34	0,73	2,76
in % der Kopflänge:					
Kopfhöhe (total)	48,59	46,99	50,61	1,25	2,58
Kopfhöhe (unterhalb des Auges)	26,38	24,08	27,57	1,05	3,98
Augendurchmesser	20,22	16,96	22,85	1,63	8,07
Maulhöhle	31,30	27,64	36,01	2,61	8,33
Maulbreite	35,12	31,88	38,37	2,11	6,00
Meristische Merkmale					
Kiemenreusendornen	(16–) 17,4 (–21)				
Seitenlinienschuppen	(112–) 116,7 (–122)				
Schuppen unterh. Seitenlinie	(20–) 22,5 (–25)				
Schuppen oberh. Seitenlinie	(26–) 27,4 (–29)				
Rückenflossenstrahlen	3 (–4)/(9–) 9,9 (–11)				
Bauchflossenstrahlen	(1–) 2/(8–) 8,2 (–9)				
Afterflossenstrahlen	3/(7–) 8 (–9)				
Brustflossenstrahlen	1/(12–) 12,4 (–13)				
Schwanzflossenstrahlen	2/(16–) 16,9 (–17)				

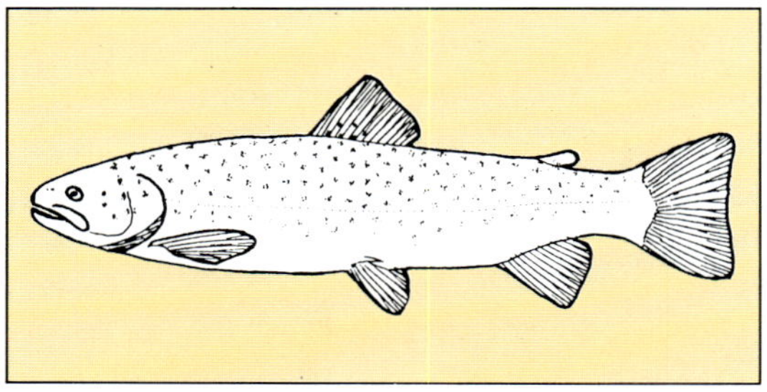

Tabelle 6. Die Meerforelle *Salma trutta* Linnaeus 1758. Morphometrische und meristische Merkmale der Meerforelle aus dem Rhein (n = 20)

Morphometrische Merkmale	Mittelwert	min. Wert	max. Wert	Standardabweichung	Variationskoeffizient
Standardlänge (mm)	540,85	454,00	665,00	55,34	10,23
Gewicht (g)	2636,75	1150,00	5200,00	1055,93	40,05
in % der Standardlänge:					
max. Körperhöhe	22,07	20,08	26,59	1,72	7,79
min. Körperhöhe	9,14	7,94	10,48	0,68	7,39
Körperhöhe unterhalb Mittellinie	11,85	10,10	15,00	1,16	9,81
Körperbreite	10,43	8,68	11,96	0,82	7,86
Länge des Schwanzstiels	15,63	12,88	16,72	1,03	6,57
Breite des Schwanzstiels	4,93	4,15	5,85	0,45	9,11
Länge der Brustflosse	13,41	11,33	15,45	0,94	7,01
Breite der Brustflosse	8,64	7,06	10,17	0,75	8,66
Spannweite der Schwanzflosse	22,31	19,24	25,02	1,54	6,91
Kopflänge	24,08	21,45	30,83	2,28	9,47
in % der Kopflänge:					
Kopfhöhe (total)	51,54	45,06	58,80	3,76	7,30
Kopfhöhe (unterhalb des Auges)	33,10	28,90	40,78	3,22	9,74
Augendurchmesser	10,94	7,85	13,24	1,25	11,42
Maulhöhe	28,28	23,34	35,63	3,39	11,98
Maulbreite	29,39	21,38	34,72	3,04	10,36
Meristische Merkmale					
Kiemenreusendornen	(15–) 17,25 (–18)				
Seitenlinienschuppen	(111–) 115,90 (–125)				
Schuppen unterh. Seitenlinie	(17–) 19,10 (–22)				
Schuppen oberh. Seitenlinie	(22–) 24,90 (–27)				
Rückenflossenstrahlen	3/(9–) 9,30 (–10)				
Bauchflossenstrahlen	1/(7–) 8,25 (–10)				
Afterflossenstrahlen	3/(7–) 8,05 (–10)				
Brustflossenstrahlen	1/(10–) 12,2 (–14)				
Schwanzflossenstrahlen	2/(17–) 17,4 (–18)				

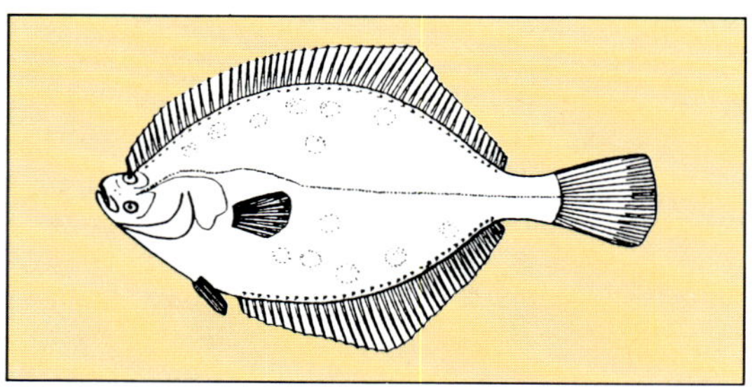

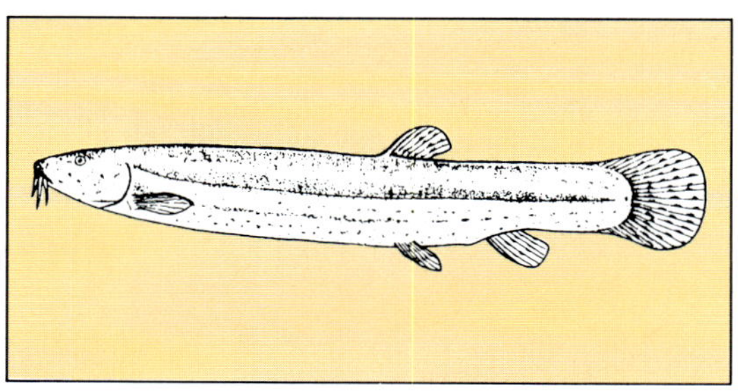

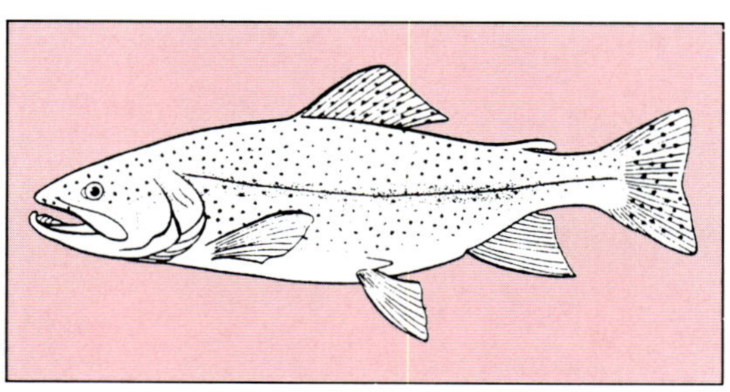

Tabelle 7. Morphometrische und meristische Merkmale von adulten Exemplaren seltener Fischarten aus dem Rhein

Arten	Flunder *Platichthys flesus* (Linnaeus 1758)		Schlammpeitzger *Misgurnus fossilis* (Linnaeus 1758)	Regenbogenforelle *Oncorhynchus mykiss* (Walbaum 1792)
Morphometrische Merkmale				
Standardlänge (mm)	187,00	163,00	152,00	295,00
Gewicht (g)	120,00	96,10	17,30	438,80
in % der Standardlänge:				
max. Körperhöhe	45,13	49,08	11,05	22,95
min. Körperhöhe	9,09	9,57	8,16	10,31
Körperhöhe unterhalb Mittelinie	23,58	24,29	5,33	10,31
Körperbreite	9,20	9,20	7,70	13,69
Länge des Schwanzstiels	11,60	13,62	19,93	17,32
Breite des Schwanzstiels	3,26	3,37	2,30	3,90
Länge der Brustflosse	14,81	13,19	11,45	15,86
Breite der Brustflosse	6,15	6,20	3,75	7,56
Spannweite der Schwanzflosse	19,57	23,07	10,59	21,29
Kopflänge	29,14	28,34	17,43	24,41
in % der Kopflänge:				
Kopfhöhe (total)	46,24	44,37	43,02	52,50
Kopfhöhe (unterhalb des Auges)	19,08	22,51	32,08	30,56
Augendurchmesser	15,60	14,50	10,57	18,89
Maulhöhe	16,51	19,48	12,83	31,25
Maulbreite	18,18	17,75	14,72	33,06
Meristische Merkmale				
Kiemenreusendornen	14	17	15	21
Seitenlinienschuppen	79	78	165	129
Schuppen unterh. Seitenlinie	–	–	–	23
Schuppen oberh. Seitenlinie	–	–	–	26
Rückenflossenstrahlen	58	60	3/6	3/10
Bauchflossenstrahlen	6	6	2/6	2/9
Afterflossenstrahlen	41	41	3/5	3/9
Brustflossenstrahlen	11	12	1/9	1/13
Schwanzflossenstrahlen	16	16	16	2/17
Station-Rheinstromkilometer	833,7	833,7	Karlsruhe	561,1

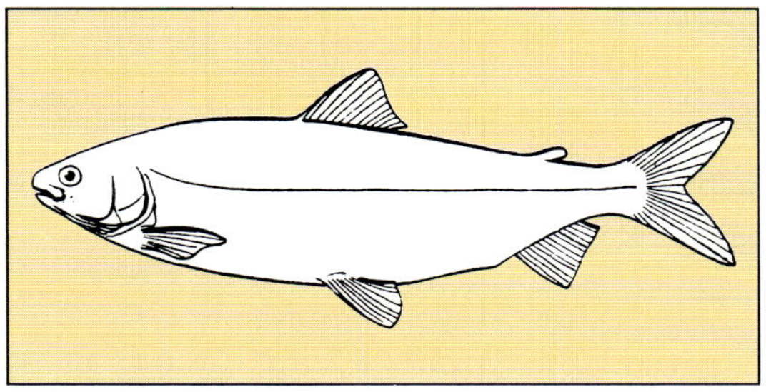

Tabelle 8. Der Blaufelchen *Coregonus lavaretus* Linnaeus 1758. Morphometrische und meristische Merkmale des Blaufelchen aus dem Rhein bei Karlsruhe (n=5)

Morphometrische Merkmale	**Mittelwert**	**min. Wert**	**max. Wert**	**Standard-abweichung**	**Variations-koeffizient**
Standardlänge (mm)	253,00	210,00	305,00	36,67	14,50
Gewicht (g)	217,26	97,70	388,30	110,02	50,64
in % der Standardlänge:					
max. Körperhöhe	22,74	21,43	23,83	0,96	4,21
min. Körperhöhe	7,72	6,67	8,30	0,63	8,12
Körperhöhe unterhalb Mittellinie	11,24	10,00	12,00	0,75	6,70
Körperbreite	9,92	7,60	11,18	1,56	15,75
Länge des Schwanzstiels	12,76	11,38	14,00	1,28	10,07
Breite des Schwanzstiels	3,95	3,33	4,30	0,38	9,72
Länge der Brustflosse	15,68	14,37	17,35	1,07	6,83
Breite der Brustflosse	7,49	6,62	8,22	0,62	8,24
Spannweite der Schwanzflosse	25,00	19,51	29,20	4,47	17,90
Kopflänge	21,71	20,95	22,11	0,46	2,13
in % der Kopflänge:					
Kopfhöhe (total)	48,40	45,45	50,50	2,19	4,53
Kopfhöhe (unterhalb des Auges)	27,82	22,73	31,48	3,19	11,48
Augendurchmesser	20,37	19,43	22,73	1,45	7,10
Maulhöhe	19,83	18,09	23,76	2,43	12,23
Maulbreite	14,39	13,60	15,24	0,74	5,11

Meristische Merkmale	
Kiemenreusendornen	(26–) 29,8 (–38)
Seitenlinienschuppen	(81–) 84 (–87)
Schuppen unterh. Seitenlinie	(8–) 8,8 (–9)
Schuppen oberh. Seitenlinie	(9–) 9,6 (–10)
Rückenflossenstrahlen	4/(9–) 9,8 (–10)
Bauchflossenstrahlen	2/(10–) 10,2 (–11)
Afterflossenstrahlen	4/(9–) 10,6 (–12)
Brustflossenstrahlen	1/(14–) 14,2 (–15)
Schwanzflossenstrahlen	2/(16–) 16,6 (–17)

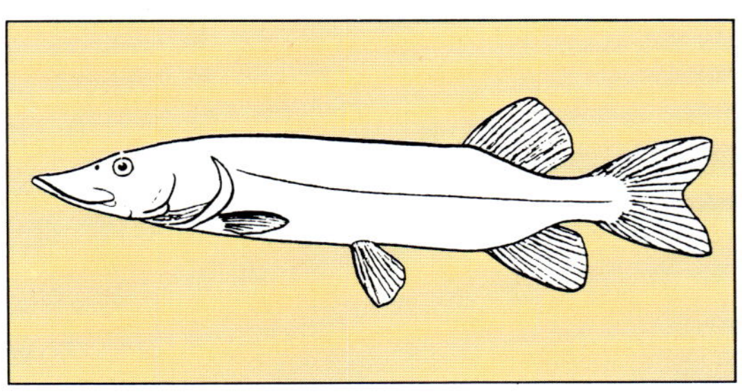

Tabelle 9. Der Hecht *Esox lucius* Linnaeus 1758. Morphometrische und meristische Merkmale des Hechtes aus dem Rhein (n=11)

Morphometrische Merkmale	**Mittelwert**	**min. Wert**	**max. Wert**	**Standard-abweichung**	**Variations-koeffizient**
Standardlänge (mm)	354,73	280,00	410,00	41,78	11,78
Gewicht (g)	467,27	191,20	848,20	207,10	44,32
in % der Standardlänge:					
max. Körperhöhe	16,53	15,26	18,62	0,85	5,17
min. Körperhöhe	6,62	6,28	7,20	0,27	4,02
Körperhöhe unterhalb Mittellinie	7,98	7,15	8,64	0,46	5,75
Körperbreite	11,74	10,29	13,79	1,22	10,36
Länge des Schwanzstiels	13,46	12,64	15,85	0,92	6,83
Breite des Schwanzstiels	4,32	3,79	4,95	0,40	9,16
Länge der Brustflosse	14,13	12,54	14,97	0,70	4,93
Breite der Brustflosse	6,44	5,46	7,80	0,78	12,08
Spannweite der Schwanzflosse	21,28	17,34	25,64	2,76	12,97
Kopflänge	31,57	30,13	32,65	0,81	2,56
in % der Kopflänge:					
Kopfhöhe (total)	31,06	27,64	32,24	1,37	4,43
Kopfhöhe (unterhalb des Auges)	22,88	20,18	27,89	1,99	8,68
Augendurchmesser	12,14	10,73	13,76	0,90	7,38
Maulhöhe	26,46	20,46	30,47	3,03	11,44
Maulbreite	27,23	24,77	29,69	1,73	6,34

Meristische Merkmale	
Kiemenreusendornen	(30–) 36,45 (–48)
Seitenlinienschuppen	(112–) 123,55 (–131)
Schuppen unterh. Seitenlinie	(12–) 13,73 (–15)
Schuppen oberh. Seitenlinie	(13–) 14,27 (–16)
Rückenflossenstrahlen	(4–) 5,45 (–6)/(14–) 15,55 (–17)
Bauchflossenstrahlen	1/(8–) 9,55 (–11)
Afterflossenstrahlen	(4–) 4,6 (–5)/(11–) 13,18 (–15)
Brustflossenstrahlen	1/(14–) 14,18 (–15)
Schwanzflossenstrahlen	2/(16–) 17,64 (–19)

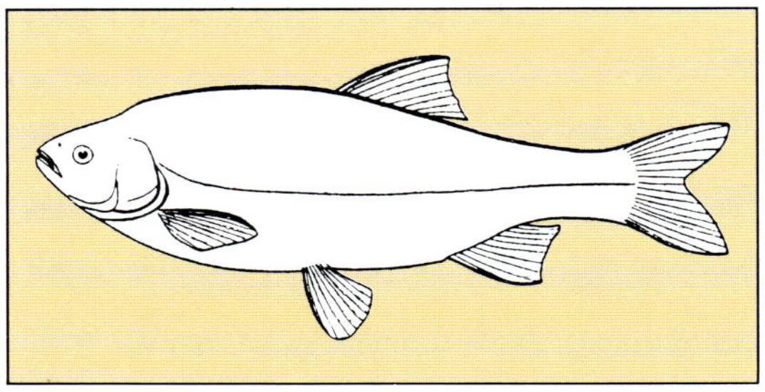

Tabelle 10. Aland *Leuciscus idus* (Linnaeus 1758). Morphometrische und meristische Merkmale des Alands aus dem Rhein (n = 4)

Morphometrische Merkmale	**Mittelwert**	**min. Wert**	**max. Wert**	**Standard-abweichung**	**Variations-koeffizient**
Standardlänge (mm)	164,00	155,00	187,00	15,38	9,38
Gewicht (g)	115,10	76,40	188,80	50,84	44,17
in % der Standardlänge:					
max. Körperhöhe	29,28	26,86	31,12	2,11	7,21
min. Körperhöhe	11,32	10,58	12,19	0,83	7,38
Körperhöhe unterhalb Mittellinie	14,67	13,91	15,48	0,68	4,65
Körperbreite	16,76	14,56	18,45	1,81	10,78
Länge des Schwanzstiels	21,54	19,09	23,55	1,84	8,53
Breite des Schwanzstiels	6,23	5,70	6,84	0,50	8,09
Länge der Brustflosse	18,27	16,47	19,23	1,27	6,98
Breite der Brustflosse	9,72	8,98	10,32	0,58	5,96
Spannweite der Schwanzflosse	25,79	23,46	28,06	2,12	8,21
Kopflänge	23,53	22,44	24,90	1,02	4,33
in % der Kopflänge:					
Kopfhöhe (total)	56,57	53,55	58,29	2,08	3,67
Kopfhöhe (unterhalb des Auges)	30,62	29,19	32,57	1,44	4,69
Augendurchmesser	22,19	20,98	23,24	0,96	4,32
Maulhöhe	30,68	28,60	31,61	1,39	4,55
Maulbreite	25,91	24,32	27,69	1,38	5,33
Meristische Merkmale					
Kiemenreusendornen	(12–) 12,5 (–13)				
Schlundzähne	3.5–5.3				
Seitenlinienschuppen	(56–) 57,75 (–59)				
Schuppen unterh. Seitenlinie	5				
Schuppen oberh. Seitenlinie	9				
Rückenflossenstrahlen	3/8				
Bauchflossenstrahlen	2/8				
Afterflossenstrahlen	3/(9–) 9,75 (–11)				
Brustflossenstrahlen	1/17				
Schwanzflossenstrahlen	2/(17–) 17,25 (–18)				

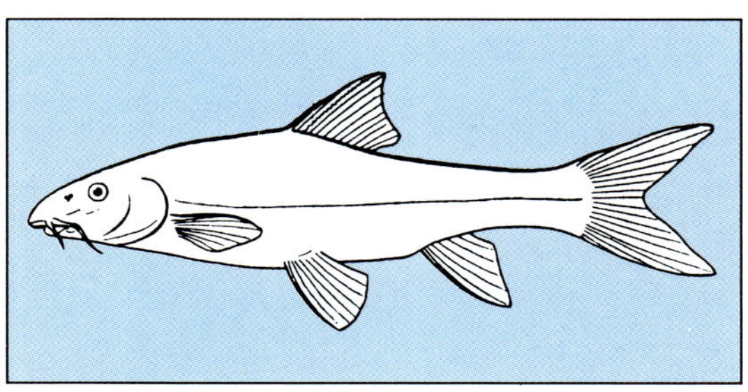

Tabelle 11. Barbe *Barbus barbus* (Linnaeus 1758). Morphometrische und meristische Merkmale der Barbe aus dem Rhein (n = 9)

Morphometrische Merkmale	**Mittelwert**	**min. Wert**	**max. Wert**	**Standard-abweichung**	**Variations-koeffizient**
Standardlänge (mm)	262,56	135,00	405,00	98,11	37,37
Gewicht (g)	456,13	42,30	1193,50	388,88	85,26
in % der Standardlänge:					
max. Körperhöhe	22,86	21,54	23,96	0,89	3,90
min. Körperhöhe	10,58	9,31	11,68	0,67	6,38
Körperhöhe unterhalb Mittellinie	7,99	6,78	9,12	0,76	9,53
Körperbreite	16,04	13,74	17,69	1,17	7,27
Länge des Schwanzstiels	19,95	18,21	21,63	0,95	4,75
Breite des Schwanzstiels	5,49	4,59	6,63	0,71	12,92
Länge der Brustflosse	17,89	16,46	19,86	1,06	5,95
Breite der Brustflosse	10,81	9,39	12,75	1,07	9,91
Spannweite der Schwanzflosse	23,74	19,63	28,68	2,94	12,36
Kopflänge	24,38	22,82	25,93	1,09	4,49
in % der Kopflänge:					
Kopfhöhe (total)	48,21	45,52	51,18	1,86	3,86
Kopfhöhe (unterhalb des Auges)	30,39	28,00	34,02	2,10	6,92
Augendurchmesser	14,62	12,76	16,76	1,43	9,80
Maulhöhe	21,18	19,42	24,41	1,65	7,79
Maulbreite	19,06	14,67	22,76	2,50	13,12
Meristische Merkmale					
Kiemenreusendornen	(10–) 12,44 (–14)				
Schlundzähne	5.3.2–2.3.5				
Seitenlinienschuppen	(56–) 57,67 (–62)				
Schuppen unterh. Seitenlinie	(8–) 9 (–11)				
Schuppen oberh. Seitenlinie	(12–) 13,22 (–14)				
Rückenflossenstrahlen	3–4/(8–) 8,11 (–9)				
Bauchflossenstrahlen	2/(7–) 7,78 (–9)				
Afterflossenstrahlen	2–3/5				
Brustflossenstrahlen	1/(14–) 15,56 (–17)				
Schwanzflossenstrahlen	2/17				

Tabelle 12. Blicke *Blicca bjoerkna* (Linnaeus 1758). Morphometrische und meristische Merkmale der Blicke aus dem Rhein (n = 20)

Morphometrische Merkmale	Mittelwert	min. Wert	max. Wert	Standard-abweichung	Variations-koeffizient
Standardlänge (mm)	165,60	117,00	220,00	31,20	18,84
Gewicht (g)	123,80	40,60	229,20	65,16	52,63
in % der Standardlänge:					
max. Körperhöhe	39,51	36,05	42,94	1,42	3,60
min. Körperhöhe	11,08	10,27	11,85	0,45	4,02
Körperhöhe unterhalb Mittellinie	21,27	19,50	23,40	1,12	5,25
max. Körperbreite	14,36	12,22	16,56	1,06	7,39
Länge des Schwanzstiels	14,13	12,61	15,74	0,80	5,63
Breite des Schwanzstiels	4,36	3,50	5,49	0,51	11,57
Länge der Brustflosse	19,61	15,73	21,47	1,38	7,04
Breite der Brustflosse	10,45	9,15	12,99	1,05	10,02
Spannweite der Schwanzflosse	32,81	26,89	44,63	4,09	12,47
Kopflänge	23,82	22,62	25,49	0,82	3,44
in % der Kopflänge:					
Kopfhöhe (total)	64,26	60,00	68,12	2,53	3,94
Kopfhöhe (unterhalb des Auges)	31,82	29,64	33,24	0,83	2,60
Augendurchmesser	27,69	25,58	30,24	1,42	5,11
Maulhöhe	26,03	21,23	29,73	2,00	7,67
Maulbreite	21,00	18,39	23,47	1,33	6,30
Meristische Merkmale					
Kiemenreusendornen	(13–) 14,05 (–16)				
Schlundzähne	(1–) 2.5–5.2 (–1)				
Seitenlinienschuppen	(43–) 46,35 (–50)				
Schuppen unterh. Seitenlinie	(5–) 6,15) (–7)				
Schuppen oberh. Seitenlinie	(8–) 9,35 (–10)				
Rückenflossenstrahlen	3/(7–) 8 (–9)				
Bauchflossenstrahlen	2/8				
Afterflossenstrahlen	3/(18–) 20,45 (–23)				
Brustflossenstrahlen	1/(13–) 14,7 (–16)				
Schwanzflossenstrahlen	2/(17–) 17,15 (–19)				

Tabelle 13. Brachsen *Abramis brama* (Linnaeus 1758). Morphometrische und meristische Merkmale des Brachsens aus dem Rhein (n = 20)

Morphometrische Merkmale	Mittelwert	min. Wert	max. Wert	Standard-abweichung	Variations-koeffizient
Standardlänge (mm)	280,10	200,00	380,00	50,80	18,14
Gewicht (g)	488,28	159,40	1091,00	265,45	54,37
in % der Standardlänge:					
max. Körperhöhe	36,38	33,13	41,48	2,06	5,66
min. Körperhöhe	10,05	9,22	10,76	0,42	4,15
Körperhöhe unterhalb Mittellinie	17,19	14,90	19,31	1,22	7,09
Körperbreite	13,38	11,76	16,26	1,37	10,22
Länge des Schwanzstiels	13,78	11,26	15,91	1,21	8,82
Breite des Schwanzstiels	4,10	3,11	4,98	0,49	12,02
Länge der Brustflosse	20,96	18,74	24,70	1,49	7,09
Breite der Brustflosse	9,69	8,04	11,71	1,00	10,36
Spannweite der Schwanzflosse	30,79	26,27	35,80	3,39	11,02
Kopflänge	25,48	22,96	28,85	1,69	6,63
in % der Kopflänge:					
Kopfhöhe (total)	60,24	55,54	66,17	2,98	4,95
Kopfhöhe (unterhalb des Auges)	33,33	29,85	39,63	2,44	7,31
Augendurchmesser	19,85	17,22	22,96	1,60	8,05
Maulhöhe	27,24	23,19	32,99	2,88	10,57
Maulbreite	21,60	18,32	26,87	2,14	9,89
Meristische Merkmale					
Kiemenreusendornen	(20–) 22,60 (–25)				
Schlundzähne	5–5				
Seitenlinienschuppen	(51–) 54,35 (–58)				
Schuppen unterh. Seitenlinie	(7–) 8 (–9)				
Schuppen oberh. Seitenlinie	(12–) 12,65 (–14)				
Rückenflossenstrahlen	3/(8–) 9,1 (–10)				
Bauchflossenstrahlen	2/(7–) 7,95 (–8)				
Afterflossenstrahlen	3/(23–) 24,90 (–28)				
Brustflossenstrahlen	1/(15–) 16 (–17)				
Schwanzflossenstrahlen	(1–) 2 (–3)/(16–) 17,05 (–19)				

Tabelle 14. Döbel *Leuciscus cephalus* (Linnaeus 1758). Morphometrische und meristische Merkmale des Döbels aus dem Rhein (n = 20)

Morphometrische Merkmale	Mittelwert	min. Wert	max. Wert	Standard-abweichung	Variations-koeffizient
Standardlänge (mm)	274,90	180,00	370,00	56,71	20,63
Gewicht (g)	475,98	99,40	1040,00	262,74	55,20
in % der Standardlänge:					
max. Körperhöhe	26,00	23,89	28,82	1,12	4,30
min. Körperhöhe	10,88	9,91	11,75	0,45	4,12
Körperhöhe unterhalb Mittellinie	13,70	12,50	14,54	0,56	4,07
Körperbreite	15,48	13,50	18,18	1,27	8,23
Länge des Schwanzstiels	20,53	18,45	22,17	1,05	5,12
Breite des Schwanzstiels	5,47	4,00	6,25	0,57	10,43
Länge der Brustflosse	17,87	16,07	20,00	1,14	6,40
Breite der Brustflosse	10,76	9,61	12,00	0,73	6,80
Spannweite der Schwanzflosse	27,53	23,57	32,67	2,11	7,66
Kopflänge	24,91	23,59	26,67	0,89	3,56
in % der Kopflänge:					
Kopfhöhe (total)	51,83	48,13	56,52	1,91	3,69
Kopfhöhe (unterhalb des Auges)	28,20	23,33	31,48	2,01	7,11
Augendurchmesser	18,45	15,72	21,52	1,78	9,64
Maulhöhe	31,03	25,30	36,84	3,05	9,84
Maulbreite	31,45	25,23	35,79	3,03	9,62
Meristische Merkmale					
Kiemenreusendornen	(8–) 9,05 (–10)				
Schlundzähne	2.5–5.2				
Seitenlinienschuppen	(42–) 44,7 (–47)				
Schuppen unterh. Seitenlinie	(3–) 3,75 (–4)				
Schuppen oberh. Seitenlinie	(7–) 7,2 (–8)				
Rückenflossenstrahlen	3/8				
Bauchflossenstrahlen	2/8				
Afterflossenstrahlen	3/(7–) 7,95 (–8)				
Brustflossenstrahlen	1/(15–) 16 (–17)				
Schwanzflossenstrahlen	2/(15–) 17 (–18)				

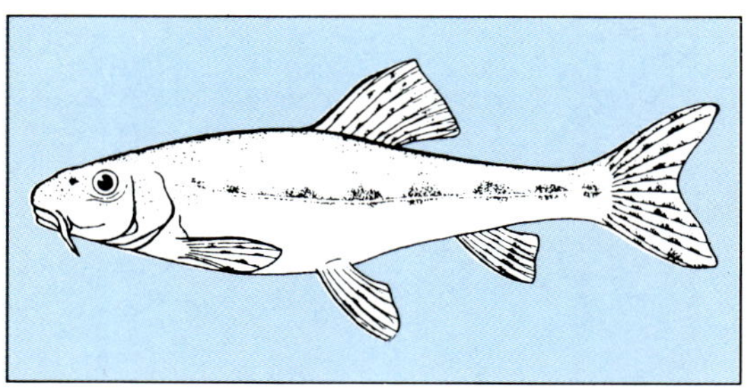

Tabelle 14 a. Gründling *Gobio gobio* (Linnaeus 1758). Morphometrische und meristische Merkmale des Gründlings aus dem Rhein (n = 20)

Morphometrische Merkmale	Mittelwert	min. Wert	max. Wert	Standard-abweichung	Variations-koeffizient
Standardlänge (mm)	112,29	94,50	136,90	12,14	10,81
Gewicht (g)	22,50	12,30	38,50	7,76	34,51
in % der Standardlänge:					
max. Körperhöhe	21,95	18,71	23,58	1,09	4,95
min. Körperhöhe	9,35	8,09	10,02	0,47	5,01
Körperhöhe unterhalb Mittellinie	11,16	9,15	13,11	1,14	10,24
Körperbreite	15,50	13,66	17,17	0,91	5,90
Länge des Schwanzstiels	20,21	18,26	21,96	0,91	4,49
Breite des Schwanzstiels	6,35	5,14	7,51	0,76	11,97
Länge der Brustflosse	19,97	16,81	22,14	1,38	6,92
Breite der Brustflosse	10,95	8,25	14,61	1,76	16,07
Spannweite der Schwanzflosse	25,93	20,74	32,75	3,32	12,82
Kopflänge	27,08	25,78	29,34	0,87	3,20
in % der Kopflänge:					
Kopfhöhe (total)	52,04	47,74	55,05	2,00	3,84
Kopfhöhe (unterhalb des Auges)	35,13	30,73	40,63	2,13	6,06
Augendurchmesser	19,84	17,22	22,96	1,49	7,50
Maulhöhe	33,23	28,15	37,63	2,52	7,60
Maulbreite	24,27	20,31	27,78	1,98	8,15
Meristische Merkmale					
Kiemenreusendornen	(9–) 9,9 (–11)				
Schlundzähne	(2,5) 3,5–5,3 (5,2)				
Seitenlinienschuppen	(40–) 41,15 (–43)				
Schuppen unterh. Seitenlinie	5				
Schuppen oberh. Seitenlinie	(6–) 6,3 (–7)				
Rückenflossenstrahlen	3/(7–) 7,1 (–8)				
Bauchflossenstrahlen	2/(7–) 7,55 (–8)				
Afterflossenstrahlen	3/6				
Brustflossenstrahlen	1/(16–) 15 (–17)				
Schwanzflossenstrahlen	2 (–3)/(16–) 17,05 (–19)				

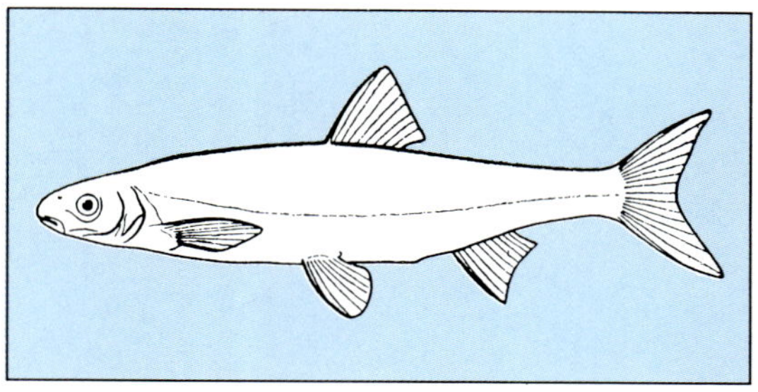

Tabelle 15. Hasel *Leuciscus leuciscus* (Linnaeus 1758). Morphometrische und meristische Merkmale des Hasels aus dem Rhein (n = 20)

Morphometrische Merkmale	Mittelwert	min. Wert	max. Wert	Standard-abweichung	Variations-koeffizient
Standardlänge (mm)	176,95	118,00	215,00	25,35	14,33
Gewicht (g)	96,27	28,40	173,40	36,83	38,26
in % der Standardlänge:					
max. Körperhöhe	24,51	22,84	25,60	0,74	3,00
min. Körperhöhe	9,47	8,38	10,32	0,51	5,38
Körperhöhe unterhalb Mittellinie	12,75	10,90	14,66	0,92	7,20
Körperbreite	12,79	11,57	13,95	0,69	5,41
Länge des Schwanzstiels	22,43	20,30	26,16	1,43	6,38
Breite des Schwanzstiels	5,22	4,57	6,09	0,40	7,63
Länge der Brustflosse	17,71	16,47	19,56	1,06	6,01
Breite der Brustflosse	9,81	7,94	11,25	0,87	8,82
Spannweite der Schwanzflosse	23,37	20,00	26,56	1,60	6,87
Kopflänge	23,48	22,05	24,41	0,59	2,50
in % der Kopflänge:					
Kopfhöhe (total)	55,77	52,81	59,78	2,08	3,73
Kopfhöhe (unterhalb des Auges)	29,94	27,30	32,86	1,61	5,37
Augendurchmesser	22,70	21,23	25,25	0,93	4,09
Maulhöhe	26,72	21,79	30,58	2,64	9,88
Maulbreite	24,06	21,28	27,94	2,03	8,45
Meristische Merkmale					
Kiemenreusendornen	(6–) 7,45 (–9)				
Schlundzähne	2.5 (3.5)–(1.5) 2.5				
Seitenlinienschuppen	(47–) 51,15 (–54)				
Schuppen unterh. Seitenlinie	(4–) 5,05 (–6)				
Schuppen oberh. Seitenlinie	(8–) 9,35 (–10)				
Rückenflossenstrahlen	3/7				
Bauchflossenstrahlen	2/(7–) 8,2 (–9)				
Afterflossenstrahlen	3/(8–) 8,2 (–9)				
Brustflossenstrahlen	1/(15–) 16,55 (–19)				
Schwanzflossenstrahlen	2/(14–) 16,95 (–19)				

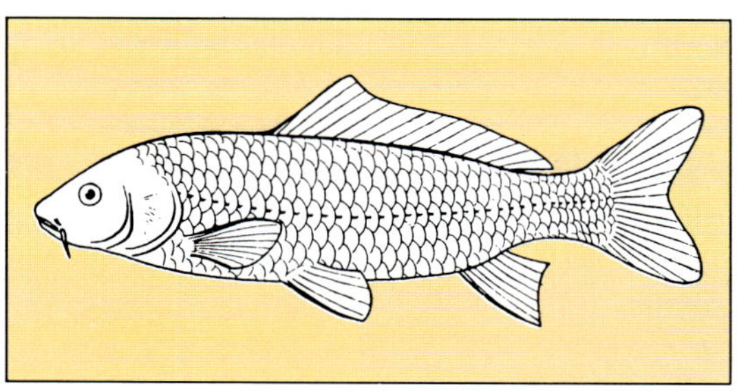

Tabelle 16. Karpfen (Wildform) *Cyprinus carpio* Linnaeus 1758. Morphometrische und meristische Merkmale des Karpfens aus dem Rhein (n = 15)

Morphometrische Merkmale	Mittelwert	min. Wert	max. Wert	Standard-abweichung	Variations-koeffizient
Standardlänge (mm)	401,80	185,00	520,00	99,30	24,71
Gewicht (g)	2539,13	203,00	4500,00	1555,25	61,25
in % der Standardlänge:					
max. Körperhöhe	30,99	24,56	40,72	4,97	16,05
min. Körperhöhe	13,21	11,42	15,62	1,33	10,07
Körperhöhe unterhalb Mittellinie	13,15	9,42	18,16	2,37	18,03
Körperbreite	18,86	13,10	24,47	3,03	16,06
Länge des Schwanzstiels	19,07	16,94	21,44	1,24	6,48
Breite des Schwanzstiels	6,71	5,30	8,00	0,75	11,22
Länge der Brustflosse	19,12	16,00	22,97	2,38	12,47
Breite der Brustflosse	10,47	8,17	14,91	1,82	17,36
Spannweite der Schwanzflosse	27,07	19,29	34,19	4,16	15,36
Kopflänge	27,03	23,88	32,32	2,46	9,11
in % der Kopflänge:					
Kopfhöhe (total)	55,37	51,33	58,08	2,24	4,04
Kopfhöhe (unterhalb des Auges)	35,29	32,83	40,68	2,14	6,06
Augendurchmesser	13,47	12,21	16,56	1,13	8,39
Maulhöhe	26,07	21,57	30,84	3,04	11,67
Maulbreite	23,49	19,68	28,53	2,43	10,36
Meristische Merkmale					
Kiemenreusendornen	(24–) 27,47 (–33)				
Schlundzähne	1.1.3–3.1.1				
Seitenlinienschuppen	(33–) 36,8 (–39)				
Schuppen unterh. Seitenlinie	(5–) 6,2 (–7)				
Schuppen oberh. Seitenlinie	(6–) 6,2 (–7)				
Rückenflossenstrahlen	3/(15–) 18,8 (–22)				
Bauchflossenstrahlen	2/(7–) 7,93 (–8)				
Afterflossenstrahlen	3/(5–) 5,27 (–6)				
Brustflossenstrahlen	1/(15–) 15,67 (–17)				
Schwanzflossenstrahlen	2/(16–) 17,2 (–19)				

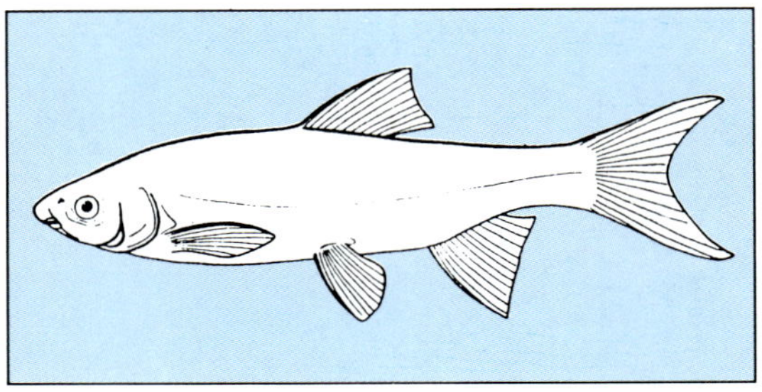

Tabelle 17. Nase *Chondrostoma nasus* (Linnaeus 1758). Morphometrische und meristische Merkmale der Nase aus dem Rhein (n = 20)

Morphometrische Merkmale	Mittelwert	min. Wert	max. Wert	Standard-abweichung	Variations-koeffizient
Standardlänge (mm)	301,55	220,00	400,00	51,42	17,05
Gewicht (g)	590,06	198,00	1406,70	339,62	57,56
in % der Standardlänge:					
max. Körperhöhe	26,58	22,51	32,90	2,62	9,86
min. Körperhöhe	10,43	9,26	11,55	0,59	5,61
Körperhöhe unterhalb Mittellinie	12,70	10,48	14,22	0,95	7,50
Körperbreite	15,04	12,19	17,59	1,56	10,39
Länge des Schwanzstiels	18,06	16,89	19,23	0,68	3,78
Breite des Schwanzstiels	5,30	4,31	6,09	0,56	10,49
Länge der Brustflosse	14,74	13,35	16,25	0,87	5,92
Breite der Brustflosse	9,69	8,54	11,10	0,73	7,50
Spannweite der Schwanzflosse	24,49	20,06	27,74	1,77	7,24
Kopflänge	20,30	19,13	21,96	0,68	3,35
in % der Kopflänge:					
Kopfhöhe (total)	55,52	52,36	58,54	2,00	3,61
Kopfhöhe (unterhalb des Auges)	27,33	24,41	31,20	1,80	6,60
Augendurchmesser	18,55	16,38	20,33	1,03	5,57
Maulhöhe	17,79	14,85	22,39	2,09	11,73
Maulbreite	26,55	22,57	32,52	2,50	9,43
Meristische Merkmale					
Kiemenreusendornen	(28–) 31,1 (–36)				
Schlundzähne	(5) 6–6				
Seitenlinienschuppen	(57–) 60,25 (–63)				
Schuppen unterh. Seitenlinie	(5–) 5,95 (–7)				
Schuppen oberh. Seitenlinie	(8–) 9 (–10)				
Rückenflossenstrahlen	3/(7–) 9,1 (–10)				
Bauchflossenstrahlen	2/(9–) 9,2 (–10)				
Afterflossenstrahlen	3/(10–) 10,65 (–12)				
Brustflossenstrahlen	1/(15–) 16,75 (–18)				
Schwanzflossenstrahlen	2/(17–) 17,4 (–19)				

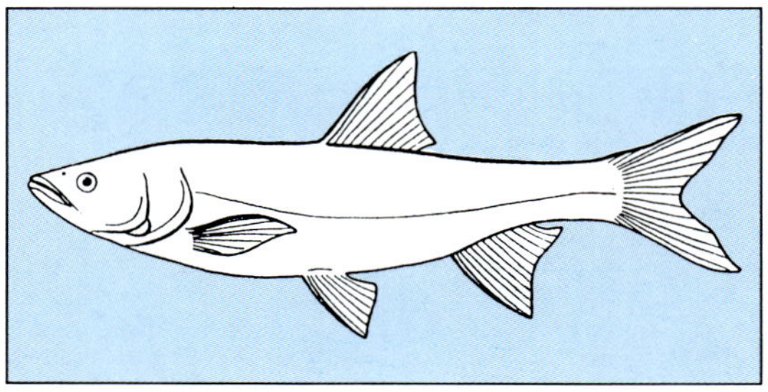

Tabelle 18. Rapfen *Aspius aspius* (Linnaeus 1758). Morphometrische und meristische Merkmale des Rapfens aus dem Rhein (n = 5)

Morphometrische Merkmale	Mittelwert	min. Wert	max. Wert	Standard-abweichung	Variations-koeffizient
Standardlänge (mm)	211,43	56,80	437,00	168,24	79,57
Gewicht (g)	382,58	3,00	1433,80	554,83	145,02
in % der Standardlänge:					
max. Körperhöhe	22,62	20,00	24,30	1,50	6,63
min. Körperhöhe	9,62	8,48	10,38	0,73	7,61
Körperhöhe unterhalb Mittellinie	11,59	9,77	12,68	1,01	8,73
Körperbreite	12,50	11,14	13,70	0,93	7,47
Länge des Schwanzstiels	20,66	19,76	24,16	1,72	8,35
Breite des Schwanzstiels	4,51	4,05	5,10	0,41	9,21
Länge der Brustflosse	18,36	16,02	19,32	1,22	6,64
Breite der Brustflosse	8,25	7,11	9,34	0,93	11,33
Spannweite der Schwanzflosse	25,07	21,48	28,38	2,79	11,12
Kopflänge	26,19	23,48	28,36	1,92	7,34
in % der Kopflänge:					
Kopfhöhe (total)	46,32	43,00	50,65	3,16	6,82
Kopfhöhe (unterhalb des Auges)	26,72	23,39	28,29	1,79	6,71
Augendurchmesser	17,33	12,73	21,43	4,01	23,16
Maulhöhe	29,39	24,68	34,88	4,52	15,37
Maulbreite	27,47	21,43	33,24	4,07	14,80
Meristische Merkmale					
Kiemenreusendornen	(6–) 8 (–9)				
Schlundzähne	3.5–5.3				
Seitenlinienschuppen	(67–) 68,83 (–72)				
Schuppen unterh. Seitenlinie	(6–) 6,67 (–7)				
Schuppen oberh. Seitenlinie	(11–) 11,83 (–12)				
Rückenflossenstrahlen	3/8				
Bauchflossenstrahlen	2/(8–) 8,17 (–9)				
Afterflossenstrahlen	3/(12–) 13,33 (–14)				
Brustflossenstrahlen	1/(17–) 18 (–19)				
Schwanzflossenstrahlen	2/(18–) 18,17 (–19)				

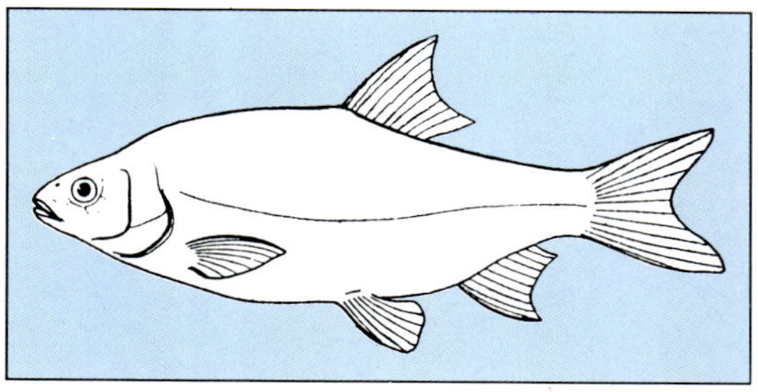

Tabelle 19. Rotauge *Rutilus rutilus* (Linnaeus 1758). Morphometrische und meristische Merkmale des Rotauges aus dem Rhein (n = 20)

Morphometrische Merkmale	**Mittelwert**	**min. Wert**	**max. Wert**	**Standard-abweichung**	**Variations-koeffizient**
Standardlänge (mm)	204,69	167,60	237,50	19,04	9,30
Gewicht (g)	178,67	79,10	296,70	61,29	34,31
in % der Standardlänge:					
max. Körperhöhe	33,48	31,23	37,15	1,71	5,11
min. Körperhöhe	10,71	9,59	11,66	0,56	5,25
Körperhöhe unterhalb Mittellinie	16,40	13,47	19,67	1,88	11,45
Körperbreite	15,67	13,95	19,24	1,49	9,50
Länge des Schwanzstiels	18,60	17,03	20,48	0,91	4,16
Breite des Schwanzstiels	5,89	4,94	6,96	0,55	9,36
Länge der Brustflosse	17,66	13,14	19,72	1,42	8,02
Breite der Brustflosse	9,35	6,26	12,65	2,11	22,52
Spannweite der Schwanzflosse	28,62	23,62	34,09	2,88	10,06
Kopflänge	24,60	22,80	26,96	1,15	4,66
in % der Kopflänge:					
Kopfhöhe (total)	59,72	54,76	66,05	2,81	4,71
Kopfhöhe (unterhalb des Auges)	32,18	28,41	36,52	2,01	6,24
Augendurchmesser	21,49	18,92	23,83	1,36	6,35
Maulhöhe	26,30	22,34	31,48	2,32	8,82
Maulbreite	21,78	19,35	26,27	1,93	4,66
Meristische Merkmale					
Kiemenreusendornen	(10–) 11,7 (–13)				
Schlundzähne	(5–) 6–5				
Seitenlinienschuppen	(41–) 43,65 (–48)				
Schuppen unterh. Seitenlinie	(4–) 4,9 (–5)				
Schuppen oberh. Seitenlinie	(8–) 8,95 (–9)				
Rückenflossenstrahlen	3/(9–) 9,95 (–11)				
Bauchflossenstrahlen	2/8				
Afterflossenstrahlen	3/(10–) 10,25 (–11)				
Brustflossenstrahlen	1/(14–) 15,35 (–17)				
Schwanzflossenstrahlen	2/(17–) 17,4 (–19)				

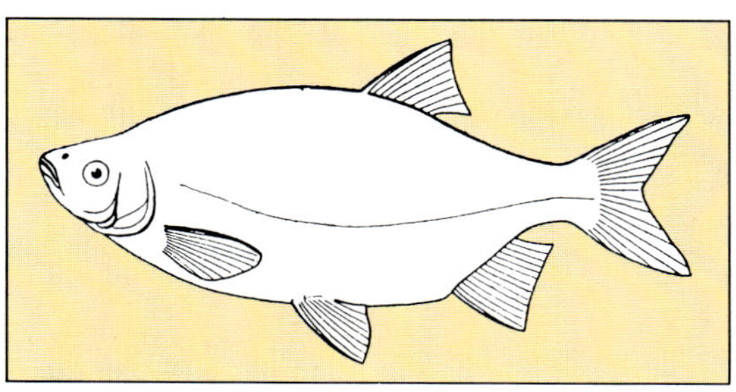

Tabelle 20. Rotfeder *Scardinius erythrophthalmus* (Linnaeus 1758). Morphometrische und meristische Merkmale der Rotfeder aus dem Rhein (n = 18)

Morphometrische Merkmale	**Mittelwert**	**min. Wert**	**max. Wert**	**Standard-abweichung**	**Variations-koeffizient**
Standardlänge (mm)	157,83	98,00	230,00	39,21	24,84
Gewicht (g)	140,68	24,30	441,50	117,60	83,59
in % der Standardlänge:					
max. Körperhöhe	35,54	30,77	38,40	2,00	5,62
min. Körperhöhe	10,51	9,82	11,83	0,48	4,61
Körperhöhe unterhalb Mittellinie	18,00	16,13	20,39	1,04	5,76
Körperbreite	15,03	12,87	16,34	0,91	6,03
Länge des Schwanzstiels	5,16	4,35	5,60	0,35	6,71
Breite des Schwanzstiels	20,83	19,64	22,14	0,73	3,49
Länge der Brustflosse	8,58	7,31	10,29	0,83	9,66
Breite der Brustflosse	31,69	22,78	38,27	3,90	12,32
Spannweite der Schwanzflosse	23,07	21,34	25,41	1,16	5,04
Kopflänge					
in % der Kopflänge:					
Kopfhöhe (total)	63,79	56,23	72,99	3,65	5,73
Kopfhöhe (unterhalb des Auges)	33,71	25,28	38,00	3,11	9,23
Augendurchmesser	23,71	18,93	27,33	2,20	9,34
Maulhöhe	23,78	19,64	29,26	2,39	10,03
Maulbreite	26,06	22,49	29,45	2,06	7,92
Meristische Merkmale					
Kiemenreusendornen	(10–) 11,28 (–12)				
Schlundzähne	3.5–5.3				
Seitenlinienschuppen	(40–) 41,11 (–43)				
Schuppen unterh. Seitenlinie	(4–) 4,67 (–5)				
Schuppen oberh. Seitenlinie	(7–) 7,56 (–8)				
Rückenflossenstrahlen	(2–) 3/(8–) 8,11 (–9)				
Bauchflossenstrahlen	2/(8–) 8,06 (–9)				
Afterflossenstrahlen	3/(10–) 10,94 (–12)				
Brustflossenstrahlen	1/(14–) 14,83 (–16)				
Schwanzflossenstrahlen	2/(17–) 17,61 (–22)				

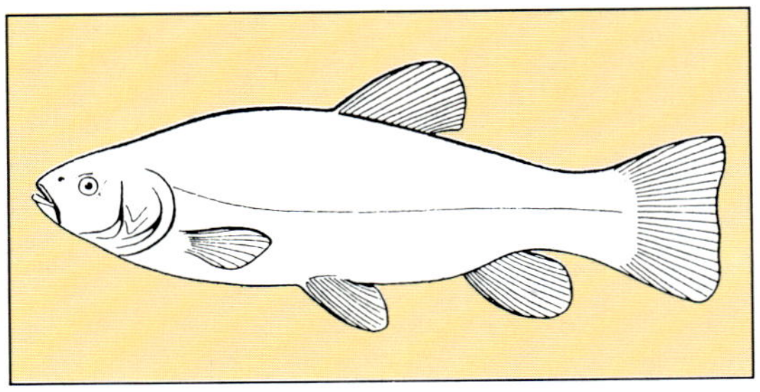

Tabelle 21. Schleie *Tinca tinca* (Linnaeus 1758). Morphometrische und meristische Merkmale der Schleie aus dem Rhein (n=4)

Morphometrische Merkmale	Mittelwert	min. Wert	max. Wert	Standard-abweichung	Variations-koeffizient
Standardlänge (mm)	210,75	155,00	280,00	51,73	24,54
Gewicht (g)	315,05	114,30	629,40	221,44	70,29
in % der Standardlänge:					
max. Körperhöhe	32,98	30,00	35,24	2,27	6,87
min. Körperhöhe	15,67	15,00	16,75	0,77	4,89
Körperhöhe unterhalb Mittellinie	15,93	12,65	17,54	2,23	13,97
Körperbreite	18,97	17,86	21,35	1,62	8,52
Länge des Schwanzstiels	18,86	16,35	20,50	1,77	9,39
Breite des Schwanzstiels	6,20	5,55	6,59	0,46	7,42
Länge der Brustflosse	19,67	18,30	20,89	1,33	6,74
Breite der Brustflosse	10,12	9,71	10,89	0,53	5,23
Spannweite der Schwanzflosse	26,52	25,23	27,75	1,04	3,91
Kopflänge	26,64	24,43	38,85	2,09	7,84
in % der Kopflänge:					
Kopfhöhe (total)	61,45	60,55	62,57	0,88	1,43
Kopfhöhe (unterhalb des Auges)	39,00	35,33	44,15	3,92	10,05
Augendurchmesser	14,00	12,67	15,20	1,06	7,57
Maulhöhe	24,61	20,00	27,78	3,40	13,82
Maulbreite	26,80	23,83	29,24	2,29	8,54
Meristische Merkmale					
Kiemenreusendornen	(16–) 18 (–20)				
Schlundzähne	5–5				
Seitenlinienschuppen	(95–) 99,25 (–103)				
Schuppen unterh. Seitenlinie	(20–) 20,50 (–22)				
Schuppen oberh. Seitenlinie	(29–) 30 (–31)				
Rückenflossenstrahlen	3/(8–) 8,5 (–9)				
Bauchflossenstrahlen	2/(7–) 8,5 (–9)				
Afterflossenstrahlen	3/(7–) 7,25 (–8)				
Brustflossenstrahlen	1/(15–) 15,75 (–16)				
Schwanzflossenstrahlen	2/17				

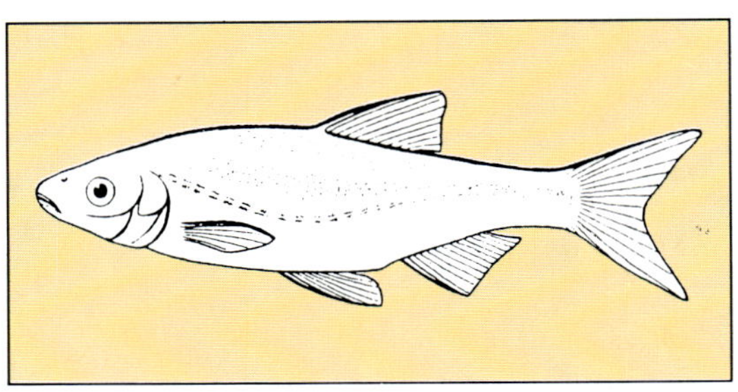

Tabelle 22. Schneider *Alburnoides bipunctatus* (Bloch 1782). Morphometrische und meristische Merkmale des Schneiders aus dem Rhein (n=13)

Morphometrische Merkmale	Mittelwert	min. Wert	max. Wert	Standard-abweichung	Variations-koeffizient
Standardlänge (mm)	90,00	80,00	100,00	5,45	6,05
Gewicht (g)	9,31	5,00	14,90	2,28	24,52
in % der Standardlänge:					
max. Körperhöhe	26,54	24,75	29,76	1,45	5,46
min. Körperhöhe	9,71	7,89	10,98	0,77	7,88
Körperhöhe unterhalb Mittellinie	15,64	14,11	17,20	0,90	5,73
Körperbreite	11,49	9,78	13,50	0,95	8,29
Länge des Schwanzstiels	19,37	16,11	21,13	1,34	6,93
Breite des Schwanzstiels	4,48	3,75	5,29	0,52	11,64
Länge der Brustflosse	20,33	18,49	24,51	1,54	7,56
Breite der Brustflosse	10,78	9,00	12,89	1,48	13,77
Spannweite der Schwanzflosse	24,81	21,84	27,67	2,35	9,48
Kopflänge	24,20	22,67	26,22	1,18	4,88
in % der Kopflänge:					
Kopfhöhe (total)	59,45	51,52	65,70	4,02	6,76
Kopfhöhe (unterhalb des Auges)	30,51	25,89	37,66	2,96	9,69
Augendurchmesser	28,92	27,47	30,81	1,15	3,98
Maulhöhe	25,60	21,37	30,30	2,86	11,18
Maulbreite	20,07	16,74	22,27	1,72	8,57
Meristische Merkmale					
Kiemenreusendornen	(7–) 7,62 (–9)				
Schlundzähne	(1.4) 2.4–5.2 (4.2)				
Seitenlinienschuppen	(45–) 49,38 (–56)				
Schuppen unterh. Seitenlinie	(4–) 4,85 (–6)				
Schuppen oberh. Seitenlinie	(9–) 10,15 (–11)				
Rückenflossenstrahlen	3/(8–) 8,15 (–9)				
Bauchflossenstrahlen	2/(7–) 7,62 (–8)				
Afterflossenstrahlen	3/(14–) 14,69 (–17)				
Brustflossenstrahlen	1/(13–) 14,31 (–16)				
Schwanzflossenstrahlen	2/(17–) 17,15 (–19)				

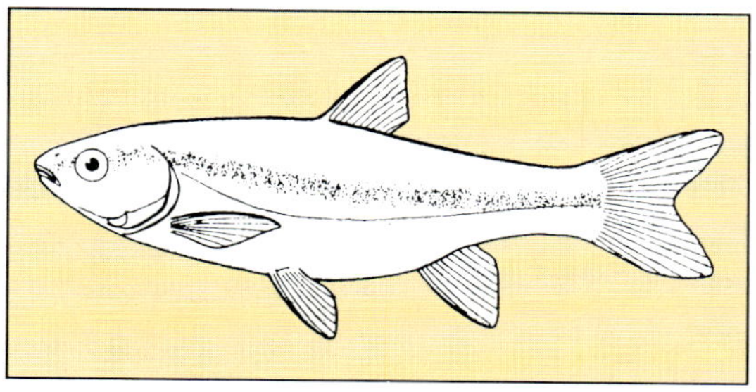

Tabelle 23. Strömer *Leuciscus souffia agassizi* (Valenciennes 1844). Morphometrische und meristische Merkmale des Strömers aus dem Rhein (n=20)

Morphometrische Merkmale	Mittelwert	min. Wert	max. Wert	Standard-abweichung	Variations-koeffizient
Standardlänge (mm)	135,30	112,00	155,00	10,20	7,54
Gewicht (g)	42,50	24,10	68,30	11,23	26,42
in % der Standardlänge:					
max. Körperhöhe	23,38	20,63	25,93	1,33	5,68
min. Körperhöhe	10,03	9,17	10,80	0,42	4,19
Körperhöhe unterhalb Mittellinie	12,28	10,32	14,33	1,05	8,55
Körperbreite	14,04	12,65	16,03	0,86	6,13
Länge des Schwanzstiels	22,68	21,38	23,59	0,68	3,01
Breite des Schwanzstiels	5,90	5,07	6,55	0,39	6,59
Länge der Brustflosse	18,54	16,41	21,97	1,49	8,01
Breite der Brustflosse	10,59	8,68	12,54	1,10	10,37
Spannweite der Schwanzflosse	22,04	20,00	25,49	1,51	6,84
Kopflänge	22,32	20,77	24,21	1,05	4,70
in % der Kopflänge:					
Kopfhöhe (total)	53,85	50,50	58,98	2,34	4,35
Kopfhöhe (unterhalb des Auges)	29,00	26,58	32,47	1,54	5,31
Augendurchmesser	23,00	21,78	25,91	1,04	4,52
Maulhöhe	23,23	17,57	27,62	2,17	9,35
Maulbreite	22,56	17,94	26,98	1,96	8,70
Meristische Merkmale					
Kiemenreusendornen	(7–) 9,45 (–13)				
Schlundzähne	(2.4) 2.5–5.2				
Seitenlinienschuppen	(52–) 55,1 (–60)				
Schuppen unterh. Seitenlinie	(4–) 4,75 (–6)				
Schuppen oberh. Seitenlinie	(9–) 9,85 (–11)				
Rückenflossenstrahlen	3/8				
Bauchflossenstrahlen	2/(7–) 7,95 (–9)				
Afterflossenstrahlen	3/(8–) 8,3 (–9)				
Brustflossenstrahlen	1/(13–) 14,6 (–16)				
Schwanzflossenstrahlen	2/(15–) 16,85 (–18)				

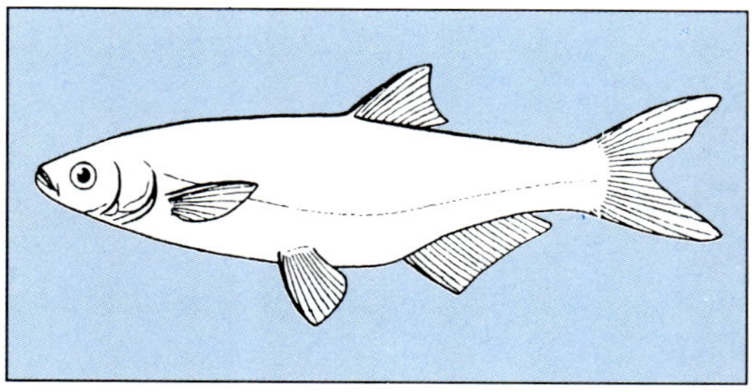

Tabelle 24. Ukelei *Alburnus alburnus* (Linnaeus 1758). Morphometrische und meristische Merkmale des Ukeleis aus dem Rhein (n=20)

Morphometrische Merkmale	Mittelwert	min. Wert	max. Wert	Standard-abweichung	Variations-koeffizient
Standardlänge (mm)	121,65	107,30	137,00	7,90	6,49
Gewicht (g)	22,75	14,60	37,20	5,47	24,03
in % der Standardlänge:					
max. Körperhöhe	23,25	21,81	25,11	1,06	4,57
min. Körperhöhe	8,98	8,01	9,73	0,44	4,92
Körperhöhe unterhalb Mittellinie	14,86	12,77	17,08	1,19	7,99
Körperbreite	10,86	9,74	12,61	0,76	6,96
Länge des Schwanzstiels	19,20	17,19	21,99	1,19	6,21
Breite des Schwanzstiels	4,59	4,18	5,43	0,39	8,40
Länge der Brustflosse	19,69	18,17	22,81	1,05	5,34
Breite der Brustflosse	8,87	8,18	10,22	0,59	6,62
Spannweite der Schwanzflosse	22,15	18,40	28,60	2,88	13,01
Kopflänge	21,90	20,36	23,43	0,82	3,73
in % der Kopflänge:					
Kopfhöhe (total)	57,09	52,42	59,93	2,13	3,73
Kopfhöhe (unterhalb des Auges)	28,50	25,50	31,38	1,64	5,75
Augendurchmesser	25,27	22,42	28,30	1,66	6,55
Maulhöhe	30,40	26,85	34,73	2,20	7,23
Maulbreite	20,98	18,18	25,09	1,73	8,23
Meristische Merkmale					
Kiemenreusendornen	(16–) 17,45 (–19)				
Schlundzähne	(1.5) 2.5–5.2 (5.1)				
Seitenlinienschuppen	(45–) 48,35 (–54)				
Schuppen unterh. Seitenlinie	(4–) 4,95 (–5)				
Schuppen oberh. Seitenlinie	(7–) 8,95 (–10)				
Rückenflossenstrahlen	3/(7–) 7,95 (–9)				
Bauchflossenstrahlen	2/8				
Afterflossenstrahlen	3/(15–) 17,1 (–19)				
Brustflossenstrahlen	1/(14–) 15,8 (–17)				
Schwanzflossenstrahlen	2/(17–) 17,15 (–18)				

Tabelle 25. Bachschmerle *Noemacheilus barbatulus* (Linnaeus 1758). Morphometrische und meristische Merkmale der Bachschmerle aus dem Rhein

Morphometrische Merkmale	**Mittelwert**	**min. Wert**	**max. Wert**	**Standard-abweichung**	**Variations-koeffizient**
Standardlänge (mm)	66,40	59,00	75,00	5,19	7,82
Gewicht (g)	3,34	2,20	4,90	0,84	25,22
in % der Standardlänge:					
max. Körperhöhe	14,63	13,85	15,82	0,83	5,65
min. Körperhöhe	9,05	8,31	10,00	0,52	5,72
Körperhöhe unterhalb Mittellinie	8,16	6,39	9,70	1,06	13,01
Körperbreite	12,45	10,28	15,22	1,55	12,41
Länge des Schwanzstiels	18,52	16,52	19,49	0,97	5,24
Breite des Schwanzstiels	3,85	3,33	4,33	0,30	7,86
Länge der Brustflosse	19,33	17,01	21,53	1,81	9,36
Breite der Brustflosse	11,59	8,75	14,35	1,94	16,77
Spannweite der Schwanzflosse	20,03	17,80	22,54	1,71	8,56
Kopflänge	22,56	20,60	25,25	1,40	6,19
in % der Kopflänge:					
Kopfhöhe (total)	40,91	36,24	45,83	3,17	7,74
Kopfhöhe (unterhalb des Auges)	31,59	28,86	36,42	2,48	7,85
Augendurchmesser	14,97	11,84	17,45	1,77	11,82
Maulhöhe	13,97	11,84	17,36	1,49	10,65
Maulbreite	23,25	20,39	27,54	2,26	9,74
Meristische Merkmale					
Kiemenreusendornen	(8–) 9,7 (11–)				
Schlundzähne	(8–) 10–10 (–8) (Lit.)				
Rückenflossenstrahlen	3 (–4)/(6–) 6,9 (–7)				
Bauchflossenstrahlen	2/(6–) 6,7 (–7)				
Afterflossenstrahlen	(2–) 3 (–4)/5				
Brustflossenstrahlen	1/(10–) 10,6 (–11)				
Schwanzflossenstrahlen	2/(15–) 15,6 (–16)				

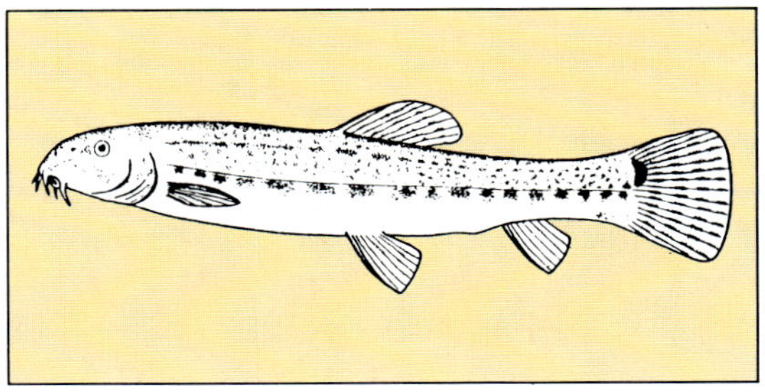

Tabelle 26. Steinbeißer *Cobitis taenia* Linnaeus 1758. Morphometrische und meristische Merkmale des Steinbeißers aus dem Rhein (n=7)

Morphometrische Merkmale	**Mittelwert**	**min. Wert**	**max. Wert**	**Standard-abweichung**	**Variations-koeffizient**
Standardlänge (mm)	77,71	56,00	94,00	13,82	17,78
Gewicht (g)	4,39	1,40	8,10	2,40	54,71
in % der Standardlänge:					
max. Körperhöhe	15,62	12,81	18,27	1,71	10,96
min. Körperhöhe	9,20	7,66	10,22	1,03	11,20
Körperhöhe unterhalb Mittellinie	8,26	7,34	9,15	0,62	7,55
Körperbreite	9,85	8,93	11,38	0,83	8,38
Länge des Schwanzstiels	16,47	15,00	18,75	1,18	7,15
Breite des Schwanzstiels	2,96	2,42	3,57	0,50	16,87
Länge der Brustflosse	14,05	12,93	15,00	0,72	5,15
Breite der Brustflosse	7,04	6,10	8,21	0,78	11,02
Spannweite der Schwanzflosse	14,89	13,90	16,22	0,96	6,46
Kopflänge	19,45	18,40	21,07	0,86	4,43
in % der Kopflänge:					
Kopfhöhe (total)	47,52	39,67	50,00	3,66	7,71
Kopfhöhe (unterhalb des Auges)	41,02	37,33	43,67	2,10	5,13
Augendurchmesser	15,28	12,74	17,09	1,34	8,77
Maulhöhe	15,60	12,71	18,35	2,12	13,60
Maulbreite	11,61	8,67	13,38	1,56	13,40
Meristische Merkmale					
Kiemenreusendornen	(13–) 13,57 (–15)				
Schlundzähne	(9–) 9,71 (–10)				
Rückenflossenstrahlen	3/(6–) 6,71 (–7)				
Bauchflossenstrahlen	2/(6–) 5,86 (–7)				
Afterflossenstrahlen	2–3/(5–) 5,14 (–6)				
Brustflossenstrahlen	1/(7–) 8 (–9)				
Schwanzflossenstrahlen	2/14				

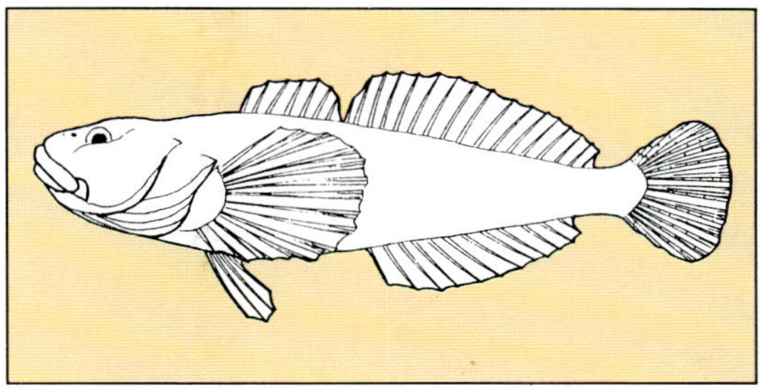

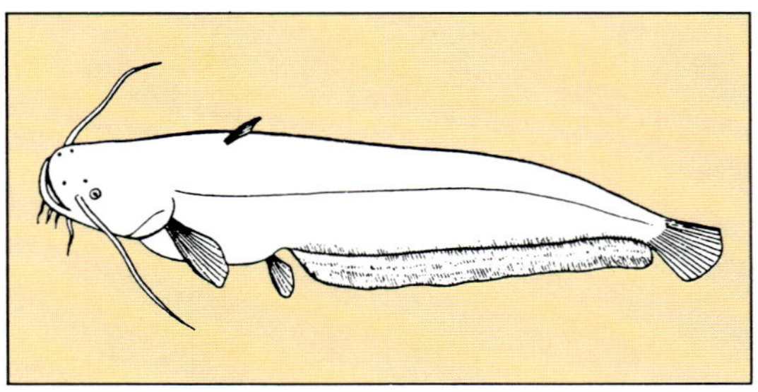

Tabelle 27. Morphometrische und meristische Merkmale von adulten Exemplaren seltener Fischarten aus dem Rhein

Arten	**Groppe** *Cottus gobio* Linnaeus 1758	**Sonnenbarsch** *Lepomis gibbosus* (Linnaeus 1758)	**Wels** *Silurus glanis* Linnaeus 1758
Morphometrische Merkmale			
Standardlänge (mm)	90,00	125,00	425,00
Gewicht (g)	18,90	81,30	688,10
in % der Standardlänge:			
max. Körperhöhe	18,44	50,32	19,41
min. Körperhöhe	6,22	16,48	
Körperhöhe unterhalb Mittelinie	9,11	22,08	9,41
Körperbreite	16,56	19,36	15,55
Länge des Schwanzstiels	15,22	24,00	
Breite des Schwanzstiels	4,11	5,60	
Länge der Brustflosse	25,00	27,20	11,11
Breite der Brustflosse	22,67	9,04	5,53
Spannweite der Schwanzflosse	16,78	31,04	6,42
Kopflänge	26,89	35,76	20,47
in % der Kopflänge:			
Kopfhöhe (total)	58,68	76,06	40,92
Kopfhöhe (unterhalb des Auges)	48,76	50,34	26,21
Augendurchmesser	21,07	22,37	4,02
Maulhöhe	38,42	18,57	32,18
Maulbreite	71,07	23,94	61,49
Meristische Merkmale			
Kiemenreusendornen	7	12	14
Schlundzähne	–	–	–
Seitenlinienschuppen	–	43	–
Schuppen unterh. Seitenlinie	–	15	–
Schuppen oberh. Seitenlinie	–	6	–
Rückenflossenstrahlen	D_1 VII, D_2 17	D_1 X, D_2 11	1/4
Bauchflossenstrahlen	1/4	1/5	13
Afterflossenstrahlen	13	III/11	88
Brustflossenstrahlen	12	13	1/17
Schwanzflossenstrahlen	2/11	2/15	17
Station	Karlsruhe	Altrhein des nördlichen Oberrheins	Worms

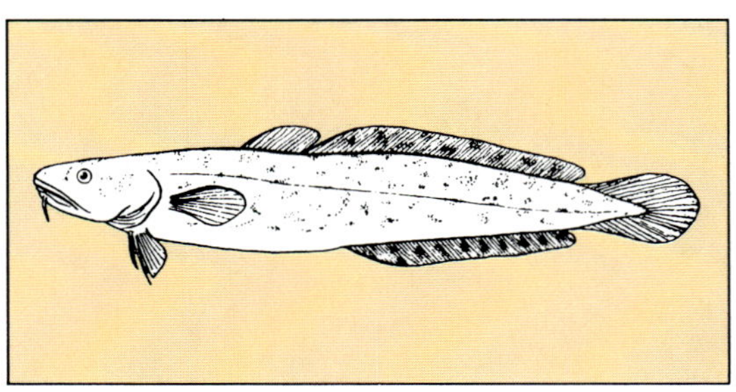

Tabelle 28. Quappe *Lota lota* (Linnaeus 1758). Morphometrische und meristische Merkmale der Quappe aus dem Rhein

Morphometrische Merkmale	**Mittelwert**	**min. Wert**	**max. Wert**	**Standard-abweichung**	**Variations-koeffizient**
Standardlänge (mm)	206,86	118,00	262,00	58,07	28,07
Gewicht (g)	82,37	18,40	148,30	51,76	62,84
in % der Standardlänge:					
max. Körperhöhe	13,78	12,50	14,69	0,95	6,87
min. Körperhöhe	5,98	5,21	6,62	0,57	9,62
Körperhöhe unterhalb Mittellinie	7,76	7,06	8,93	0,81	10,50
Körperbreite	12,17	10,82	13,22	0,86	7,08
Länge des Schwanzstiels	10,23	9,00	11,19	0,80	7,81
Breite des Schwanzstiels	1,46	1,24	1,64	0,15	10,45
Länge der Brustflosse	13,45	12,71	14,50	0,63	4,70
Breite der Brustflosse	7,33	6,45	8,64	0,82	11,22
Spannweite der Schwanzflosse	10,70	9,33	12,20	1,09	4,94
Kopflänge	22,18	20,46	23,32	1,09	4,94
in % der Kopflänge:					
Kopfhöhe (total)	36,57	32,03	40,88	2,92	7,99
Kopfhöhe (unterhalb des Auges)	25,14	21,23	29,56	3,66	14,57
Augendurchmesser	14,70	13,22	16,14	1,26	8,55
Maulhöhe	28,53	26,44	32,05	1,96	6,88
Maulbreite	41,13	35,01	46,79	4,38	10,64
Meristische Merkmale					
Kiemenreusendornen	(8–) 9,57 (–11)				
Rückenflossenstrahlen	D_1 (11–) 12,14 (–13), D_2 (60–) 62,14 (–77)				
Bauchflossenstrahlen	(6–) 6,57 (–7)				
Afterflossenstrahlen	(55–) 65 (–73)				
Brustflossenstrahlen	(17–) 19,29 (–21)				
Schwanzflossenstrahlen	(33–) 35,14 (–38)				

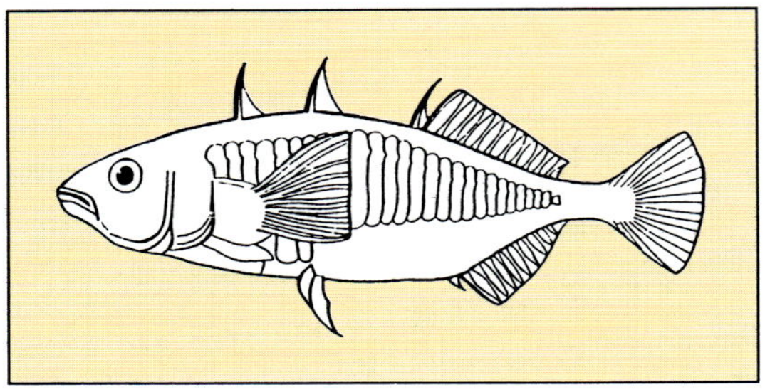

Tabelle 29. Dreistachliger Stichling *Gasterosteus aculeatus* Linnaeus 1758. Morphometrische und meristische Merkmale des dreistachligen Stichlings aus dem Rhein (n=8)

Morphometrische Merkmale	**Mittelwert**	**min. Wert**	**max. Wert**	**Standard-abweichung**	**Variations-koeffizient**
Standardlänge (mm)	41,63	33,10	55,70	8,62	20,72
Gewicht (g)	1,23	0,20	3,30	1,24	101,00
in % der Standardlänge:					
max. Körperhöhe	27,32	25,06	29,26	1,68	6,14
min. Körperhöhe	4,25	3,84	4,50	0,19	4,40
Körperhöhe unterhalb Mittellinie	13,93	12,69	15,57	0,96	6,85
Körperbreite	12,96	10,22	15,95	1,93	14,93
Länge des Schwanzstiels	17,34	14,51	18,98	1,58	9,11
Breite des Schwanzstiels	4,36	3,84	5,07	0,42	9,67
Länge der Brustflosse	16,46	14,97	18,47	1,20	7,28
Breite der Brustflosse	12,29	10,23	14,45	1,38	11,26
Spannweite der Schwanzflosse	16,97	13,64	21,18	2,61	15,41
Kopflänge	30,39	18,89	32,29	1,26	4,13
in % der Kopflänge:					
Kopfhöhe (total)	49,84	43,43	53,91	3,17	6,37
Kopfhöhe (unterhalb des Auges)	27,48	24,55	30,77	2,62	9,53
Augendurchmesser	25,26	22,67	27,35	1,95	7,74
Maulhöhe	21,06	19,30	23,64	1,69	8,03
Maulbreite	20,22	18,26	22,22	1,59	7,88
Meristische Merkmale					
Kiemenreusendornen	(13–) 14,13 (–15)				
Seitenlinienschuppen	(4–) 6,63 (–13)				
Rückenflossenstrahlen	III (–IV)/(9–) 11,13 (–13)				
Bauchflossenstrahlen	I/1				
Afterflossenstrahlen	I/(7–) 8,13 (–9)				
Brustflossenstrahlen	(8–) 9,63 (–10)				
Schwanzflossenstrahlen	(9–) 9,88 (–11)				

Tabelle 30. Flußbarsch *Perca fluviatilis* Linnaeus 1758. Morphometrische und meristische Merkmale des Flußbarschs aus dem Rhein (n=20)

Morphometrische Merkmale	**Mittelwert**	**min. Wert**	**max. Wert**	**Standard-abweichung**	**Variations-koeffizient**
Standardlänge (mm)	206,55	134,00	280,00	42,76	20,70
Gewicht (g)	225,40	50,00	600,00	148,14	65,72
in % der Standardlänge:					
max. Körperhöhe	27,99	22,97	31,21	2,10	7,50
min. Körperhöhe	8,34	6,84	9,65	0,66	7,85
Körperhöhe unterhalb Mittellinie	14,67	12,16	16,82	1,37	9,31
Körperbreite	16,50	14,16	18,93	1,57	9,54
Länge des Schwanzstiels	21,59	16,93	25,37	1,84	8,53
Breite des Schwanzstiels	5,92	5,07	7,25	0,59	9,90
Länge der Brustflosse	16,86	14,09	19,12	1,30	7,69
Breite der Brustflosse	11,02	9,07	13,22	1,49	13,56
Spannweite der Schwanzflosse	22,45	17,77	28,27	2,50	11,12
Kopflänge	31,64	25,95	33,86	1,74	5,48
in % der Kopflänge:					
Kopfhöhe (total)	50,94	45,60	54,06	2,05	4,03
Kopfhöhe (unterhalb des Auges)	34,12	30,25	39,01	2,32	6,81
Augendurchmesser	18,71	15,51	21,62	1,69	9,02
Maulhöhe	30,93	21,62	38,16	3,79	12,25
Maulbreite	37,13	28,72	46,05	5,00	13,46
Meristische Merkmale					
Kiemenreusendornen	(22–) 23,45 (–25)				
Seitenlinienschuppen	(58–) 62,45 (–67)				
Schuppen unterh. Seitenlinie	(13–) 15 (–17)				
Schuppen oberh. Seitenlinie	(8–) 8,85 (–10)				
Rückenflossenstrahlen	D_1 (XIII–) XIV, D_2 (1–) 2/(12–) 13,35 (–14)				
Bauchflossenstrahlen	I/5				
Afterflossenstrahlen	II/(7–) 8,3 (9–)				
Brustflossenstrahlen	(13–) 14,1 (–15)				
Schwanzflossenstrahlen	(13–) 15,2 (–17)				

Tabelle 31. Kaulbarsch *Gymnocephalus cernuus* (Linnaeus 1758). Morphometrische und meristische Merkmale des Kaulbarsches aus dem Rhein (n = 19)

Morphometrische Merkmale	Mittelwert	min. Wert	max. Wert	Standard-abweichung	Variations-koeffizient
Standardlänge (mm)	94,21	72,00	125,00	16,15	17,14
Gewicht (g)	19,34	7,00	46,80	10,25	53,03
in % der Standardlänge:					
max. Körperhöhe	26,21	23,20	28,32	1,34	5,13
min. Körperhöhe	8,06	7,04	8,93	0,62	7,70
Körperhöhe unterhalb Mittellinie	12,91	10,25	15,44	1,76	13,61
Körperbreite	16,13	13,28	18,81	1,55	9,63
Länge des Schwanzstiels	22,25	19,29	24,94	1,63	7,33
Breite des Schwanzstiels	4,08	3,21	5,20	0,56	13,61
Länge der Brustflosse	21,91	17,98	25,14	1,89	8,62
Breite der Brustflosse	11,98	9,05	14,42	1,64	13,72
Spannweite der Schwanzflosse	20,65	16,73	24,00	1,94	9,42
Kopflänge	32,92	30,32	35,14	1,28	3,89
in % der Kopflänge:					
Kopfhöhe (total)	54,68	46,88	58,68	2,96	5,42
Kopfhöhe (unterhalb des Auges)	37,11	31,72	41,41	2,84	7,64
Augendurchmesser	26,19	22,92	29,08	1,72	6,56
Maulhöhe	26,22	21,18	32,84	2,85	10,88
Maulbreite	25,46	21,16	29,89	2,64	10,37
Meristische Merkmale					
Kiemenreusendornen	(9–) 11,21 (–13)				
Seidenlinienschuppen	(34–) 35,74 (–38)				
Schuppen unterh. Seitenlinie	(13–) 14,74 (–17)				
Schuppen oberh. Seitenlinie	(7–) 8,53 (–10)				
Rückenflossenstrahlen	D_1 (XII–) XIV (–XV), D_2 (11–) 11,7 (–13)				
Bauchflossenstrahlen	I/(4–) 4,95 (–5)				
Afterflossenstrahlen	II/(5–) 5,79 (–6)				
Brustflossenstrahlen	(13–) 13,94 (–15)				
Schwanzflossenstrahlen	(16–) 16,9 (–17)				

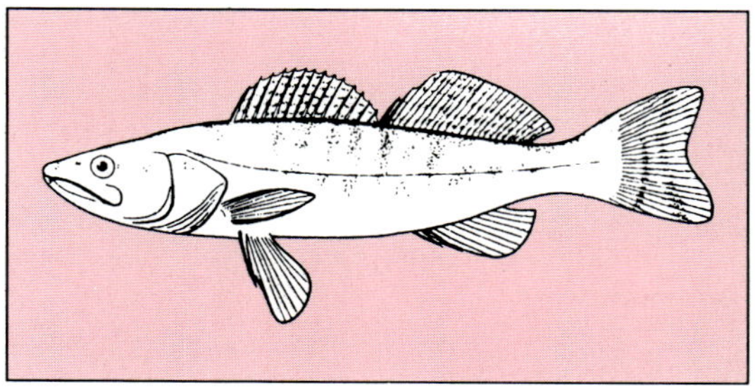

Tabelle 32. Zander *Stizostedion lucioperca* (Linnaeus 1758). Morphometrische und meristische Merkmale des Zanders aus dem Rhein (n = 6)

Morphometrische Merkmale	Mittelwert	min. Wert	max. Wert	Standard-abweichung	Variations-koeffizient
Standardlänge (mm)	450,00	275,00	520,00	94,29	20,95
Gewicht (g)	1836,25	257,25	3600,00	1306,72	71,16
in % der Standardlänge:					
max. Körperhöhe	19,94	18,84	21,37	1,01	5,07
min. Körperhöhe	7,91	7,78	8,12	0,12	1,55
Körperhöhe unterhalb Mittellinie	8,96	8,14	9,79	0,71	7,97
Körperbreite	13,61	11,56	15,12	1,30	9,52
Länge des Schwanzstiels	23,86	22,45	24,94	0,81	3,41
Breite des Schwanzstiels	5,79	4,82	6,75	0,67	11,61
Länge der Brustflosse	16,07	13,73	17,15	1,28	7,95
Breite der Brustflosse	6,66	5,93	7,85	0,68	10,19
Spannweite der Schwanzflosse	20,78	16,67	23,35	2,31	11,13
Kopflänge	29,50	27,37	30,83	1,18	3,99
in % der Kopflänge:					
Kopfhöhe (total)	32,07	28,40	35,00	3,32	7,24
Kopfhöhe (unterhalb des Auges)	20,60	19,00	22,51	1,57	7,61
Augendurchmesser	14,32	13,10	15,72	1,06	7,39
Maulhöhe	22,16	19,96	25,17	2,06	9,29
Maulbreite	30,88	27,41	34,92	2,58	8,34
Meristische Merkmale					
Kiemenreusendornen	(13–) 15,5 (–18)				
Seitenlinienschuppen	(90–) 91,17 (–93)				
Schuppen unterh. Seitenlinie	(22–) 25,17 (–28)				
Schuppen oberh. Seitenlinie	(14–) 16,5 (–19)				
Rückenflossenstrahlen	D_1 (XIII–) XIV (–XVI), D_2 2–4/(19–) 20 (–21)				
Bauchflossenstrahlen	I/(5–) 5,5 (–6)				
Afterflossenstrahlen	(II–) III/(10–) 10,67 (–11)				
Brustflossenstrahlen	(13–) 14,83 (–16)				
Schwanzflossenstrahlen	(13–) 16,5 (–17)				

Literaturverzeichnis

1. Almaça C (1984) Petromyzontidae from the Iberian Peninsula. In: Holčík J (ed) (1986) S 263
2. Almaça C, Collares-Pereira MJ (1988) On the occurrence of the European river lamprey, *Lampetra fluviatilis* (Linnaeus 1758) in the Iberian Peninsula. Cybium 12: 9–15
3. Ammer W (1968) Die Belastung des Naturhaushaltes im südlichen Oberrheingebiet. Schriftenreihe Deutscher Rat für Landespflege 10: 14–18
4. Ant H (1969) Biologische Probleme der Verschmutzung und akuten Vergiftung von Fließgewässern, unter besonderer Berücksichtigung der Rheinvergiftung im Sommer 1969. Schriftenreihe für Landschaftspflege und Naturschutz 4, Bonn-Bad Godesberg, S. 97–126
5. Antonacopoulos N (1990) Verkehrsbezeichnung „Lachsforelle". Information für die Fischwirtschaft 37 (1): 35–36

6 a. Armstrong RH, Hop H, Triplehorn JH (1986) Indexed bibliography of the holarctic *genus Thymallus* (grayling) up to 1985. Biol Papers of the Univ of Alaska, Inst of Arctic Biology 23: 19–95

6 b. Armstrong RH, Hop H, Triplehorn JH (1986) Indexed bibliography of the holarctic *genus Thymallus* (grayling) up to 1985. Biol Papers of the Univ of Alaska, Inst of Arctic Biology 23: 19–110

7. Arnold A (1990) Eingebürgerte Fischarten. Die Neue Brehm-Bücherei, Wittenberg-Lutherstadt, S 144
8. Ausonius DM (372) Mosella (in Latein), deutsche Übersetzung von John W, Trier (150 Seiten)
9. Backiel T, Zawisza J (1968) Synopsis of biological data on the bream. FAO Fisheries Synopsis 36, Rome, p 114
10. Backiel T, Penczak T (1989) The fish and fisheries in the Vistula River and its tributary, the Pilica River. In: Dodge DP (ed) Can Spec Publ Fish Aquat Sci 106: 488–503
11. Baldner L (1666) Das Vogel-, Fisch- und Thierbuch Lauterborn R (Hrsg) (1903) Lauterborn Verlag Ludwigshafen, S 81–132
12. Balon EK (1959) The age and growth of the brown trout *(Salmo trutta labrax* morpha *fario)* in the Hnilec Valley Reservoir. Biologia, Bratislava 14: 853–862 (In Tschechisch)
13. Balon EK (1961) Evolution of the Danube fishfauna, its recent state and an attempt for the prognosis of further changes after the hydro-electric power building. Biological Works (Biol Práce) 13 (1): pp 121 (In slowak with summaries in Russian, German and English)
14. Balon EK (1962) Ökologische Bemerkungen über die Standorte der Donaufische mit einer Beschreibung des Fundes des *Carassius auratus gibelio* (Bloch 1783) und *Alburnoides bipunctatus* (Bloch 1782). Věst Čs Spol Zool 26: 333–351

15 a. Balon EK (1967) Ryby Slovenska (Fische der Slowakei) Obzor, Bratislava, S 413

15 b. Balon EK (1967) Evolution of the Danube River ichthyofauna, its recent status and an attempt to predict the changes after the dam-power plant construction. Biol práce Bratislava 13: 5–121 (In Slovak)

16. Balon EK (1974) Domestication of the Carp, *Cyprinus carpio*. Roy Ont Mus Life Sci Misc Pub, S 37
17. Balon EK (1975) Reproductive guilds of fishes: a proposal and definition. J Fish Res Board Can 32: 821–864
18. Balon EK (ed) (1980) Chars: Salmonid fishes of the genus *Salvelinus*. Dr Junk bv Publ, the Hague, S 925

19 a. Balon EK, Crawford SS, Lelek A (1987) Are there sympatric forms of *Vimba* Fitzinger 1873 in the Danube near the future connection to the Main River? Pisces Cyprinidae. Senckenbergiana biologica 67 (1986) 4/6: 231–248

19 b. Balon EK, Crawford SS, Lelek A (1987) Fish communities of the upper Danube River (Germany, Austria) prior to the new Rhein-Main-Donau connection. Env Biol Fish 15 (4): 243–271

20. Balon EK, Crawford SS, Lelek A (1988) Is the occurrence of *Gobio albipinnatus* Lukasch 1933 in the upper Danube a result of upriver invasion or sympatric speciation? Senckenbergiana biologica 68 (1987) 4/6: 275–299
21. Balon EK, Havlena F (1964) Studien über die Ichthyofauna der tschechoslowakischen Donau-Abschnitte. Arch f Hydrobiol 27, Suppl Donauforschung 325–364

22 a. Balon EK, Momot WT, Regier HA (1977) Reproductive guilds of percids: Results of the paleographical history and ecological succession. J Fish Res Board Can 34 (10): 1910–1921

22 b. Balon EK, Noakes DLG (1980) Principles of Ichthyology, 3rd rev. ed. Univ. of Guelph, Guelph S 285

23. Bănărescu P (1960) Einige Fragen zur Herkunft und Verbreitung der Süßwasserfischfauna der europäisch-mediterranen Unterregion. Arch Hydrobiol 57 (1–2): 16–134
24. Bănărescu P (1961) Tiergeographische Betrachtung über die Fischfauna des Donaubeckens. Verh Internat Verein Limnol 14: 386–389
25. Barfurth D (1875) Über Nahrung und Lebensweise der Salme, Forellen und Maifische. Arch f Naturgeschichte, Berlin 41 (1): 122–158
26. Barlas M, Brunken H, Lelek A, Meinel W, Pelz GR (1987) Natur in Hessen. Das Vorkommen der Fische in Fließgewässern des Landes Hessen, Hess Min f Landw, Forsten & Naturschutz, Wiesbaden S 72
27. Barthelms D (1988) Fish predation and resource reaction: biomanipulation background data from fisheries research. Limnologia Berlin 19 (1): 5159
28. Bauch G (1955) Die einheimischen Süßwasserfische. Neumann-Verlag, Berlin, S 200
29. Baumann E (1955) Möglichkeiten der Artunterscheidung von jungen Lachsen und Meerforellen. Archiv f Fischereiwissenschaften Bd 5: 10–19
30. Behnke RJ (1980) A systematic review of the genus *Salvelinus*. In Balon (1980): 441–481
31. Berg LS (1932) Übersicht der Verbreitung der Süßwasserfische Europas. Zoogeographica Jena 1: 107–208
32. Berg R (1988) Der Aal im Bodensee. Ökol & Landwirtschaft 1, J. Margraf Verlag, Gaimersheim, S 246
33. Berg R, Blank S, Strubelt T (1989) Fische in Baden-Württemberg. Min f ländlichen Raum, Ernährung, Landw u Forsten, 158
34. Bernerth H, Tobias W (1989) Zur Neubesiedlung von Rohsubstraten durch das Makrozoobenthon in den eutrophen Stauhaltungen des Untermains. Wasser-Abwasser 130, (5): 242–250
35. Bernerth H, Lelek A, Tobias W (1990) Grundlagen und Vorschläge zur ökotechnischen Sanierung aquatischer Lebensräume in der Mainaue. Cour Forsch Inst Senckenberg 122: 1–170
36. Bless R (1979) Die Fisch- und Weichtierfauna des Rheins bei Bonn. Rheinische Landschaften 16: 10–11
37. Bless R (1981) Beobachtungen zur Muschelfauna des Rheins zwischen Köln und Koblenz. Decheniana Bonn 134: 234–243
38. Bloch ME (1783) Ökonomische Naturgeschichte der Fische. Teil I, Teil II, Teil III 1785, Berlin
39. Böcking W (1981) Störe im Rhein. Allgemeine Fischereizeitung Fischwald 11: 627–629

40. Böcking W (1982) Nachen und Netze. Die Rheinfischerei zwischen Emmerich und Honnef. Köln, S 337
41. Böving HP (1981) Die Fischfauna des Rheinstromes und seiner direkt angrenzenden Altwässer im Niederrheingebiet. Decheniana 134: 260–273
42. Borchard B, Brenner T, Steinberg L (1986) Fische in Nordrhein-Westfalen. Minister für Umwelt, Raumordnung und Landwirtschaft des Landes NRW (Hrsg) Düsseldorf, S 127
43. Borne M vd (1877) Wie kann man unsere Gewässer nach den in ihnen vorkommenden Arten klassifizieren. Cirkular des Deutschen Fischerei-vereins, 4
44. Breder ChM, Rosen DE (1966) Modes of reproduction in fishes. T. F. H. Publ, New York, p 941
45. Brink van den FWB, van der Velde, Cazemier WG (1990) The faunistic composition of the freshwater section of the river Rhine in the Netherlands: present state and changes since 1900. Limnol aktuell Bd/Vol 1: 191–207
46. Brunken H (1988) Ausbreitungsdynamik von *Noemacheilus barbatulus* (Linnaeus, 1758). Dissertation an der Techn Univ Braunschweig, S 219
47. Brunken H, Köhler Ch, Lelek A (1989) Lampertheimer Altrhein – Laichgebiet oder Falle für den Wildkarpfen? Fischökologie Aktuell 1 (2): 4–5
48. Bürger F (1926) Die Fischereiverhältnisse im Rhein im Bereich der preußischen Rheinprovinz. Zeitschr f Fischerei 24: 217–399
49. Carbiener R, Diester E (1988) Auen am Oberrhein – Ökologie und Management. WWF-Auen-Institut Rastatt, S 79
50. Cazemier WG (1988) Fish and their environment in large European river ecosystems. The Dutch part of the Rhine River. Sciences de l'eau 7, 1: 97–116
51. Cornelius C (1865) Zug und Wanderthiere. Berlin
52. Crossman EJ (1959) Predator-prey interaction in freshwater fish. J Fish Res Board Can 16 (3): 269–281
53. Cuvier M, Valenciennes MA (1848) Histoire naturelle des poissons, Bd 21 Paris, S 536
54. Deelder CL (1984) Synopsis of biological data on the eel *Anguilla anguilla* (Linnaeus, 1758) FAO Fish Synop (80) Rev 1, Rom, p 73
55. de Groot SJ (1989) Data on Dutch fisheries on salmon (1863–1957) and trout (1886–1986) fisheries in the River Rhine. ICES CM 1989/M/17: 8
56 a. de Groot SJ (1990) The former Allis and Twaite shad fisheries of the Lower Rhine, the Netherlands. J Appl Ichthyol 6 (4): 247–251
56 b. de Groot SJ (1990) Decline of the catches of coregonids and migratory smelt in the Lower Rhine, the Netherlands. J Appl Ichthyol 6 (4): 252–256
57. Deltadienst of Rijkwaterstaat (1973) The realization and function of the northern basin of the Delta Project. Rijkswaterstaat Communications 14 Goot Publ Office, Gravenhage, Netherlands, p 73
58. De Nie HW (1987) The decrease in aquatic vegetation in Europe and its consequences for fish populations. FAO-EIFAC/CEPI Occasional paper No. 19: 52
59. Denzer HW (1966) Beiträge über die Schädigung der Berufsfischerei am Rhein im Lande Nordrhein-Westfalen. Fischwirt 16 (10): 253–264
60 a. Deutsches Gewässerkundliches Jahrbuch, Rheingebiet 1974 Landesamt für Gewässerkunde, Mainz
60 b. Deutsches Gewässerkundliches Jahrbuch 1983 Landesamt für Gewässerkunde, Mainz
61. Dister E (1983) Anthropogene Wasserstandsänderungen in Flußauen und ihre ökologischen Folgen. Beispiele von Oberrhein und von Rio Magdalena (Kolumbien). Verh Ges Ökol. Festschr Ellenberg 11: 89–100
62. Dister E (1986) Hochwasserschutzmaßnahmen am Oberrhein. Ökologische Probleme und Lösungsmöglichkeiten. Geowissenschaften in unserer Zeit 4 (6): 194–203
63. Dister E, Gomer D, Obrdlík P, Petermann P, Schneider E (1990) Water management and ecological perspectives of the Upper Rhine's floodplains. Regulated Rivers: Research & Management 5: 1–15
64. Doerfel HJ (1974) Untersuchung zur Problematik der Saiblings-Populationen (*Salvelinus alpinus* L.) im Überlinger See (Bodensee). Arch Hydrobiol Supplement B 47: 80–105
65. Dosch L (1899) Die Fischwasser und die Fische des Großherzogtums Hessen mit Einschluß der Fischerei und Gesetzeskunde, Gießen, S 152
66. Duncker G (1960) Die Fische der Nordmark. Hamburg (Bearbeitet von W. Ladiges), S 432
67. Dyk V (1946) Naše ryby (Unsere Fische). Promberger, Olomouc S 386
68. Eglite R (1958) Pitanie rechnoi minogi – *Lampetra fluviatilis* (L.) v more. (Ernährung des Flußneunauges im Meer) Ex: Holčík J (Ed) (1986) Zool Zhurnal 37: 1509–1514
69. Ehrenbaum E (1895) Statistische und biologische Untersuchungen an in den Niederlanden gefangenen Lachsen. Mitt d deutschen Seefischerei-Vereinigung (1985): S 57 (Entstanden auf der Basis des Berichtes von P. P. Hoek, veröffentlicht in Verslag Staat Nederlandsche Zeerisscheryen, 1893)
70. Elster HJ, Einsele W (1938) Beiträge zur Kenntnis der Hydrographie des Untersees (Bodensee) Int Rev Ges Hydrobiol 36: 241–284
71. Elster HJ (1974) Das Ökosystem Bodensee in Vergangenheit, Gegenwart und Zukunft. Schr VG Bodensee 92: 233–250
72. Fabricius E, Gustafson KJ (1955) Observation on the spawning behaviour of the grayling, *Thymallus thymallus* (L.) Inst of Freshwater Res, Drottningholm Rep 36: 75–103
73. Fehlmann W (1926) Die Ursachen des Rückganges der Lachsfischerei im Hochrhein. Beilage zum Jahresber der Kantonsschule Schaffhausen auf Frühjahr 1926. Meier & Cie, Schaffhausen, S 112
74. Felkel K (1980) Die Geschiebezugabe als flußbauliche Lösung des Erosionsproblems des Oberrheins. Mitt Bl BAW 47: 54
75. Felkel K (1981) Das Problem der Sohlenstabilisierung des Oberrheins und die Naturversuche mit Geschiebezugabe. Beiträge zur Rheinkunde 33: 20–35
76. Flasarová M, Flasar J (1976) Úlovky jesetera velkého *Acipenser sturio* v severních Čechách. (Die Störfänge in Nord-Böhmen) Živa 24: 225
77. Frič A (1988) Vysvětlivky ku rybářské mapě Čech (Erläuterungen zur Fischereikarte Böhmens) Praha
78. Friedrich G (1989) The River Rhine. In: Lampert W, Rothhaupt KO (Ed): 18–24
79. Friedrich G, Müller D (1984) The Rhine. In: Whitton BA Ecology of European Rivers, Blackwall Scientific Publications Oxford, London Edinburgh 265–315
80. Fritsch A (1872) Die Wirbelthiere Böhmens. Prag Archiv f naturwiss Landesdurchforschung von Böhmen 2 (2), S 152
81. Fröhlich H (1975) Die Geschichte des Oberrheinausbaus. Wasserwirtschaft 65: 219–222
82. Gebhardt H (1990) Die Bedeutung des Inundationsgebietes des Rheins als Laichgebiet für Fische. Limnologie aktuell 1. In: Kinzelbach R, Friedrich G (Hrsg) Biologie des Rheins, Gustav Fischer Verlag, Stuttgart u New York: 435–453
83. Gebhardt H (1990) Stechmückenbekämpfung mit Fischen. Dissertation Univ Heidelberg, S 283
84. Geller W, Güde H (1989) Lake Constance – the largest German lake. In: Lampert W, Rothhaupt KO 1989: 9–24
85. Goldman ChR, Horne AJ (1983) Limnology. McCraw-Hill Book Company NY, p 464
86. Grimm H (1968) Neue Beiträge zur „Fisch-Literatur" des 15. bis 17. Jahrhunderts und über deren Drucker

und Buchführer. Börsenblatt für den Deutschen Buchhandel Frankfurter Ausgabe Nr. 89 5. 11. 1968

87. Grimm MP (1988) Northern Pike (*Esox lucius* L.) and aquatic vegetation, tools in the management of fisheries and waterquality. Submitted to EIFAC-Symposium, Göteborg (1988) Mimeographed, p 24
88. Günther A (1853) Die Fische des Neckars. Württembergische nat wiss Jahreshefte 3: 225–360
89. Haider G, Pagga U (1983) Untersuchungen an Rheinfischen im Bereich der BASF. Verh Ges Ökol Mainz 10: 293–297
90. Haltrich G (1990) Anforderungen an ökologische Untersuchungen und Grenzwerte. Umwelt Magazin (Spezial-Grenzwerte) Vogel-Verlag, Würzburg, S 21–23
91. Harsanyi A (1982) Der Huchen. Paul Parey, Hamburg-Berlin, S 175
92. Hartmann J (1986) Der Fisch als Anzeiger einer Nährstoffabnahme im See? Österreichs Fischerei 39 (4): 101–104
93. Hartmann J, Nümann W (1977) Percids of the Lake Constance, a lake undergoing eutrophication. J Fish Res Board Can 34 (10): 1670–1677
94. Heckel JJ, Kner R (1858) Die Süßwasserfische der österreichischen Monarchie mit Rücksicht auf die angrenzenden Länder. Leipzig, S 388
95. Helfer H (1949) Die wirtschaftliche und kulturelle Bedeutung der Binnengewässer mit besonderer Berücksichtigung Deutschlands und angrenzender Gebiete. Die Binnengewässer, Bd XVII Schweizerbart'sche Verlagsbuchhandlung, Stuttgart, S 286
96. Hess F (1959) Probleme des Hochwasserschutzes am Niederrhein. Gewässer und Abwässer 23: 1–44
97. Hessische Landesanstalt für Umwelt (1978) Verbesserung der Umweltverhältnisse am Rhein, Teil 2, S 68
98. Hoek PPC (1892) Sur la Truite de mer du Rhin. Ex: Scheuring (1929) Tijdschr Nederl Dierk Vereen (2) 3: 243–266
99. Hoek PPC (1894) De elft op onze rivieren. Meded Vissch 1: 49–54; 65–69; 81–86
100. Hoek PPC (1899) Neuere Lachs- und Maifischstudien. Tijdschr Ned Dierk Ver 2 Ser 6: 165–242
101. Holčík J (Hrsg) (1986) The Freshwater Fishes of Europe. Vol 1, Part I: Aula-Verlag, Wiesbaden, p 313
102. Holčík J (Hrsg) (1989) The Freshwater Fishes of Europe. Vol 1, Part II. General introduction to fishes, Acipenseriformes. Aula-Verlag, Wiesbaden, p 469
103. Holčik J, Hensel K, Nieslanik J, Skácel L (1988) The Eurasian Huchen, *Hucho hucho* – Largest Salmon of the world. Dr Junk W Publishers, Perspecitves in Vertebrate Science 5: 239
104. Höllwarth M (1983) Gewässergüte – Problem von heute für die Welt von morgen. Geoökodynamik 4 (1–2): 39–52
105. Honsell M (1885) Die Korrektion des Oberrheins von der Schweizer Grenze unterhalb Basel bis zu der Grossh. Hessischen Grenze unterhalb Mannheim, insbesondere der Badische Antheil an dem Unternehmen. Beiträge zur Hydrographie des Grossherzogthums Baden; 3. Heft, Karlsruhe, S 97
106. Hrabě S, Oliva O, Opatrný E (1973) Klíč našich ryb, obojživelníku a plazu. (Bestimmungsschlüssel unserer Fische, Amphibien und Reptilien) Ped Verl Praha, S 347
107. Hrbáček J (1958) Typologie und Produktivität der teichartigen Gewässer. Verh Internat Verein Limnol 13: 394–399
108. Hrbáček J, Dvořáková M, Kořínek M, Procházková L (1961) Demonstration of the effect of the fish stock on the species composition of zooplankton and the intensity of metabolism of the whole plankton association. Verh Internat Verein Limnol 14: 192–195
109. Hübner E (1984) Die ältere Terminologie der Berufsfischer an der Mosel. Dissertation Fachbereich 13: Philologie I, Universität Mainz, Aachen, S 445
110. Hübner P (1974) Der Rhein: Von den Quellen bis zu den Mündungen, Societätsverlag Frankfurt/Main, S 543
111. Huet M (1949) Apercu des relations entre la pente et les populations piscicoles des eaux courantes. Schweizerische Zeitschr f Hydrol 11 (3/4): 332–351
112. Hynes HBN (1970) The ecology of running waters. Liverpool Univ Press, p 555
113. Illies J (1961) Versuch einer allgemeinen biozönotischen Gliederung der Fließgewässer. Int Rev Ges Hydrobiol 46: 205–213
114. Illies J, Botosaneanu L (1963) Problemes et methods de la classification et de la zoonation écologique des eaux courantes, considerées surtout du point de vue faunistique. Mitt Internat Verein Limnol 12, S 57
115. Jankovič D (1964) Synopsis of biological data on European grayling, *Thymallus thymallus* (Linnaeus) 1758. FAO, Fisheries Biol Synopsis 24: 1–50
116. Jens G (1971) Fische und Fischerei des Rheins. Beiträge zur Rheinkunde 2. Folge 23: 8–14
117. Kindle T (1983) Natürliche Vermehrung der Regenbogenforellen im Lichtensteiner Binnenkanal. Österr Fischerei 36: 7–8
118. Kinzelbach R (1978) Veränderungen der Fauna des Oberrheins. Beihefte, Veröffentlichungen für Naturschutz und Landespflege in Baden-Württemberg 11: 291–301
119. Kinzelbach R (1982) Veränderungen der Fauna im Oberrhein. Natur und Landschaft am Oberrhein. Veröffentlichungen der Pfälzischen Gesellschaft zur Förderung der Wissenschaften 70: 66–86
120 a. Kinzelbach R (1985) Zur Entstehung der Zoozönose des Rheins. Die Tierwelt des Rheins einst und jetzt. Mainzer Naturwissenschaftliches Archiv, Beihefte 5: 5–49
120 b. Kinzelbach R (1985) Ein Nachweis des Meerneunauges *(Petromyzon marinus)* am hessischen Oberrhein. Hessische Faunistische Briefe 5: 55–72
120 c. Kinzelbach R (1985) Stör oder Wels? Zum Fischkatalog in der „Mosella" des Ausonius. Mainzer Naturwissenschaftliches Archiv 23: 223–230
121. Kinzelbach R (1987) Das ehemalige Vorkommen des Störs, *Acipenser sturio* (Linnaeus 1758), im Einzugsgebiet des Rheins (Chondrostei: Acipenseridae). Zeitschr f angewandte Zoologie 74: 167–200
122. Kinzelbach R (1988) Die Tierwelt im Rhein nach November 1986. In: Kohler A, Rahmann H (Hrsg) Hohenheimer Arbeiten. Gefährdung und Schutz von Gewässern: 37–48, Ulmer Verlag, Stuttgart, S 263
123. Kinzelbach R (1988) Das Meerneunauge, *Petromyzon marinus* (L. 1758). In: Atlas zur Fauna von Rheinland-Pfalz
124. Kinzelbach R (1990) Besiedlungsgeschichtlich bedingte longitudinale Faunen-Inhomogenität am Beispiel des Rheins. In: Kinzelbach R, Friedrich G (Hrsg) Biologie des Rheins. Limnologie Aktuell 1: 41–58
125. Kinzelbach R, Krupp F (1982) Zur Einbürgerung des Moskitofisches *(Gambusia affinis)* in Mitteleuropa. Mainzer Naturw Archiv 44: 67–77
126. Kinzelbach R, Friedrich G (Hrsg) (1990) Biologie des Rheins. Limnologie aktuell 1, G. Fischer, Stuttgart – New York, S 496
127. Kirschbaum CL (1865) Die Reptilien und Fische des Herzogthums Nassau. Nass naturwiss Jahrbücher 17/18: 77–122
128. Klausewitz W (1973) Leben noch Fische im Untermain? Kosmos 5: 200–204
129 a. Klausewitz W (1974) Die frühere Fischfauna des Untermains. Natur und Museum 104 (1): 1–7
129 b. Klausewitz W (1974) Der Strömer, *Leuciscus souffia agassizi,* ein nachträglicher Nachweis für den Main. Natur und Museum 104 (8): 238–240
130. Klausewitz W (1975) Die Bioindikatorfunktion einer alten Fischsammlung aus dem Main. Aus hessischen Museen 1: 55–58

131. Knetsch G (1963) Geologie von Deutschland und seinen Randgebieten 4: Oberrheingraben, F Enke, Stuttgart, S 323–332
132. Knöpp H (1957) Die heutige biologische Gliederung des Rheinstroms. Deutsche Gewässerkundliche Mitteilungen 1 (3): 56–63
133. Koch W (1949) Fischzucht. Hamburg und Berlin
134. Koch W (1955) Die Rheinfischerei in Vergangenheit, Gegenwart und Zukunft unter dem Einfluß der Rheinkorrektion und Energiewirtschaft. Arch f Hydrobiol Suppl 22 (3/4): 369–380
135. Koch W (1973) Zur Geschichte der Mainzer Fischerzunft. Mz Naturw Arch 12: 5–21
136. Köhler Ch (1989) *Salmo gairdneri* Richardson 1836 = *Oncorhynchus mykiss* Walbaum 1792. Zur Nomenklatur und Taxonomie der Regenbogenforelle. Fischökologie Aktuell 1 (2): 15
137. Köhler Ch (1991) Untersuchungen zur Fischartengemeinschaft des Rheins mit besonderer Berücksichtigung der intraspezifischen Variabilität; morphometrische Parameter von ausgewählten ubiquitären Arten. Diss Univ Frankfurt, S 209
138. Köhler Ch, Lelek A, Pelz GR (1992) *Pseudorasbora parva* (Schlegel 1842), Neunachweis im Rhein. Natur und Museum (im Druck)
139. Köhler Ch, Müller A (1991) Statistische Untersuchungen zum Längen-Gewichtsverhältnis ausgewählter Fischarten aus dem Rhein. Fischökologie 2 (1): 33–50
140. Koops K, Hartmann F (1989) *Anguillicola*-infestations in Germany and German eel imports. J Appl Ichthyol 1: 41–45
141. Kriegsmann F (1970) Gutachten über die Rheinfischerei und die Wirkung der Teilkanalisierung zwischen Breisach und Kehl. In: Min f Ernährung, Landwirtschaft, Weinbau und Forsten, Baden-Württemberg (Hrsg) Umweltprobleme des Rheins, 3. Sondergutachten, 1976 Kohmeyer, Stuttgart Mainz, S 258
142. Kryzhanovsky SG (1948) Ecological groups of fishes and the laws of their development. Izv Tikhookean Nauchno-Issled Inst Rybn Khoz Okean 27 (In: Balon 1975)
143. Kuhn G (1976) Die Fischerei am Oberrhein, Hohenheimer Arbeiten, Reihe Agrarökonomie 83, Stuttgart, S 196
144. Kunz E (1982) Flußbauliche Maßnahmen am Oberrhein von Tulla bis heute mit ihren Auswirkungen. In: Hailer N (Hrsg) Natur und Landschaft am Oberrhein, Versuch einer Bilanz, S 34–44
145. Lammens EHRR (1986) Interactions between fishes and structure of fish communities in Dutch shallow eutrophic lakes. Ph D Thesis, Wageningen, p 100
146. Lampert W (1983) Biomanipulation – eine neue Chance zur Seesanierung. Biologie unserer Zeit 13 (3): 79–86
147. Lampert W, Rothhaupt KO (Hrsg) (1989) Limnology in the Federal Republic of Germany. Internat Assoc f Theor and Appl Limnology, Carius Druck, Kiel, p 170
148. Landau G (1865) Die Geschichte der Fischerei in beiden Hessen. Beiträge zur Geschichte der Fischerei in Deutschland. Kassel, S 107
149. Lange G, Lecher K (1986) Gewässerregelung, Gewässerpflege. Paul Parey, S 288
150. Larkin PA (1979) Predator-prey relations in fishes. An overview of the theory. In: Clepper H (ed) Predator-prey systems in fisheries management. Sport Fish Inst, Washington, p 13–22
151. Larsson PO (1984) Remote sensing of Salmon *(Salmon salar)* from Swedish west coast and possible effects on sea ranching operations. Aquaculture 38: 83–87
152. Lauterborn R (1904) Beiträge zur Fauna und Flora des Oberrheins und seiner Umgebung. II. Faunistische und biologische Notizen. Mitt Pollichia 19: 42–130
153. Lauterborn R (1906) Die Flunder *Pleuronectes flesus* L. im Oberrhein. Allg Fisch Ztg 31: 470–472
154. Lauterborn R (1916–1918) Die geographische und biologische Gliederung des Rheinstroms. Sitzungsberichte d Heidelb Akad, math-nat Kl B Teil I, Band VII B (6): 1–61 (1916); Teil II, Band VIII B (5): 1–70 (1917); Teil III, Band IX B (1): 1–87 (1918)
155. Lauterborn R (1926) Das Laichen des Flußneunauges *(Lampetra fluviatilis L.)* in den Seitengewässern des Oberrheins. Zool Anzeiger 68: 142–146
156. Lauterborn R (1930, 1934) Der Rhein. Naturgeschichte eines deutschen Stromes. Freiburg i. Br, 1: 311, 2: 324
157. Lauterborn R (1938) Der Rhein. Naturgeschichte eines deutschen Stromes, Ludwigshafen 2: S 439
158. Lehmann C (1934) Beiträge zur Fauna westfälischer Gewässer. III. Das Vorkommen des Moderlieschens im Stromgebiete des Rheins. Zool Anzeiger 108: 143–144
159. Lelek A (1959) Studie über die Fischbesiedlung der Quell-, mittleren und unteren Abschnitte des Rokytná-Flusses. Zool listy (Folia Zoologica) 8 (22) 3: 226–243 (Tsch mit dtsch Zusammenfassung)
160. Lelek A (1965) An Analysis of two Spawning Shoals of the Roach *Rutilus rutilus* L. from the lower reaches of the Dyje River. Zool listy 14 (1): 55–70. (Tsch mit engl Zusammenfassung)
161. Lelek A (1973) Occurrence of the sea lamprey, in midwater of Europe. Copeia 1973 (1): 136–137
162. Lelek A (1975) Erster fischereibiologischer Einsatz des Forschungsbootes „Courier" in Main und Rhein. Natur und Museum 111 (7): 220–228
163. Lelek A (1976) Veränderung der Fischfauna in einigen Flüssen Zentraleuropas (Donau, Elbe und Rhein). Schriftenreihe Vegetationskunde 10: 295–308
164 a. Lelek A (1978) Die Fischbesiedlung des nördlichen Oberrheins und des südlichen Mittelrheins. Natur und Museum 108 (1): 1–9
164 b. Lelek A (1978) Die Bedeutung der Altrheine für die Fischfauna des Rhein-Hauptstroms am Beispiel des Schusterwörther Altrheins. Cour Forsch Inst Senckenberg 35: 109–154
165. Lelek A (1980) Fische als Indikatoren der Umweltverhältnisse. Cour Forsch Inst Senckenberg 41: 111–129
166. Lelek A (1985) Kritische Stellungnahme zur Fischfauna der hessischen Gewässer. Natur in Hessen. Bericht zur Lage der Natur. Der Hessische Minister f Landwirtschaft, Forsten u Naturschutz: 144–148
167 a. Lelek A (1987) Notes on the reproducitive ecology of the feral form of the common carp *Cyprinus carpio carpio*, in the Rhine River. Proc V Congr europ Ichthyol, Stockholm 1985, p 169–173
167 b. Lelek A (1987) Threatened fishes of Europe. Bd 9 of the freshwater fishes of Europe. Aula-Verlag, Wiesbaden, p 343
168 a. Lelek A (1988) Vorkommen, Taxonomie und Maßnahmen zur Erhaltung der Forelle *Salmo trutta labrax* Pallas 1811 in der NO-Türkei. Cour Forsch Inst Senckenberg 101, S 44
168 b. Lelek A (1988) Erhaltung und Renaturierung von Altarmen mit einigen Beispielen aus dem Rheingebiet. In: Tiews (ed) 1988: 98–103
169. Lelek A (1989) The Rhine River and some of its tributaries under human impact in the last two centuries. In: Dodge DP (ed) Proceedings of the International Large River Symposium. Can Spec Publ Fish Aquat Sci 106: 469–487
170. Lelek A (1991) The predator-prey relationship in the fish community of the Rhine River. Verh Internat Limnol (Im Druck)
171 a. Lelek A, Köhler Ch (1989) Zustandsanalyse der Fischartengemeinschaften im Rhein (1987–1988). Fischökologie 1: 47–64
171 b. Lelek A, Köhler Ch (1989) Neuentwicklung der Fischbestände in der hessischen Rheinstrecke an di-

versen Standorten des Stromes. Studie für das Hessische Min f Landw, Forsten u Nat-Schutz, Wiesbaden, S 150
171 c. Lelek A, Köhler Ch (1989) Zustandsanalysen und Prognosen zur Rheinfischfauna. Studie für das Bundesministerium für Umwelt, Nat-Schutz und Reaktorsicherheit, Bonn, Teil I, S 150, Teil II, S 251
172. Lelek A, Köhler Ch (1990) Restoration of fish communities of the Rhine River after a heavy pollution wave. Regulated Rivers: Research & Management 5: 57–66
173. Lelek A, Pelz GR (1984) Wiederbesiedlungsmaßnahmen mit Äschen in Südhessen. Afz-Fischweid, Allg Fischerei-Ztg 5: 40–42
174. Lelek A, Pelz GR, Polpakdee T (1984) Sukzessive Wiederbesiedlung des Mains unterhalb der Stadt Frankfurt mit Fischen. Cour Forsch Inst Senckenberg 70: 129–145
175. Lelek A, Pelz GR (1986) Untersuchungen zur ökologischen Bedeutung von Aalen, *Anguilla anguilla* und Aalbesatzmaßnahmen. Cour Forsch Inst Senckenberg 85: 57–64
176. Lelek A, Peňáz M (1963) Spawning of *Chondostroma nasus* (L.) in the Brumovka River. Zool listy 12 (2): 121–124 (Tsch mit engl Zusammenfassung)
177. Leonhardt EE (1905) Zum Wachstum und zur Wanderung des Lachses. (Aus Scheuring 1929)
178. Leuthner F (1877) Die Mittelrheinische Fischfauna mit besonderer Berücksichtigung des Rheins bei Basel, (Georg), Basel, Genf, Lyon, S 59
179. Libosvárský J, Junge ChO (1965) Effects on size selectivity on population estimates based on successive removals with electrical fishing gear. Folia Zoologica 14 (2): 171–178
180. Lichtenhahn C (1975) Hochwasserschutz und allgemeiner Wasserbau am Rhein. Special Issue Wasser- und Energiewirtschaft 67 (5–6): 146–150
181. Lillehammer A (1973) Notes on the feeding relationships of trout (*Salmo trutta* L.) and Salmon (*Salmo salar* L.) in the river Suldaslagen, West Norway. Norway J Zool 21: 25–28
182. Losos B, Peňáz M, Kubíčková J (1980) Food and growth of fishes of the Jihlava River. Acta Sc Nat, Brno 14 (1), p 46
183. Lützow H (1938) Die Biologie der Rheinfische auf der Strecke zwischen Bonn und Düsseldorf. Staatsexamensarbeit Univ Köln, S 142
184. Lusk S (1967) Population dynamics of *Chondrostoma nasus* (Linnaeus 1758) in the Rokytná River. Acta Sc Nat, Brno, 1 (12): 475–522
185. Lusk S, Skácel L, Sláma B (1987) Lipan padhorní – *Thymallus thymallus* (Linnaeus 1758) (Die Äsche) Čs ryb svaz Praha, S 155 (Tschechisch)
186. Malle KG (1983) Der Rhein – Modell für den Gewässerschutz. Spectrum der Wissenschaft, Scientific American 8 – 1983: 22–32
187 a. Malle KG (1990) Umweltwissenschaften und Schadstoff-Forschung. ECOMED, Zürich, Zeitsch f Umweltchem u Ökotox 2 (2): 92–96
187 b. Malle KG (1991) Der Gütezustand des Rheins. Chem i uns Zeit, 25 Jahrg Nr 5: 257–267
188. Mc Cormak JC (1962) The food of young trout *(Salmo trutta)* in two different becks. J Anim Ecol 31: 305–316
189. Meinert W (1985) Fischbewegungen zwischen Rhein bzw. Altrhein und blind endenden Seitengewässern. Dissertation, Univ Mainz (FB Biologie, Zoologie) S 285
190. Melsheimer (1878) Über bei Linz im Rheine gefangene Fische. Verh naturh Ver preuss Rheinl Westph 35: 95–98
191. Merrem L (1789) Verzeichnis der rothblütigen Thiere in den Gegenden um Göttingen und Duisburg. Schr Ges Naturf Freunde Berlin 9: 187
192. Meyer-Waarden PF (1967) Die Aalwirtschaft in der Bundesrepublik Deutschland, Teil 4. Maßnahmen zur Intensivierung der Aalwirtschaft in der Bundesrepublik. Eine Schlußbetrachtung. Arch Fisch Wiss 18 (2): 495–567
193. Michling G (1988) Fischereibiologische Untersuchungen am Rhein in den Grenzen von Nordrhein-Westfalen 1986/1987. Gutachten im Auftrag der Rheinfischereigenossenschaft Bonn, S 56
194. Miescher-Reusch F (1880) Statistische und biologische Beiträge zur Kenntnis vom Leben des Rheinlachses im Südwasser. Mitt d internat Fischereiausstellung Berlin (Aus Scheuering 1929)
195. Mohr E (1952) Der Stör. Leipzig, S 66
196. Müller H (1975) Die Aale. Die Neue Brehm-Bücherei, A. Ziemsen Verlag Wittenberg-Lutherstadt, S 200
197. Müller R, Meng H (1986) Ichthyologische Beurteilung der Rheinschädigung. In: Bestandsaufnahme, ökologische Beurteilung, empfohlene Maßnahmen und Absichten für weitere Untersuchungen nach dem Schadensfall Sandoz im Rhein bei Basel. 1. Zwischenbericht. EAWAG Dübendorf, Auftrag Nr. 4727, S 69 und Anhang
198. Musall H (1969) Die Entwicklung der Rheinniederung zwischen Karlsruhe und Speyer vom Ende des 16. bis zum Ende des 19. Jahrhunderts. Heidelberger Geograph Arbeiten, Selbstverlag Geogr Inst Univ Heidelberg, S 279
199. Musall H (1978) Zur historisch-geographischen Entwicklung der Rheinniederung bei Rußheim. In: Der Rußheimer Altrhein, eine nordbadische Auenlandschaft. Natur- u Landschaftschutzgebiete Bad-Württ 10: 15–47
200. Nall GH (1930) The Life of the Sea Trout especially in Scottish Waters; with chapters on the reading and measuring of scales. London
201 a. Nau BS (1787) Beiträge zur Naturgeschichte des Mainzer Landes. 1. Heft: Oekonomische Naturgeschichte der Fische in der Gegend von Mainz. Mainz, S 20
201 b. Nau BS (1787) Naturgeschichte der Lamprete des Rheins. Schr Ges naturf Freunde Berlin 7: 466–470
201 c. Nau BS (1787) Oekonomische Naturgeschichte der Fische in der Gegend um Mainz. Beitr z Naturgesch d Mainzer Landes. Schillerischer, Mainz 1: 1–120
202. Nau BS (1788) Nachtrag zur Naturgeschichte der Fische nebst den Amphibien und Vögeln des Mainzer Landes. Beitr z Naturgesch d Mainzer Landes. Schillerischer, Mainz 2: 121–196
203. Nau BS (1791) Bemerkungen zu des Herrn SANDERS Beiträgen zur Naturgeschichte der Fische im Rhein. Naturforscher, Berlin 25: 24–34
204. Nauwerck A (1986) Der Lachsfang in der Kinzig. (Nach Akten des Fürstlichen Fürstenbergischen Rentamtes Wolfach aus dem 18. Jahrhundert) Die Ortenau 1986 Veröffentlichungen des Historischen Vereins Mittelbaden, Offenburg, Baden 499–525
205. Nelson JS (1984) Fishes of the World. J Wiley & Sons, N York, S 523
206. Nijssen H, de Groot SJ (1987) De vissen van Nederland. Naturhistorische Bibliothek van de KNNV 43. Bohemen HP, van Buizer DAG, Littel A (Hrsg) Utrecht, S 223
207. Nilsson NA (1957) On the feeding habits of trout in a stream of northern Sweden. Inst Freshw Res Drottningholm Rep 38: 154–166
208. Nowicki M (1882) Krainy rybne Wisly. Gazeta rolnicza 23: S 24
209. Obrdlík P, Schneider E, Smukulla R (1990) Zur Limnologie der Rastatter Rheinaue. Limnol aktuell. In: Kinzelbach R, Friedrich G (Hrsg) 1990, G. Fischer-Verlag, Stuttgart 1: 478–489
210. Olbrich P (1979) Untersuchungen über die Fischfauna des unteren Niederrheins im Raum Rees-Emmerich.

Hausarbeit zur Ersten Staatsprüfung für das Lehramt am Gymnasium. Köln 6. 2. 1979, S 141
211. Paepke H-J (1983) Die Stichlinge. Die Neue Brehm-Bücherei A. Ziemsen Verl. Wittenberg-Lutherstadt, S 144
212. Parey K (1983) Vergleichende Untersuchungen über die Ernährungsbiologie des Aals (*Anguilla anguilla* L.) und der Trüsche (*Lota lota* L.) und Konkurrenz zum Salmonidenbesatz im Hochrhein. Diplomarbeit Univ Freiburg, S 106
213. Pelz GR (1985) Fischbewegungen über verschiedenartige Fischpässe am Beispiel der Mosel. Cour Forsch-Inst Senckenberg 76: S 190
214. Pelz GR (1987) Der Giebel: *Carassius auratus* oder *Carassius auratus auratus?* Natur und Museum 117 (4): 118–129
215. Pelz GR, Lelek A, Bernerth H, Tobias W (1987) Fischereilichlimnologische Beurteilung der Main-Stauhaltungen Offenbach und Mühlheim im Hinblick auf Auswirkungen des Neubaus der Wehranlage Mühlheim. Gutachten im Auftrag der Wasser-Schiffahrtsverwalt d Bundes, Aschaffenburg, S 129 (unveröffentlicht)
216. Peňáz M (1961) Bemerkungen zum Wachstum des Alandes (*Leuciscus idus* L.) im Thaya-Fluß. Zool listy 10 (24) 3: 231–241
217. Peňáz M (1974) Influence of water temperature on incubation and hatching in *Chondrostoma nasus* (Linnaeus, 1758). Folia Zool, Brno 23 (1): 53–59
218. Pielou EC (1966) The measurement of diversity in different types of biological collections. J Theor Biol 13: 131–144
219. Pohlhausen H (1978) Lachse in Teichen, Seen, Flüssen u Bächen. Paul Parey, Hamburg–Berlin, S 203
220. Popova OA (1967) The ‚predator-prey' relationship among fish. A survey of freshwater fish production. In Gerking SD (ed) Blackwell, Oxford & Edinburgh 359–376
221. Quitzow HW (1974) Das Rheintal und seine Entstehung. Bestandsaufnahme und Versuch einer Synthese. Centenaire de la Soc géol de Belgique. L'evolution Quaternaire des Basins fluviaux de la mer du Nord méridionale. Liége 73–104
222. Quitzow HW (1976) Die erdgeschichtliche Entwicklung des Rheintales I. Natur und Museum 106 (11): 339–342
223. Quitzow HW (1977) Die erdgeschichtliche Entwicklung des Rheintales II. Natur und Museum 107 (1): 6–12
224. Raat AJP (1988) Synopsis of biological data on the northern pike *Esox lucius* Linnaeus 1758. FAO, Fisheries Synopsis 30 (2): p 178
225. Redeke HC (1934) Über den Rheinschnäpel, *Coregonus oxyrhynchus* L. Verh Internat Verein Limnol 6: 352–357
226. Redeke HC (1938) Ueber den bastard *Clupea alosa-finta*. Hoek, Arch Néerl Zool 3 (suppl.): 148–158
227. Redeke HC (1941) Pisces. In: BOSCHMA, Fauna van Nederland, Afd 10, Leiden (Aus Kinzelbach 1987)
228. Renz H (1969) Entwicklung des Huchens in der Saane. Schw Fischerei 9: 18–21
229. RIVO-Report (1988) Uitgave van het Rijksinstituut voor Visserijonderzoek en het Landbouw-Economisch Institut. Wageningen, S 114
230. Roth J (1986) Untersuchung über die Fischfauna des Nördlichen Oberrheins und des Mittelrheins im Jahre 1986. Werkvertrag Az 738–8512 vom 11.07. 1986, Min f Landwirtschaft, Weinbau und Forsten in Rheinland-Pfalz, S 140
231. Roth J (1988) Die Fischbesiedlung des nördlichen Oberrheins und des Mittelrheins im Jahre 1986. Diplomarbeit TH Darmstadt, S 147
232. Roth J (1989) Fischartenkartierung im Landkreis Offenbach – südlichster Nachweis des Neunstachligen Stichlings. Fischökologie Aktuell 1 (1): 9
233. Rutte E (1987) Rhein-Main-Donau, wie – wann – warum sie wurden. Eine geologische Geschichte. J. Thorbecke, Sigmaringen Berlin
234. Sander H (1781) Beyträge zur Naturgeschichte der Fische im Rhein. Der Naturforscher Berlin 15: 163–183
235 a. Schäfer W (1973) Nördlicher Oberrhein, ökologisch und ökotechnisch. Cour Forsch Inst Senckenberg 2: S 34
235 b. Schäfer W (1973) Altrhein-Verbund am nördlichen Oberrhein. Cour Forsch Inst Senckenberg 7: S 63
236. Schäfer W (1974) Der Oberrhein – sterbende Landschaft? Natur und Museum 104: 331–343
237. Schäfer W (1978) Der Oberrhein, ökotechnisch gesehen. Cour Forsch Inst Senckenberg 31: S 87
238. Scheuring L (1929) Die Wanderungen der Fische. Ergebnisse der Biologie Bd 5: 405–691
239. Schleuter M (1991) Nachweis der Groppe *(Cottus gobio)* im Niederrhein. Fischökologie 4: 1–6
240. Schmidt J (1912) Danish research in the Atlantic and Mediterranean on the life-history of the Freshwater Eel (*Anguilla vulgaris* Turt.) Internat Rev Hydrobiol 5: 317–342
241. Schmidt J (1923) Die Laichplätze des Flußaals. Internat Rev Hydrobiol & Hydrograph 11: 1–40
242. Schwevers U, Adam B (1990) Zur Reproduktivität allochthoner Salmoniden in hessischen Fließgewässern. Fischökologie Aktuell 2 (1): 11–13
243. Schwörbel J (1977) Einführung in die Limnologie, 3. Auflage, G. Fischer-Verlag, S 191
244. Scott WB, Crossman EJ (1979) Freshwater fishes of Canada. Fish Res Board of Canada, Bull 184, Ottawa, S 966
245. Sedlár J (1990) Der Wels. Fisch und Fang 31: 52–54
246. Selley WB, Beamish FWH (1977) The Cyclostomata. An anotated bibliography. Dr Junk W, The Hague, p 961
247. Shannon CE, Weaver W (1949) The mathematical theory of communication. Univ Illinois Press, Urbana
248. Siebold CTHE von (1863) Die Süßwasserfische von Mitteleuropa. Engelmann Leipzig, S 430
249. Sieminska J (1956) Hydrobiologiczna i rybacka charaketrystyka rzeki Brynicy. Polskie arch hydrob 3: 69–160
250. Skrochowska S (1969) Migrations of the sea-trout (*Salmo trutta* L.), brown trout (*Salmo trutta* m. *fario* L.) and their crosses. Part I–IV. Pol Arch Hydrobiol 16 (29): 125–192
251. Sollbach W (1988) Angler meiden den Rhein. Fischwaid 113 (12): 21
252. Solmsdorf H, Lohmeyer W, Mrass W (1975) Ermittlung und Untersuchung der schutzwürdigen und naturnahen Bereiche entlang des Rheins. Schriftenreihe für Landschaftspflege und Naturschutz 11: S 186
253. Spannagel W (1859) Verzeichniß der Fische der bayerischen Rheinpfalz. Jahresbericht der Pollichia 16/17: 26–38
254. Sposny W (1975) Die Fischfauna des Rheins. Dipl Arbeit, Univ Mainz, S 137
255. Stambach E (1975) Die Wasserkraftnutzung am Rhein von den Quellen bis nach Basel. Special Issue of Wasser- und Energiewirtschaft 67 (5–6): 168–177
256. Starmach K (1956) Rybacka i biologiczna charakterystyka rzek. Polskie arch hydrob 3: 307–332
257. Steinmann P (1938) Relikte der Donaufische im einstigen tertiären Donauoberlauf, dem heutigen französisch-schweizerischen Grenzfluß Doubs. – Gr Antipa, Hommage à sou veuvre (Bucuresti): 611–624
258. Steinmann P (1948) Sollen wir in der Schweiz Huchen einsetzen? Fischerei-Ztg 56: 31–33
259. Straškraba M, Čihař J, Frank S. Hruška V (1966) Contribution to the problem of food competition among the sculpin, minnow and brown trout. J Anim Ecol 35: 303–312

260. Swingle HS (1950) Relationship and dynamics of balanced and unbalanced fish populations. Bull Agric Exp Station of the Alabama Polytechnic Institute 274: 1–74
261. Tanner HP (1987) 75 Jahre Fischereiverein Baselland 1912–1987. Basel, S 104
262. Tesch FW (1973) Der Aal, Biologie und Fischerei. Paul Parey, Hamburg, S 306 (Zweite, erweiterte Aufl 1983, S 340)
263. Tesch FW (1986) Der Aal als Konkurrent von anderen Fischarten und von Krebsen. Österreichs Fischerei 39: 5–20
264. Thienemann A (1915) Beiträge zur Kenntnis der westfälischen Süßwasserfauna. V. Die Flunder im Dortmund-Emskanal. Jahresber d Westf Provinzial-Vereins f Wiss u Kunst (Zool. Sektion) Münster Ber 43: 146–148
265. Thienemann A (1921) Seetypen. Die Naturwissenschaften Bd 9, Heft 8, S 3
266. Thienemann A (1925) Die Süßwasserfische Deutschlands. Schweizerbart'sche Verlagsbuchhandlung, S 32
267. Thienemann A (1939) Grundriß der allgemeinen Ökologie. Stuttgart
268. Thienemann A (1941) Die Süßwasserfische Deutschlands. Eine tiergeographische Skizze. Handbuch der Binnenfischerei Mitteleuropas III A: 1–32
269. Thienemann A (1950) Verbreitungsgeschichte der Süßwassertierwelt Europas. Die Binnengewässer 18 Stuttgart
270. Thomas JD (1962) The food and growth of brown trout (*Salmo trutta* L.) and its feeding relationships with the salmon parr (*Salmo salar* L.) and the eel (*Anguilla anguilla* L.) in the river Teity, west Wales. J Anim Ecol 31: 175–204
271. Thorpe J (1977) Synopsis biological data on the Perch *Perca fluviatilis* Linnaeus, 1758 and *Perca falvescens* Mitchill, 1814. FAO Fish Synopsis 113: p 138
272. Tiews K (Hrsg) (1988) Erhaltung, Renaturierung und Schaffung von Fischgewässern. Arbeiten des Deutschen Fischerei-Verbandes 46: S 130
273. Tinbergen N (1952) Instinktlehre. Paul Parey Hamburg, S 237
274. Titizer T, Schöll F, Schleuter A, Schleuter M (1988) Einsatz von Taucherschacht und Taucherglocke bei benthosbiologischen Untersuchungen. Deutsche Gewässerkundliche Mitteilungen 32 (5–6): 141–144
275. Titizer T, Schöll F, Schleuter M (1990) Beitrag zur Struktur und Entwicklungsdynamik der Benthalfauna des Rheins von Basel bis Düsseldorf in den Jahren 1986 und 1987 Limnologie Aktuell 1: 293–317
276. Todd TN (1990) Genetic differentiation of Walley stocks in Lake St. Clair and Western Lake Erie. US Dept of Interior, Fish & Wildlife Service, Washington DC Techn Rep 28, p 19
277. Torke W (1985) Zur Fischfauna der Oberen Donau. Veröff Naturschutz & Landschaftspflege Bad Württ 59/60: 323–343
278. Trahms OK (1955) Der Rhein: Abwasserkanal oder Fischgewässer? Beiträge zur Rheinkunde 7: 43–56
279. Vaas KF (1968) Visfauna van het Estuariumgebied van Rijn en Maas. Biol Jaarboek 36: 115–128
280. van der Velde GFWB, van den Brink R, van den Gaag, Bergers PJM (1990) Changes in numbers of mobile macro-invertebrates and fish in the river Waal in 1987, studied by sampling the cooling-water intakes of a power plant: first results of a Rhine biomonitoring project. In: Kinzelbach, Friedrich (Hrsg): 325–342
281. van Urk G (1984) Lower Rhine – Meuse. In: Whitton BA (ed) (1984) 437–468
282. Verhey CJ (1949) Het vorkommen van den steur *(Acipenser sturio)* in de mieuwe tuschen 1900–1931. De Levende Natur 52: 152–159
283. Weibel U (1990) Untersuchung zur Fischfauna des nördlichen Oberrheins. Dipl Arbeit Biol Fak d Ruprecht-Karls-Universität Heidelberg, S 128
284. Welcomme RL (ed) (1975) Symposium on the methodology for the survey, monitoring and appraisal of fishery resources in lakes and large livers. EIFAC Tech Pap FAO-Rome 23, p 747
285. Wetzel RG (1983) Limnology. 2 edn, p 760
286. Wheeler A (1969) The fishes of the British Isles and North-West Europe. MacMillan, London, p 613
287. Wheeler A (1978) Key to the fishes of Northern Europe. Frederick Warne, p 380
288. Wheeler A (1983) Süßwasserfische. Delphin Verlag München & Zürich, S 124
289. Wild G (1903) Einige Mitteilungen über Fische und Fischerei in Heilbronn. Jahreshefte d Ver f vaterländische Naturkunde in Württemberg (Ex. Berg et al 1989): 304–314
290. Williams WP (1965) The population density of four species of freshwater fish, roach (*Rutilus rutilus* (L.)), bleak (*Alburnus alburnus* (L.)), dace (*Leuciscus leuciscus* (L.)) and perch (*Perca fluviatilis* (L.)) in the River Thames at Reading. J Anim Ecol 34: 173–185
291. Wittmann H (1949) Tulla, Honsell, Rehbock – Lebensbilder dreier Wasserbauingenieure am Oberrhein. Wilh Ernst & Sohn Verlag, S 60
292. Wolff WJ (1973) The estuary as a habitat. An analysis of data on the soft-bottom macrofauna of the estuarine area of the river Rhine, Meuse and Scheldt. Zoologische Verhandelingen 126: 1–242
293. Zschokke F (1905) Der Lachs und seine Wanderungen. In: Scheuring (1929)
294. Zschokke F (1916) Die Tierwelt der Umgebung von Basel nach neueren Forschungen. Verh naturf Ges Basel 28 (2): 28–65
295. Zschokke F (1931) Die Tierwelt. In: Der Rhein, sein Lebensraum, sein Schicksal. In: Haushofer K (Hrsg) Berlin-Grunewald 1.Bd 3. Buch

Glossar

anadrome Fische: (Wanderfische), verbringen die meiste Zeit im Salzwasser und steigen zum Laichen die Flüsse auf (z. B. Lachs)
Ästuar: durch Gezeiteneinwirkung trichterförmig erweiterte Flußmündung
Aufwuchs: (Periphyton); Wasserorganismen einschließlich Algen, die auf anderen Organismen oder toten Materialien leben
ausgesüßt: Meeresbereiche mit starkem Süßwasserzustrom durch einmündende Zuflüsse; Brackwasserregionen mit geringem Salzgehalt
autochthon: am Fundort einheimische Tier- oder Pflanzenart
Benthos: Gesamtheit der Tier- und Pflanzenorganismen der Gewässersohle
Bionomie: biologische Disziplin; Lehre von den Gesetzen des Lebens
Biozönose: Lebensgemeinschaft von Pflanzen und Tieren in einem Biotop
BSB_5: biochemischer Sauerstoffbedarf; Sauerstoffmenge, die für den mikrobiellen Abbau organischer Masse in den ersten 5 Tagen (bei 20 °C) benötigt wird
Buhne: dammartige Konstruktion aus Steinen oder Holz zur Flußregulierung, Strömungsleitung und als Uferschutz
Chromatophoren: in der Haut sitzende Farbstoffträger (bewirken bei Tieren den Farbwechsel bzw. Farbanpassung)
Crustacea: Krebstiere (z. B. Flohkrebse, Wasserflöhe)
Detritus: Schweb- und Sinkstoffe aus sich zersetzenden Tier- und Pflanzenresten in Gewässern
Diversität: Vielfalt; hier die Vielfalt von Arten in einer Lebensgemeinschaft
Etho-ökologie: Verhaltensweise bei unterschiedlichen Umweltbedingungen (Ethologie = Verhaltensforschung)
euryhalin: Bezeichnung für Organismen, die eine weite Spanne von Salinität ertragen
Eutrophierung: Anreicherung von Nährstoffen in stehenden oder langsam fließenden Gewässern (Begünstigung besonders durch Phosphate)
Evenness: (engl.) Gleichmäßigkeit
F/C-Koeffizient: Gewichtsverhältnis zwischen Friedfischen (forage fish) und Raubfischen (carnivorous fish)
Furkationszone: Flußstrecke, in der der Hauptstrom mehrere parallele Rinnen bildet, welche sich später wieder vereinen
Gangfisch: Fischart der Familie *Coregonidae* (Renken), auch *Coregonus oxyrhynchus* (Nordseeschnäpel) genannt
Gonaden: Geschlechtsdrüsen
Gynogenese: Fortpflanzungsstrategie, bei der die männlichen Geschlechtszellen (Spermien) nur die Entwicklung der Eier aktivieren; die Nachkommen sind ausschließlich weiblich
Hydrographie: Gewässerkunde (Gewässer des Festlandes)
Ichthyologie: Fischkunde
Ichthyomasse: Gewicht des Gesamtfischvorkommens in einem bestimmten Bereich
Ichthyozönose: Zusammensetzung der Fischarten eines Biotops
kaltstenotherm: kaltwasserabhängig (Bezeichnung für Organismen, die gegenüber höheren Temperaturen empfindlich sind)
katadrome Fische: (Wanderfische); verbringen die meiste Zeit im Süßwasser und schwimmen zum Ablaichen ins Meer (z. B. Aal)
Laichausschlag: zeitweilige Verhornungen der Hautzellen während der Laichzeit, besonders beim Milchner der Karpfenartigen
lithophil: Bezeichnung für Pflanzen und Tiere, die bevorzugt an Steinen vorkommen
Litoral: Uferbereich der Gewässer bis in Tiefen, in denen noch grüne Algen und grüne Pflanzen gedeihen
meristische Merkmale: zählbare Bestimmungsmerkmale (die Anzahl der Flossenstrahlen, der Schuppen etc.)
Migration: Wanderung eines Individuums oder einer Population
Mollusken: Weichtiere (Schnecken)
Morphometrie: Vermessen von Körperformen und Proportionen
Oligosaprobie: kaum verunreinigter Wasserzustand
oligotroph: Bezeichnung für nährstoffarme Gewässer
Operculum: Kiemendeckelknöchelchen
Paläogeographie: Geographie der Erdgeschichte
pelagisch: im freien Wasser schwebend
Phänologie: Lehre vom Einfluß der Witterung und des Klimas auf den jahreszeitlichen Entwicklungsgang von Pflanzen und Tieren
photophob: lichtempfindlich, lichtscheu
Physiography: (engl.) Naturbeschreibung (hier Erdoberfläche)
phytophag: Bezeichnung für Tiere, die sich von pflanzlichen Organismen ernähren
phytophil(e): (Fische), die ihren Laich an Unterwasserpflanzen heften
Phytoplankton: Gesamtheit der im Wasser schwebenden pflanzlichen Organismen
Prädation: räuberische Lebensweise
Psammon: Sammelbegriff für in oder auf Sand lebende Organismen
psammophil(e): (Fischarten), die ihren Laich auf sandigem Substrat (z. B. Flußbett) ablegen
Pylorusanhänge: bei vielen Fischarten, vor allem bei Forellenartigen, direkt vom Anfang des Mitteldarms abgehende, blinde Schläuche, die u. a. zur Verdauung beitragen

Querder (Ammocoetes): Larve des Neunauges
rheophil(e): (Arten), die Gewässer mit Strömung bevorzugen
Rhithral: Gebirgsbachregion (Forellenregion)
Salinität: Salzgehalt in Gewässern und Böden
Saprobionten: Fäulnisbewohner; ernähren sich von toter organischer Substanz
Saprobiensystem: biologisches System zur Ermittlung und Klassifizierung der Größenordnung des Abbaus organischer Substanz in Gewässern (s. Güteklassen S. 24)
Seggen: Riedgräser der Gattung *Carex;* wachsen entlang der Ufer und in Sumpfgebieten
sympratrisch: in dem selben geographischen Gebiet lebend
Taxonomie: Wissenschaft vom praktischen Vorgehen beim Einordnen der Organismen in systematische Kategorien
Trophiegrad: Gehalt eines Gewässers an Nährstoffen
Ubiquist: Eine nicht an ein bestimmtes Biotop gebundene Pflanzen- oder Tierart
ubiquitär: überall verbreitet
Verbuttung: sehr geringe Wachstumsraten bei Fischpopulationen aufgrund von dauerhaftem Nahrungsmangel
Weißfische: Terminus der Fischerei-Umgangssprache; hauptsächlich für weniger geschätzte Karpfenartige wie Rotauge, Blicke, Brachsen, Ukelei, Nase, Hasel und Döbel
Zygote: Zelle, die aus der Vereinigung von 2 Keimzellen entsteht (z. B. befruchtete Eizelle)

Abkürzungen

RIWA: Niederländische Rijncommissie Waterleidingbedrivjen; eine in 5 Arbeitsgruppen (Hydrologie, Kernkraftwerke, Oberflächenwasserqualität, Hydrobiologie, Statistik) eingeteilte niederländische Arbeitsgemeinschaft zwölf nationaler Institutionen.

IKSR: Internationale Kommission zum Schutze des Rheins (Mitgliedstaaten: Deutschland, Frankreich, Luxemburg, Niederlande, Schweiz)

IAWR: Internationale Arbeitsgemeinschaft der Wasserwerke im Rheineinzugsgebiet

LAWA: Länderarbeitsgemeinschaft Wasser; eine Arbeitsgruppe deutscher Bundesländer

Danksagung und Bildernachweis

Während der Freilandarbeiten beim Erforschen der Fischfauna des Rheins wurden Hilfestellungen und direkte Unterstützung von verschiedenen Institutionen und Fachkollegen entgegengenommen. Einem besonderen Dank sind wir folgenden Institutionen verpflichtet: dem Bundesministerium für Umwelt und Reaktorsicherheit, Bonn; allen Umwelt- und Landwirtschaftsministerien der Anreinerstaaten und der Länder, Fischereidezernenten der Bundesländer, Schweiz, Frankreich, dem Niederländischen Rijksinstituut voor Visserijonderzoek, Ijmuiden, der Bundesanstalt für Gewässerkunde, Koblenz, allen Stellen der Wasserschutzpolizei am Rhein, dem WWF Rastatt, dem Hessischen Landesamt für Umwelt, Wiesbaden, der Petri-Stiftung, die die Freilandarbeiten mit Bereitstellung von Arbeitsgeräten und Fahrzeugen unterstützte.

Für den engagierten Einsatz während der Freilandarbeiten danken wir für die sichere Führung des Forschungsschiffes „Rutilus" Herrn N. Schmidt, zeitweilig vertreten durch Herrn H. Krebs. Vielseitige Hilfe leisteten auch die Damen und Herren Dr. H. Brunken, R. Decher, Dipl. Geol. (ZDL), A. Darmstadt (ZDL), M. Geiger (ZDL), R. Krettek (ZDL), S. Künzler (ZDL), P. Lorenz, Dipl. Biol. (ZDL), Brigitte Lotz, A. Müller, Dipl. Phys., Dr. G. R. Pelz, J. Roth, Dipl.-Biol., E. Seidel (ZDL) und Sabine Wiprecht-Strut. Bei der Auswertung des Materials beteiligte sich initiativ Dr. Ch. Köhler, der die Morphometrie bearbeitete und Dipl.-Ing. Dr. J. Vostradovský führte Wachstumsanalysen einiger Fischarten aus.

Wertvolles Belegmaterial der selten gewordenen Fischarten erhielten wir von den Herren M. Tümmler, K. Arens, L. Kissel, Dr. H. Kieckhäfer, Dr. G. Kuhn, Prof. Dr. R. Geisler, H. J. Martin, Ph. Morell, Dipl. Geol., Schweiz, und U. Weibel, Dipl., Biol., G. Michling, Dipl., Biol., R. Nagelschmidt, H.-R. Wäckerli-Schuler, Schweiz. Für wertvolle Ratschläge danken wir Herrn Prof. Dr. D. Riedel.

Für die Überlassung mehrerer Verbreitungskarten der Fischarten danken wir dem AULA-Verlag, Wiesbaden und dem Europarat, Straßburg. Der Senckenbergischen Naturforschenden Gesellschaft, Frankfurt am Main, danken wir für Freigabe der Abbildung 5.2 und der Hessischen Landesanstalt für Umwelt, Wiesbaden, für Abbildungen 4.4.

Weitere Bilder lieferten: Balon, E. K.: 7.104 b; Bayerische Landesanstalt für Fischerei, Starnberg: 7.22, 7.27, 7.30, 7.36, 7.72, 7.114; Beck, R.: 7.13, 7.18 a, 7.32, 7.88, 7.90; Berg, R.: 7.55 a, 7.62, 7.77, 7.79; Brunken, H.: 7.10; Bundesanstalt für Gewässerkunde, Koblenz: 4.9; Dornier – Deutsche Aerospace: 3.4; Gaumert, D.: 7.7, 7.9, 7.41 b, 7.66, 7.94, 7.107, 7.117; Hessische Landesanstalt für Umwelt: 4.4; Jentosch, K.: 7.11, 7.15, 7.16, 7.20; Köhler, Ch.: 4.13, 4.17; Kunstmuseum Basel: 4.3; Lelek, K.: 3.1, 4.1, 4.2; Paysan-Archiv: 7.92; Postl, A.: 7.43, 7.55 b, 7.59, 7.85; Pretscher, P.: 7.53; Sazima, I.: 7.81; Tanner, H. P.: 4.5; Weibel, U.: 7.4, 7.5; Zoologischer Garten Basel (Hess J.): Titelphoto, 7.41 a, 7.104 a; übrige Abbildungen: Lelek, A.

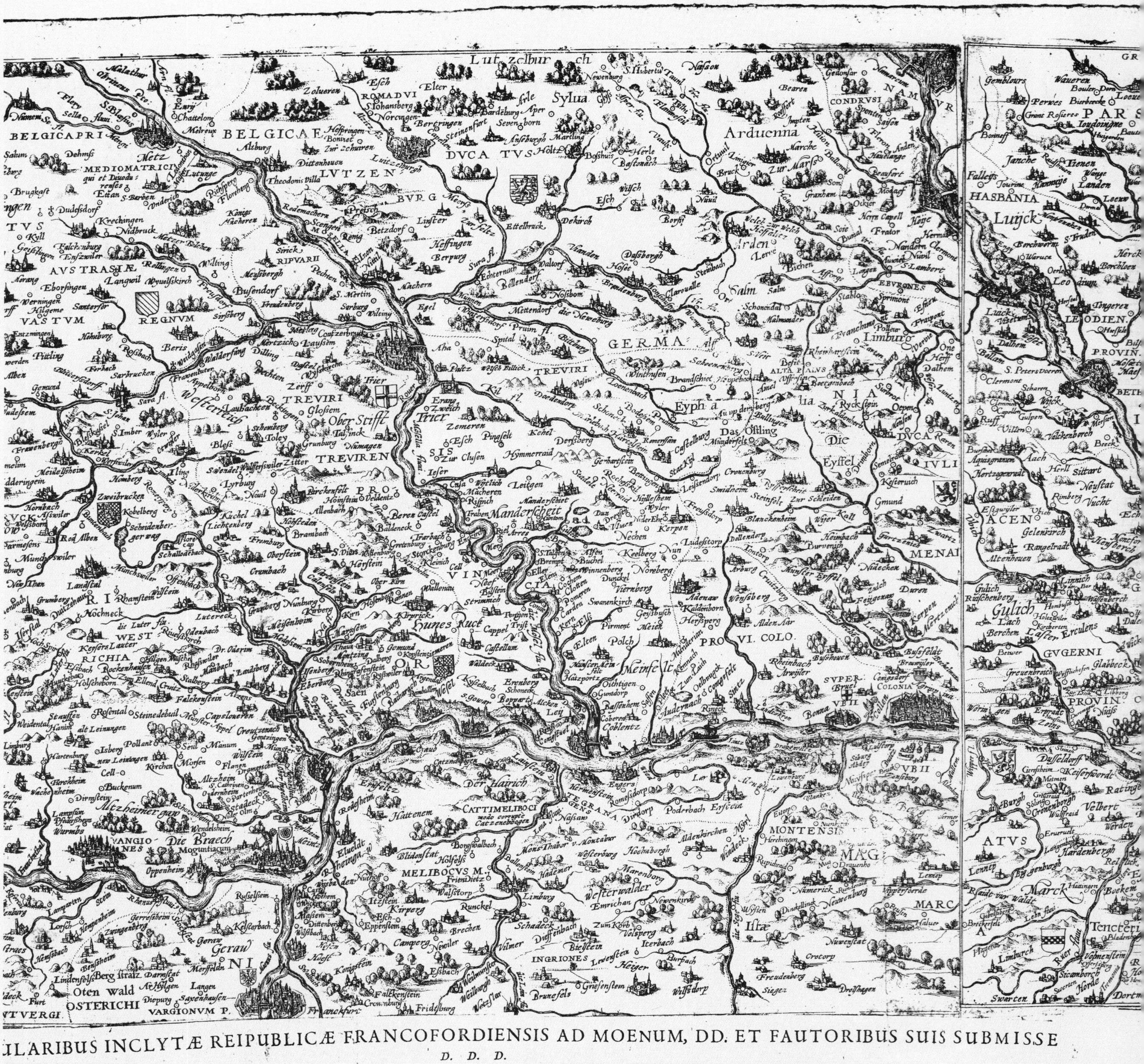

…ILARIBUS INCLYTÆ REIPUBLICÆ FRANCOFORDIENSIS AD MOENUM, DD. ET FAUTORIBUS SUIS SUBMISSE

D. D. D.

THEODORUS DE BRY LEODIENSIS, apud Remp. Francfordiensem Civis & Chalcographus, Anno M. D. XCIIII.

…TION NOVELLE ET VRAYE DV …E SES TROIS EMBOVCHEVRES, AVECQVE …ES, PROVINCES DES ELECTEVRS, DVCHEZ

…principalement des villes & chasteaus repræsentées au vif, le tout graué & mis en lumiere par la diligence &

Aux despends

DE

THEODORE DE BRY LIEGOIS.

…du Rhin n'est pas seulement le plus renommé & plaisant de L'Alemaigne, Mais …oute l'Europe apres le Danube, il prend son nom comme tesmoigne Vadian, de …nd, il surpasse le Danube en abondance de grandes & belles citez, comme aussi …le & fertilité de Regions & en l'excellence du Vignoble.

L'origine & source du Rhin.

…ve descend du pais des Leopontiens qui habitent les Alpes, yssant de la montai…s Adula selon que l'escrit Ptolomee, & des modernes der Vogel/maintenant der …a chapelle de Saint Gordhat, laquelle se voit en la montaigne susdite, ou mesme …nent leur source, asçavoir le Rhone, le Thesin & le Russ, lesquels auec le Rhin …astiers du monde.

Du Cours du Rhin.

Le Rhin a deux diverses sources, l'une est plus haulte, l'autre plus basse, & preinent l'une & l'autre le nom de Rhin, tirant chacune des deux vers l'orient, Et se joignent au dessus de Curia, ou le fleuve commence a estre commode & propre a porter bateaux, de la s'ecoulant en forme circulaire il entre au lac de Constance & de Celle, lequel lac de Celle contient en soy l'isle de Richnauu abondante en toutes choses, & apres d'un destour sinueux il gaigne Rhinfeld & en fin Basle, mais devant que parvenir a Basle, Il a comme le Nil deux Catarractes, la premiere a Schaffhausen la seconde a Lauffembergue

De Basle il tire au Septentrion pres de Brisac iusques au pais de Grabenstad, Ou il reçoit pour hoste le fleuve d'Ill. quon appelle.

De la il passe au long de Strasbourg & reçoit le fleuve de Preuss.

Puis traversant le bourg de Kehel reçoit aussi le fleuve de Kinssig.

Et de la va droit a Spire & Manheim ou le vient joindre le Necre.

Puis va gaigner Vvormes & Mayence pres de laquelle derniere ville. Il reçoit le Riche fleuve du Main.

Et de la laissent Mayence vient A Bingen Ou se descharge, dans luy le fleuve appelle Noh. puis passant outre iusqu'a Confluence, Il se ioint d'vne part au Renommé fleuve de Moselle & de l'autre au Lahn.

Apres passant le long de Bonne & de Coloigne, parvient a Vesel la ou tirant vers l'occident au duche de Cleves.

Il se separe en deux branches dont l'une s'estend vers l'Ocean a main gauche, appellee de Tacite Vahal.

Le fleuve de Vahal aupres du bourg d'Herverden se ioinct avec le fleuve dit Mos: mais non loing de la Ils se separent, & a chacun de ces deux demeure le nom entier, iusqua ce que le Vahal per le sien du tou… a Leu…ein.

L'A…re branche tire a main droite, & l'une & l'autre en fin se descharpe en la mer Germanique.

Apres le fleuve Lec se part en deux aupres d'Arnem, & ainsi faict deux fleuves dont l'vn est appell… des doctes la fosse Drusiane; & du Vulgaire Isel. Or Isel tirant Doesburg reçoit le fleuve d'Ala, E… plus haut passant a Zutphen reçoit celuy qu'on appelle Ems, … en fin entre en la mer meridional… Mais l'Autre bras du Lec tend vers l'Occident laissant celuy d'Arnem & abordant la ville de Rhene… Il reçoit le fleuve de Rhen. puis passe a Wick Ou l'an de Christ 860. ou selon aucuns 1170. a cau… des tempestes de L'ocean a cause de l'Abundance des sables qui occuperent son fonds Il passa les bo…nes & se fit chemin par les terres labourees & maintenant se descharge en mer aupres le bourg, appell… Crimpen.

Quant aux ponts bastis sur le Rhin Il y en a douze: le premier a Rein eken Et le dernier A Strasbour… n'y en ayant point de plus oultre a cause de la largeur & grande estandue du dit fleuve.

Cest en somme ici la breve description de ce renommé fleuve du Rhin, & combien que par des au…tres autheurs plusieurs ruisseaux & riuieres soyent nombrées iusqu'au nombre de 62. & d'auantage le…quels tombent dans le Rhin, nous auons toutes fois voulu seulement proposer Vnze des principau… Des quels les huict premiers sont sur tous bien peuplez & habituez.

Quand aux autres auec leur attenans & habitans, comme aussi la description & ordre des regions provinces, la Table Geographique les monstrera apertement & amplement.

TR…
MA…
C…

qui à re… dem in t… rato der…